KB260074

재미 뒤에 숨겨진 모욕감

2002 좋은 방송을 위한 시민의 비평상 수상집
방송문화진흥회 엮음

<h1 style="text-align:center">발 간 사</h1>

2002년 한 해도 저물어가고 있습니다. 한 해를 돌아보고 마무리하는 시기입니다. 방송문화진흥회도 "좋은 방송을 위한 시민의 비평상" 시상식을 마지막으로 올 한 해를 마무리하려고 합니다.

방송은 프로그램을 만드는 사람이 있는가 하면, 그 프로그램을 전파로 보내고, 그것을 봐주는 사람이 있기 마련입니다. 이같이 방송은 시청자에 의해서 완성되는 것입니다. 그런 의미에서 시청자는 방송의 진정한 주체라고 할 수 있습니다. 이렇게 방송을 이끌어가는 실질적 주체인 시청자들과 한해를 마무리하게 된 것은 본인으로서는 큰 행운입니다.

방송문화진흥회에서는 매년 "좋은 방송을 위한 시민의 비평상"을 개최하고 있으며 올해로 5회 째를 맞이하게 되었습니다. 해가 거듭될수록 이 행사에 참여하시는 분들의 수준이 한층 더 높아지고 있다는 것을 느낄 수 있습니다.

'방송 비평'은 더 나은 프로그램을 위해서 반드시 필요한 절차이기도 합니다. 전문가에 의한 이론적인 비평도 중요하겠지만, 시청자들의 눈높이에서 보는 시민의 비평은 방송의 실질적 수준을 높이는 데 상당히 중요한 참고자료가 될 것입니다. 요즘은 과거보다 매체에 대한 접근이 쉬워졌기 때문에, 프로그램에 대한 반응도 즉각적이면서도 다양하게 나타나고 있습니다. 특히, 인터넷을 통한 반응은 익명성으로 인하여 무책임한 의견들도 난무하고 있어서 정말로 방송 발전에 필요한 의견을 가려내기 어려웠습니다. "좋은 방송을 위한 시민의 비평상"은 방송관계자들에게는 방송 발전에 도움이 될 수 있는 건강한 시청자들의 의견들을 들을 수 있는 좋은 기회를 주고, 또 시청자들에게는 직접 방송에 참여하고 방송 발전에 도움을 줄 수 있는 기회가 되고 있습니다.

이 책은 엄격한 심사과정을 거친 작품들을 묶어서 발간한 것입니다. 이 책이 건전하고 올바른 방송 비평의 저변을 넓히는 데에 많은 도움이 되기를 바랍니다.

마지막으로 수상자들에게 진심으로 축하드리며, 방송에 대한 깊은 애정이 담긴 비평문을 보내주신 많은 시청자들과 바쁜 일정 중에서도 심사에 임해주신 심사위원님들과, 비평집의 발간을 위해 수고를 아끼지 않으신 도서출판 한울 관계자 여러분께 깊은 감사의 말씀을 드립니다.

2002년 12월
방송문화진흥회 이사장 김용운

심사를 마치고

  '비평'이라는 말은 흔히 '비판'과 동일한 개념으로 오해를 하는 경향이 있습니다. 그러나 무조건적인 비판이 아니라, 일정한 기준을 가지고 옳고 그름을 판단하여 평가를 내리고, 대안을 제시하여야 올바른 '비평'이라 할 수 있습니다. 방송의 경우도 마찬가지여서, 이곳저곳에서 '비평'이 행해지고 있으나, 내뱉기 수준에 그치고 있는 글들이 많습니다. 이는 전문가들의 글이나 시청자들의 글이나 마찬가지라고 생각합니다.

  방송문화진흥회에서는 이런 수준을 넘어서서 진술하면서도 방송 발전에 도움이 될 수 있는 비평문을 매년 공모하고 있습니다. 전문가들의 틀에 박힌 글보다는 틀에 얽매이지 않는 일반 시청자들의 글이 더욱 방송에 도움이 될 것이라고 생각합니다. 이번 심사도 그런 점에 기초하여 방송의 대의와 미래의 생활문화적 지침을 제시하고, 또한 대상 프로그램에 대한 깊은 애정을 담은 비평문을 선정하려고 노력하였습니다.

  올해로 다섯번째 진행된 "좋은 방송을 위한 시민의 비평상"에는 모두 328편의 비평문이 응모되어 방송에 대한 일반인들의 높은 관심을 보여주었으며, 한층 수준이 향상되어 우수작을 가려내는 데 여간 어려움이 없지 않았습니다. 특히, 예년에 비해 월등히 많아진 접수 건수를 보면서 방송에 대한 관심이 점점 더 높아지고, 그에 따른 시청자들의 참여 의식도 고양되었음을 확인할 수 있었습니다. 공모된 비평문들을 통해 시청자들이 프로그램을 나름대로의 기준을 가지고 성실히 보고 있다는 사실을 알게 되었고, 이러한 시청자들을 바탕으로 우리 방송문화는 향상할 수 있을 것이라는 기대를 가질 수 있어서 심사작업이 쉽지 않았지만 보람 있었다고 생각합니다.

문필가, 방송학자, 방송 현 업자, 시청자단체 대표 등 다양한 분야의 전문가들이 참여한 심사위원회에서는 모두 두 차례의 심사를 통해 33편의 본선 진출작을 선정하고 이들을 대상으로 종합적인 사정을 실시하여 최우수작 1편과 우수작 4편, 가작 8편 그리고 20편의 입선작을 선정하였습니다. 심사는 내용의 충실도, 전개·구성의 일관성, 결론의 타당성 등을 감안하였습니다. 그러나 진솔한 시청소감과 창의력에 보다 많은 가중치를 두었습니다.

올해는 특정 몇몇 프로그램에 대한 비평문들이 유난히 많이 눈에 띄었습니다. 지난 몇 년 동안은 비평문들의 관심이 분산되는 경향을 보였으나, 올해는 응모 편수가 늘어났음에도 불구하고, 그 대상들이 몇 군데 집중되고 있었습니다. 횟수가 늘어남에 따라 본 비평상도 본래 시청자들의 진솔한 비평을 듣고자 하는 취지에서 점점 그 자체로서 하나의 비평틀을 형성해가고 있지 않나 하는 우려가 되었습니다. 최우수작인 윤초화 님의 "우리 TV, 어린이 눈높이 고려하는가?"는 일반적인 관점보다는 어린이의 관점으로 음식 프로그램을 비평함으로써 신선함을 주었고, 차분한 논조를 유지하고 있다는 점이 높은 점수를 받았습니다.

학자나 전문가들의 딱딱한 비평문을 보다가 일반 시청자들의 진솔한 비평문을 보게 되어 신선했다는 말씀을 마지막으로 드리고 싶습니다. 기성 비평문의 논조를 따라가는 비평문보다는 글 자체의 구성력은 떨어져도 신선한 관점으로 글을 전개한 비평문들이 오히려 마음에 와 닿았습니다. 이런 비평들이 전체 비평 영역 안에 포함되어 확장될 수 있으면 하는 제언을 하면서 보다 나은 방송 비평이 이루어지기를 기대합니다.

<2002 좋은 방송을 위한 비평상>
심사위원 일동

차 례

우리 TV, 어린이 눈높이 고려하는가?

윤초화(프리랜서)

글머리에

TV 방송에서 음식관련 프로는 인기 메뉴의 하나다. 3개 공중파 TV방송의 주요시간대 프로 가운데는 향토색 짙은 음식 기행과 외국 음식 소개 코너가 들어가 있다. 우리나라는 지방마다 음식문화에 특색이 있어 TV 음식 프로는 매번 다양한 소재를 소개하면서 도시인에게 잊었던 아스라한 고향의 정취를 되살려볼 수 있게 한다. 특히 쏟아져 들어오는 수입 농수산물 때문에 존립의 위기에 처한 농어촌의 절박한 상황을 감안할 때 TV 음식 프로는 농수산물 판촉과 농어민 소득 증대에 큰 기여를 하는 효과도 있을 듯하다.

특색 있는 많은 음식점들에 카메라를 앞세워 찾아가는 방식인 이 프로는 시청자, 제작자나 음식점 모두에게 유익한 면이 크다고 생각된다. 시청자는 새로운 먹거리를 직접 확인할 수 있어 좋고, 방송사는 시각적 효과나 정보제공 면에서 효과가 큰 다양한 소재를 손쉽게 많은 제작비를 들이지 않고 지속 방영하는 이점이 있다. 더욱이 음식점은 수익증대에 보탬이 되니까 아마 쌍수를 들어 환영할 것이다. 여기에 음식 재료가 되는 농수산물을 생산하는 농어민도 박수갈채를 보내고 있을 터이다. 그러나 누이 좋고 매부 좋은 식의 이들 프로는 시청률을 의식하지 않을 수 없고 그러다 보면 자연 TV간 경쟁이 심화될 수밖에 없으며 그에 따른 부작용도 뒤따르는 듯하다. 이 같은 부작용은 말할 것도 없이 시청자 쪽에서 그 대가를 치른다는 데 문제가 있다.

TV 음식 프로에 잡티처럼 섞여있는 흠 몇 가지 예를 들어보자. 우선 이들 프로에서 소개하는 음식을 시식하는 진행자들은 한결같이 음식의 특성이나 시청자들의 기호를 고려하지 않은 천편일률적인 감탄사 '아, 정말 맛있네요, 너무 맛있다'만을 연발한다. 이 같은 연출 때문에 시청자들이 TV에서 소개한 음식점을 어렵게 찾아가 보았더니 별거 아니더라 하는 실망감을 표시하는 경우도 있는 것으로 들린다. 이 같은 해프닝은 웃어넘길 수 있겠지만 그렇지 않은 흠들이 또 있다. 즉 대부분의 TV 음식 프로가 성인에게는 부담 없이 시청이 가능한 프로이지만 미성년자들의 눈높이로 볼 때 그냥 지나치기 어려운 점들이 한 둘이 아니라는 사실이다. 무심코 지나쳤거나 아니면 TV간 경쟁이 심화되면서 어쩔 수 없이 부풀려졌을지 모를 이들 부작용들은 맘만 먹으면 쉽게 고칠 수도 있을 것 같아 어쩌면 사소한 것일 수도 있다.

수많은 긍정적 측면에도 불구하고 이들 프로에서 묻어나는 아쉬운 점을 지적코자 하는 것은, 이들 프로 일부 내용이 어린이에게 우리의 음식 문화를 잘못 각인시킬지 모른다는 두려움 때문이다. TV 음식 프로는 식사시간이나 식사준비 시간대에 집중 편성되어 있어, 부모와 자녀들이 함께 보는 경우가 많다. 취학 이전 또는 취학한 지 얼마

안 되는 어린이들의 눈높이에서 평가된 미비점을 보완하면 이들 음식 프로들은 일석다조(一石多鳥)의 효과를 안방에서 지속적으로 창출할 수도 있을 것 같다.

3개 TV의 음식 프로

KBS와 MBC, SBS 등 3개 공중파 TV의 음식관련 프로그램을 보면 전문적으로 음식을 소개하는 프로가 KBS2, MBC는 각각 3개, SBS가 6개이다. 음식관련 코너를 비정규적으로 내보내는 프로의 경우 KBS1, KBS2가 각각 2개, MBC가 5개이다. 이들 프로를 시간대별로 보면 오전시간대에 시작되는 것이 12개, 오후에 방영되는 것이 9개이다. 방송사별 음식 관련프로를 표로 만들어보면 아래와 같다.

▶ TV 방송사별 음식 관련 프로그램(2002년 10월 15일 현재) ◀

(*표시는 음식관련 코너가 비정규적인 프로)

매체	요일	시간	프로그램
KBS1	월~금	16:10~17:00	전국은 지금*
	월~금	18:00~18:50	6시 내고향*
KBS2	월~토	06:05~08:40	생방송 세상의 아침−최호진의 맛기행(금,토)
	월~금	11:35~12:35	여기는 TV정보센터−출동 생생쿡
	월~금	12:00~12:20	냉장고를 열어라
	월~금	18:30~19:00	풍물기행 세계를 가다−테마 풍물*
	월	23:00~00:10	이유 있는 밤*
MBC	월~금	08:00~09:00	아주 특별한 아침*
	월~금	17:20~17:35	생생정보 투데이*
	월~금	18:20~18:35	요리보고 세계보고

매체	요일	시간	프로그램
MBC	수	11:00~11:50	6mm 세상탐험*
	토	08:00~09:00	출동 6mm 현장 속으로*
	토	11:05~12:00	찾아라! 맛있는 TV
	일	06:10~07:00	장수보감*
	일	18:10~19:55	일요일 일요일 밤에-일밤 건강보감
SBS	월~금	06:00~07:30	생방송 모닝와이드-토속음식을 찾아서
	월~금	11:55~12:05	맛 기행 그곳에 가면
	월~금	17:20~17:50	리얼 코리아-맛 기행 그 곳에 가면
	수	23:05~00:15	기분 전환 수요일-대결 맛대맛
	토	09:00~10:00	토요스타클럽-요리토크, 이심전심
	토	11:00~12:00	잘 먹고 잘 사는 법

재고해볼 현장 조리법 소개

　TV 음식 프로는 대부분 우리 입맛을 즐겁게 하는 음식의 조리법과 시식 순으로 진행된다. 이들 프로에서 음식 재료는 펄펄 뛰는 생선 등 살아 있는 동물 등 일 경우와 그렇지 않은 경우로 나눠진다. 버섯이나 채소 등 비동물성 재료일 경우에는 조리과정을 가볍게 보아 넘길 수 있다. 그러나 눈앞에서 팔딱팔딱 뛰던 생선이나 우리에 갇혀 있던 가축 등 동물이 먹거리로 소개될 때 지나치게 현장감이 강조되면 문제는 간단하지 않다. 살아 있던 동물이 음식 재료로 손질이 가해지면서 생명이 꺼져 가는 모습이 생생하게 비춰지는 것은 재고해볼 일이다. 물론 일부 TV는 산 생선의 배를 가르고 살을 저미는 모습 등의 경우 심장 약한 사람을 자극할지 모를 장면들을 재치 있게 카메라 앵글에서 벗어나게 배려한다. 생선의 몸부림과 생명이 끊어지는 순간의 떨림 같은 것을 비추지 않는 것이다.

아침에 초등학생이 등교를 준비하는 시간대나 미취학 아동이 어머니와 함께 TV 앞에서 앉아 있는 시간대에 바다에서 막 건져 올린 생선에 칼질을 해서 즉석 회로 먹는 모습을 '맛있다'는 출연자들의 감탄사와 함께 방영하는 것은 적절한 것 같지 않다. SBS <잘먹고 잘 사는 법>(10월 26일)의 경우, 추어탕을 소개하면서 주인이 "살아 있는 것을 보여야 하니까"라고 말하면서 꾸물대는 미꾸라지가 끓는 물 속에서 조리되는 모습을 방영했다. 같은 날 MBC <찾아라! 맛있는 TV>도 살아 있는 짱뚱어를 다른 양념과 버무려 끓이는 장면을 전파에 실었다. 이처럼 살아 있는 물고기를 즉결처분하는 것 같은 경우는 적지 않다. 힘차게 요동치던 가물치가 펄펄 끓는 물 속에 잠겨 가는 모습이나 거품을 품어대던 게가 보글거리는 매운탕 속으로 사라지는 모습 등이 대표적이다. 이런 조리법의 소개는 단순히 불쌍하다거나 안쓰럽다는 감상만으로 그칠 일만은 아닌 듯하다. 인간이 생존하기 위해 먹이 사슬을 인정하고 동식물을 음식으로 만들어 섭취해야 하는 것은 당연한 자연의 법칙이다. 그렇지만 특히 취학 전후 아이들의 눈높이를 의식할 경우 자연에 대한 우리 TV의 접근법은 좀 신중해야 할 것이다.

어린이들은 동식물 등 주변에 있는 것들에 갖가지 의미를 부여해 무지개 빛 동심의 세계를 창조한다는 것을 우리는 누구나 안다. 천진난만한 동심의 세계에서는 흔한 돌멩이조차 살아 숨쉬고 말하는 생명력을 지닌 존재로 둔갑한다. 하물며 생명이 있는 것에 대한 동심의 의미부여는 어른들이 상상하기 어려운 경지다. 얼마 전부터 우리나라에서 애완동물 사육 붐이 불면서 심지어 뱀까지 집에서 애지중지하는 일도 흔해졌다. 음식 재료로 가공되는 동식물, 특히 동물은 당연히 인간과 더불어 살아가야 할 자연의 주요한 동반자이다. TV 브라운관에서 이 동물들이 단순히 인간의 생존과 식욕을 충족시키기 위한 수단으로 비춰진다면 어린 동심의 세계가 상처받는 것이 아닐까?

동식물들이 인간의 생존을 위해서만 존재하는 것이 아니라 인간과 더불어 살면서 지구촌의 환경을 풍요롭게 한다는 점이 음식 프로에서 자연스럽게 곁들여졌으면 한다. 그래야 철없는 아이들이 먹거리 동식물들도 환경 친화적인 존재로 인식하고 자연보호에 대한 심각성에 눈을 뜨리라 생각한다. 우리의 주변이 환경보호보다 환경오염 쪽으로 기우는 것도 자연을 인간의 소모품쯤으로 여기게 하는 학습 탓이 아닐까 하는 생각이다. 브라운관 속의 먹거리 소개가 자연은 가꾸고 아껴야 한다는 교훈적인 것과 어울려진다면 그 교육적 효과는 매우 클 것이다.

음식 재료는 지구촌의 인간 동반자

TV 음식 프로의 진행자가 농어촌을 탐방할 경우 가장 많이 하는 질문은 방송사가 달라도 거의 비슷하다.

"뭐 하시는 거예요?"

"이게 뭐죠?"

"어떻게 하는 거죠?"

이 같은 질문은 진행자가 농어촌에 문외한인 시청자의 입장에서 낯선 것을 소개하는 프로 진행방식의 하나로 이해할 수 있다. 그러나 농어촌은 우리 공동체의 일부분으로서 더불어 살아가야 할 소중한 우리의 이웃이다. 이들의 생업이 도시인의 눈에 생경한 것은 당연하다. 그렇다 해도 그것을 도시인과는 관계가 없다거나 대충 알고 지나쳐도 아무 관계가 없는 그런 사소한 일이라는 인상을 주는 식으로 질문을 던지는 것은 듣기 민망하다. 그것은 자칫 농어촌이 도시인과 절연된 현장이라는 고정관념을 강화시키지 않을까? 농어촌의 일상사가 도시인과 직결되어 있다는 점을 시청자가 확인하면서 애정을 가질 수 있게 진행자가 붙임성 있는 질문을 던지는 방식이라면 좋겠다.

농어촌 현장에서 진행되는 음식 프로에서는 재료와 조리법 소개에 앞서 재료를 직접 채취하거나 수확하는 과정이 곁들여진다. 여기에서 가장 많이 다뤄지는 소재가 바다나 개천에서의 고기잡이, 갯벌에서의 조개 등의 채취다. 그런데 물고기나 게 등을 직접 잡는 현장이 먹거리를 수확하는 것이 아니라 심심풀이 또는 사냥하는 식으로 소개되는 것은 재고의 여지가 있다.

인간이 생존을 위한 먹거리를 구하기 위해 자연 속에서 땀을 흘리는 모습은 깊은 감동을 준다. 그물을 던지고 물 속을 헤집으면서 살아 숨쉬는 물고기 등을 잡아 올리는 것은 우리의 식탁을 위해 필수적인 과정이다. 막 건져 올려 팔딱거리는 고기는 우리 식탁에 올라오는 중요한 먹거리다. 우리들은 이들을 잡아 올리는 어부 등에 대한 감사의 마음을 모두 가져야 할 것이다. 또한 이 물고기들은 인간 생존에 중요한 먹거리이면서 동시에 자연이라는 큰 지붕 아래 인간과 더불어 살아야 하는 동반자의 의미를 지닌다는 사실을 기억해야 한다.

물고기의 생존권에 대한 배려도 곁들이는 것이 음식 프로를 어른과 함께 시청하는 어린이들에게 사물을 입체적으로 사고하는 계기가 될 것이다. 이는 갯벌에서의 조개류 채취 등에서도 고려되어야 할 사항이다. 갯벌에서 사는 생물들은 대중매체를 통해 인간의 먹거리만으로 격하되고 있기 때문이다. 관광 상품의 하나로 포장된 갯벌은 조개나 작은 게를 잡는 채취장으로 인식되기에 이르렀다. 어른이나 어린이나 갯벌은 당연히 조개 등을 잡는 현장쯤으로 인식하고 있는데 이는 조용히 반성해볼 일이다. 갯벌은 자연이 인간에게 선물한 식량보고이면서, 자연계의 중요한 환경정화시설이다. 갯벌의 생명력이 이들 생물들에 의해 유지되고 강화된다는 사실은 당연히 먹거리 프로에서도 강조되어야 한다.

시골 마을 주변의 작은 개울이나 하천에서 고기를 잡아 조리하는 과정도 그냥 보아 넘기기 어렵다. 음식 프로뿐 아니라 다른 TV 프로에서 개천과 하천에서 어린이들의 노는 모습을 방영할 때는 의례 아이들이 고기를 잡아 유리병이나 비닐 주머니에 담아 가지고 있는 모습을 생략하지 않는다. 어린이 손가락 만한 작은 물고기들은 농약 등 공해로 시달리다가 겨우 연명하는 신세라서 그 종류나 숫자가 매우 제한적이다. 이들 물고기는 개천과 하천의 거주자로서 다른 환경요인과 상부상조하는 관계다. 이들을 잡아가는 것은 결국 환경을 파괴하는 행위다.

천진난만한 표정의 어린이가 클로즈업 된 모니터 화면에서 잡은 물고기를 담은 병이나 비닐 주머니를 내밀면서 "집에 가서 먹을래요"라고 말하는 모습은 보기에 민망하다. 어른들에게 배운 대로 행동하는 아이들이라서 그들을 탓할 수는 없는 노릇이다. 그러나 물고기는 먹는 것이라는 고정관념이 절대 빈곤의 시대를 마감한 우리에게 더 이상 존속되어서는 안될 것 같다. 외국의 경우 개울이나 하천에 큰 물고기가 한가로이 노닐고 낚시꾼들도 낚기는 하되 그것을 바로 풀어주는 모습이 갖는 의미를 우리도 깊이 따져볼 때가 아닌가?

식사 예절의 교육장으로

TV 음식 프로에서 공통적으로 볼 수 있는 것은 음식이 맛있다는 것을 강조하려는 과정에서 빈발하는 일부 출연진의 예의 범절에 어긋난 행동이다. 생선회의 경우 대부분 고추장을 잔뜩 발라 입에 넣는 과정에서 입을 크게 벌리는 것이 상례다. 뜨거운 음식 시식과정에서는 펄펄 끓는 국물을 떠먹다 보니 자연 입을 크게 벌리거나 입안에 음식을 넣은 후 안면 근육이 묘해진다.

우리 음식은 각종 채소를 사용하는 쌈 문화와 뜨거운 매운탕 등의 음식 특성에 미루어 보아 서양 음식에 비해 보기 좋게 먹기 어려운 점이 있다. 그러나 세계화 시대를 고려해 이런 점은 개선되어야 할 사항이다. 외국인의 눈에 너무 거슬린 행동을 하거나 '쩝쩝, 후루룩' 소리를 내면서 먹는 모습은 결코 권장할 만한 것은 아니지 않는가. 그런데 놀랍게도 우리의 TV는 음식 프로에서 소리를 내는 것조차 프로의 질을 높이는 소재로 활용하고 있다. MBC <찾아라! 맛있는 TV>는 음식 프로 진행자가 음식을 먹을 때 아예 자막으로 '후루루', '쩝쩝'이라고 자막을 내보내고 있다. 어린이가 국수를 너무 많이 입에 넣고 먹다보니 입 밖으로 일부가 줄줄 흘러내리는 모습을 클로즈업하는 경우도 있다. 이를 보는 어린이들이 음식을 줄줄 흘리면서 소리를 내면서 먹는 것을 당연한 것으로 잘못 인식하지 않을까 두렵다.

프로 진행자는 한 손에 마이크를 들고 다른 손으로 수저를 잡고 음식을 떠야하기 때문에 크게 벌린 입을 손으로 가릴 수 없게 되는 경우도 많다. 이런 경우도 현명하게 손색없게 식사예절을 지킬 수 있도록 사전 준비를 철저히 했으면 좋겠다. 그러나 사정이 어떻든 간에 가정이나 공공 장소에서 식사예절이 잘 지켜지지 않는 것으로 지적을 많이 받는 우리 사회에서, TV 프로에서 조차 동방예의지국의 미풍이 허물어지는 것은 안타까운 일이다.

적은 양의 음식을 숟가락이나 젓가락으로 얌전하게 입 속에 넣어 먹는 우리의 전통적인 식사 예법이 TV 음식 프로에서 찾아보기란 쉽지 않다. 시청자들에게 가까이 다가가기 위해 어쩔 수 없이 우스꽝스런 연기를 해야한다고 항변할지 모른다. 그러나 이런 속사정을 어린이들은 잘 이해하지 못한다. TV에서 보았다는 이유만으로 실생활에서 흉내내는 경우가 많아진다. 그런 탓일까? 우리나라 식당에서 어린이들이 식사예절을 지키는 경우를 찾아보기 어렵다. 물론 대부분의 어른들도 식사하면서 '쩝쩝'대거나 '후루룩 후루룩' 국물을 마시는가 하면 한껏 입을 벌려 상추쌈을 먹는 식이다. 우리는 일상적으로 세계화·국제화를 말하면서 월드컵 대회나 아시안 게임 등 국제행사를 끊임없이 치르고 있는데, 정작 모범적인 음식문화가 아쉽고 특히 식사예절은 고칠 점이 많다. 우리 음식은 세계적으로 손색이 없는데 음식예법은 바로잡을 점이 많다는 것을 생각하면 TV 음식 프로에서라도 음식예법은 꼭 지켜져야 하겠다.

음식은 생존과 건강한 생활을 위해 절대적으로 필요하고 그것은 인간에게 즐거움을 준다. 고소득 사회가 되면서 먹는 것은 생존보다 즐기는 쪽으로 그 중요성이 옮아간 지 오래다. 그러다 보니 우리 고유 음식의 영역을 벗어나 외국 음식을 탐사하게 되었다. 우리의 음식과 식성이 독특하듯이 외국인의 그것도 마찬가지다. 우리의 음식에 외국인이 얼굴을 찡그리는 일이 있다는 것을 안다. 그래서 외국인들이 우리 음식에 대해 이해하고 즐기기를 희망하기도 한다.

우리가 우리의 고유 음식에 대한 애착이 강한 만큼 외국의 음식에 대해서도 그 가치와 중요성을 최대한 예의를 갖춰 인정해야 한다. 그런데 외국 음식을 소재로 한 MBC의 <일요일 일요일 밤에 – 일밤 건강보감>은 장기간 외국의 특이한 음식을 코미디 프로 속에 소재로 삼으면서 기이한 상황이 연출되기도 했다. 게임의 승패에 대한 상벌로 특이한 외국음식이 제공되면서 이들 음식이 때로는 웃음거리 심지어 혐오의 대상으로 평가절하되기도 했다. 동남아를 중심으로 여러 민족의 고유 음식을 섭렵하는 형식이었던 이 프로는 성인은 물론 어린이들에게 외국의 풍물 특히 먹거리에 대해서 너무 비뚤어진 인상을 주지 않았을까 두렵다. 출연진들이 노골적으로 표시한 외국 음식과 그 재료에 대한 평가와 연기를, 그 음식을 귀하게 여기는 민족의 입장에서 어떻게 받아들였을까를 생각하면 등에 식은땀이 날 지경이다. 일부 외국 음식이 우리 입맛에 맞지 않다는 것을 노골적으로 표현한 이 프로는 상대방의 존재를 존중하는 세계화 시대정신과 거리가 너무 멀었다.

글을 맺으면서

음식문화는 우리의 삶과 환경에 직접적인 영향을 미친다. 음식을 소중하게 여기고 다루면서 섭취하는 진지한 자세가 필요하다. 우리의 뒤를 이을 어린이들에게 건전한 먹거리 문화를 이어주기 위한 사회적 노력이 절실한 시점이다. 세 살 적 버릇이 여든까지 간다는 말은 어린 시절 식생활에도 해당이 되기 때문이다.

먹거리와 그 재료를 함부로 다루면 우리의 삶과 환경이 황폐해진다. 우리도 반세기 이전까지 보릿고개를 걱정하면서 절대 빈곤에 시달렸다. 음식 쓰레기로 전 국토가 몸살을 앓게 된 것은 그리 오래된 일이 아니다. 음식을 만들고 먹는 과정이 절제 속에 예의범절을 갖춘다면 음식 낭비는 자연히 사라지고 환경보존도 이뤄진다. 우리가 지구촌의 일원으로 생산적인 삶을 누리려면 우리와 다른 음식문화와 공존하는 자세를 지녀야 한다. 우리와 다른 음식문화를 지닌 사람들과 더불어 살아가기 위한 노력도 필요하다.

우리의 TV 음식 프로가 우리의 건강을 증진시키고 농수산물의 소비 촉진에 기여하면서 농어촌의 소득 증대에도 크게 기여하고 있는 것은 확실하다. 이런 좋은 취지를 지닌 프로 진행 과정에서 나타난 몇 가지 흠들은 쉽게 개선될 수 있을 것이다. 이 프로가 어른들은 물론 어린이의 식생활에 유익한 정보와 교훈을 지속적으로 줄 수 있기를 간절히 기대한다.

재미 뒤에 숨겨진 모욕감

MBC 일일 드라마 <인어아가씨>

김소리(회사원)

잡지의 표지처럼 통속한

예술작품에 있어서, 통속적인 소재가 문제인 것은 아니다. 문제는 그런 소재를 가지고 어떤 이야기를 들려주느냐에 있다. 하지만 TV 드라마는 종종 이렇게 항변하곤 한다.

"연속극이 재미있으면 됐지, 대체 뭘 더 바라는 거야? 그럴 듯한 걸 찾으려면 연속극을 보지말고 소설이나 철학책을 읽으라구!"

요즘처럼 관객이나 시청자들의 반응이 인터넷이라는 매체를 통해 실시간으로 나타나는 시대에는 더더욱 그렇다. 그것을 바탕으로 해서 생존이 즉각적으로 판가름나기 때문에 내용이 어떻든, 세계관이 있든 없든 간에 시청률이 좋은 것은 '짱'이요, 시청률이 나쁜 것은 '황'이다.

그렇기 때문일까? 인터넷이 세상을 지배하는 첨단의 시대가 되었어도 자신을 버린 옛 애인에게 복수하는 여자가 여전히 독기를 뿜어대고, 재벌 아들과 두 여인의 삼각 로맨스가 매년 매 분기마다 빠지지 않고 등장한다. 그걸 통해 TV 드라마가 노리는 것은 '재미있음', 그래서 얻게 되는 높은 시청률이다.

요즘 장안의 화제가 되고 있는 <인어아가씨>도 마찬가지다. 젊은 여자에게 미쳐서 가족을 버린 아버지와 후에 똑같은 방법으로 그 아버지에게 복수를 하는 딸, 그리고 그 사이에서 어느 한 구석 나무랄 데가 없는 모습으로 서 있는 재벌 아들. <인어아가씨>는 어느 시 구절처럼 '잡지의 표지처럼 통속'한 소재를 가지고 '재미있다'는 평가를 받으며 승승장구하고 있다.

그러나 그 '재미있음'이 재미있음 자체로 끝나면 그나마 다행일 것이다. '연속극은 원래 그러니까' 하고 치부해버릴 수도 있으니까. 하지만 이 드라마는 은근히 시청자들에게 모욕감을 느끼게 한다. 그저 '한심해'라거나 '아유, 유치해'라고 일갈해버리고 말기에는 좀더 떨떠름한 찌꺼기가 남아 있는 것이다.

이 글은 바로 그 모욕감이 느껴지는 원인에 대해 파헤친 것이다.

깊이의 부재, 적나라한 속물주의

TV드라마의 통속성을 애기할 때 빠지지 않고 '예'로 등장하는 사람이 있다. 이 시대의 걸출한 이야기꾼 김수현이 바로 그 주인공이다. 그의 드라마는 흔히 통속적인 드라마의 전형으로 꼽히곤 한다. 그러면서도 그의 드라마는 그저 그런, 평범한 통속물로만 치부되지는 않는다. 굳이 이름을 붙이자면 '비범한 통속성'이라고 할까. 통속적이면서도 그 안에 어떤 '격'을 갖추고 있다.

누구나 알고 있듯이 김수현의 드라마는 통속적인 멜로물이 대부분이다. 공전의 히트를 기록한 김수현표 드라마는, 사실은 남편의 외도와 남녀의 삼각관계, 상류층으로 진입하려는 하류 계층 인물의 강렬한 욕망, 자신을 버린 옛 애인에 대한 복수 등 진부하기 짝이 없는 통속적인 내용을 소재로 채택하고 있다.

그럼에도 불구하고 그의 드라마들이 '비범한 통속성'이라는 '격'을 획득할 수 있었던 것은 시체도 일어나 앉게 만든다는 칼날 같은 언어구사능력과 함께 박완서 소설을 읽는 것과 같은 세태에 대한 날카로운 관찰력이 있기 때문이었다. 그것은 비록 '강하면서 자애롭고 합리적인 아버지의 세계를 동경'하는 것으로 귀결되기는 하지만, 분명 만만치 않은 내공을 드러내는 깊이를 갖추고 있다.

그래서 김수현의 드라마를 보면 그 통속성에 얼굴을 찌푸리면서도 그가 툭툭 드러내는 인생에 대한 깊은 시선에 '역시 저래서 김수현이구나'하는 감탄을 하게 되는 것이다.

이에 비해 요즘 장안의 화제가 되고 있는 MBC 일일 드라마 <인어아가씨>는 어떠한가.

결론부터 말하자면 안타깝게도 <인어아가씨>는, 김수현의 드라마만큼 깊이가 없다고 할 수 있다. 있다면 적나라한 속물의식과 '바람을 피워 가정을 버린 아버지는 용서할 수 없다'는 메시지뿐이 아닐까.

우선 이 드라마의 인물들은 아주 단순하게 구분되어 있다. 바람을 피워 가정을 버린 아버지는 무조건적인 악이며, 그와 함께 가정파탄의 주역인 아버지의 여자 또한 무조건적인 악이다. 갑자기 등장한 전처의 딸로 인해 행복의 절정에서 고통의 나락으로 떨어지는 그들은, 불륜을 저질러 한 가정을 깼기 때문에 그런 고통을 받아도 '싼' 존재들이다.

반면에 버림을 받은 주인공 모녀는 무조건적인 선이며, 그들을 동정하고 그들의 편에 서는 인물들도 더불어 무조건적인 선이다. 능력 있는 방송작가로 성장한 우리의 주인공이 이복 여동생의 애인을 가로채는 것으로 복수를 하는 '방법'을 놓고 비난을 받을 수는 있어도, '복수' 그 자체에 대해서는 비난을 받을 수가 없다. 왜냐하면 그녀는 '씻을 수 없는 업보'를 남긴 아버지를 응징하고 있기 때문이다.

작가는 그렇게 구분한 인물들을 놓고 참을 수 없을 만큼 노골적인 속물성을 드러내며 드라마를 극단적인 상태로 이끌고 간다. 그런 복수극이 무엇을 위한 것이고, 그걸 통해 무얼 말하고자 하는지에 대한 생각도 없이 오로지 복수극에 '정당성'을 부여하는 극단적인 설정과 노골적인 속물성으로 시청자들의 욕망을 자극하는 것이다.

많은 드라마들이 재벌을 등장시키고 화려한 상류층을 등장시키지만 <인어아가씨>만큼 노골적으로 속물주의를 표방하지는 않는다. 등장인물들은 하나같이 "요즘 방송작가만큼 좋은 직업이 어딨어?"라든가, "회계사면 먹고 살 만하지" 하는 따위의 말들을 입에 달고 산다. 다른 드라마에도 그런 대사는 나오지 않느냐고? 그러나 차원이 다르다. 이 드라마에서 이런 대사들은 등장인물들의 가치관을 지배하는 이데올로기라고 해도 과언이 아니다. <보고 또 보고>라는 공전의 히트작으로 주가가 올라간 작가가 현실에서 좋은 대우를 받아서인지는 몰라도, 등장인물들은 그런 대사들을 통해 은근히 시청자들에게 "내가 이렇게 살아서 얼마나 좋은지 몰라요"라는 투의 과시를 한다.

그것은, 전문직에서 성공하여 물질적 부를 획득한 인물들이 소박한 척하면서도 그 성공으로 인해 알게 모르게 얼마나 많은 혜택을 누리는지 은연중에 보여주고, 맛있는 음식을 먹으러 다니는 모습을 통해 교묘하게 드러나기 때문에, 더욱 노골적으로 느껴진다. 겉으로는 속물 같지 않은 척, 툭 하면 도리를 내세우는 척 하는 것이 더 노골적인 속물 같음으로 다가온다는 뜻이다.

이런 모습은 전작인 <보고 또 보고>나 <온달왕자들>에서도 익히 보여졌던 것이다. 그 어떤 드라마보다 상류층이 많이 등장하는데도, 그들은 하나같이 상류층이지 않은 척, 소박하고 화목한 '중산층' 인 척한다. 그러면서 25평 정도의 아파트쯤은 사람 살 데가 아닌 곳으로 그려지는 것이다(<온달왕자들>).

명품으로 치장하는 것은 기본이고 남자들은 모두가 여유가 넘쳐흘러서 여자들에게 끊임없이 선물공세를 펼친다. 보약에서부터 사소한 껌에 이르기까지. 그들은 하나같이 소심하지도 않고 편견에 갇혀 있지도 않다. <보고 또 보고>에서 검사였던 정보석과 <인어아가씨>에서 신문사 사주의 아들인 주왕은 사랑하는 여자를 위해 쉬지 않고 맛있는 음식을 사주고 부단히 선물을 안겨준다. 그리고 그것들은 유행 드라마의 재벌 아들들처럼 화려한 것이 아니라 소박한 체하는 외양을 취함으로써 순수함의 발로처럼 포장한다. 하지만 남자 주인공들의 예의바름과 순수함은, 따지고 보면 다 상류층에 속하는 경제적 여유에서 나온 것이다. 그렇기 때문에 이 드라마는 더욱 교묘하다.

그런 노골적인 속물주의의 정점은 이 드라마의 주인공인 은아리영의 직업 묘사에서 나타난다. 그녀는 드라마의 히트로 인해 아파트를 샀을 뿐만 아니라 타 방송국에서 스카우트 제의를 받고 현재 일하는 방송국에서는 백지수표 계약을 하자는 제의까지 받는다. 그런 내용이 직업에 대한 사실적 묘사라는 명분으로 시시콜콜히 그려진다. 게다가 주인공은 철두철미한 성격이기 때문에 드라마 대본은 미리 써두고 방송시에는 조금씩 수정만 할 뿐이다.

뿐만이 아니다. 성공한 작가이기 때문에 연출자나 배우들도 쥐락펴락한다. 작가가 실제로 그런 '위세'를 누려서인지는 몰라도, 이 드라마를 보면 연출자는 바보가 아닌가 하는 생각이 들 정도로, 작가는 캐스팅에서부터 촬영에 이르기까지 자기 목소리를 드높이고 마음에 들지 않으면 마치 부하직원에게 따지듯이 연출자에게 따진다. 그리고 나서는 한마디 하는 것이다. 출연자, 스탭들과 회식하라고 회식비 좀 보냈다고.

방송작가로 성공하면 얼마나 근사하고 폼 나는지, 이 드라마는 속속들이 보여준다. 왜 이런 여자가 그런 복수극에 목매는지 이해가 안될 정도다.

그러므로 이 드라마는 두 가지 메시지는 확실히 전할 듯하다. 바람 핀 아버지는 무조건 벌을 받아야 한다는 것. 그리고 방송작가로 성공하면 백지수표를 받을 만큼 돈을 '많이' 번다는 것. 그래서 방송작가만큼 좋은 직업은 없다는 것(실제로 이것은 드라마에서 대화에 수시로 등장할 뿐만 아니라 시청자들에게 방송작가에 대한 환상을 불러일으키고 있다).

진부한 언어, 세계관의 부재

가정을 버린 아버지를 응징하는 일은 '업보, 순리, 죄' 따위의 언어로 정당화된다. <보고 또 보고>와 <온달왕자들>에도 이 단어들은 등장인물들의 가치관을 드러내는 언어로 빈번하게 등장했는데, 작가의 세번째 일일 드라마 <인어아가씨>에서도 마찬가지다.

주인공(은아리영)이 이복 여동생(은예영)의 애인을 가로챔으로써 아버지와 똑같은 방법으로 복수를 시작하자, 엄마의 후배 수아는 "지 부모의 업보 때문에 예영이가 당하고 있는 것"이라며 혀를 찬다. 뿐만 아니라 "자식은 부모의 업으로 결정된다"는 말까지 서슴지 않는다. 예영이가 본처와의 가정을 파탄낸 부모의 업 때문에 실연에다 그 충격으로 실성까지 하게 되었다는 말이다. 자식은 부모의 업으로 결정된다니, 이 얼마나 섬뜩한 말인가. 작가의 가치관에 따르자면 장애나 비명횡사한 자식들은 다 부모의 업으로 인해 그렇게 되었던 말인가. 뿐만이 아니라 아리영의 아버지와 불륜을 저지른 친구 심수정에게는 "죄를 지었으면 벌을 받아야지"라고 단호하게 얘기한다.

이런 식으로 사용되는 '업보, 죄'는 이외에도 셀 수 없을 만큼 등장하면서 운명론과 주인공의 복수극을 정당화시키는 장치로 작용한다. 그리고 그것은 '순리'라는 말을 통해 한 번 더 정당화되는 과정을 거친다. 다른 여자에게 미쳐서 가정을 버리는 것은 순리에 어긋나는 것이기 때문에 아버지는 응징 받아 마땅한 것이 되고, 가정 있는 남자와 바람이 나서 그 가정을 망가뜨린 것도 순리를 어기는 행동이기 때문에 심수정은 전처의 딸(은아리영)에게 뺨을 세 대씩이나 맞아도 할 말이 없다.

대체 뭐가 순리인지는 보여주지도 않고 그저 '순리'라는 것을 강조함으로써, 이복 여동생의 애인을 빼앗는 주인공의 복수극을 정당화시켜주기에 바쁜 것이다.

이런 진부한 언어들은 작가의 세계관 부재를 그대로 드러내준다. 세계관이 없으므로 그런 언어들에 기댈 수밖에 없고, 그런 언어들에 기대면 이야기를 풀어가기가 훨씬 수월한 것이다. 김수현식의, 바람핀 아버지를 복수해야 하는 여주인공의 심리를 칼날 같은 언어로 풀어가는 것보다 '업보, 죄, 순리' 따위의 언어에 기대 정당화시키면 얼마나 편리할 것인가.

하지만 이런 언어에 기대는 작가의 태도가 더욱 위험한 이유는 다른 데 있다. 사회적 문제에 대해서도 작가는 그런 언어에 기대 해석을 하려는 경향을 보인다는 것이다. 다시 말해 그 원인을 따져 해결책을 찾으려 하기보다는 "뭐든지 순리에 맞게 해야 하는데, 그렇지 않으니까 정치고 뭐고 다 이 모양이야" 하는 식으로 넘어간다. 생각해보면 '순리'라는 게 얼마나 이현령비현령(耳懸鈴鼻懸鈴) 식 개념인가.

그렇기 때문에 언론사 사주로 등장하는 남자 주인공의 아버지는 작가가 생각하는 '순리'의 개념에 맞게, 사장실에서 편집회의를 주관하고, 방송작가 인터뷰를 하라 마라에 관여할 정도로 신문의 모든 방향을 결정한다. 물론 그는 횡령, 탈세, 외도 같은 '업보'나 '죄'는 절대 짓지 않는다. 사려 깊고 합리적인 그는, 다만 회사 일에만 몰두하면서, 편집국장이 있는데도 회의를 주관하면서 신문의 전 방향을 결정할 뿐이다(그는 특정 신문을 연상시키는 신문의 색깔도 정한다. 살구색으로 말이다). 그리고 당연하게, 현재 사회부 기자로 근무하는 아들에게 신문사를 물려줄 생각이다. 이 얼마나 '순리'에 맞는 것인가.

작가는, 그런 사주가 있으면 언론개혁이니 뭐니 하고 시끄럽게 떠들지 않아도 된다고 생각하는 모양이다.

진부한 언어에 기대길 좋아하는, 그래서 툭 하면 '순리'를 들먹이길 좋아하는 작가는 드라마 속에서 간접광고를 아무렇지도 않게 하는 모습을 통해 세계관의 부재를 또 한번 드러낸다. 대체 간접광고를 열심히, 적나라하게 하는 것이 '순리'를 지키는 것인지 의심이 갈 정도로 <인어아가씨>에서의 간접광고는 노골적이다. '롯데 자일리톨 껌', '베스킨라빈스31 아이스크림', 촬영장소를 협찬하는 '문화일보'처럼 제품의 로고가 선명히 보이는 제품을 빈번히 등장시키는 것은 물론, 인삼 초콜릿과 수분 스프레이, 야광 여성용 트렁크 팬티 등 평범하지 않은 물건들을 끊임없이 등장시키면서 시청자들에게 '사용해보고 싶은 욕구'를 자극한다. 더구나 '야광 여성 트렁크 팬티'처럼 국내에서 생산하는 업체가 하나뿐인 경우에는 제품의 로고를 그대로 보여주는 것 이상의 명백한 간접광고가 아닐 수 없다.

뿐인가. 주인공 은아리영 역으로 나오는 장서희가 광고하는 화장품 냉장고가 극중에 버젓이 등장하는가 하면 주왕의 할머니가 입원하는 병원에는 난데없이 김치냉장고까지 등장한다. 대체 병원에서 김치냉장고를 이용하는 것은 무슨 경울까. 또한 비좁은 집에서 두 식구만 단출히 사는 아리영 네가 김치냉장고를 들여야 할 이유는 어디 있을까. 아무리 이해하려고 해도 이해되지 않는 김치냉장고 에피소드는, 작가가 '시청자들도 김치냉장고 한번 이용해보라'는, 김치냉장고 광고용으로 삽입한 것처럼 느껴졌다면 오버센스일까.

그리고 간접광고를 하는 형태도 어찌나 '순리'에 맞는지, 극중 '태양일보'로 등장하는 신문을 놓고는 "살구색이라서 확 눈에 띄어", "요샌 신문도 패션시대야"라는 대사로 살짝, 그러나 누가 봐도 '문화일보'임을 알 수 있게 광고해준다.

유치함과 개연성의 부족

<인어아가씨>의 또 한가지 특징은 유치함이다. 이미 전작인 <온달왕자들>에서 성인 아들 세 명이 물총 장난을 하는 모습을 '재미있으라고' 3분 가까이 보여준 적이 있는 작가는 이번에도 '재미있으라고' 보여주는 에피소드들을 많이 궁리한 듯하다. 주로 코믹한 에피소드들은 드라마 속에서 희화되는 인물들을 통해 구현되는데, 이 드라마에서는 근엄한 신문사 사주 부부인 주왕의 부모와 마마준-마마린 남매를 통해 구현된다.

주왕의 부모는 단 한 번의 장난을 위해 어머니가 백화점에서 30만 원이 넘는 '뽀글머리' 가발을 사서 잠자는 아버지에게 씌운다. 그리고는 혼자 낄낄대며 좋아한다. 아버지는 또 어떤가. 어머니에게 복수하기 위해 택배로 '꺼벙머리' 가발을 주문한다. 그걸 어머니에게 씌워 똑같이 낄낄대며 좋아하려는 것이다. 얼마나 재밌는가. 30만 원이 넘는 가발을 사서 잠자는 남편에게 씌우고는 재밌다고 낄낄대는 아내라니. 또 그만한 가격의 꺼벙머리 가발을 아내의 머리에 씌우고는 그 모습을 보며 혼자 웃는 남편이라니. 우리의 신문사 사주들은, 알고 보면 그처럼 어린애다운, 순진한 사람들이라는 걸 말하고 싶은 걸까. 대체 무슨 생각으로 이러한 에피소드를 삽입했는지 궁금하기 이를 데 없는 장면이다.

그런가 하면 마마준-마마린 남매도 정말 이해할 수 없을 정도로, 사사건건, 한시도 쉬지 않고 다툰다. 수분 스프레이를 서로 사용하겠다며 싸우질 않나 다음날 출근해야 하는 오빠를 깨워 한밤중에 거실에 텐트를 쳐달라고 떼를 쓰며 또 싸우기도 한다. 그들은 '재미있으라는', 한 가지 이유 때문에 오로지 티격태격만 하도록 설정된 이상한 남매인 것이다.

하지만 그런 '유치함'도 내용 전개의 황당함에 비하면 아무것도 아니다.

우선 주인공 아리영의 복수극은 한 치의 착오도 없이 척척 진행된다. 그러기 위해서는 아리영이 복수극에 매달리는 극단적인 상황이 전제되어야 한다. 아리영의 엄마는 남편에게 버림받은 충격으로 자폐아를 출산하고, 그 아이가 후에 죽자 실명까지 한 딱한 처지다. 그랬기 때문에 아리영은 온갖 고생을 하며 소녀 가장으로 가계를 이끌어가야 했고 피눈물나는 노력 끝에 방송작가가 되었다. 그녀의 가슴은 피멍이 들어서 아버지와 아버지의 여자를 결코 용서할 수 없다. 그렇기 때문에 그녀의 복수는 모두의 동정과 협조를 사게 된다.

먼저 아리영의 대학 친구로서 신문사 기자인 성미가 나선다. 그녀는 자신 또한 아버지에게 버림받은 기억이 있다는 이유로 절친한 친구의, 말도 안 되는 계획을 적극 도와준다. 그 친구 덕분으로 우리의 아리영은 이복 여동생의 약혼자이자 신문사 사주의 아들인 주왕에게 자연스럽게 다가갈 수 있었던 것이다.

주왕 또한 전혀 신문기자답지 않은 어리숙함으로 아리영의 계획 실현을 도와준다. 아리영이 친구 성미의 배려로 '드라마를 위해 신문사 내부를 취재하고 싶다'며 주왕에게 전화를 걸게 된다. 그 통화에서 아리영은 이름은 밝히지만 "성은 나중에 말씀드릴게요"라는 말로 은씨라는 성을 은폐한다. 아버지가 그 신문사의 문화국장인 까닭이다. 그렇지만 주왕은 하나도 이상하게 여기지 않는다. 생판 모르는 여자가 전화를 걸어와 "내 이름은 영희예요. 성은 나중에 말씀드릴게요."라고 하는데도 고개 한 번 갸우뚱거리지 않고 알았다고만 하는 것이다.

뿐만 아니라 아버지를 빼앗은 심수정의 친구이자 엄마의 후배인 수아도 "그래, 지들이 무슨 죄를 저질렀는지 알아야 해" 하는 말로 아리영의 계획을 수긍해준다. 참으로, 이해할 수 없는 사람들이 아닐까. 전도유망한 방송작가가 상투적인 복수심에 사로잡혀 사랑하지도 않는 남자와 결혼하겠다는, 즉 자신의 인생을 포기하겠다는 계획을 세우는데도 친구나 이모뻘인 아줌마 모두 말릴 생각을 하지 않다니.

그런 면에서는 아리영의 엄마도 예외는 아니다. 장님이 된 엄마는 복수극을 벌이는 딸을 지켜보며 고통스러워 하면서도 적극적으로 말리지 않는다. 딸의 뻔한 파국을 예상하면서도 만류하지 않는 어머니라. 그녀는 '자애로운 어머니'를 뛰어넘어 바보가 아닌가 생각이 될 정도다.

그렇게 모두가 바보들처럼 아리영의 계획에 동참을 하는 드라마는 주왕이 아리영에게 마음을 빼앗기지 않을 수 없도록 하는 데도 세심하기 그지없다. 그러니까 아리영은 정말 완벽한 여자라는 것이다. 글솜씨가 뛰어나 방송작가로서 성공했을 뿐만 아니라 미모면 미모, 요리면 요리, 춤이면 춤, 드럼연주면 드럼연주, 초상화면 초상화, 못하는 것이 '슈퍼울트라캡숑 우먼'이다. 게다가 자의식이 강한 '작가 선생님'답지 않게 결혼하면 어른들 깍듯이 모시면서 남편 뒷바라지 잘해야 한다는 전통적인 생각에 놀랍도록 충실하다. 이런 아리영이니, 재벌 아들답지 않게 순수한 주왕이 어찌 끌리지 않을 수 있으랴.

개연성의 부족으로 인한 황당함은 거기에서 그치지 않는다. 드디어 아리영의 아버지는 자신이 버린 딸이 자신에게 복수를 하기 위해 작은딸 예영이의 애인을 계획적으로 빼앗았다는 사실을 알게 된다. 그래서 아버지는 큰딸 아리영을 찾아가 작은딸 예영이를 위해 당장 주왕과 헤어지라고 엄포를 놓으며 구타까지 한다. 그래도 말을 듣지 않자, 차에 태운 후 함께 죽자며 강물에 뛰어들려고까지 한다. 왜, 아버지는 작은딸 예영이만 귀중한 것일까. 원래 '순리'를 어긴 인물이라서?

그런 아버지에게 아리영이 대하는 태도도 다를 바 없다. 자신을 버린 아버지에 대한 미움이야 이해가 된다 쳐도, 용서를 구하러 온 아버지 앞에서 살림을 다 부수며 악담을 퍼붓는가 하면, 급기야 아버지가 주왕이와 헤어지라며 뺨을 때리자 병을 깨면서 자살을 하겠다고 협박하는 장면은 납득하기 힘들다. 시청자들은 '장서희(아리영 역) 연기 정말 잘 하네'라는 감탄과 함께 드라마가 뿜어내는 독기 속으로 빨려들지만, 드라마는 점점 극단적인 갈등으로 뻗어가는 전략으로 인기몰이를 하는 것이다.

아들이 싫다고 하는 예영이를 굳이 집으로 불러들여 살게 하는 주왕 부모의 행동도 이해하기 힘든 것은 마찬가지다.

그렇지만 그 모든 것에도 불구하고 결국 예영이는 실연을 당하고, 그 충격을 이기지 못해 실성한다. 오로지 사랑하는 '주왕 오빠'가 어떤 곳에서 일하는지 알아보기 위해 언론고시를 준비하고, 그래서 그 어렵다는 시험에 턱하니 붙고, 그런 다음 기자생활 하다가 결혼 때문에 아낌없이 사직한, 그 대단한 예영이가 '사랑밖엔 난 몰라'는 인물이 되어 결국 정신병원에 갇히게 되는 것이다.

'사랑밖에 난 몰라'가 되는 것은 아리영도 마찬가지. 복수극을 위한 도구로 접근했던 주왕에게 점차 사랑을 느끼는 아리영은 그와 결혼해 진정으로 행복을 맛보겠다고 생각한다. 드라마 작가로서의 성공도 멋진 남자와의 결혼만큼 그녀를 행복하게 만들어주지 못하는 것이다.

하지만 이복 동생 예영은 정신병원에 갇혔고 아리영은 눈물을 쏟으며 주왕과 헤어질 수밖에 없다. 이제 남은 것은 주왕이 모든 사실을 아는 것. 들리는 말에 따르면, 그러다가 마지막에는 아리영이 심장병인가 무슨 병인가로 죽는다던가. 그래서 '인어아가씨'라던가. 그녀의 그 대단했던 복수극이 그렇게, 일일 드라마답지 않게 슬프게, 주인공들을 불치병에 걸리게 했던 숱한 드라마들처럼 그렇게 끝난다던가.

누구를 위한 드라마인가?

그러나 정작, 이 드라마를 보면서 느껴지는 불쾌함의 가장 큰 원인은 작가의 태도 때문일 것이다. 황당한 내용전개나 유치한 에피소드의 나열, 그리고 노골적인 속물주의의 표방 등은 TV 드라마를 통해 하루 이틀 경험해온 것이 아니기 때문이다. 전작인 <보고 또 보고>나 <온달왕자들>도 그랬지만, <인어아가씨>의 사건진행은 분명 흡인력이 있다. 그래서 몇 가지 마음에 들지 않는 구석이 있다고 하더라도 투덜대면서 지켜보게 되는 것이다.

하지만 이 드라마에, 그리고 자신에게 쏟아지는 비난들에 대해 작가가, 극중에서 드라마 작가로 나오는 아리영의 입을 빌어 맹렬히 성토하는 것은 감정적인 불쾌함을 뛰어넘어 공중파라는 공적인 재산을 사적인 도구로 사용한다는 의혹마저 살 수 있다. 아리영은 표독스럽고도 자신감 넘치는 태도로 일갈하지 않았던가. 드라마가 유치하다, 짜증난다 하는 비난도 '다 드라마에 대한 관심이 있기 때문에 하는 것'이고, '드라마가 재밌으니까 하는 말들'이라고. 그것에서 '니들은 입 닥치고 드라마나 봐'라고 하는 작가의 메시지가 느껴졌다면 지나친 것일까.

아리영이 드라마에 대해 자신의 의견을 피력할 때도 지나치게 독기를 뿜는 모습이어서 마치 시청자에게 선전포고를 하는 듯했다. 그 절정은 타 방송사가 시청률이 좋은 자신의 드라마에 맞서 방영시간을 늘이는 것에 대해 "페어 플레이를 해야 할 것 아니에요? 재미있는 드라마로 승부를 걸어야지 치사하게 연장편성으로 수를 쓰고 있어. 그쪽에서 5분 연장하면 우리는 못할 것 같아요? 내일부터 대본 5분 분량씩 더 보낼 테니까 편성국에 말해서 우리도 연장방영해요!"라는, 연출자에 대한 명령으로 응수하는 장면이다. 가히 장서희의 독기 어린 연기는 일품이고 연출자를 쥐락펴락하면서 경쟁 드라마 작

가에게 경고 메시지를 보내는 작가의 태도는 위압적이다. 하지만 정
작 작가가 노리는 것은 이 드라마에 대해 투덜거리는 시청자들이라
는 생각이 들었다면 이 또한 지나친 판단일까.

그러면서 한편으로는 "다른 드라마와 에피소드들이 겹칠까봐 두렵
다, 그러면 표절 의혹을 받으니까"라는 말로 작가는 자신의 드라마
<인어아가씨>가 대만 드라마 <안개비연가>를 표절했다는 의혹을
변명한다.

이 모든 것들이 종합되어 우리들에게 다가오는 것은 어떤 모욕감
이다. 세계관은 없고 극단성과 속물주의만 있는 드라마의 내용과 시
청자들에 대한 오만한 태도는, 이 드라마를 재미있게 보는 우리를 나
자신을 '바보가 아닌가' 하고 의심해보아야 할 정도로 모욕감을 느끼
게 만든다.

하지만 작가는 또다시, 다른 작품에서 이런 나를 향해 경고의 메
시지를 날릴 것이다. <인어아가씨> 또한 성공했기 때문에 아리영
못지 않은 위세를 누릴 것이 뻔한 작가는 어렵지 않게 다음 작품을
집필하면서 힘없는 시청자 하나의 의견쯤 가볍게 묵사발로 만들 수
있기 때문이다.

성공하면 모든 것이 용납된다는 이데올로기. 진정으로 불쾌한 점
은 바로 그것이다.

TV 獸難 시대

동물 관련 프로그램의 인기 비결과 문제점

박억배(프리랜서)

서론

2002년의 안방극장은 말 그대로 동물 천하(天下)였다. 동물 관련 프로그램의 춘추전국시대라고 해도 과언이 아닐 만큼 많은 동물 관련 프로들이 쏟아져 나왔고, 이런 양적 성장과 경쟁에도 불구하고 매 프로가 일정 시청률 이상을 보장받고 있다. 이는 인간 심리 읽기에 영민한 TV가 시류의 빠른 파악을 통해 사람들의 감성에 접근, 관심을 유발한 결과다. 즉, 애완 동물 시장 규모가 커지고, 피폐한 사회 속에서 애완 동물에 대한 사람들의 관심과 수요가 늘어가는 시점에서 이를 눈치 챈 TV가 그와 관련된 프로그램을 제작, 문화의 성장과 변화에 적절히 부응한 것. 물론 가정에서 키우는 동물의 개체 수가 많아지고 종류가 다양해진 만큼, 그에 따른 정보를 제공할 TV의 역할이 새롭게 생겨난 사실, 즉 시청자의 필요에 의한 프로 제작이란 부분도 간과할 수 없다. 그러나 너도나도 동물 관련 프로그램을 제작하다 보니, 각 방송사는 '전혀 새롭지 않은 새 코너 기획'에 열을 올리는 우스운 모습을 연출하기에 이르렀고, 나아가 공통된 문제점을 드러내기 시작했다. 전격 동물 관련 프로그램이 시작된 지 어언 1년. 지상파 방송 3사의 대표 동물 프로그램 <TV 동물 농장(SBS)>, <주주 클럽(KBS2)>, <와우! 동물 천하(MBC)>를 중심으로 과연 그 프로그램들의 인기 비결은 무엇이며, 서서히 드러나기 시작한 그들 공통의 문제는 무엇인지 살펴보자.

본론

TV와 동물이 만났을 때

광고의 변치 않는 코드인 3B와 TV의 접목은 획기적인 시청률의 상승을 가져왔고, 이에 의존한 TV는 이후 어떻게 3B, 즉 Beauty, Baby, Beast를 적절히 운용할 것인가에 총력을 쏟았다. 그리하여 탄생한 것인 연예인(Beauty)의 어린 동물(Baby+Beast) 돌보기로 그 대표적인 예가 2000년 10월에 방송된 <슈퍼 TV 일요일은 즐거워(KBS2)>였다. 탤런트 이의정과 가수 박상민이 아기 원숭이를 돌보는 모습을 관찰한 것. 이후, MBC와 SBS는 KBS 따라잡기 용 모방 코너를 제작, 각 대표 오락 프로그램에 삽입하였다. 반면 한편에선 외국 다큐멘터리 <동물의 왕국(KBS1)>과 <퀴즈 탐험 신비의 세계(KBS1)>가 꾸준히 동물 관련 프로의 대표 자리를 지키면서, 서서히 동물에 주목하는 방송의 모습이 드러나기 시작했는데, 그 본격적인 시작의 바로 전 단계가 시청자 홈 비디오였다. 그것이 바로 현 동물 관련 프로들의 전신인 <쇼 파워 비디오(KBS2)>로, 여기서 동물과 관련된 일들에 시청자가 눈길을 모은다는 것을 알아낸 제작진에 의

해 우후죽순 격으로 동물 관련 프로들이 전격 양산되기에 이른 것이
다.

시청자의 반응은 기대 이상이었다. 이전 다큐멘터리로 만나던 동
물과는 달리 친숙한 모습의 동물들, 더 다양하고, 귀엽고, 깜찍한 모
습의 동물들을 만날 수 있었기에 시청자는 새로운 형식을 가진 동물
관련 프로그램에 적극적으로 호응했다. 방송 3사를 돌아가며 일주일
내내 동물이 등장하는 화면이 안방극장을 도배했지만 시청자의 관심
은 사그라지지 않았다. 이런 점에서 시청률에 목을 맨 각 방송사들이
동물 관련 프로를 제작하기에 혈안이 된 것은 어쩌면 당연한 일일
것이다. 결국 현재는 동물원을 배경으로 하는 시트콤까지 생겨서, 지
상파 방송 3사에 최소 11개 이상의 동물 관련 프로그램들이 존재하
게 되었고, 그나마 <목표 달성 토요일(MBC)> 'JTL의 개 두 마리'는
종영되고, <!느낌표> '다큐멘터리 이경규 보고서'는 잠시 휴지기를
가진 상태다.

과연, 이들 동물 관련 프로그램들이 인기를 유지하는 비결은 무엇
인가? 무엇이 표절 시비를 무릅쓰고 자존심 버린 싸움을 벌이게 하
는 것인가?

의외로 대답은 간단하다. 이전에 이어오던 다큐멘터리보다, 동물
퀴즈 프로보다 동물 관련 프로그램이 더 재미있어졌기 때문이다. 오
랜 관찰을 통한 촬영분의 정수만을 모아 편집, 드라마적 요소까지 가
미하고 있어 보는 재미, 읽히는 재미가 있는 것이다. 게다가 외국의
농장, 사파리에서 벌어지는 흥미진진한 일들을 안방에서 즐길 수 있
다는 것도 큰 매력이다. 아픈 동물들의 수호 천사를 자청하고 나선
각 프로그램들의 겉모습이 인간적이라는 점 또한 무시할 수 없다. 또
한 주인 없는 동물들을 구조하는 휴먼 스토리 뒤에 시청자 분양이라
는 참여 코너까지 마련하여 더 이상 시청자를 제3자로 치부하지 않
는 배려까지 하고 있다. 이런 점은 방송 3사의 대표 동물 프로 <TV

동물 농장(SBS)>, <주주 클럽(KBS2)>, <와우! 동물 천하(MBC)>에
서 공통적으로 찾아 볼 수 있는 모습들이다. 2002년 초 신설된 <TV
동물 농장>의 성공 이후, 이를 모방하여 생겨난 그밖의 프로그램들
은 이 밖에 비슷한 내용을 담고 있기도 하다. 즉, 이 세 프로그램들
은 각본 없는 동물 세계에 드라마를 가미, 말 풍선을 달기, 성우의
풍부한 감정을 전이하여 의인화시키는 기발함(흥미 있는 내레이션), 아
픈 동물들의 치료, 구조 모습 등 풍성한 볼거리, 흥미로운 이야기, 감
동적인 장면들을 적절히 섞어놓음으로써 시청자의 감성을 자극하고
있는 것이다.

　그러나 여유 있는 기획 시간 없이 시류에 편승하여 제작된 프로그
램들이기에 1년을 지내온 지금, 그 한계점을 여실히 보여주고 있다.
특히 모방 프로들의 양산 이후, 서로의 경쟁 속에 제 살 깎기가 되어
버려 더 이상의 발전 없이 퇴보를 거듭하고 있는 중이다. 이후에선
동물 프로그램들이 보이고 있는 공통된 문제점을 짚어 보도록 하자.

동물로부터의 착취 하나, 본능

　동물 관련 프로그램들이 보이는 가장 큰 문제는 내용과 그 전달
방식이다. 그리고 문제의 구체적인 사안은 바로 인간 입장에서의 프
로 제작으로 인한 동물로부터의 착취 행위가 이뤄지고 있다는 점이
다.

　시청자가 처음 TV에서 동물에 관련된 프로를 접할 수 있었던 것은
외국 다큐멘터리의 국내 방영을 통해서였다. 본능이 살아 꿈틀대는
야성을 멀리서 카메라로 지켜본 시선이 고작이었지만, 자연에 대한
신비함을 해결해가는 과정의 흥미로움은 상당한 것이었다. 그후 다소
형식을 바꿔 퀴즈로 동물에 관련된 궁금증을 풀어보는 프로그램이 생
겼으니 그것이 바로 18년 장수 프로그램인 <퀴즈 탐험 신비의 세계

(KBS1)>다. 1984년 파일럿 프로그램으로 시작되었지만, 시청자의 지지를 얻어 고정 프로로 전향, 장수 프로의 자리를 지키게 된 <퀴즈 탐험 신비의 세계(KBS1)>는 그러나 형식을 바꾼 것일 뿐, 동물 본능에 대한 궁금함을 관찰한다는 주제에 있어서는 다큐멘터리와 다를 것이 없었다. 다만 차이라면 시청자에게 좀더 친숙한 모습으로 다가갔고 그 노력이 인정을 받았다는 사실이다. 이렇듯 시청자들은 늘 조금씩 변한 모습이긴 했으되 꾸준히 동물과 관련된 프로그램에 관심을 가져왔다. 그러니 한층 발전된 모습을 지닌 현재의 동물 관련 프로그램에 대한 시청자의 반응은 그리 놀라운 것이 아닐 수도 있겠다. 딱딱한 정보 전달이 전부였던 동물 관련 프로그램이 부드럽게, 그러면서도 정보를 가지고 재미있는 모습으로 다가서니, 시청자는 스펀지가 되어 흡수하는 데 거부감을 느끼지 않을 수 있는 것이다.

그러나 시청자가 새로운 것에 너무 쉽게 입맛을 길들인 탓에 동물들에 대한 TV의 시각이 달라져 있음을 쉽게 눈치채지 못했다. 단순 관찰 카메라와 학계에 보고된 내용의 나열에서 탈피하여 드라마 구성의 성격을 지닌 현 동물 프로. 이들은 관찰 대상이 되는 동물들을 이미 호기심의 대상으로 여기고 있지 않았다. 더 이상 그들의 본능에 대한 신비감은 방송 소재가 될 수 없었다. 수많은 다큐멘터리를 통해 어느 정도 호기심을 해결한 상태라는 착각에서 시작했기 때문에, 한 발 나아가 인간 생활과의 접목을 시도했고, 애완 동물은 물론 야생 동물들에게까지 인간적인 모습, 인간에 가까운 모습을 요구하기 시작했다. 그리고 동물 관련 프로그램들은 이 요구 사항을 관철시키기 위해 상황 연출도 마다하지 않았다. 일부러 동물끼리 싸움을 붙여 보고, 먹이를 빼앗기도 하며 동물들이 느끼는 감정을 인간의 언어(내레이션과 말 풍선)로, 인간의 희노애락으로 전환시키기에 바빴다. <와우! 동물 천하>에서는 수달의 합사 문제를 놓고 애정 문제와 결부시켜 인위적 상황 연출을 하는 부끄러운 모습을 보이기도 했다.

동물 관련 프로들이 방송 3사의 황금시간대를 장악한 지금, 동물은 더 이상 동물이 아니게 되었다. 그들은 인간과 같아져야 했고, 인간의 언어로 왜곡되어야 했다. 인간이 던져준 돌발 상황 속에서 어리둥절해야 했고, 그 모습마저 각본대로 움직여주어야 했다. 시청자 역시 이에 비판 없이 부응하여, 어느새 평범하고 귀여운 우리 주변 동물보다 특이하거나, 상처 입었거나, 혹은 뛰어난 재주를 지닌 동물을 보는 일에 기대하고 만족을 느끼게 되었다. 동물을 더 이상 동물이지 않게 만드는 것, 그리고 인간이 자연을 자연 그대로 받아들이지 않게 만드는 것, 그것이 지금 우리가 동물에 관한 재미와 흥미, 그리고 정보까지 주고 있다고 믿는 그 '동물 관련 프로그램'의 실체인 것이다.

동물로부터의 착취 둘, 고유성

의인화된 동물 세계가 일반적인 제작 방침이 되면서부터, 본능을 잃은 동물들은 그 고유성마저 잃게 되었다. 각 동물이 무엇을 먹고, 어떻게 자고, 어떻게 번식하는지에 대한 호기심이 사라진 자리에 들어선 것은 재미있는 방송을 위한 소재 찾기였고, 여기엔 동물의 고유성 따위는 필요하지 않았다. 오히려 본능에서 우러나온 동물의 고유성은 방해가 되는 요소였다. 자연스레 태어나 어미젖을 무는 어린 동물은 방송 거리가 되지 못했다. 인큐베이터 속에 들어가 빨갛게 성난 피부를 거친 호흡으로 들썩여야만 카메라의 시선을 받을 수 있었다. 또한 개가 강아지를 키우는 모습은 너무 당연하다는 이유만으로 3사의 동물 프로가 '방송 금지(?)'를 약속한 듯 했다. 고양이를 키우는 강아지, 참새와 친구인 강아지 정도는 되어야 방송의 소재로 간택될 영광을 누릴 수 있었다. 그나마 방송 소재를 찾지 못했을 때에나 끼워 넣는 가치밖에 가지지 못한 것이지만 말이다.

그리고 회를 거듭할수록 동물만 나와서는 한 시간 분량의 방송을 채울 수 없다는 프로그램 자체의 지침이 생긴 듯했다. 동물과 동물 돌보기에 대한 개념이 적은 어린이의 손에 곤욕을 치를 각오가 되어 있는 동물에게만이 전국에 전해질 전파에 몸을 실을 자격이 주어졌다. <주주 클럽>의 '가둥이랑 응도랑'에선 갓 태어난 강아지들을 주무르고 던지고 하며 먹이까지 빼앗아 가는 응도의 짓궂음이 화제거리가 되었는데, 그 화제의 중심엔 귀여운 응도와 강아지들만 있을 뿐, 스트레스 환경에 노출된 어린 새끼 강아지에 대한 배려, 걱정은 없었다.

어디 이뿐인가? 동물들은 더 이상 주인이 주는 밥만 먹어서도 안 되었다. 적어도 담배꽁초, 커피를 식생활화 해야 화제의 대상이 될 수 있었다. 이것이 지금 동물 프로그램이 보여주는 고유성을 삭제해 버린 '동물'의 모습인 것이다.

현재, 안방극장을 채우는 동물들은 나름의 고유성을 상실한 채 인간이 원하는 모습으로 개조가 되어 있다. 그리고 그들을 보며 시청자는 내가 키우는 애완 동물 역시 저런 모습, 저런 재주를 가지기를 원하는 위험스럽고도 비현실적인 상황에 처해 있는 것이다.

동물로부터의 착취 셋, 존재 가치

본능과 고유성, 그 기본적인 사항을 동물로부터 빼앗는 현 동물 관련 프로그램의 가장 큰 문제는 종국엔 시청자가 동물의 존재 가치 자체를 무시하도록 만든다는 점이다. TV 속 동물들은 더 이상 진지한 학술적 연구 가치를 지니지 않는다. 수많은 시간 동안 보아 왔던 다큐멘터리들을 통해, 이미 충분히 알고 있다고 시청자가, 그리고 방송사가 착각하고 있기 때문이다. 또한, 시류에 편승한 최근 동물 프로들은 더 이상의 깊은 사고나 의문점을 허용하지 않는다. TV가 보여주는 동물은 단지 TV를 위한, 방송을 위한, 인간을 위한 소재가 될 뿐이고, 이런 강요는 동물의 생존으로 이어져 인간에게 흥미를 줄 만한 요소를 가지지 않은 동물은 그 존재 필요성이 없다는 인간의 일방적인 잣대로 계산되기에 이른 것이다. 그 예로 <TV 동물 농장>의 '개보다 영리하고 곰보다 재주 많은 코끼리 동네', <와우! 동물 천하>의 '스타 탄생 아기 코끼리의 꿈'에서는 밀렵을 피해 마을을 이루어 인간의 보호 속에 살아야 하는 야생 코끼리들의 절실한 현실은 외면한 채, 재주 많은 코끼리에 대한 호기심만을 충족시키고 있었다. 인간에게 보여줄 재주를 지녀야만 보호받고 살 가치가 있는 동물에 대한 연민, 슬픔, 안타까움의 정서는 생략되고 간과된 채 인간이 보기에 즐거운 세상은 동물들이 살기에도 좋은 세상이라는 잔인하고 이기적인 가치관을 대변하고 있었던 것이다.

동물 관련 프로그램의 시작은 애완 동물에 대한 시청자의 관심을 반영하자는 의도였다. 그러나 사회의 문화가 TV라는 매체로 들어오면서 가족을 대신하는 존재, 벗과 같은 동물과의 사귐, 교감하는 자연의 개념은 사라져버렸다. 동물이 지녀왔던 가장 중요한 존재 가치가 사라져버린 것이다. 자연에 대한 위대한 사랑을 내세우던 방송은 하나씩 전제를 달기 시작했고, 이제 방송이 내세우는 조건에 부합하는 동물의 모습이란, 서커스단의 동물, 생과 사의 갈림길에 놓인 동물, 동물 같지 않은, 인간 같은 동물이 전부이다. 인간의 이러한 이기심은 급기야 동물과 자연을 인간이 조절 가능한 존재, 소유물의 개념으로 전락시켰고, 더욱 심각한 문제는 동물의 재롱을 보느라 정신이 없는 시청자들이 이런 문제점에 시청률이라는 면죄부를 주고 있다는 사실이다.

동물 관련 프로그램이 지닌 형식의 문제와 해결점

동물 관련 프로그램들의 문제는 주로 내용에서 비롯되지만, 형식에서 취하는 내용이고 보면, 그 근본인 형식에 대한 문제를 짚어 보는 것이 우선되어야 할 점일 것이다. 우선 각 방송사 프로그램들의 경쟁 구도가 문제다. 원조 격인 <TV 동물 농장>을 모방한 프로그램들이 뒤따라 생겨난 것이기 때문에 3사의 동물 프로는 자기만의 색을 가지지 못하고 있다. 서너 개의 코너로 한 시간을 채우면서 독특한 동물이나 외국 사파리 여행기를 전한다는 형식을 모든 프로들이 답습하고 있어서, 방송사와 프로그램 이름만 다를 뿐 늘 같은 방송을 보는 듯한 느낌이다. 또한 이렇게 같은 형식을 고수하다 보니, 당연히 '소재의 중복'이라는 문제가 따른다. 3사의 주요 동물 프로를 제외하고도 삽입 코너에서 동물을 다루는 오락 프로그램의 수를 감안한다면, 적어도 시청자는 3번 이상 같은 소재를 일주일 내내 방송으로 접하게 되는 것이다. 분명 다른 방송사, 다른 프로그램인데도 말이다. 이쯤 되면 시청자도 방송이 주는 식상함에 불쾌해진다. 더욱이 그 불쾌함을 부추기는 것이 있으니, 바로 정보와 즐거움의 불균형이다. 분명 방송 기획은 귀여운 동물의 모습을 보면서 그 동물에 대한 정보도 준다는 '인포다큐'였는데, 현재 동물 프로그램의 모습은 그 절반 수준에도 못 미치고 있는 것이다. 주어지는 정보는 아예 없고, 그나마 관찰 카메라 형식마저도 관찰의 필요를 느낄 수 없는 것들이 대부분이다. 한정된 제작 시간 내에 한 회분을 완성하자니 필름은 적게 들이고 편집만 늘려 불필요한 부분까지 방송하는 뻔뻔함이 당연시되고 있는 것이다. 소재의 고갈과 인내심 없는 제작 현장이 프로그램 전체의 기획 의도를 흔들고 있다. 게다가 전문가의 조언이 첨부되었다고는 전혀 상상할 수 없는 무지한 제작 태도로 인해 TV 출연 자체가 동물에게 스트레스 요인이 되고 있다는 사실도 문제점으로 여겨야 할 부분이다. 이제 동물 관련 프로그램의 한계 상황이 닥쳤다는 것을 제작진 스스로도 인정해야 하는 시기가 도래한 것이다. 분명 시청의 이유는 있다. 본래 의도대로만 제작되고 방송된다면 충분히 볼만한 가치는 있는 것이다. 그렇다면 프로그램 연장의 명분을 얻기 위해 어떤 변화를 시도해야 할 것인가? 그리고 이런 동물 관련 프로그램과 경쟁할 수 있는 다른 방안이 있다면 그것은 무엇이겠는가?

그 해결점의 시작은 프로그램 성격을 제작진이 충분히 이해하는 것에서부터여야 할 것이다. 동물을 관찰한다는 것은 끈질긴 인내가 요구되는 일이다. 인간이 정해 놓은 시간 안에 동물이 방송에서 보여질 만한 모습을 연출해주리라는 기대는 애초에 하지 말아야 한다. 미리미리 충분한 시간을 확보하여 취재 대상 동물을 꾸준히 관찰하는 인내심을 갖추어야 한다. 그래야만 촬영분의 70%를 버리는 과감함이 빛을 발할 수 있는 것이다. 또한 자연계 피라미드의 맨 위에 서 있다는 인간의 착각, 자만을 버려야 한다. 자연과 동물을 인간의 손으로 조율할 수 있다는 위험한 생각이 전혀 자연스럽지 않은 방송을 만들고 있고, 동물만의 고유성, 존재 가치를 위협하고 있다는 사실을 깨달아야 할 것이다. 이런 기본적인 마음가짐이 갖춰졌다면, 이제 방송 제작 자체에 대한 진지함을 되찾는 일이 남게 된다. 동물 관련 프로그램에 각본이 주어진다면 이 얼마만한 어불성설이겠는가? 최대한 자연 그대로, 그러면서도 세심한 관찰과 전문 지식의 뒷받침으로 인간을 위한 정보를 제공할 수 있는 방송이 되어야 할 것이다. 인간을 위해 필요한 건 동물을 볼 수 있다는 재미와 그들을 대하는 데에 필요한 정보뿐이지 인간과 똑같은 모습을 한 동물들의 기이한 행동이 아니다. 그리고 또 하나 필요한 것이 지나친 감정 이입을 남발하지 않아야 한다는 점이다. 방송 내내 흐르는 자막, 말 풍선, 동물을 대변하는 듯한 과장된 내레이션은 자제되어야 한다. 동물과 교감할 수 있는 방법은 그들에 대한 이해와 충분한 상호 교류라는 점을 인정해야 하는 것이다. 전혀 그럴 듯하지 않은 목소리, 자막을 입힌대서 동물과 인간이 하나 될 수 있는 것이 아니다. 아니 전혀 그럴 가능성은 없다. 제작진은 이런 사실을 깨닫고, 이제까지의 인위적 제작 태도를 반성해야 할 것이다. 인간이 인간 중심의 사고에서 벗어나 동물과의 눈높이를 맞출 시기가 되었다. 아니 사실 너무 늦었지만 이제라도 시작해야 한다. 1년 가까운 시간이라면, 동물 관련 프로그램의 과도기, 정착기로는 충분하다. 이제 제 자리를 찾아야 할 때가 온 것이다.

그리고 해결 방안의 또 한가지. 동물 관련 프로그램 이후, 잠잠해진 다큐멘터리의 활발한 생산도 이어져야 할 것이다. 충분한 경쟁력을 갖춘 다큐 프로그램의 변화, 발전을 통한 양적, 질적 성장이야말로 동물 관련 프로그램의 견제 역할을 해낼 수 있는 유일한 대안일 것이다. 그 변화의 시작으로 지난 6월 22일의 <사냥꾼의 세계(EBS)>, 23일의 <풀숲의 전쟁(MBC)>를 예로 들 수 있겠다. 딱딱한 성우의 목소리 대신 친숙한 아나운서나 내레이션에 어울리는 연예인의 목소리를 이용, 시청자에게 다가서는 발걸음부터 가벼웠다. 소재역시 익숙함 속에서 특별함을 찾고 있어서 화제성, 희귀성에 대한 만족도도 높이고 있었다. 또한, <사냥꾼의 세계>의 경우엔 '카메듀서'의 제작으로 보여지는 부분의 전문성도 강조하고 있었다. 그보다 앞선 4월 6일엔 <곤충, 그들만의 세상(SBS)>이 방송되었는데, 한 곤충학자가 5년간 촬영한 내용으로 곤충 세계의 사랑, 질투, 배신, 투쟁등 인간사와 닮은꼴을 보여주었다. 수줍은 관찰을 통해 보여지는 인간과 닮은 곤충 세계. 인위성과 작위를 배제하면서도 인간과 곤충의 공감대를 넓히고 있었다.

그밖에 케이블 채널의 활성화도 이루어졌으면 하는 바람이다. 현재 DIY채널에선 <애완 견문록>이란 프로그램이 방송중인데, '개성 만점 마이펫', '애완 명품관', '동물 병원 24시'등 다양한 코너 마련으로 동물에 대한 전문 지식을 배울 수 있는 통로가 되고 있다. 재미는 다소 반감시켰으되 시청자에 대한 유익한 정보 제공이라는 명분은 충분히 세운 셈이다.

결론

"지구의 기생충은 바로 인간이오. 사람 몸 속의 기생충이 활발히 움직이면 죽는 일만 남듯이 지구의 기생충인 인간의 움직임이 많을수록 지구는 망하는 일만 남는 것이오." MBC의 주말 오락 프로그램과의 인터뷰에서 『혼자만 잘살믄 무슨 재민겨』의 저자 전우익 선생이 한 말이다. 자연을 조율할 수 있다고 착각하는 인간의 오만방자한 월권행위가 얼마나 위험한 것인지 깨닫게 하는 말이다. 자연과의 조화와 공생의 개념을 깨뜨린 채, 이기심과 자만심만을 가득 채운 인간에 대한 은유적 비판인 것이다. 물론 인간은 자연 보호 활동, 야생동물 보호, 관리와 캠페인을 통해 물아일체(物我一體)의 중요성을 실감하고 실천하고 있다. 다만 그런 생각들이 방송으로 옮겨지는 순간 왜곡되고 변질된다는 현실이 슬플 뿐이다. 현재 방송 3사는 대표 동물 프로그램들을 필두로 대부분의 오락 프로그램들을 통해 동물 모시기에 여념이 없다. 자연을 대표하는 동물과 인간의 교감이라는 차원에선 안방극장의 동물 나들이는 환영할 만한 일이다. 그러나 '동물'이라는 소재만으로도 시청률을 보장받을 수 있다는 안일한 계산이 바탕 된 프로그램이라는 점을 굳이 감추려고도 하지 않는다는 사실이 안타까울 따름이다.

드라마와 재미, 정보가 가미된 동물 관련 프로그램이 공중파를 탄지 1년 가까운 시간이 흘렀다. 이젠 자체적인 반성의 목소리를 높이고 귀기울여야 할 시기다. 각 방송사의 동물 프로그램들은 TV의 황금시간대를 차지하고 꾸준한 시청률을 올리고 있다는 사실에 안주하지 말고, 진지한 태도로 자연에 다가서기 위한 예의바른 노력을 경주해야 할 때가 왔음을 깨달아야 할 것이다. 비록 인내심을 요구하기는 하지만, 관찰하고 이해할 수 있는 인간 이외의 생물이 존재한다는 사실, 자연이 있다는 사실에 먼저 감사해야 할 것이다. 그리고 이제껏 자연을 소외시켰던 인간의 이기심을 버리고 자연 속으로 스며들기 위한 노력, 자연과 하나 되어 그들의 눈높이에서 이해하려는 노력을 시작해야 할 것이다. 언어가 필요치 않은 동물과의 교감의 장(場), 그들을 대하는 데에 필요한 정보 습득의 장, 더 나아가 동물로 대변되는 자연과 하나 될 수 있는 조화의 장을 조성하는 일. 이것이야말로 동물 관련 프로그램들이 책임져야 할 의무가 아닐까?

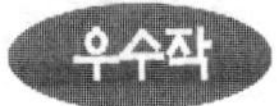

사라지는 것의 무거움
여전히 유효한 <전원일기>의 가치

홍성일(학생)

제1막 1962년 9월 산업화의 시작

요즘 인기를 얻고 있는 <타임머신>이란 프로그램처럼 이 글을 시작해보자. <타임머신>에 등장하는 것처럼 '시대가 만들어낸 희대의 사건'들은 아닐지라도 과거의 기사는 오늘의 현실에 비추어 격세지감을 느끼게 해준다. 아래 기사는 1962년 9월 ≪동아일보≫ 사회면에서 찾아낸 기사이다.

'소가족제'는 시기상조

3일 상오 서울 제1변호사회는 현행 대가족 제도를 소가족 제도로 바꾸려는 최고 회의 법사위원회의 민법 및 호적법 개정안에 대하여 현실정으로 보아 「시기상조」라는 반대 의견을 제출하였다. 최고 회의는 앞서 이 문제에 대하여 동 변호사회에 의견을 구해왔는데 제1변호사회는 이와 같은 결론을 얻어 반대의결을 제출한 것이다.

1962년은 역사적으로 경제계발5개년계획이 시작된 해이다. 한국의 근대화 과정을 되돌아볼 때 1962년은 근대화의 실질적인 출발점이라 불릴 만하다. 경제개발5개년계획으로 한국은 산업화의 기반을 닦게 되었고 이후 10여 년은, 급격한 이촌향도 현상과 도시화, 새마을 운동, 가치관의 변화가 이루어지는 과정이었다. 그것은 어쩌면 오늘날에도 여전히 진행중인 과정이기도 하다.

위의 기사는 이러한 변화의 초기 모습을 보여준다. 사회는 어떻게 기존의 질서와 대립되는 새로운 질서를 받아들일 것인가. 대가족 제도는 산업 사회 속에서 점차 거추장스러운 것이 되고 소가족 제도가 새로운 대안으로 떠오르고 있다. 산업화는 필연적으로 대도시를 만들며 대규모의 노동자 이주를 요구한다. 과거와 같이 고향 땅에 기반해 대가족의 노동력으로 생활을 이루어내는 것은 경쟁에서의 도태를 의미하게 되었다. 하지만 1962년 9월, 변호사 협회 사람들은 소가족 제도가 아직은 시기상조라고 생각했던 모양이다. 그리고 변호사 협회 사람들이 예상했던 시기는 생각보다 더 빨리 찾아오게 된다.

제2막 1982년 서울의 달

1982년 봄, 우리 가족도 서울로 이주하게 되었다. 봉천동의 오밀조밀한 가파른 언덕길을 올라와 다시 비좁은 골목길을 몇 차례 꺾어야 찾을 수 있었던 집으로 기억한다. 동네 한 가운데는 우물도 있었단다. 모든 것이 낯설었다. 다른 친척들은 다 고향에 있었기 때문에 우리 가족은 서울의 이방인이었다. 어린 나에게 할머니를 자주 볼 수 없다는 것과 친한 친척 형제들과 어울릴 수 없다는 것은 이해할 수 없는 일이었다. 왜 다른 친척들처럼 한 동네에 같이 살지 않고 우리 가족만 따로 서울에 떨어져 있어야 했는지를 당시에는 알지 못했다. 다만 잠시나마 할머니와 친척들이 있는 고향으로 갈 수 있는 명절이나 방학을 손꼽아 기다릴 뿐이었다.

<전원일기>는 이런 서울 생활과 함께 기억된다. 1980년부터 <전원일기>가 방송되었다고 하니 서울 생활 이전에도 <전원일기>를 보았고 그에 대한 소소한 기억이라도 남아 있을 법 하지만 <전원일기>는 전원이 아닌 서울과 함께 기억된다. 지금은 너무나도 익숙한 예의 푸근한 오프닝 음악과 안개 낀 시골의 산천이 함께 어우러져 <전원일기>가 시작된다. 그리고 TV 앞에는 부모님과 동생이 함께 있다. 바쁜 서울의 일상 속에서도 아버지는 <전원일기>가 시작되는 시간이면 어김없이 TV 앞에 자리를 차지하고 계셨다. 방 한 칸의 봉천동 작은 집에서 우리 가족은 그렇게 <전원일기>를 보았던 것이다.

프로그램과 함께 나이를 먹는다는 것은 색다른 경험이다. 서울로 이주한 후, 이사는 다시 몇 차례 반복되었고 결국 지금 살고 있는 동네에 정착하게 되었다. 그리고 나는 서울 사람이었다. 이제는 할머니의 품보다는 바깥의 골목길이 더 좋아졌고 친척 형제들보다는 학교 친구들이 더 좋았다. 그보다 더 머리가 굵어졌을 때는 명절의 번잡함과 귀향의 지루함이 싫어 공부를 핑계로 홀로 서울에 남아 있는 경우가 더 많았다. 예의 <전원일기>의 낯익은 오프닝과 그에 때맞추어 귀가하는 아버지를 볼 때면 나는 TV 앞보다는 내 방으로 들어왔던 것 같다. 간혹 <전원일기>가 방송되는 시간에 아버지가 계시지 않을 때면 TV 선택권은 나에게 있었고 채널은 다른 방송을 향해 돌려져 있었다. <전원일기>는 산뜻한 신세대 감각에 맞지 않는, 시대에 뒤처진 구세대의 복고적 향수를 자극하는 프로그램으로만 느껴졌을 뿐이다.

내가 대학에 입학한 1996년, <전원일기>는 방송시간을 일요일 오전으로 바꾸었다. 시간대 변경과 함께 배우들의 세대 교체도 이루어졌다. 세월을 훌쩍 넘어 젊은 신세대들이 <전원일기>의 주역으로 등장한 것이다. 늦은 일요일 아침. 아침과 점심을 겸한 식사시간에 자의 반 타의 반으로 <전원일기>는 다시 한번 가족과 함께 보는 프로그램으로 부활하였다. 나는 미운 오리 새끼에서 백조로 환골탈태한 복길이와 그 세대의 젊은 이야기를 중심으로 <전원일기>를 보았고 나름대로 소박한 재미들을 찾고 있었다. 아버지는 몇 해 전 할머니가 돌아가신 후 더욱 <전원일기>에 열중이셨다. 비록 호상(好喪)이었지만 객지 생활에 어머니의 임종을 지켜보지 못했던 아버지이시기에 <전원일기>에 등장하는 할머니가 남다르게 느껴졌을 것이다. 김 회장이 할머니 방에 찾아와 넌지시 건네는 안부의 인사나 걱정 어린 표정 속에서 아버지는 무엇을 느끼셨던 것일까? 할머니가 살아 계셨을 때와 돌아가셨을 때의 아버지의 표정은 달랐던 것 같다. 밥상 너머로 보았던 TV를 시청하는 아버지의 표정과 가끔씩 혼잣말로 저렇게 효도를 해야 한다는 말씀 속에는 다시는 찾을 수 없는 것들에 대한 아쉬움이 묻어 있었다. 비록 TV 시청이지만 이를 통해 아버지는 그것들을 상상적 차원에서나마 해소하고 있으셨던 것이었다.

2002년 10월, <전원일기>의 종영을 바라보는 나는 약간은 이상한 기분에 휩싸여 있다. 꾸준히 <전원일기>를 시청한 것도 아니었고 철들 무렵엔 아예 눈길조차 주지 않았던 프로그램이었다. <전원일기>의 낮은 시청률엔 나의 기여도 적지 않다. 이제는 서울 생활 20년에 완전한 서울 사람이 되었지만 그러나 되짚어 생각해보면 적어도 <전원일기>를 가족과 함께 시청하고 있는 시간만은 난 서울의 이방인이었던 것 같다. <전원일기>를 시청하는 공간은 물리적으로는 십수 년을 살았던 서울 강북의 한 동네였지만 정서적으로는 20여 년 전의 고향집이었다. 할머니와 친척들이 함께 있었던 고향이라는 공간을 <전원일기>를 시청하며 느꼈던 것이다. 그것은 일종의 이방인의 정체성이었다. 나는 서울 사람이 아닌, 눈감으면 코 베어 간다는 서울 생활의 각박함이 아닌, 여전히 이웃과 친척과 형제들이 함께 있는 고향 속에 있었다는, 그리고 그 고향이 지금도 있다는 정체성을 가졌던 것이었다. 비록 그것은 TV 수상기 앞을 떠나 현실로 돌아오면 여지없이 사라지는 것이었지만 이제는 그러한 프로그램을 시청할 수조차 없게 된 것이다.

제3막 2002년 가을, 강북 재개발 계획

이야기를 조금 다른 방향으로 풀어나가 보자. 지금 나에게는 20년 가까이 살아온 서울 강북 용산구의 한 동네가 고향으로 느껴진다. 눈 감아도 훤히 찾을 수 있는 골목골목과 일제시대 때부터 있어왔다는 낮은 지붕의 단층집들, 동네 어귀에 있는 재래시장의 가판과 노점은 살가운 것들이다. 나에게 고향이라는 감정을 안겨주는 전원의 산천이 아니라 좁은 골목에서 축구나 술래잡기를 하며 뛰어 놀았던 기억과 언제나 변함 없는 건물들, 동네 친구들의 부모님들과 이웃들의 모습이다.

그러나 최근 우리 동네는 재개발의 열풍이 불어닥치고 있다. 낮은 단층집들은 헐리고 골목이 사라지고 있으며 그 자리엔 큰 도로와 빌라들이 들어서고 있다. 큼직큼직한 도로와 빌라는 개성을 상실한 채 육각형의 성냥갑 모양으로 동네를 차지하는 중이다. 어머니에게 들었던 자초지종은 이러하다. 예전에 한 가족이 살았던 집에서 자식들이 장성해 분가를 이루게 되었다. 자식들은 강남이나 신도시 등 교육환경이나 생활환경이 보다 좋은 동네로 이사했단다. 자식을 길러낸 노부부는 덩그러니 남은 오래된 집 속에서 주말에나 찾아오는 손자,

손녀와 아들, 딸들을 기다렸고 그렇게 시간이 흘러 그들은 유명을 달리 했다. 재산을 상속받은 자식들은 옛 집을 지켜내기보다는 재개발 업자에게 파는 것을 선택했고 그렇게 해서 여러 집들이 헐리며 그 가운데 도로와 빌라가 들어서게 되었다는 것이다.

이와 비슷한 흐름은 강북 곳곳에서 벌어지고 있다. 최근 서울시는 강북 재개발 계획을 발표하였다. 강남에 비해 절대적으로 낙후한 강북을 강남과 같은 쾌적한 도시로 바꾸어 강북과 강남의 계층간 격차를 줄이자는 것이 요지이다. 서울시에 따르면 뉴타운 지구 3곳을 중심으로 향후 4년간 강남과 같은 교육환경과 생활환경을 겸비한 한층 발전된 강북을 만들겠다고 한다. 만약 서울시의 계획이 현실화된다면 이제 강북은 예전과 같은 낮은 단층집들과 촘촘히 엮여진 골목골목을 찾기 힘들 것이다. 대신 인공의 몰개성적인 빌라와 아파트, 블록으로 구획화된 주거 단지가 들어설 것이다. 내가 서울을 고향으로 여길 수 있었던 좁은 골목에서의 축구와 술래잡기는 옛 이야기가 될 것이다. 우리 부모 세대와는 다른 방식으로 나 역시, 고향에 대한 상실감을 느끼고 있다.

제4막 강북의 강남화와 <전원일기>의 퇴출

뜬금없이 강북의 재개발로 방향을 선회해 이야기를 풀은 이유는 <전원일기>의 퇴출도 이와 유사한 논리가 관철된 것으로 여겨지기 때문이다. 앞서 지난 40년의 근대화 역사 속에서 <전원일기>가 인기를 얻을 수 있었던 이유는 고향을 상실한 기성 세대의 향수가 있었기 때문이라고 지적하였다. 그러나 이들이 늙어가게 되면서 <전원일기>는 시청률의 하락을 경험하게 된다. 한편 수평적으로는 시골의 인정보다 도시의 세련됨을 보다 선호하게 된 신세대가 있다. 부모의 고향을 벗어난 이들은 도시인이었고 강북의 자연스러움과 분주함보다는 강남의 인공미와 쾌적함을 선호하게 되었다. 이들이 지향하는 삶은 여피족의 도시민의 삶이었다. TV 드라마 속에 등장하는 청담동의 카페와 프리랜서의 풍족한 삶 속에서 <전원일기>가 들어설 공간은 점점 줄어들게 되었다. 다른 프로그램들은 한 단계 발전하여 화려한 조명과 흥청거림, 혹은 '쿨'한 생활 습관과 '나이스'한 주거 환경을 보여주고 있는데 여전히 귀에 익은 <전원일기>의 오프닝 곡과 안개 낀 시골의 정적인 산천은 구닥다리로 여겨지는 것이다.

 TV는 결코 현실과 분리되지 않는다. TV의 프로그램 변화는 현실의 변화에 영향을 받는 것이다. <전원일기>의 퇴출도 지난 근대화의 과정이 일단락 지어지며 새로운 도시민의 생활로 재편되는 오늘의 현실을 상징하는 것이다. 그것은 2002년 발표된 강북의 재개발 계획과 떨어트려 생각할 수 없다. <전원일기>의 종영이 나에게 지난 20년의 서울 생활과 향후 서울 생활의 구분점으로 다가오는 이유도 이 때문이다. 이제 나는 <전원일기>를 보며 내가 서울의 이방인이라는 감정을 느끼지 못할 것이다. <전원일기>가 사라진 TV 속에서 내가 감정이입하는 대상은 도시민의 '쿨'한 생활과 '나이스'한 인테리어가 될 것이다. 이제는 강남 문화로 대표되는 도시민의 일상이 삶의 지향점이 될 것이다. 난 이제 고향과 괴리된 진정한 도시민으로 살아갈 것이다.

 그러나 과연 이러한 논리로 사라지는 것들은 어디로 사라지는 것일까? 강북의 재개발 와중에 원래 살고 있었던 이들은 어디로 사라지는 것일까? 우리 동네의 오래된 단층집에 살았던 노부부는 죽어서 사라졌다고 하지만 아직 살아 있는 그들은 어디로 가는 것일까? <전원일기> 역시 지난 20여 년의 역사를 뒤로하고 사라지려 한다. 사라지는 것들은 사라질 만큼 가볍기 때문인가, 아니면 우리는 애써 사라지지 않은 것들을 사라졌다고 여기기 때문인가? 분명한 것은 <전원일기>가 종영되어도 우리 아버지는 여전히 살아 있다는 것이다. 여피족의 삶은 지향점이긴 하지만 여피족으로 살아가는 이들은 얼마 되지 않는다.

제5막 상상적 공동체로서의 〈전원일기〉

완전한 서울 도시민이라 생각하는 나이지만 최근 동네에 들어서는 큰 도로와 빌라를 보며 느꼈던 감정은 당혹감이다. 이는 비록 우리 부모 세대가 고향을 떠나 직접 몸으로 부딪혔던 정서와는 질적인 차이가 있지만 근본적으로는 익숙한 것들이 사라지는 것에 대한 두려움이다. 도시민이 감정이입하는 '쿨'한 생활 습관과 '나이스'한 인테리어는 철저히 개인적인 것들이다. 우리가 추구한 안락한 삶이 무의식적으로 전제하고 있는 것은 이웃과 함께 하는 안락한 삶이 아니라 나만의 안락한 삶이었다. 그러나 막상 이웃하고 있는 우리네 현실이 현대적인 감각으로 변화하고 우리를 철저히 개인으로 구획하게 될 때 우리는 당혹스러워한다. 정작 도시민 개인으로서 살아가게 될 때 우리가 그리워하는 것은 물질적 풍요가 아닌 정서적인 동질감이다. 생각해보면 〈전원일기〉가 우리에게 주었던 감정은 우리는 비록 서로 다른 곳에서 유입된 도시민이었지만 근본적으로는 한 고향에서 뻗어 나온 '같은 이웃'들이라는 감정이었다. 이는 각박한 도시민의 일상 속에서 동질감을 부여했었다. 마치 그물눈이 그물 망에 엮여 있었을 때는 각각의 그물눈을 구분하기가 어렵지만 막상 한 그물눈이 끊어졌을 때에 그 그물눈을 시초로 모든 그물이 끊어지게 되듯, 〈전원일기〉가 했던 역할은 〈전원일기〉가 사라지게 되면서 더욱 두드러지게 되었다. 이제 우리는 무엇을 근거로 우리가 서로 비슷한 동질적 이웃이라 말할 수 있는가. 〈전원일기〉의 퇴출과 이 빈 자리를 메우는 세련된 도회지의 삶은 단순히 삶의 풍요로움을 떠나 정서적인 단절이 된다.

갑작스런 <전원일기> 퇴출과 이에 반발하는 시청자들을 무마하기 위하여 MBC 측은 새로운 농어촌 드라마를 구상하고 있다고 한다. 그러나 새로운 것을 만들기는 쉬워도 기존의 것을 지키는 것이 어렵다. <전원일기>는 지난 20여 년의 시간 속에서 나름대로의 역사를 갖고 있었다. 연로한 할머니를 모시는 그보단 덜 연로한 가부장. 그리고 그 자식들이 다시 손자를 낳고 그 손자들은 서로 연애를 하고 있었다. 이러한 역사성은 20년의 세월 속에서 서로 다른 시청자들이 감정이입하는 대상으로 기능했다. 그러기에 우리는 <전원일기>를 보며 세대를 뛰어넘어 우리가 한 이웃이라는 공통의 정서를 느낄 수 있었던 것이다. 이러한 감정이 새롭게 태어난 농어촌 드라마에서도 동일하게 일어날지는 의심스럽다. 그것은 작품의 완성도와 탄탄한 연기를 떠나 오래된 된장에서나 맛볼 수 있는 '시간'이라는 역사성을 필요로 하기 때문이다.

기존 가치에 대한 홀대가 <전원일기>의 퇴출 속에 함께 하고 있다. 재편된 도시민의 일상은 개인주의와 파편화로 철저하게 고립되고 있다. 서울이라는 대도시는 강남과 강북의 격차를 서울의 강남화로 극복하려 하고 있다. 이제 서울에서 낮은 단층집과 거미줄 같은 골목길은 자취를 감춰간다. 간혹 이러한 것들이 향수를 자극하는 일회적인 이야기로 재등장할는지 모르겠지만 그것이 일상적으로 등장하는 프로그램은 더 이상 찾기 힘들 것 같다. <전원일기>의 퇴출은 이에 대한 상징일 것이다. 그러나 현실 속에는 분명히 그러한 것들이 추억의 대상으로서가 아니라 '실재'로서 존재하며 이에 대해 지속적인 관심과 보호를 요구하고 있다. 우리는 여전히 동질적인 이웃을 그리워하고 있다. 사라지는 것들은 그것이 가볍기 때문에 사라지는 것이 아니다. <전원일기>를 사라지게 만든 것은 도시민의 삶 속에서 더욱 찾기 힘든 정서적인 유대감을 물질적인 풍요로움으로 바꾸려는

시도일는지도 모른다. 아직 <전원일기>의 가치는 유효하다. 20여
년의 시간은 '이만하면 된 것'이 아니라 '이제야 여기까지' 도달한
시간들이다.

장애인을 바라보는 뉴스의 장애

MBC, KBS, SBS 메인 뉴스를 중심으로

김지은(학생)

서론

흔히 뉴스를 '세상을 보는 창'이라고 한다.

세상 돌아가는 것을 알기 위해 뉴스를 보고 뉴스가 전하는 소식을 우리는 모두 진실이라고 믿는다. 그런데 우리가 굳게 믿었던 뉴스가 세상을 올바로 보게 하는 게 아니라, 종종 한쪽 편만을 보도록 강요하고 다른 한편은 철저히 무시해버림으로써 세상을 왜곡되게 바라보도록 한다면, 뉴스를 믿고 신뢰하는 대다수의 사람들은 어떤 표정을 지을까? 우리 방송이 소외 계층을 더욱 소외시키는 데 일조를 하고 있지만 장애인들의 인권과 관련해서는 그 도가 심하다는 생각이다.

장애인의 90%가 교통사고나 질병 등으로 인한 후천적 장애를 안고 살아가고 있다고 한다. 우리는 모두 장애인이 될 가능성에 항상 노출된 채 살아가고 있는 예비 장애인인 셈이다. 내가 현재 장애인이 아니라고 해서 장애인을 나와 다른 범주로 대상화해 봐서는 안되는 이유가 여기에 있다. 그렇다면 우리 방송은, 그것도 가장 중립적이고 객관적이어야 할 뉴스에서는 장애인을 바라보는 시각이 어떠한가? 뉴스를 자세히 보다보면 장애인의 이미지가 몇 가지로 압축되어 표출되고 있음을 알게 된다. 장애인에 대한 그릇된 시각이 비단 뉴스에만 담겨있는 것은 아니지만 가장 공정하다고 믿고, 또 가장 신뢰감을 가지고 대하는 프로그램이 바로 TV뉴스이기에 뉴스에 표상되는 장애인의 이미지에 주목하게 된다.

장애인을 바라보는 뉴스에 관심을 갖는 이유는 사회적 약자의 대표 격인 장애인과 공정성의 대변인 격인 뉴스를 통해 우리 사회의 갈등에 방송이 어떻게, 얼마나 반응하는지를 살펴봄으로써 방송과 인간 간의 거리감을 좁혀봤으면 하는 바람에서이다.

본론

장애인은 영웅이거나 무능하거나?: 극복하고, 싸우고, 승리하고, 성공하고……

우리는 흔히 방송을 비롯한 언론매체를 통해 '장애를 극복'하고 '성공'한 장애인들에 대한 애기를 종종 접하게 된다. 뉴스에서도 마찬가지이다.

MBC에서는 7월 6일, 7살 때 미국에 입양된 청각장애아가 "장애를 '극복'하고 대학을 우등으로 졸업했다"고 전했다. 7월 21일에는 "10대 자폐아가 장애를 '뛰어넘어' 철인 3종 경기"를 해냈고 "인간의 '한계를 넘는' 철인으로 성장'하고 있다고 전한다. 7월 26일, SBS는 "장애인 편의 시설이 부족해 고통스러운 학교생활을 해오던 한 여대생이 학교를 상대로 한 법적 투쟁에서 '승리'했으며, 장애인 모두를 위한 '싸움'이었기에 '승리'는 더욱 값진 것"이었다고 한다. 또

8월 15일에는 "한 뇌성마비 1급 장애인 소녀가 한강을 헤엄쳐 건너는데 '성공'했다"는 소식을 전했다.

위 뉴스들은 장애를 '극복'하고 '싸우고' '승리'해서 결국 '성공'해야 하는 그 무엇으로 간주한다. 그야말로 뉴스는 장애인들에게 '인간의 한계를 넘는 철인'이 되기를 강요한다. 이런 뉴스는 장애인들은 자신들의 삶을 위해서는 자신의 장애는 물론 사회의 편견에도 '도전'하고 '극복'해내야만 '승리'할 수 있다는 당위성을 낳는다. 반면 자신의 장애와 사회의 벽을 뛰어넘지 못하는 대개의 '성공'하지 못한 장애인은 무능력하다는 이미지를 생산해낸다. 즉 '성공한 장애인은 영웅, 그렇지 않은 장애인은 무능'하다는 이분법적 이데올로기 속에 장애인을 가두어두고, 시청자가 그렇게 보도록 유혹한다.

장애인은 비주체적이고 의존적?: 도와주고 도와주고 끊임없이 도와주고……

SBS는 9월 22일 정신지체 장애인들이 운영하는 빵집과 카페를 소개한다. 이 기사에서 한 시민은 '찾는 것만으로 뭔가 도와주는 느낌'이라고 한다. KBS는 10월 7일, '장애 어린이와 비장애 어린이가 함께 하는 교육은 양쪽 모두에게 큰 도움이 된다'고 말한다. 기자는 '비장애 어린이는 장애 어린이를 통해 남을 돕는 것의 중요성을 알게 된다'고 말하고, 한 전문가는 '비장애아가 누구를 도와줬다는 성취감이 사회에 나가 리더십을 형성할 수 있는 계기가 된다'고 한다.

SBS가 보도한 장애인 관련 기사는 묘한 뉘앙스를 풍긴다. 장애인들이 스스로 빵과 차를 만들어 팔고 있는데 그들이 파는 음식을 사먹는 시민은 돕는다고 말한다. 장애인들에게 거저 돈을 주는 것도 아니고, 비싼 가격에 울며 겨자먹기로 사먹는 것도 아닌데(보도내용에서는 가격이 싸다고 함) 장애인에게 뭔가를 사는 행위는 왜 도움이라고 생각할까? KBS는 통합교육의 중요성을 일깨우면서 비장애아가 장애아를 도와주는 것에 초점을 맞춘다. 이 보도에서는 비장애아가 시키면 장애아가 따라하는 모습들을 보여줌으로써 장애아의 수동적이고 비주체적인 이미지를 도출해낸다. 기자의 이야기나 전문가의 인터뷰에서도 장애아는 도와줘야만 하는 사람으로 묘사하고 있어 비장애아의 일방적인 우월감을 조장한다. 장애아는 비장애아를 도울 수 있는 부분이 전혀 없다는 말인가? 비장애아, 장애아 구분 없이 서로 어울려야 하는 평등의 원칙하에서 보도가 출발해서는 안되는 이유라도 있는 걸까? 이런 기사가 자라나는 어린이들에게 장애인을 의존적이고 열등한 존재로 인식되게 하고, 장애인을 대함에 있어서 우월감을 조장하면 어떻게 하나 하는 염려는 지나친 기우일까?

이런 기사는 수용자들에게 장애인은 늘 도와줘야만 하는 비주체적이고 의존적인 사람들이라는 등식을 주입시킴으로써, 장애인 스스로 행동할 수 있는 환경을 만들어줘야 한다는 사회적 책임감에서 회피하도록, 국가와 국민·방송이 삼위일체가 되어 공범자로 남는 데 기여한다.

장애인의 생명은 하찮은 것?: 고작 장애인을 살리자고……

5월 9일 새벽, 충남 부여의 장애인 복지시설에서 불이 나 장애인 3명과 복지관 원장인 표병구 목사 등 모두 4명이 숨진 사고가 있었다. MBC는 이 사고를 '표 목사가 장애인들을 구하려다 아깝게 목숨을 잃었다'며, '시설이 열악해서 복지시설로 정식인가를 못 받았고 나무를 때 난방을 했으며 그로 인해 불이 난 것'으로 보도한다. KBS는 '희생자가 적었던 것은 표 목사의 살신성인 덕분'이라고 전했다. SBS도 '표 목사의 살신성인이 대형참사를 막았다'며, '불이 난 복지관은 지난 5년 동안 소방점검을 한 차례도 받지 못했다'는 중요한 사실을 덧붙였다.

위 기사들은 하나같이 장애인을 구하다 목숨을 잃은 표 목사의 '살

신성인'만을 안타까워했을 뿐, 나머지 3명의 장애인들의 죽음은 철저히 무시해버린다. MBC가 언급한 '시설이 열악해서 복지시설로 인가를 못 받았다'는 부분과 SBS가 말한 '5년 동안 소방점검을 한 차례도 안 받은' 사실은 이 시설이 언제든지 사고가 발생할 가능성을 안고 있었다는 얘기이다. 결국 이로 인해 실제 사고가 발생해 인명피해가 났음에도, 미인가 시설에서 생활할 수밖에 없었던 장애인들의 실상과 현실에 대해 뉴스는 한 번도 뒤돌아보는 법이 없었다. 감히 단언하건대, 만일 희생자들이 비장애인이었다면 절대 이런 식으로 기사를 마무리하고 끝내버리지는 않았을 것이다. 열악한 시설 때문에 목숨을 잃을 수밖에 없었던 3명의 장애인의 목숨은 이 뉴스들에서는 생명으로서의 가치를 인정받지 못하고 있었다. 장애인은 장애가 있다는 이유만으로 인가도 못 받을 만큼 열악한 시설에 방치해둬도 된다는 것인지, 그런 이유로 목숨을 잃었는데도 비장애인의 죽음만 아깝고, 장애인의 죽음은 당연하다는 것인지 알다가도 모를 일이다.

이와 같은 사고는 화재의 위험에 노출된 시설에 대한 근본적인 점검과 아무리 좋은 의도라도 준비 없는 봉사가 재앙을 부를 수도 있다는 경고의 메시지가 없는 한 되풀이될 수밖에 없는 사고이고, 장애인들은 계속 그런 위험 속에 방치된 채 살아가게 된다. 위의 기사들에서는 장애인의 목숨은 더욱 더 무시되어버려 장애인의 생명에 대한 경시풍조마저 조장하게 된다. 이런 식의 기사는 장애인의 목숨은 비장애인의 그것보다 덜 소중하다는 사회적 함의를 낳는다.

정신질환 장애인은 위험?: 사회의 일탈자, 폭력, 범죄, 살인……

지난 9월 4일에는 50대 정신질환자가 교회의 지하식당에서 어린이들에게 흉기를 휘둘러 10여 명이 다친 사고가 있었다. 이 사건과 관련해 KBS는 후속 기사로 '정신질환자 관리가 허점'이라며, 정신질환자의 관리소홀 부분까지 기사의 수위를 끌어올렸다. 그러나 이 과정에서 이전 사고 화면인, 붕대를 감고 치료중인 아이들과 어이없는 사고에 놀란 부모들의 울부짖음만이 다음 화면까지 반복·되풀이되고 있어 시청자에게 정작 정신질환자 관리체계의 문제점이라는 근본적인 사고원인을 차분하게 바라 볼 냉정성을 빼앗아버린다. 여기에 그치지 않고 기자는 보도의 마무리를 '정신질환자에 대한 느슨한 관리 속에 정신질환자의 예상치 못한 범행이 우리 사회의 위협이 되고 있다'며 정신질환자의 위험을 경고하고 끝을 맺어 화면과 이야기가 정신질환자에 대한 극도의 위험성만 재확인시키고 기사를 원위치로 되돌려버린다.

한편 SBS는 이틀 후 9월 6일, <정신질환자 범죄관리 허술, 재범 60% 이상>이라는 제목으로 위 사건을 언급하고 '9월 5일 정신질환자가 자신의 어머니를 살해한 사건까지 일어났다'고 기사를 시작해, 정신질환자에 대한 극도의 공포감을 조성한 상태에서 보도를 출발한다. 이 기사는 '어제 어머니를 살해한 40대 남자는 10년 전부터 정신과 치료를 받아왔고 전과가 11범'이라고 전한 후 '그제 유치원생들에게 흉기를 휘두른 정신질환자도 1997년부터 정신치료를 받아왔고, 폭력혐의로 두 차례나 입건된 재범자'라고 한다. SBS는 말미에 국립 서울병원 원장의 인터뷰를 실었다. 내용은 '가족과 환자에 대해 따돌리니까 오히려 환자를 숨기고 사회문제로 곪아 터져 나오는 것'이라고 했다. 마지막으로 기자는 '정신병도 완치가 가능한 만큼 시설을 확충하고 체계적인 관리를 해야 어처구니없는 범죄를 줄일 수 있다'는 전문가의 지적을 인용했다. SBS는 아마도 이 뉴스를 통해 정신질환자에 대한 관리소홀이 정신질환자의 재범률을 높인다는 말을 하고 싶었던 것 같다. 그러나 이 기사가 정신질환자의 재범과 관리소홀을 한 꼭지 안에서 처리하려다 보니 선정적이고 자극적인 '정신질환자의 높은 재범률'만이 두드러져 소기의 목적(체계적인 관리로 인한 재범 예방)을 달성했는지는 의문이다.

위 기사들은 정신질환자에 대한 세심한 관심과 구체적인 취재가 필요한 사안이다. 정신질환자의 의료복지나 시설의 문제점·관리체계 등 정신질환자의 인권과 관련한 심층취재를 하여 사회적 이슈로 공론화 해야 했다. 이런 사고가 되풀이되지 않도록 예방하는 데 뉴스의 역할이 그 어느 때보다 절실했으나, 우리 뉴스들은 정신질환자에 대한 극도의 두려움과 불안감만 조장해놓고 근본적인 사고 예방에는 별 수고를 하지 않았다. 이런 기사는 '정신질환 장애인은 위험'하다는 이데올로기를 만들어내고, 정신질환 장애인을 환자가 아닌 범죄 인자를 지닌 인간 군으로 범주화하는 사회적 공감대를 형성시킨다.

장애인은 비정상?: 시위·점거·농성·쇠사슬에 수갑……

9월 11일, 장애인 70여 명이 지하철 1호선 시청역 선로를 점거하고 시위를 벌였다. 이날 장애인들은, 지난 5월 휠체어 장애인 윤재봉 씨가 리프트를 이용하다 추락해 숨진 발산역 사고에 대한 공개사과와 함께 장애인의 이동권을 요구한 것이다.

발산역 사고에 관해서는 5월 21일 SBS에서만 보도하고 나머지 두 방송사는 이런 일에 관심을 두기에는 너무 바빴다. SBS는 이 사고와 관련해 '지난 한 해 동안 일어난 휠체어 승강기 고장사고는 서울에서만 무려 800건, 제2·제3의 추락사고가 나지 않도록 안전점검과 손질이 시급'하다는 장애인 단체의 입장을 대변한다. 이 기사에서는 장애인들의 이동권에 심각한 문제가 있음을 알 수 있다. SBS가 문제점을 짚어내고도 사후 취재가 이루어지지 못했고, 9월 11일 이와 관련해 있었던 장애인들의 지하철 선로점거 시위에 관해서 기대 이하의 보도를 한 것은 유감이 아닐 수 없다.

9월 11일, 장애인 선로점거 시위와 관련해 SBS는 '장애인들이 이동권 보장을 요구하며 농성을 벌였고, 지난 5월 장애인 김모 씨가 리프트를 타려다 떨어져 숨진 것에 대해 사과할 것도 촉구했다'며, '지하철 운행의 중단으로 많은 시민들이 불편을 겪었다'고 사건의 개요를 일러주는 수준에서 기사를 멈추고 있다. 또 이 기사에서는 '윤 씨'를 '김 씨'로 말하는 결정적인 실수도 있어 SBS가 이 사건을 대함에 있어 큰 의미를 두지 않았다는 의혹을 갖게 한다.

MBC는 앵커의 말에서 '(장애인들이) 서울시에 지하철을 타려다가 숨진 장애인에 대한 공개사과를 요구했지만 거부당했기 때문'이라고 시위 원인을 파악했다. 보도기자는 '시민은 물론 경찰도 놀랐다'며 '극단적인 방법을 선택'했다고 전한다. 결국 MBC는 장애인들의 궁극적이며 절박한 요구, 즉 이동권 보장에 관한 보도는 빠져 있어 MBC가 다른 일로 얼마나 바쁜지 알 수 있었다.

KBS는 9월 11일, 앵커가 '자신들도 정상인들처럼 지하철을 손쉽게 이용할 수 있도록 해달라는 게 시위 목적'이라고 하고, '사다리에 목을 내밀고 몸에는 쇠사슬을 묶어 인간열차를 만들었다'며 장애인들의 불편한 몸으로 인한 시위모습을 희화화하고 있다. '장애인도 이동할 권리가 있고 일할 권리도 있다'는 장애인의 인터뷰 바로 다음에 기자는 '이 때문에 지하철 1호선 전동차가 일시에 모두 멈춰서고 말았다'고 말하고 서울 남대문 경찰서장의 '지금 이분들께서는 시민들의 발을 볼모로 차량운행을 방해하고 있다'는 인터뷰에 이어, 또 기자가 '시민들은 이동권을 요구하는 장애인들의 몸부림에 공감하면서도 지하철까지 멈춘 것에는 항의하기도 했다'며 시민과의 인터뷰 '당장 사과해요. 이게 뭐 하는 거예요. 시민들도 인권이 있다고요'를 줄줄이 내보내고 있다. 이동권을 요구하는 장애인의 한마디에 각계각층의 불만과 기자의 불편한 심사까지 덧붙여 기사 전체가 마치 온 국민이 장애인의 요구에 항의하는 듯한 편집의 묘를 보였다. 그래도 분이 안 풀렸던지 마지막으로 기자는 '경찰은 이들 장애인들에 대해

철도법 위반과 업무방해혐의를 적용해 전원 형사처벌 한다는 방침'
이라며 결국 장애인들의 행위가 위법이었다고 한 방 더 날린 후에야
끝을 맺었다. 다음날(9.12), 다행히 KBS는 '장애인들이 왜 이렇게까지
절규해야만 하는지 그 이유'(앵커 멘트)에 대해 관심을 보인다. '서울
의 지하철역 263곳 가운데 절반에 가까운 116곳은 장애인용 리프트
가 아예 없고 그나마 발산역 사고 이후에는 있는 시설도 불안해 사
용할 수가 없다'는 기자 멘트로 장애인들의 이동권에 관한 실상을
전달하려는 노력이 보인다. 그러나 기자는 마무리 멘트에서 '장애인
용 버스의 경우 1대 값이 2억 원을 호가하고 있어 구입은 엄두도 내
지 못하고 있다'고 결정적으로 서울시의 손을 들어주어 장애인의 이
동권에 관해 더 이상 나아가지 못하고 주저앉고 말았다. 이 사건과
관련해 있었던 9월 11일 보도는 장애인을 바라보는 KBS의 시각이
얼마나 위험한지를 단적으로 보여준다. 특히 앵커가 말한 '자신들도
정상인들처럼'이라는 대목은 장애인은 비정상인이라는 말로, 장애인
을 비장애인과 다른 부류로 범주화하고 있음을 알 수 있다. KBS는
장애인은 비정상인이 아니며, 단지 다른 능력을 가진 사람들일 뿐이
라는 사실을 미처 깨닫지 못하고 있는 듯 보였다.

　본 사건과 관련한 보도 태도에서는 MBC는 무관심, SBS는 관심은
있으나 더 이상 관여하지 않겠다는 입장, KBS는 정상인도 아닌 장애
인들이 정상인을 불편하게 하면서까지 참고 살지 않음에 매우 불만
스러워하고 있다. 이들 기사는 장애인은 쇠사슬로 몸도 묶고 수갑도
차고 사다리에 목을 내밀고 철로에 눕기도 하는 극단적인 방법으로
일반인을 놀라게 하는, 즉 '장애인은 비정상적'이라는 비장애인 중심
의 이데올로기를 만들어낸다.

요약

이상에서 살펴보았듯이, 우리 TV 뉴스가 바라보는 장애인에 대한 시각은 가히 위험수위에 있다 할 만하다. TV 뉴스는 영웅 아닌 장애인은 무능력하고, 비주체적이며, 의존적이고, 위험하며, 비정상적이라는, 장애인에 대한 비장애인의 지배적 이데올로기를 생산해낸다.

뉴스는 장애인을 성공한 장애인과 실패한 장애인으로 이분화하고 있다. 자신의 장애와 사회의 편견은 스스로 극복하는 것이라는 점을 강조함으로써, 장애를 사회문제로 이슈화하지 못하고 개인적 차원에 머무르게 한다. 또 뉴스는 성공하지 못한 장애인들은 항상 누군가가 도와줘야 하며, 일반인의 희생이 따라야 한다고 주장함으로써 장애인을 사회의 짐으로 느끼게 하고, 장애인들 스스로 행동할 수 있는 환경을 조성해줘야 한다는 사실을 인지하지 못하도록 시청자의 정신을 마비시킨다. 더욱 위험한 것은, 정신질환 장애인의 경우 문제행동만을 극적으로 내보이고, 그 내면의 근본적인 치료와 복지의 문제는 덮어버림으로써, 정신질환 장애인을 대하는 비장애인들에게 극도의 공포감을 조장한다는 사실이다. 이는 은연중 정신질환 장애인의 인권을 침해한다는 점에서 문제의 심각성이 있다. 장애인들의 목숨 건 대중교통 이동권 요구를, 장애인들이 선로를 점거하고 쇠사슬로 몸을 감고 수갑을 차는 그들의 행동에 초점을 맞춰 버림으로써, 장애인들은 비상식적인 행동을 하는 극단적인 사람들로 묘사하고 장애인을 대상화해서 구경거리로 삼는다. 감정이입을 제어시켜버리는 것이다. 이렇게 시청자의 관심을 엉뚱한 방향으로 돌려놓음으로써 장애인들의 이동권 요구에 방관하도록, 뉴스는 시청자도 공범자로 만들어버린다.

결론

　뉴스가 신뢰받는 이유는 중립성과 공정성, 객관성에 대한 확신 때문이다. 뉴스가 신뢰감을 상실하지 않기 위해서는 이런 신뢰의 요소를 사회적 약자에게도 적용시켜야 하는 것이다. 공정성과 객관성이란 일어난 사건만을 그대로 일러주는 일은 아니다. 우리가 원하는 뉴스의 신뢰감은 사회 내부의 질서에 내재된 모순으로부터의 공정성과 객관성을 유지하는 뉴스, 다시 말해 사회구조적 모순으로 인해 도저히 공정하게 살 수 없는 대다수 힘없는 약자들의 서러움과 울분, 고통에 뉴스가 관심을 가지고 지켜봐 주는 것이다. 어찌할 수 없는 약자들의 삶을 거대한 뉴스가 가장 공정한 눈으로 그 서러움의 모순을 파헤치고 제 소리를 내줄 때 진정 우리가 신뢰하는 뉴스가 될 수 있을 것이다. 뉴스가 사회적 강자 편에서 약자들의 삶과 괴리감을 쌓고 있을 때 사회적 약자들은 울분의 출구로 또다시 거리로 뛰쳐나올 수밖에 없는 것이다. 뉴스가 공정하고 객관적으로 사회구조적 모순을 제 색깔로 말할 수 있을 때 비로소 중립적인 뉴스가 될 수 있고, 앵무새 뉴스라는 오명으로부터 벗어날 수 있을 것이다. 소수의 소리에도 귀기울여주기를 바라는 마음을 도저히 포기할 수 없는 이유는, 그것이 바로 뉴스이기 때문이다.

TV 퀴즈 프로그램이 조장하는 도박심리

우려할 만한 MBC <퀴즈가 좋다>의 경우

김경임(자유기고가)

왜 '시청자 참여'가 중요한가

현대사회를 규정하는 틀 가운데 하나로 '미디어 환경'을 꼽을 수 있다. 인간의 일상생활 속에서 차지하는 미디어의 역할이 '가공할 만'하다는 것이 사회학이나 매체관련 분야를 연구하는 학자들의 공통적인 진단이다. 특히 TV 매체는 사회구성원들의 일반상식을 비롯한 지식체계의 형성, 뉴스의 접근에서부터 사회적 공통 이슈에 대한 구성원 전체의 여론형성(consensus)에 이르기까지 심대한 영향력을 행사하고 있다.

이러한 미디어 환경이 대두시킨 문제가 바로 '시청자의 소외'다. 텔레비전의 내용물들은 고도로 숙련된 방송전문가들의 손에서 제작되고 그 완성도의 평가는 오로지 시청률에 의지하게 된다. TV 방송의 상업성은 시청률이 낮은 '시청자 참여 프로그램'을 점점 더 외면하게 만들고 있어 방송의 공익성(公益性) 및 교육성에 대한 논란은 더욱 거세지고 있는 형편이다.

시청자들의 수동적 참여가 미디어를 통해 모사되는 영상을 접하면서 그 사건을 간접 경험하는 소극적(negative) 행위에 그치고 만다면, 능동적(positive)인 시청자 참여는 미디어 프로그램 제작과정에 직접 '손을 보태는'것이다. 시청자들의 TV 컨텐츠 제작과정 동참은 미디어 생태학과 교육학 분야에서 절대 긴요한 사항으로 요청되고 있다.

시청자의 능동적 참여는 보편적인 '미디어 이해(media literacy)'뿐 아니라 나아가서는 시청자가 미디어를 통해 창조적 사고능력을 배양할 수 있는 '미디어 능력(media competence)'을 함양할 수 있기 때문이다.

TV 퀴즈 프로그램은 방송기획자가 인정하는 일정 실력만 갖춘다면, 시청자 누구나 참여할 수 있다는 점에서 대표적인 시청자 참여 프로그램 가운데 하나로 꼽힌다. 특히 인간의 보편적 정서인 사행성 심리(射倖性心理)를 충족시킬 뿐 아니라 여타의 시청자 참여 프로그램에 비해 비교적 높은 시청률을 확보할 수 있다는 장점 때문에 우리의 공중파 상업방송에서도 황금시간 편성표에 곧잘 등장하는 것이 '퀴즈 프로그램'이다.

'퀴즈 프로그램'의 사회성(社會性)

TV 매체는 우리 사회의 사조(思潮)나 유행을 가장 드라마틱하게 담아낸다. 생생한 이미지와 역동적인 영상, 여기에 빼어난 편집기술이 더해져서 TV 브라운관에 비친 현실은 실제의 세상살이 모습보다 오히려 더욱 생생하고 극적일 수밖에 없다. 실례를 들자면 우리 사회에 만연하고 있는 금전 만능주의를 꼽을 수 있다.

우리나라는 지금 '부자(富者) 신드롬'에 들썩대고 있다. 작년부터 『부자 아빠 가난한 아빠』라는 책이 스테디셀러로 자리매김했고, 광고에서도 아버지의 모습은 돈이 있어야 인정받는 사람으로 그려진다.

시청자들에게 "부자 되세요"를 외치는 TV 광고가 화제가 된 것도 우연이 아니다. 지난 6월에 있었던 '감동의 월드컵'에서조차 선수 및 감독의 포상금이 얼마냐에 국민의 관심이 쏠리는 등 '돈'은 이미 우리 사회의 오늘을 재단하는 척도(尺度) 역할을 하고 있다.

황금에 대한 일반적 환상, 그것은 도박에 관한 관심으로 이어진다. 올해 12월이면 국내에서도 온라인연합복권 '로또(Lotto)'가 판매된다는 소식이다. 로또는 전 세계적으로 가장 '덩치 큰 당첨금'으로 인기를 끌고 있는 복권이다. 국내에 판매개시 되면 1등 당첨금이 무려 100억 원대를 훌쩍 넘을 것이라는 게 담당회사측의 홍보다. 사행심 조장이라는 우려에도 불구하고 정부는 이를 추진중에 있다.

부자가 되고 싶다는 소망은 자본주의사회에서 미덕으로 통할 수도 있다. 그러나 문제는 부자가 되는 지름길을 '한탕주의'로 해결하려는 사행심, 도박행위다. 이런 인식이 일반인에게 널리 퍼지게 된 배경에는 매스 미디어의 역할도 결코 무시할 수 없다.

텔레비전과 신문에서는 연일 경마장, 오락실을 전전하는 사람들에 대한 기사를 보도하고 있고 또 스포츠신문과 같은 일부 엔터테인먼트 지향 매체들은 이에 관한 '자세한 정보'를 아예 섹션 지면으로 할애하는 등 '부추기는' 경향마저 내비치고 있다. 공중파와 케이블 TV를 가리지 않고 방송국의 주요 수입원으로 등장한 ARS 퀴즈는 수준 이하의 유치한 문제를 내걸고, 실력보다는 운만 있으면 누구나 당첨될 수 있다는 식의 '광범위한 사행심'을 조장하고 있다.

공중파 방송의 정규편성표에 포함되는 퀴즈 프로그램도 도박으로 향하는 국민정서에 기름을 끼얹는다는 지적에서는 예외가 될 수 없다. 특히 시청률 경쟁이라는 물러설 수 없는 '한 판 승부'를 벌이고 있는 국내 4개 텔레비전 방송사간의 퀴즈전쟁은 심각한 수준에 이르렀다.

그 가운데에서 매주 3,000만 원이라는 '거액 현금'을 내걸고 있는

MBC TV의 <퀴즈가 좋다>(연출 안우정, 진행 임성훈)를 대표적인 사례로 지목할 수 있다.

<퀴즈가 좋다>의 도박성 비판

　MBC TV의 간판 퀴즈 프로그램으로 1999년에 처음 방송된 이후 주말 황금시간대에 편성돼 시청자들의 관심을 끌고 있는 <퀴즈가 좋다>는 지난 10월20일, 146회가 방송되었다. 이 프로그램이 인기를 끄는 이유에는 매끄러운 진행 솜씨의 MC도 한 몫하고 있지만, 그 속사정을 한 꺼풀 벗기고 나면 '한 번 출연에 3,000만 원'을 거머쥘 수 있다는 시청자 일반에 깔린 사행심이 고스란히 드러난다.

　출연자들은 예심을 통과해서 진행자와 1대1로 객관식, 주관식으로 구성된 총 10단계의 문제를 풀어나간다. 상금은 계단처럼 쑥쑥 올라간다. 1단계부터 5단계까지는 비교적 수월한 객관식 문제이며 1단계 5만 원, 2단계 10만 원, 3단계 20만 원, 4단계 40만 원, 5단계 80만 원으로 완만한 상승곡선을 그린다. 그러나 주관식 단답형 문제가 출제되는 6단계에서 10단계까지는 상금 액수가 급상승한다. 6단계 150만 원을 시작으로 7단계 300만 원, 8단계 500만 원, 9단계 1,000만 원을 거쳐 마지막 10단계 문제를 맞추게 되면 3,000만 원을 거머쥐게 된다.

　'달인'이라는 칭호와 함께 주어지는 3,000만 원이라는 '현찰'은 시청자들의 엄청난 참여를 유도해내고 있다. 방송사 측에서는 매주 8,000여 명의 예심 지원자들이 몰리고 있다고 설명한다. 시청자들은 프로그램 제작에도 참여하고, 잘만 하면 '대박'도 터뜨릴 수 있는 기회를 갖게 된 것이다.

　겉으로 드러나는 시청자 참여도나 프로그램 진행상의 진지함으로 볼 때 <퀴즈가 좋다>는 바람직한 참여 프로그램의 전형일 수도 있다. 그러나 이 프로그램은 '상금의 액수'에 따라 흥미와 관심, 가치관 판단까지를 달리하게 만드는 황금만능주의를 조장하고 있다. 같은 성격의 TV 퀴즈 프로그램들이 '모교 장학금'전달이라든가 '가전용품' 등을 주로 상품으로 내걸고 있지만, <퀴즈가 좋다>는 '문제풀이＝현금'이라는 방식을 강력하게 호소한다. 상 액수에 있어서도 단 한차례 생방송 퀴즈 방송에서 3,000만 원이라는 거금을 딸 수 있다는 강한 '도박성향'을 드러낸다.

출연자는 자신의 인격과 실력이 돈으로 연결되는 '치열한 경합'에 내몰리고 오로지 통과한 관문의 수와 그로 인해 '확보된 상금'이 얼마냐에 따라 출연자 등급이 매겨진다. 난이도가 높은 단계의 주관식 문제를 푼 출연자들에겐 상금 액수만큼의 후광효과(halo effect)만 빛을 발한다. 출연자들의 인간성이랄까 그가 축적하고 있는 학문과 지식에 대한 모든 평가는 단지 '돈'으로 환산될 뿐이다.

'도전'이라는 이름의 도박판

<퀴즈가 좋다>는 '일반인들의 참여'를 내걸고 관심을 유도하고 있다. 형식상으로는 자격제한이 없고 남녀노소 누구나 출연할 수 있다. 희망자가 많은 만큼 사전 예심이 까다로운 편이다. 우선 인터넷 신청을 통해 200명의 예심자 명단이 확정된다. 필기시험을 통해 다시 추려지고 제작진과 인터뷰를 통해 최종 출연자가 선정된다. 출연자만이 생방송에 출연, 자신의 실력을 돈으로 '연결'시킬 수 있는 기회를 갖는다.

프로그램은 평범한 사람들의 도전에 초점을 맞춘다. 한 단계씩 통과할 때마다 상금은 배로 커지고 흥미와 열기도 더해진다. 도전 여부에 따라 상금이 달라지고 '찬스'를 통해 기사회생할 수 있는 기회도 주어진다. 하지만 한 번이라도 틀리면 그대로 탈락이다.

　시청자들은 출연자와 함께 문제를 풀어나가면서 상금을 불려나갈수록 더욱 몰입하게 되며 함께 안타까워하고 즐거워한다. 캐나다의 문명 연구가 마셜 맥루한(Marshall McLuhan)이 일찍이 지적했듯 텔레비전은 본래 현장성을 띠고 있다. 즉 신문이나 라디오와 같은 뜨거운 미디어(hot media)와는 달리 차가운 미디어(cool media)로서, 현재 과정에서 참여를 적극적으로 유도하는 속성에 충실할 수밖에 없는 매체다. 이런 속성을 <퀴즈는 좋다>는 십분 활용하고 있고, 거기에 따라 시청자에 미치는 '사행 분위기'는 기하급수적인 확산을 거듭하고 있다. 게다가 생방송으로 진행되면서 출연자가 느끼는 긴장과 흥분은 고스란히 시청자들에게 전달된다. 텔레비전을 매개로 출연자와 시청자는 같은 시간에 문제를 풀고 즐기게 된다.

　하지만 텔레비전이 보여주는 현장, 출연자와 시청자가 함께 하는 그곳에 퀴즈는 없다. 긴장과 흥분 속에 올라가는 돈만이 있을 뿐이다. 진행자의 안내에 따라 출연자는 금액을 높여가고, 각 단계를 통과할 때마다 상금 액수가 화면 전면에 부각된다. 타는 목을 물로 축이는 남자 출연자, 홍조를 띤 여자 출연자, 안타깝게 그들을 지켜보는 시청자들. 그들은 모험을 함께 하는 동지일 뿐이다. 각 단계마다 자신의 운과 실력을 시험하는 출연자들은 프로그램 선전문구처럼 '내 인생 최대의 도전'을 하고 있는 셈이다. 결국 텔레비전 속에 벌어지는 퀴즈 쇼는 한 판의 도박과 다름없다.

　퀴즈 프로그램의 본래 속성은 시청자들의 관심을 끌어 모으면서 교양과 오락을 겸하는 전형적인 시청자 참여 프로그램이다. 이를 쇼 형식으로 연출하면 그 재미는 배가된다. 제작비가 싸고 프로그램 형식이 안정되어 있으며 시청자들의 참여 폭이 넓다는 장점으로 말미암아 우리나라의 공중파 TV들은 한 방송사에서 대개 몇 가지쯤의 '간판 퀴즈 프로그램'을 편성하고 있으며, 이러한 퀴즈적 요소는 일반 쇼 프로그램에서도 양념처럼 가미하고 있다.

<퀴즈가 좋다> 프로그램이 야기하고 있는 또 하나의 문제점은 순수한 '일반 시청자'의 참여가 원초적으로 배제되고 있다는 점이다. 우연한 호기심과 출연기회 혹은 자신의 평소 상식실력을 검증해보겠다는 소박한 정서는 처음부터 발붙일 여지가 없기 때문이다. 치열한 경쟁을 뚫고 예심을 통과하자면 그들 대부분은 암기과목 공부하듯 출제 예상문제를 달달 외워야 하며 그나마 자신의 암기분야에서 출제되는 '운이 따라야' 생방송에 출연하는 감격을 맛볼 수 있다. 그래서 이 방송에 출연한 사람들의 '상금에 대한 집착'은 여느 퀴즈 프로그램과는 차별된다. 출연과정에서부터 '자격 취득'을 위한 시험이 뒤따르며, 이의 당락여부는 상금을 거머쥘 확률에 결정적인 역할을 하게된다. 때문에 출연자체만으로도 엄청난 경쟁을 이겨낸 승리의 상징이며 이후 계단의 통과는 '돈의 액수'를 부풀리는 에스컬레이터에 다름 아니다. 그래서 이 프로그램의 생방송에 직접 출연하는 '영광의 얼굴'들은 하나같이 상금에의 강한 집착을 드러낸다. 그들은 상금의 구체적인 용도에 대해 여행비, 등록금 등 쓰임새까지 확정하고 출연하는 것이 상례다. 퀴즈가 좋아서 혹은 보통상식의 일반 시청자가 참여한다는 본래의 취지에는 한참 비껴선 모습이다.

최근 <퀴즈가 좋다>는 프로그램을 바라보는 많은 시청자들의 '돈 놓고 돈 먹기' 아수라장이 되고 말았다는 자조(自嘲)섞인 반응은 MBC TV 제작관계자가 귀담아 들어야 할 금언(金言)이 될 것이다.

<퀴즈가 좋다>는 무엇을 지향하는가

<장학퀴즈>(1973~1996년 MBC에서 방송, 1997년부터는 EBS에서 방영중)는 장학금을, <퀴즈 아카데미>(1987~1992년 MBC에서 방송)는 배낭여행을 경품으로 내걸고 우리나라의 초창기 TV 퀴즈 프로그램의 활성화에 상당한 기여를 했다.

장기간 퀴즈 프로그램의 대명사로 국민적 인기를 누렸던 이들 프로그램에서는 참여자의 순수한 열정과 시청자의 공감대로 형성된 응원열기가 한 몫을 담당했다. 승리자에게는 '참여자의 소속단체'와 '자신의 캐릭터'를 드러낼 수 있는 출연시간의 확보, 이와 함께 아카데믹한 분위기의 조성, 그와 관련된 상품의 설정 등 나름대로 충실한 프로그램 제작장치가 마련돼 있었기 때문이다. 출연자들은 정상의 자리를 목표로 장기적인 경쟁을 펼치게 되고 여기에서 우승한 사람은 상품을 가지게 되며 또 연속 우승을 하게 되면 더 큰 상품을 가져가게 된다.

<퀴즈가 좋다>는 이러한 우리나라 TV 퀴즈 프로그램의 전통을 한순간에 '단절'시키는 위력을 과시했다. 출연자는 오로지 한 번 출연에 그치며, 현금을 챙기는 것이 참여의의(參與意義)의 전부가 되고 말았다. 상금은 1회 3,000만 원이며 연승개념은 없다. 각 단계를 통과할 때마다 상금은 커져간다. 진행자는 단계마다 상금의 액수를 설명해줌으로써 출연자의 이해를 돕고 있으며, 시청자들도 알게 모르게 상금에 온 신경을 곤두세우게 된다. 말하자면 현금을 장사밑천으로 시청률 경합에 나선 오늘날 우리의 '공중파 TV' 모습을 실감하게 한다.

<퀴즈가 좋다>가 드러내고 있는 구체적인 '시청자 참여 결격사유'를 비판하자면 다음과 같이 정리할 수 있다.

우선, 한 번 틀리면 그대로 탈락이라는 점이다. 물론 출연자 자신의 돈으로 참여하지는 않지만 전 단계의 상금은 다음 단계의 문제를 풀기 위한 일종의 판돈으로 작용한다. 즉 맞추면 돈을 불려갈 수 있지만 틀리면 상금은 없다.

현재 SBS에서 방송되고 있는 <도전 주부 퀸>도 일반 주부들이 퀴즈를 풀면서 현금을 획득하는 방식을 취하고 있다. 하지만 전부(全部)—전무(全無)가 아닌 다소간의 상금을 출연자가 가져갈 수 있다는 점에서 다르다. 이런 구조는 미국의 장수 퀴즈 프로그램인 <Jeopardy!>의 경우에서 확연하게 발견된다. 세 명의 출연자들은 각 범주별 퀴즈를 맞추면서 상금을 쌓아간다. 마지막 문제는 자신의 상금을 걸어 맞추면 두 배로 불어나고, 틀리면 그만큼 없어지는 형식으로 진행된다. 물론 이들 프로그램도 퀴즈를 통해 상금을 쌓아간다는 점에서 <퀴즈가 좋다>와 비슷하다. 그러나 <퀴즈가 좋다>는 전부 아니면 전무를 출연자들에게 강요함으로써 이들 프로그램보다 도박적인 요소가 훨씬 강한 측면을 드러낸다.

둘째, 출연자가 상금을 조절할 수 있다는 점이다. 6단계부터 시작되는 주관식문제는 핵심어를 보고 출연자가 도전 여부를 결정할 수 있다. 액수가 큰 만큼 위험도 크기 때문에 일종의 선택권을 준 셈이다. 실제로 자신이 목표한 바에 가까우면 중간에서 도전을 멈추는 출연자들도 종종 있다.

하지만 도전여부는 곧바로 상금과 연결되고 도박의 배팅과 비슷한 면모를 띠어간다. 상대방이 보여주는 패를 토대로 어떤 패가 나올지 모르지만 위험부담을 안고 더 큰 배팅에 걸 것인가, 아니면 안전하게 도중하차 할 것인가. 출연자는 문제의 핵심어를 보고 확률 반반의 모험을 하게 된다. 지금까지의 상금을 모두 걸고 문제를 풀 것인가, 아니면 이대로 멈출 것인가. 단계가 높아질수록 실력만큼 운도 크게 작용한다. 출연자들이 한 번 사용할 수 있는 '찬스'는 변수로 작용하면서 분위기는 후끈 달아오른다.

셋째, 진행자의 역할이 마치 카지노에서 카드를 배급하는 딜러의 모습과 유사하다는 점이다. <퀴즈가 좋다>는 임성훈의 진행으로 이루어지고 있다. 진행자는 출연자의 긴장을 풀어주기 위한 간단한 인터뷰를 한 뒤 곧바로 퀴즈로 넘어간다. 또 문제를 읽어주고 출연자가 이에 대답을 하면 통과여부를 알려준다. 기존의 퀴즈 프로그램에서 진행자는 출제자인 동시에 해설자였다. 출연자들이 문제를 맞추건 못 맞추건 해당 문제에 대한 간단한 설명을 해줌으로써 시청자들의 이해를 도왔다.

하지만 <퀴즈가 좋다>의 진행자는 정답 여부만을 알려줄 따름이다.

진행자가 열심히 챙기고 있는 것은 다음 단계에서의 상금 액수와 주관식에서의 도전여부다. 각 단계마다 상금은 물론이고 '찬스' 사용도 알려준다. 진행자는 출연자에게 계속해서 상금을 상기시키면서 도전을 은근히 부추긴다. 7단계부터 진행자가 묻는 질문 "도전하시겠습니까?"는 "배팅 하시겠습니까?"와 바꾸어도 무방하다. 이런 식으로 출연자는 딜러인 진행자를 따라 지금까지의 상금을 걸고 문제를 풀어나간다. 중간마다 출연자들을 응원하는 가족 혹은 친구들의 모습이 카메라에 담겨지면서 '달인'보다는 상금 3,000만 원을 향한 사람들의 열망이 더욱 커져간다.

결국 <퀴즈가 좋다>의 프로그램 성격은, 지구촌 자본주의 사회의 정점이라 불리는 미국의 대중적 인기 프로그램 <Jeopardy!>에 비해서도 '도박성이 훨씬 강한' 요소가 제작과정 구석구석마다 은밀하게 장치돼 있음을 알 수 있게 한다.

한 나라의 미디어 환경은 그 나라를 둘러싼 정치·경제·문화적 환경과 결코 무관하지 않다. 국민소득 1만 달러를 턱걸이하고 있는 개발도상국 중진그룹의 우리나라로서는 우리의 경제규모와 산업화 환경에 적합한 '방송 프로그램'이 만들어져야 한다. 이러한 책무는 '공룡기업'이라 불리는 공중파 TV 방송사가 지켜야할 사회적 기업적 도덕률에 속한다.

<퀴즈가 좋다>의 대안, '시청률 욕심'을 거둬야 가능하다

우리나라의 일부 공중파 방송구조는 민영(民營)과 공영(公營)의 사각지대에서 신음하는 '천덕꾸러기'와도 같다. 회사의 외부 모양새는 공영체제를 갖추고 있지만, 운영체계는 철저히 민간상업방송의 꼴골을 쏙 빼닮고 있기 때문이다. 이러한 이중적 운영잣대는 지나친 시청률 경쟁으로 인한 TV 방송의 공공성 훼손이라는 심각한 문제를 대두시키는 주범으로 지목되고 있다. <퀴즈가 좋다> 프로그램의 예를 들자면, 이 프로그램은 제목만 제외하고는 은연중에 모든 가치를 '돈이 좋다'로 귀결시키는 '이중성'을 드러낸다. 그 이유는 확연하다. '시청률 경쟁' 때문이다. 많이 보고 많이 참여하고, 그래야 우량 광고주가 따라 붙고 그에 따라 회사 경영상태가 호전된다.

MBC TV가 간판 퀴즈 프로그램으로 전면 배치한 <퀴즈가 좋다>는 현재의 '강력한 도박성향'을 어느 정도 퇴색시켜야만 '방송매체의 공익적 기능'을 회복할 수 있다. 거기에는 회사 측이 어느 정도의 시청률 하락쯤을 감수하는 각성이 뒤따라야 할 것이다.

일반적으로 퀴즈 프로그램은 암시를 토대로 빠른 시간 안에 정답을 맞춘다는 점에서, 그 자체만으로 충분히 매력적이다. 여기에 상품이 관련된다면 흥분과 재미는 두 배, 세 배로 늘어난다. 퀴즈 프로그램이 노리는 것도 바로 이점이다. 견물생심(見物生心)은 출연자들에게 좀더 치열한 경쟁을 펼치게 하는 장치로서 적격이다. 그러나 과도하게 이를 자극할 경우 그것은 사행심 조장에 해당한다. 이런 '퀴즈방송의 ABC'를 <퀴즈가 좋다> 제작관계자는 유념하여야 한다. 시청률로 포장된 도박열기는 MBC가 거두는 당장의 수익보다 수십, 수백 배나 더 큰 '가치관의 손실'을 국민에게 떠앉기는 결과가 된다는 것을 깨달아야 한다.

<퀴즈가 좋다>는 돈을 앞세운 사행심의 자극이란 비난을 막기 위해 출연자들의 상금 절반을 불우이웃 돕기에 사용한다는 '공익장치'를 앞세우고 있다. 단순히 돈이 오가는 프로그램이 아니라 의미 있는 일에 기여함을 보여줌으로써 제작자의 정당성 확보는 물론이고 도전하는 출연자들에게 떳떳함과 자부심을 심어주기 위한 배려로 여겨진다.

그럼에도 불구하고 프로그램 자체의 진행분위기는 건전한 사회적

명분과는 거리가 멀다. 상금에 좌우되는 출연자들의 도전, 문제의 정답만을 알려주는 진행자, 이를 지켜보며 함께 안타까워하는 시청자들. 이들의 관심은 여전히 돈이다. 즐거운 퀴즈는 단지 돈을 벌기 위한 수단에 지나지 않는다. 실패는 곧 상금의 없음을 뜻하고 사람들의 아쉬운 얼굴, 방청객의 한숨 소리가 화면 가득하다. 프로그램이 보여주는 것은 도전으로 포장된 대박의 꿈일 따름이다.

<퀴즈가 좋다>가 퇴색한 건전함을 찾기 위해서는 퀴즈 본연의 재미에 주목할 필요가 있다. 암기를 통해 습득되는 교과서 위주의 상식문제보다는 생활 전반에서 발견되는 문제들로 구성되어야 할 것이며, 출제 방식의 다양화도 요구된다. 단순히 진행자가 문제를 읽어주거나 컴퓨터 화면을 이용하기보다는 다양한 매체를 활용하는 것이 필요하다. 초기에 잠깐 도입되었던 음악듣기 문제가 좋은 예가 될 것이다. 회화나 조각 작품, 영상을 통해서 문제를 낸다거나, 예전 <퀴즈 아카데미>에서 사용되었던 관련 분야의 권위자들을 초빙하고 그들이 문제를 출제하는 방식도 다시 생각해볼 만하다.

<퀴즈가 좋다>에 참여하는 사람 치고 "돈보다 퀴즈가 좋다"라고 자신 있게 말할 수 있는 사람은 몇이나 될까. 모순적이게도 <퀴즈가 좋다> 프로그램의 향후 발전가능성은 이런 '출연의 변(辯)'을 당당하게 내세우는 출연자가 많아져야 한다는 것에 사활이 걸린다. 불가능한 일은 아니다. 물질을 압도하는 정신적인 즐거움은 충분히 존재하고 있기 때문이다. <퀴즈가 좋다>가 나아가야 할 방향도 이와 다르지 않다. 본격 퀴즈 프로그램을 표방하고 있는 만큼 다시 한번 이 프로그램의 이름을 곱씹어 볼 필요가 있다.

시청자의 한 사람으로서, 혹은 <퀴즈가 좋다>를 아끼는 마니아의 한 사람으로서 부탁하는 당부는 이렇다.

'퀴즈가' 좋은 사람들의, '퀴즈가' 좋은 사람들을 위한, '퀴즈가' 좋은 사람들에 의한 프로그램으로 거듭나길 바란다. 후끈 달아오른 도박 분위기보다 건전한 패기로 가득한 주말 저녁, 그것은 결국 'MBC의 양보'를 필요로 한다.

TV 매체— 우리 삶의 질을 개선할 수도 있다

현대사회의 미디어들은 수용자 모두가 잠재적으로 능동적 참여자일 수 있다는 것을 암시한다. 특히 TV 방송은 헤어진 가족이나 배우자감을 찾는 것 등 시청자의 개인적 문제들을 해결해주고 있음을 TV화면을 통해 계속적으로 보여준다.

이러한 이미지들은 미디어가 만들어낸 미디어적 현실에 불과하지만, 시청자들에게는 일상 생활에서의 문제를 극복하는 데 반드시 도움이 되는 일들로 여겨진다. 때문에 수용자 참여 장르들은 점점 더 '쇼' 유형의 요소들이 강화되는 경향을 갖는다. 화물차를 이(齒)로 끌거나, 펀치력 테스트 등과 같은 '겨루기' 형식에서 능력을 증명해 보이면 물질적 보상과 함께 인정욕구 또한 보상받게 된다. 이 같은 형식의 전형은 TV를 통해 방영되는 퀴즈 프로그램이다.

미디어 현실에 대한 수용자 참여는, 상업방송국의 경우 화려한 상품을 내건 외형적 유형에 더욱 종속되어가고 있다. 이런 내부적 취약구조에도 불구하고, 겉으로 내비치는 시청자 참여 프로그램은 점점 더 확대되고 있는 추세다. 특별한 지식이 문제되지 않는 '쇼'에서부터 아주 특별한 암기능력을 요구하는 '퀴즈 프로그램'에 이르기까지, 말하자면 우리의 TV 방송은 전 사회의 '민주화 의식' 확산에 많은 기여를 하고 있는 것처럼 보인다.

이런 시청자들의 요구에 부응하기 위해서도 우리의 TV 매체들은 '일정 부분의 공익성'을 담보해야 할 사회적 의무를 지닌다. 그것의 효과는 비록 완만하고 긴 시간을 통해 드러나지만, 매스 미디어가 분담해야 할 '수용자의 삶의 질 향상' 역할은 아무리 강조해도 지나치지 않는다.

'내 멋대로' 만든 세상

채석진(회사원)

서론

지난 9월 5일 종영한 MBC 드라마 <네 멋대로 해라>(이하 <네 멋…>)는 수많은 '네 멋 마니아'들을 만들었다. 20~30대가 주를 이루는 '네 멋 마니아'들은 드라마가 방영되는 동안 <네 멋…> 홈페이지에 매주 명대사 명장면을 추천하며 자신들의 감상을 적극적으로 표현했다. 드라마가 끝난 지 두 달이 다 되어가는 지금까지도 <네 멋…>의 홈페이지에는 하루에 100여 개의 글이 올라와, 드라마의 감동에서 벗어나지 못하고 있음을 호소하고 있다. 심지어 몇몇은 '네 멋클럽'을 결성해 드라마의 배경이 된 장소로 답사여행을 다닐 만큼 <네 멋…>의 여진은 크다.

이 드라마의 인기비결로 젊은 세대들의 감성을 자극하는 직접적인 대화 방식과 개성적인 캐릭터, 배역을 잘 흡수한 배우들의 연기 등을 손꼽는다. 하지만 시청자를 끄는 <네 멋…>만의 힘은 기존 드라마가 재현해온 전통적인 가치관에서 벗어나, 젊은 세대들의 가치관을 과감히 도입하여 그들이 원하는 환상을 제공하고 있는 데 있다.

드라마의 제목 '네 멋대로 해라'가 암시하듯, 이 드라마는 사회에서 강요하는 기준이 아닌 자신의 내면에서 말하는 것에 귀를 기울이라고 말한다. 자신이 진정으로 원하는 바를 발견하고 그것에 충실하게 따르라고 말한다. 드라마의 중심인물인 '전경'은 "도대체 현실이라는 게 없는" 아이다. 친구의 수술비를 훔친 소매치기를 사랑하고, 죽음을 앞둔 남자와 결혼하겠다고 우긴다. 소매치기였던 '복수'는 자신이 뇌종양에 걸린 것을 안 후, 남은 인생을 진정 자신이 원하는 인생을 살기 위해 노력한다. 이런 인물들을 통해 <네 멋…>은 사회가 강요하는 성공의 기준이 아니라 자신만의 '성공한 삶'을 충실하게 살고자 하는 젊은 세대들의 욕구를 충족시켜주고 있다.

'네 멋대로 해라'는 메시지는 <네 멋…> 속에서 사는 인물들을 통해 구현된다. <네 멋…>은 기존 드라마가 재현했던 인물들의 전형들을 과감히 파괴한 후, 그 속에서 다양하고 개성적인 인물들을 창출하고 있다. 이런 개성적 인물들이 맺는 관계를 통해 대안적인 인간관계를 보여주고 있다. 그 속에 죽음, 사랑, 인생에 대한 새로운 가치관들을 녹여내어 <네 멋…>은 이 드라마만의 독특한 세계를 구축하여 그 세계로 시청자를 끌어들인다.

<네 멋…>의 인물설정과 인물관계, 그리고 그 안에서 제시하는 가치관을 분석하여 시청자를 유혹한 <네 멋…>의 세계를 살펴보자.

본론

<네 멋…>은 표면적으로는 기존 드라마의 상투적인 설정(결손가정, 시한부 인생, 삼각관계, 다른 계층에 속한 남녀의 사랑 등)을 그대로 따르고 있다. 하지만 이 드라마의 매력은 이러한 상투적인 설정 속에서

전혀 새로운 관계를 만들어내는 힘에 있다. 상투적인 설정은 오히려 그런 관계의 설정을 부수기 위한 의도적인 설정이다. 사회적으로 규정된 관계에서 ‘내 멋대로’ 새로운 관계와 가치관을 구축하고 있다.

새로운 인물 – ‘내 멋대로’ 살아가는 인물들

전형적 인물 탈피

가난한 집에서 자라 소매치기가 된 남자 ‘복수’, 복수를 사랑하는 졸부 집 딸 ‘경’, 경을 유혹하는 부잣집 남자 ‘동진’, 가난한 복수에게 순정을 받쳤건만 결국에는 배신당하는 가난한 여자 미래. <네 멋…>의 중심인물 설정은 대단히 전형적이다.

하지만 이 구도에서 전개되는 인물 관계는 다른 드라마와 뚜렷한 대비를 보인다. 대표적인 드라마 작가 김수현의 <청춘의 덫>과 비교를 해보면, <네 멋…>이 전형적인 구도 속에서 창조하는 개성적

▶ <네 멋…>중심인물 설정 ◀

인물	직업	인물 성격	비고
고복수	소매치기 (스턴트맨)	소매치기였으나 뇌종양임을 알고 새로운 삶을 시작하는 인물. 스턴트맨으로 삶을 선택한다.	가난한 남성
전 경	키보디스트	경제적으로는 부유하나 화목하지 못한 가정 앨범 한 장 내지 못한 인디밴드 작곡가 겸 연주자	부유한 여성
한동진	음악담당 전문기자	마음 내키는 대로 자동차를 바꿀 만큼 경제적 능력도 있고, 사회적으로 인정받는 직업을 가진 남성	부유한 남성
미 래	치어리더	소녀가장. 동생과 단 둘이 살지만 따듯한 가정	가난한 여성

인물설정		청춘의 덫	네 멋대로 해라	
가난한 여성	윤희	동우에게 배신당함	미래	복수에게 배신당함
가난한 남성	동우	부잣집 여자 영주 유혹	복수	부잣집 여자 전경 사랑
부유한 여성	영주	가난한 동우를 사랑함	전경	가난한 복수를 사랑함
부유한 남성	노 상무		한 기자	

인 인물 성격을 명확히 볼 수 있다.

우선 표면적으로 보면 두 드라마의 중심인물 관계는 대단히 유사하다. 하지만 두 드라마에서 살아나는 인물들의 모습은 대조적이다. <청춘의 덫>에서는 윤희는 이모와 할머니와 함께 살며 가계를 책임지는 여성이다. <네 멋…>의 미래와 같은 설정이지만 재현되는 모습은 다르다. 윤희가 부성애를 일으키는 가냘픈 여성으로 그려지는 반면, 미래는 생활력 강한 씩씩한 여성이다. 윤희가 동정 받는 위치라면, 미래는 당당하다. <청춘의 덫>의 동우는 가난한 환경을 저주하는 남성이다. 그래서 영주라는 회장 딸을 유혹하여 사위가 되는 방법으로 사회적 성공을 꿈꾼다. <네 멋…>에서 가난한 남성으로 설정된 복수의 모습은 동우와 전혀 다르다. 동우가 남성에 대한 지배적 가치를 좇아 사회적으로 성공한 부유한 남성이 되는 것에 인생의 목표를 정한 반면, 복수는 그런 가치를 간단히 무시한다. 자신을 버린 엄마를 원망하지도, 자신을 고아원에 맡긴 아버지를 탓하지도 않는다. 소매치기를 한 것은 그저 '단지 그것밖에 할 수 있는 것이 없었기에' 했을 뿐이다. <청춘의 덫>에서 노 상무(부유한 남성)가 윤희의 모든 것을 포용하여, 경제적으로 성공한 남성에 대한 여성들의 환상을 한껏 부풀렸다면, <네 멋…>에서 부잣집 아들 한 기자는 '돈 빼면 시체인 속물'로 경에게 취급받으며 모양새가 완전히 구겨진다. <청춘의 덫>에서 후처의 딸로 나오는 영주와 자신이 아버지의 친딸이 아닐지도 모른다고 고민하는 전경의 설정도 비슷하다. <청춘의

덧>이 아버지를 중심으로 어머니가 다른 자녀들로 구성되었다면, <네 멋>은 어머니를 중심으로 아버지가 다른 자녀들로 구성된 가족이다. 영주는 '첩의 딸 = 천박한 출신'이라는 등식을 야한 화장과 옷차림으로 강화하며, '첩의 딸'이라는 사실에 괴로워한다. 하지만 <네 멋…>의 경은 '내가 누군지, 친아빠가 누군지 관심도 없고' 그저 불행한 결혼 생활을 유지하는 '엄마와 아빠의 삶이 궁금할 뿐'이다.

주체적 여성상 제시

<네 멋…>은 개성적인 여성 캐릭터들이 드라마의 큰 기둥을 이루고 있다. '현실감각이라고는 도대체 찾아볼 수 없는, 처음 마음먹은 대로 그대로 쭉 가는' 전경. 화장실에서 소매치기를 잡고, 자신 때문에 감옥에 갔다 집으로 찾아온 복수에게 "야 반갑다. 사람 좀 됐냐? 밥이나 먹고 가라"고 말하는 씩씩한 미래. 사랑에 있어서도 이 여성들은 주체적이다. 자신에게 끊임없이 구애하는 백마 탄 왕자(한 기자와 전강)는 차버리고, 마음 착한 감자처럼 생긴 복수를 향해 온 몸을 던진다. 그 이유는 복수가 자신의 마음을 볼 수 있는 착한 영혼을 가졌기 때문이다.

또한 <네 멋…>의 여성은 사랑 받는 존재로서의 정체성에서 벗어나 자신의 직업에 대한 독립적인 정체성을 강하게 드러낸다. 이 점은 경이 음악전문 기자인 한동진과 공연을 보고 나와 음반회사 사장을 만나는 장면에 잘 드러나 있다. 경을 가리키며 "음악 하는 사람이냐"라고 묻는 음반회사 사장에게 한 기자는 자신의 애인이라고 소개한다. 이에 화가 난 경을 달래려고 '사적인 관계의 사람을 음악 하는 사람이라고 소개하는 것은 기자로서 불편한 일'이라고 동진이 해명하지만, 경은 "한 기자님 애인인지는 아직 잘 모르겠지만 내가 음악 하는 사람이라는 것은 안다"며, "왜 한 기자님 직업의식 때문에 내 직업이 함부로 버려져야 하냐"며 다부지게 말한다.[1]

전경과 미래가 처음부터 주체적인 여성상으로서 이상적으로 그려진 인물이라면, <네 멋…>에 등장하는 유순(복수 엄마), 미선(강의 부인) 등은 비주체적인 여성에서 주체적인 여성으로 변하는 인물들이다. 혼자 힘으로 경제적인 독립을 하지 못하여 자신을 학대하는 남편과의 결혼생활을 유지했던 가난한 여성 유순. '돈만 가져다주면 뭘하든지 상관하지 않던' 유순은 자신에게 복수가 가져다 준 돈이 소매치기를 하여 번 돈임을 알고 가게를 정리하고 두번째 남편에게 돌아간다. 하지만 "제 발로 들어왔으니 찍 소리 말고 살라"는 두번째 남편을 떠나, 유순은 요구르트 아줌마로서 자립한다. 강의 부인 미선은 집안에서 가정부인지 며느리인지 가족들은 물론 자신도 헷갈려하는 인물이다. 가난한 친정을 도와주기 위해 부유한 집으로 시집을 온 미선. 가난하게 자란 미선은 자신의 아이가 부잣집 아들로 사는 것을 보는 게 소원이다. 이런 미선이 "서로 필요한 것만 보고 같이 살았던 건데, 난 당신의 돈 때문에 당신은 내가 말 잘 들어서"라며 "이제 비굴하게 살지 않겠다"라며 이혼을 요구한다.

이상적인 남성상의 변화

<네 멋…>에서 제시하는 이상적인 남성상은 기존 드라마의 그것과는 정반대이다. <네 멋…>은 오히려 이제까지 이상적으로 그려져 온, 사회적으로 성공한 남성들에 대한 조소로 가득하다. 한 기자는 재력과 좋은 직업을 가진 자신감에 가득 찬 남성이나, 경을 사이에 두고 '자존심 상하게 한낱 엑스트라와 경쟁해야 해서' 짜증이 난다. 베네

---

1) 전경이 한 기자에게 자신의 직업에 대해 말하는 대목이다.
　"난 누가 뭐 하는 사람이냐고 물으면 음악 한다고 해요 텔레비전에 나온 적도 없고, 앨범도 못 냈다며 딱하게 봐도 어쩔 수 없어요 난 음악 하는 사람이니까요 왜 내가 직업을 숨겨야 하나요? 한 기자님의 직업의식 때문에 왜 내 직업이 함부로 버려져야 하나요? 내 직업은 한동진 씨의 애인이 아니라 밴드 키보디스트에요 난 그걸 많은 사람에게 알리고 싶어요 내가 좋아하는 일이니까요"

치아에서 사다 준 비싼 램프도, 자신이 쓰는 것과 똑같은 것으로 선물한 노트북도 경의 마음을 흔드는 데 도통 소용이 없다. 한 기자의 경제적·사회적 조건은 복수의 '인간에 대한 마음'에 전혀 기를 못 편다.

경의 엄마는 결혼 전 무송(대학교수)을 사랑했지만 그는 경의 엄마와 결혼을 피한다. 그래서 무송의 아이를 임신한 채 지금의 남편인 낙관과 결혼을 했다. 자신과 무송 사이에서 태어난 아이인 강(경의 오빠)이 '무식한 아버지가 아니라 진짜 아버지를 닮기 원했'던 경의 엄마는 강이 15살 되던 해 강에게 친아버지의 존재를 알린다. 우연히 무송과 만나는 엄마를 보고 "내가 보기엔 저 사람보다 집에 있는 아버지가 백 배 나아요"라고 외치는 강. 사회적으로 많이 배웠다는 사람들의 약삭빠름보다 무식하더라도 자신이 좋아하는 사람을 향한 우직한 마음이 더 중요함을 강조한다.

새로운 인간관계 – '내 멋대로' 만드는 인간관계

전형적인 인물 설정에서 비전형적인 인물을 탄생시킴으로 이 드라마는 기존의 가난한 남성과 여성, 부유한 남성과 여성에 대한 고정된 이미지의 굴레를 가볍게 밟고 뛰어오른다. 이런 전형성의 탈피를 통해 새로운 관계를 형성할 수 있는 인간이 창조된다. 이들은 <네 멋…>의 세상에서 자신들의 가치관에 맞는 가족관계, 남녀관계, 인간관계를 만들고 있다.

가족관계
1. 붕괴된 가족의 회복

<네 멋…>에서의 가족 관계는 경과 복수의 가족을 중심으로 구현된다. 경의 가족은 경제적인 요소로 맺어진 가족이다. 경의 엄마는 사랑하는 사람과 헤어진 후 경의 아버지와 결혼하여, 경의 아버지가

버는 돈으로 문화생활을 하며 생활한다. 경의 엄마와 경의 아빠와의 관계를 이어주는 것은 오직 경제력뿐이다. 경의 오빠인 강과 그의 부인 미선도 마찬가지이다. 가정 형편이 어려운 미선은 강의 재력으로 친정을 돕고, 병든 어머니의 치료비를 댄다. 이에 대한 보상으로 미선은 가정부 같은 며느리로 생활하고 있다. 한집에 살지만 가족간에 냉랭한 기류만 흐르는 각자 따로 사는 가족이다.

반면에 복수의 가정은 경제적인 요인으로 깨어진 가족이다. 가난에 밀려 복수를 고아원에 맡겨야 했던 아버지와, 가난에 지쳐 돈에 억척스러워져 인간성이 피폐해진 어머니가 있다. 흩어져 살았지만 복수 가족의 서로에 대한 애정은 각별하다. 자신이 고아원에 맡겨 아들이 소매치기가 된 것 같아 마음이 아린 복수 아빠(중섭)는 매일 아들이 무사히 집에 오는지 애달픈 눈으로 골목을 살피고, 뇌종양 판명을 받은 복수는 정성스럽게 중섭의 발을 씻어주고 밥상을 차려준다. 겟돈을 떼이고 온 동네를 뛰어다닌 엄마의 더러워진 발을 정성스럽게 주물러주는 복수의 모습을 보며, 경은 붕괴된 가족을 다시 회복시키는 방법을 배운다. 이를 통해 <네 멋…>은 가족을 묶는 것은 경제력이 아니라 서로에 대한 사랑임을 말한다.

2. 혈연중심의 가족관 탈피

<네 멋…>에서 가족은 같은 엄마 아빠를 가졌기 때문이 아니다. 아버지가 다른 것은 큰 의미를 차지하지 않는다. 복수는 아버지가 다른 동생 성호가 있고, 경도 아버지가 다른 오빠 강이 있다. 복수의 성호에 대한 정은 각별하다. 경은 자신을 구박하는 아버지가 친아버지가 아니라는 오해를 한다. 하지만 아버지가 아끼는 강이 다른 남자의 아이임이 밝혀진다. 강은 지금의 아버지(낙관)를 찾아가 자신이 당신의 아들이 아님을 말하고, 낙관은 "그동안 견뎌줘서 고맙다"는 말을 한다.

남녀 관계

1. 전형적 삼각관계 탈피

<네 멋…>은 두 개의 삼각관계로 남녀관계가 형성되어 있다. 경을 사이에 두고 한 기자와 복수가, 그리고 복수를 사이에 두고 미래와 전경이 경쟁한다. 기존 드라마에서의 남녀관계는 착한 여자 하나를 모든 남성이 좋아하는, 능력 있는 남성 한 명을 모든 여성을 좋아하는 구도이다. 특히 사회적으로 능력(경제적 능력, 사회적 지위)이 있는 남성을 얻기 위해 모든 여성들이 전쟁중인 구도이다. 하지만 이 드라마에서 제시하는 이상적인 남성과 여성의 기준은 사회적·경제적 능력이 아닌 ‘마음’이다. 이로써 ‘이상적 남성 = 능력 있는 남성’, ‘이상적 여성=착하고 예쁜 여성’이라는 획일적인 등식에서 탈피하고 있다. 사회적인 조건으로 볼 때 능력 있는 남성인 한 기자는 경을 사이에 두고 ‘자존심 상하게 한낱 소매치기와 경쟁’하여 패배한다. 경에게는 ‘한 기자 같은 속물보다 지친 엄마의 발을 주무르는 복수가 훨씬 존경스럽기’ 때문이고, 한 기자와의 관계가 서로가 가진 조건을 기반으로 형성된 관계라면 복수와의 관계는 있는 그대로의 한 인간으로 만나는 관계이기 때문이다.[2)

네 명의 인물들은 애인을 빼앗겼다고 패배자로 전락하지는 않는다. 남녀관계로 발전을 하든지 안 하든지, 상대방이 자신의 애인이 되든지 안 되든지, 이들 사이에는 남녀관계를 초월한 상대방에 대한 인간적인 애정이 유지된다. 이들은 서로를 끊임없이 위로하며, 서로

---

2) 전경이 왜 복수를 만나느냐고 묻는 한 기자와 나누는 대화이다.
“한 기자님은 나한테 뭘 봤어요?”
“얼굴, 성격, 일 등등 다.”
“저도 한 기자님한테 그런 걸 봤어요.”
“근데 그 사람한테는 마음을 봤어요. 성격 좋은 사람은 많이 봤지만 그게 마음은 아닌 것 같아요. 그 사람은 내 마음을 울려요.”

에게 끊임없이 영향을 미치며 발전한다. 미래에게 복수는 남자가 아니라 가족이며, 한 기자는 경으로 인해 선명했던 세상이 흐릿하게 보인다.

  2. 여성들의 적대적 관계 탈피

  많은 드라마에서 한 남자를 사이에 두고 싸우는 두 여성은 악녀와 선녀로 구별되어, 서로 적대관계를 형성한다. 하지만 <네 멋…>에서 삼각관계에 얽힌 두 여성은 서로 경쟁하지만 적대적이지 않다. 경은 미래언니가 너무 멋있어서 복수를 빼앗기가 힘들고, 미래는 경이 착하고 예뻐서 두렵다. 경이 술에 취해 미래의 연습실 벽에 '복수는 내꺼, 미래는 꽝'이라는 낙서를 한다. 다음날 벽에 있는 낙서를 함께 지우며 경과 미래가 나누는 대사는 남녀관계에 매몰되지 않는 두 여성간의 연대의식을 드러낸다.[3]

새로운 가치관 – '내 멋대로' 사는 세상

사랑을 보는 관점

  <네 멋…>에 나타나는 사랑의 형태는 남녀간의 사랑과 가족에 대한 사랑, 이웃에 대한 사랑으로 크게 나눠진다. 하지만 <네 멋…>에서 모든 형태의 사랑은 본질적으로 같다. 인간에 대한 기본적인 연민이 그 바탕을 이루고 있기 때문이다. 복수가 경의 지갑을 소매치기해, 경의 친구가 수술을 제 때 받지 못해 죽는다. 이 사실을 알고 용

---

3) 낙서를 지우며 미래와 경이 나누는 대화이다.
  "복수만 아니었으면 너랑 나랑 유치한 게 잘 맞았을 거다."
  "난 언니 좋아해요"
  "복수는 나에게 남자가 아니라 가족이야."
  "자신은 없지만, 노력은 해볼게요. 안 좋아하려고…… 자신은 없어요"

서를 구하는 복수에게 경은 “친구가 죽어서도 아니고, 내가 슬퍼서도 아니라, 늙은 어머니가 죽을 때까지 혼자 살아야 하기 때문”에 복수를 용서할 수 없다고 말한다. 그 어머니가 평생 가져갈 외로움만큼 평생 동안 자신도 복수를 미워할 거라는 경의 대사에는 가난한 늙은 어머니의 외로움에 대한 연민이 진하게 베어있다.

<네 멋…>에서는 ‘양다리’를 걸치는 것도 두 사람을 놓고 저울질하는 것이 아니라 다른 한쪽에 대한 연민 때문이다. 복수가 경과 미래를 사이에 두고 양다리를 걸치는 것은 새로운 사랑이 나타났기 때문이지 이전의 사랑이 싫어졌기 때문은 아니다. 경을 선택하기로 결정하는 복수의 대사에는 양다리에 대한 새로운 시각이 있다. “마음이 잔인해지지 않고 어떻게 한 사람을 좋아합니까? 착한 마음으로는 세상 전부를 좋아하게 되잖아요. 그러니까 하나만 좋아하려면 착해선 안돼요. 잔인하게 한 사람만 좋아할래요. 나중에 후회해도 좋을 사람……” 양다리를 걸치면 안 되는 이유도 ‘한쪽에 코딱지만큼이라도 쏠리면 다른 한쪽이 쓸쓸해지기 때문’이고, ‘사람 외롭게 하는 것이 얼마나 큰 죄’임을 알기 때문이다.

죽음을 보는 관점

<네 멋…>에서 죽음은 새로운 시작이다. 이 드라마의 전반적인 흐름의 가장 큰 축은 복수의 죽음이다. 시한부 인생을 선고받는 주인공이라는 설정은 지극히 상투적인 최루성 설정이다. 하지만 죽을병에 걸린 사실을 안 복수는 그 때문에 슬퍼하느라 시간을 낭비하지 않는다. 복수에게 죽음은 삶의 의미를 다시 생각하게 하는 계기로 작용한다. 현재의 시간을 소중히 여기게 되는 시점에서 복수는 다시 태어난다. 복수의 병을 알게 된 전경은 “죽는 게 별건가”라고 말하고, 복수는 “대단한 문제이긴 하지만, 나만의 문제가 아니라 지구상에 숨쉬는 모든 사람들의 문제”라고 말한다. 더 나아가 “죽는 것은 오히려

쉽다. 세상을 버리기만 하면 되니까”라고 까지 말한다. 죽음보다 어려운 것은 ‘자신의 삶을 바꾸는 것’인데, 이는 ‘세상을 바꾸는 일이기 때문’이다. 그래서 복수는 세상을 버리는 죽음 대신 세상을 바꾸는 일을 시작한다. 자신이 살아온 소매치기의 삶을 바꾸는 노력을 시작한다.

성을 보는 시각

바람둥이인 한 기자는 전경의 순수한 매력에 빠진다. 하지만 그녀를 알면 알수록 그가 그렸던 순수한 이미지와는 안 맞는 행동을 많이 한다. 술을 아무리 마셔도 취하지 않고, 담배도 피는 등 도통 그녀와는 어울리지 않는 행동들을 한다. 하지만 한 기자는 여전히 그녀가 남자와 자기는커녕 연애도 제대로 못해 본 ‘숙맥’일 것이라는 환상을 버리지 못하고 있다. 한 기자와 경의 대화에는 여성의 성 경험에 대한 지배적인 관념이 잘 드러나 있다.4) ‘성 경험이 있다 = 막 살

---

4) 다음은 한 기자와 경이 춤을 추며 나누는 대화이다.
“아가씨 남자랑 춤 처음인가 봐?”
“네.”
“아가씨 남자랑 연애도 못해봤지?”
“아니요.”
“뽀뽀는 못해봤지?”
“아니요.”
“세상에나, 뽀뽀도 했어?”
“네.”
“그럼, 자봤어?”
“네.”
(한 기자 놀라서 경을 바라본다.)“왜?”
“……”
“황당하다. 그게 뭐 범죄는 아닌데…… 나야 그런 놈이니까 그렇다지만, 전경도 그렇게 막 살았어?”
“막 산 적 없어요”

았다'는 생각에 기초한 한 기자의 말에 '한 사람을 사랑했던 것이지, 막 산 적은 없다'며 자신은 "잘 못한 거 없다"라고 당당히 말하는 경. 경을 통해 여성의 성 경험을 둘러싸고 형성되어 있는 도식적인 등식을 정면으로 거부하고 있다. <네 멋…>에서의 성은 막 사는 사람들의 것이 아니라 사랑하는 사람들의 것이다. 복수와 하룻밤을 자고 나서 경은 자신과 복수가 결혼했다고 표현한다. "남자와 여자가 사랑을 한다. 그래서 둘은 결혼을 한다."

결론

<네 멋대로 해라>는 다분히 도전적인 제목을 들고 월드컵 이후의 공허해진 젊은 세대들의 가슴을 잠식했다. 월드컵이 젊은 세대들의 분출구가 될 수 있었던 것은 축구를 응원하는 동안에는 학벌, 재력, 외모 등에 상관없이 모두가 한 명의 응원하는 사람으로 평등해지기 때문이다. 이 공간에서 어쩌면 젊은이들은 비로소 자신으로 존재하는 느낌을 가졌을 것이다. 월드컵이 끝나고 다시 직장, 학교로 돌아가 자신의 속모습보다 겉모습으로 평가받는 생활이 시작될 즈음 드라마 <네 멋…>이 시작됐다.

<네 멋…>은 자신이 진정 원하는 것을 명확히 알고 그것을 추구하며 사는 인물 유형을 제시하고 있다. 인디밴드 키보디스트인 경은 많은 사람들이 좋아하는 유형이 아닌 음악을 고집해, 음반사의 홍미를 끌지 못해 경제적인 어려움을 겪고 있지만 행복하다. 야구장 치어

"막 산 거 아니라고?"
"한 사람을 만나서 연애했고, 아주 많이 사랑했어요. 막 산 적 없어요."
"참 보기하고 다르네 전경은……."
"난……, 잘못한 거 없어요, 한 기자님."

리더인 미래는 동생과 단둘이 사는 소녀가장이어서, 계속 일을 하고 있지만 간호사가 되겠다는 꿈을 위해 연습실에서든 경기장에서든 '간호학' 책을 끼고 산다. 소매치기였던 복수가 손을 씻고 목숨을 걸고 매달리는 직업은 '스턴트맨'이다. 모두 사회적인 성공과는 거리가 먼 것들이지만 이들에게 그런 것들은 그다지 중요치 않다. 자신이 무엇을 좋아하는지 분명히 알고 살아가는 사람들이기 때문이다. 드라마에서 말하는 '네 멋대로 해라'는 이처럼 자신이 정말 좋아하는 일을 찾고, 정말 좋아하는 사람을 찾아서 돌진하라는 의미이다. 그렇지 않고 주변의 시선이나 기대에 떠밀려 살면 빈 껍데기의 삶을 사는 것이라고 말한다. 사랑하는 사람을 잡지 못한 경의 엄마, 가난한 친정을 위해 부잣집 며느리의 삶을 살아가는 미선(강의 부인)이 그러한 예이다.

<네 멋…>은 내적인 기준을 중시하는 인물 유형을 창조함으로, 기존의 드라마에서 재현해온 전형성을 파괴한다. 우선, 가난한 사람들에 대한 부정적인 고정관념을 파괴한다. 사회적으로 성공한 부유한 사람들의 삶을 이상적으로 그리는 대부분의 드라마에서 가난한 사람들은 교양 없이 목소리만 크고, 게으른 사람들로 그려져왔다. 따라서 가난한 집 자녀들은 자신들의 삶을 부정하며 저주하는 모습으로 재현된다. <네 멋…>은 "가난하다고 다 게으른 것은 아니고, 열심히 일해도 가난할 수 있다"고 외치는 전경의 대사를 통해, 기존 드라마에서 형성하고 있는 가난한 사람들에 대한 부정적 이미지를 정면으로 거부한다. 또한 "내가 소매치기를 한 것은 그것밖에 할 수 있는 게 없었기 때문이야"라는 복수의 대사를 통해, 상황에 몰려 어쩔 수 없이 범죄를 저지르게 되는 사람들의 절박한 처지를 이해하도록 권유하고 있다. <네 멋…>에서는 가난한 계층의 사람들은 오히려 부유한 계층의 사람들보다 우위를 차지하는 지배적 위치에 있다. 어느 누구도 자신의 가난한 삶을 거부하거나 부정하지 않는다. 오히려

상처받고 소외된 사람들간의 따듯한 인간애를 보여주며 이들의 삶에 가치를 부여하고 있다. 둘째, <네 멋…>은 여성에 대한 고정관념을 깨고 있다. 전경과 미래는 사랑 받는 존재가 아닌 자신의 사랑을 적극적으로 쟁취하는 존재로, 남성의 소유물이 아닌 독립적인 객체로 형성되고 있다. 다른 여성 캐릭터들에서도 이러한 변화를 볼 수 있다 (복수 엄마 유순, 강의 부인 미선 등). 셋째, 결손가정의 모습도 기존의 고정관념에서 벗어나 있다. 사회적으로 복수의 집은 결손가정이다. 복수는 아빠하고 살고, 복수의 엄마는 동생과 살고 있다. 미래도 부모 없는 동생과 살고 있는 결손가정이다. 반면 경의 집은 표면적으로는 엄마와 아빠가 모두 집에 있는 ‘정상적인 가정’이다. 하지만 <네 멋…>의 결손가정에는 훈풍이 돌지만 정상적인 가정에는 찬바람이 분다.

이렇듯 외적인 기준이 아니라 내적인 기준을 중시하는 인물들은 새로운 인물관계를 창조한다. 이들이 인간관계의 기준이 되는 것은 ‘인간에 대한 사랑’이다. 자신을 버렸던 부모이든, 자신의 친아버지가 아니든, 자신을 배신한 남자든 <네 멋…> 속에 사는 인물들은 괘념치 않는다. <네 멋…>의 인물들은 상대방이 그럴 수밖에 없었던 상황에 대한 연민 어린 시선을 잃지 않는다. 그러기에 그들의 사랑은 변하지 않는다.

<네 멋…>의 세상은 단순하다. 그저 주변의 상황이 어떠하든지 자신의 내면의 목소리에 따라 살고, 사람에 대한 사랑을 따라 살면 되는 공간이다. 힘겨운 삶을 살아가는 이웃들이 얽혀 이루어져 있지만, <네 멋…>의 세상은 이 점에서 유토피아이다. 현실에 있을 것만 같은, 조금만 손을 내밀면 잡힐 것 같은 유토피아를 창조하여 자신만의 기준에 따라 살지 못하는 사랑에 굶주린 젊은이들을 끌어들인다. 그래서 아직도 ‘네 멋 마니아’들은 <네 멋…>의 언저리를 맴돌고 있다.

여성주의 드라마의 가능성
<네 멋대로 해라>

신주진(주부)

우리는 왜 그렇게 멜로드라마를 좋아할까? 항상 그 얘기가 그 얘기고 그 타령이 그 타령인 뻔한 이야기에 비슷한 삼각, 사각의 사랑 이야기가 뭐 그리 재미있다고 눈물, 콧물을 짜고 가슴을 설레어가며 지켜보는 것일까?

다른 모든 예술들이 그러하듯이 텔레비전 드라마 역시 현실을 살아가는 사람들이 자신의 현실과는 다른 새로운 세계를 들여다보고 맛보고 싶은 마음에서 끊임없이 찾게 되는 일종의 일용할 양식이다. 그것은 특히 별다른 예술적 교육과 관습을 부여받지 못한 다수 대중들에게는 그들 삶에 없어서는 안될 중요한 심미적·오락적 체험이 된다.

그것은 상대적으로 지적인 기존의 예술 범주와는 매우 다른 특성들을 지니는데, 흔히 통속성이라 불리는 대중예술의 이러한 특성은 그리 간단하고 만만한 대상이 아니다. 통속성은 우리의 감각이나 육체와 매우 밀접한 관련을 지니고 있지만, 단지 거기에 머무는 것은 아니다. 그것은 현실에서의 개인들의 경험과 의식과 태도 등이 모두 결부되어 나타나는 아주 복잡한 현 실태이다.

따라서 비슷한 구도에 유사한 이야기를 가진 엇비슷한 드라마들인데도 어떤 것은 재미가 있는데, 어떤 것은 재미가 없고, 어떤 것은 깊은 맛이 나는데, 어떤 것은 얕은 수가 읽혀지는 전혀 상반된 반응과 평가가 나타나는 것이다.

드라마의 재미와 감흥을 가르는 요인은 아마도 공식과 원형들을 어떻게 변주해내는가 하는 점일 것이다. 삼각관계라는 오래된 사랑의 공식, 선과 악의 대립구도, 부모 자식 간의 갈등(특히 고부간의 갈등) 등 드라마의 원형적 틀은 항상 새롭게 변주되어 다른 모양새를 띠며 우리 앞에 나타난다.

새로운 여성성과 남성성

올 여름 방영되었던 MBC 수목드라마 <네 멋대로 해라>가 보여준 변주는 너무나 흥미로워서 많은 사람들의 주목을 받았다. 새로운 세대들의 신선한 사랑 방식과 삶의 태도, 죽음을 눈앞에 두고도 무심한 듯 '쿨하게' 살 수 있는 그 여유와 관조가 열광적인 젊은 시청자들을 다수 만들어내었다.

하지만 이러한 현상적인 평가를 넘어 조금 더 깊이 들어가 보면 이 드라마의 매력의 진짜 정체를 만날 수 있다.

그렇다. 이 드라마도 역시 뻔한 구도로 시작되었다. 주인공 남녀가 있고 그 각각의 남녀를 사랑하는 또 다른 남녀가 있는 삼각에다 사각의 애정관계이다. 여자는 잘 사는 집 딸이고, 남자는 배운 것 없는 소매치기라는 구도도 그 옛날 1960년대 영화 <맨발의 청춘>에서부터 보아왔던 뻔한 레퍼토리이다. 게다가 남자가 뇌종양에 걸린 시한부 인생이라니 이건 너무 신파 같지 않나? 두 주인공 남녀는 사랑을 할 것이고 남자가 죽을 운명이면 드라마가 얼마나 감상적일 것이며 시청자의 눈물샘을 또 얼마나 자극하려 들 것인가?

그런데 이 드라마는 처음부터 색다른 분위기를 풍기기 시작했다. 색다른 분위기의 정체는 바로 이 드라마가 구축한 인물의 새로운 여성성과 남성성이다. 기존의 고정되고 다소 왜곡되어 나타난 여성성과 남성성을 전혀 다른 각도로 비틀고 뒤집어 놓아 새로운 인간의 모습으로 만들어낸 것이다. 물론 그것은 그동안 의도적으로든 무의식적으로든 드라마 속에서는 주목되지 못했지만, 아마도 현실 속에 숱하게 존재하는 인간들의 모습일 것이다.

이 드라마의 여주인공 '전경(이나영 분)'이라는 인물은 그야말로 텔레비전 드라마에서의 '최초의' 페미니스트라고 불러도 무방할 듯하다. 물론 그녀가 전투적이라거나 정리된 이론으로 무장한 본격적인 페미니스트라는 것은 아니다. 그녀는 드라마의 여주인공이라면 마땅히 가져야 할 '여성으로서의 매력과 무기'를 과감히 버리고 대신 그 자신 '인간'이 되어 나타난다.

최근의 드라마들에서 여성의 지위와 역할이 많이 상승된 것은 사실이다. 독립적이고 주체적인 직업의식을 갖고 있다던가, 사랑을 주도적으로 한다던가(물론 아직도 다수의 드라마들에서는 제1의 여자 주인공은 남자 주인공의 낙점을 받기까지 사랑에 수동적이고 소극적이다. 제3의 여자 주인공만이 적극적으로 남자에게 '대시'한다. 하지만 그녀는 남자의 사랑을 받지 못하는 제3의 인물로 떨어지거나 둘의 사랑을 방해하는 악녀가 될 뿐이다) 많이 개선된 측면이 있다.

얼마 전 MBC 드라마 <아줌마>의 오삼숙(원미경 분)이 자신의 주체성을 찾아가는 이야기가 전개되기도 했으나, 사실 그 이전의 그녀의 종속적이고 억눌린 처지가 과도하게 부각되지 않았다면 그녀의 반란이 그리 유의미한 것이 아니었을지도 모른다. 오히려 지식인의 허위와 위선을 폭로하고 까발린 것이 그 드라마의 더욱 큰 매력이었지, 오삼숙이라는 인물이 그리 현실적이고 힘있는 인물로 다가오지는 못했었다.

또한 KBS 드라마 <비단향꽃무>에서는 미혼모인 여주인공이 세상의 편견과 억압에 맞서 당당하고 떳떳하게 자신을 드러내고 세파를 헤쳐나가는 것이 감동을 주기도 했으나, 그 드라마의 여주인공 역시 바르고 조신한 전통적인 여성의 성격을 그대로 지니는 데다 남성들의 사랑 공세에 휘둘리고 의지하는 전형적인 여성상의 한계 내에 위치했었다. 그리하여 미혼모로서의 홀로서기는 뒷전으로 밀리고 그보다는 남자 주인공들과의 절절한 로맨스가 훨씬 중요하게 다가왔었다.

하지만 전경의 경우는 사뭇 다르다. 확실히 그녀는 여성이기 이전에 인간으로 다가온다. 매우 의도적이라고 생각되지만, 그녀에게서는 그 이전의 드라마들에서 보여지던 여성적 매력을 위한 관습적 기호와 행동 유형들이 제거되었다. 그렇다고 최근에 흔해진 털털하고 '보이시'한 유형의 인물들('괴로워도 슬퍼도 나는 안울어'식의 캔디 같은 꿋꿋하고 씩씩한 인물형. 이들은 주로 과장된 액션과 튀는 행동을 많이 하는데, 잦은 실수와 어설픈 포장이 이들의 약한 내면을 보다 안쓰럽게 드러내준다)과도 다르다.

그녀는 여성이다 남성이다 하는 겉모습과는 무관하게 인간 그대로의 자연스러운 모습을 보여주고 한 인간으로서의 욕구를 있는 그대로 드러내준다. 그녀는 음악을 하고 싶고 자신의 음악을 다른 사람들에게 알리고 싶고 인정받고 싶어한다. 우연히 한 남자를 사랑하게 되고, 자신의 감정이 사랑이라는 것을 알게 된 순간 조금의 망설임도 없이 그에게로 돌진한다. 또한 아버지의 속물적이고 이기적인 근성에 치떨려하고 어머니의 이중적이고 자기애(自己愛)적인 사랑방식에는 분개한다.

그녀는 겉으로는 순하고 약해 보이지만 내면에 고집과 뚝심을 지닌 개성이 강한 성격의 인간이다. 이러한 개성은 비교적 전형화 되어 있는 드라마 주인공들의 인물 유형에서는 찾아보기가 쉽지 않은 것이다. 조연들이 주로 도맡아 해내는 개성 있는 성격은 그만큼 감칠맛 나고 생생한 리얼리티가 살아 있지만, 시청자가 주로 판타지와 동경을 기대하는 주인공들에게서는 개성 있는 인물형보다는 정형화된 인물형이 더욱 효과적일 수도 있다. 그나마 남자주인공들이 가끔씩 매우 개성적인 성격을 부여받는 반면, 여자주인공들의 경우는 그러한 예를 찾기가 더욱 어렵다.

그녀는 매우 충격적인 몇몇 장면을 연출하는데, 단편이 아닌 연속극에서 제1의 여주인공이 담배를 피우는 장면은 아마 처음일 것이며, 특히 편의점에서 팩 소주를 사서 길을 걸으면서 소주를 먹는 장면(나중에는 빨대로 빨아먹는다)은 다소 황당하지만 신선한 장면이 아닐 수 없다. 그녀가 술 취한 한 기자(이동건 분)나 쓰러진 고복수(양동근 분)를 업고 가는 장면들에서 그녀는 낑낑대고 투덜대지만 전혀 어색하지도 안쓰럽지도 않다. 기존의 연약하고 나약한 여성성에 대한 고의적 뒤집기라 하지 않을 수 없다.

그러나 무엇보다 중요한 것은 그녀가 순결 콤플렉스에서 완전히 벗어나 있다는 점이다. 많은 드라마들이 아직도 노골적으로 여성들의 순결이나 정절을 강조하는 경향이 있으며, 피치 못할 경우라도 여성들의 자발성을 부정함으로써 '몸은 더렵혀졌으나 마음만은'이라는 편리한 이중적 잣대를 들이대곤 한다.

여성 시청자들 역시 흔히 말로는 순결 이데올로기를 비판하면서도 드라마를 볼 때는 이왕이면 여자 주인공이 저기서 하는 사랑이 그녀가 평생 하는 유일한 사랑이었으면 하는 바람 ─따라서 그녀는 그 남자 한 사람과만 사랑해야 하고 섹스도 그와만 해야한다─ 을 가지기 마련이다. 그래야 그 사랑이 완전하고 절대적인 사랑이 되기 때문이다. 순결 콤플렉스는 대중문화에서 완전하고 절대적인 사랑에 대한 희구라는 외피를 쓰고 교묘하게 살아 있다.

그런데 이 드라마는 전혀 다른 전략을 구사한다. 이 드라마에서 처녀인 전경이 자신이 이전에 남자와 잔 적이 있다고 '커밍 아웃'했을 때, 사실 그녀는 자신의 과거를 밝혀야만 할 아무런 피치 못할 사정도 없었다(과거가 들통났다거나, 어떤 물적 흔적들이 남아 있다거나). 단지 그녀는 한 기자의 질문에 거짓말을 하지 않았을 뿐이다. 그녀는 전혀 거짓말을 할 이유를 찾지 못했다.

"아니, 전경도 그렇게 막 살았단 말야?"라는 물음에 "한 기자님, 저 막 살지 않았어요"라고 정색하는 그녀의 대답에는 한 기자에 대한 실망과 경멸이 묻어난다. 그렇다고 그녀가 한 기자를 사랑하지 않기 때문에 그에게 고백할 수 있었던 것도 아니다. 그녀는 사랑하는 고복수에게도 자신의 경험을 이야기한 것으로 상정된다. 그들이 여행가서 호텔에 들어갔을 때 전경은 호텔 방이 처음이 아니라고 말하고 복수는 "참 그랬댔지?"라는 대사를 아무렇지 않게 주고받는다. 이러한 커밍 아웃은 드라마의 내용전개에는 하등 영향을 미치지 못한다. 그녀가 순결한가 아닌가 하는 것은 전혀 사건이 되지 않는 것이다.

그러나 이러한 커밍 아웃은 우리 드라마사에서 매우 획기적인 의미를 지닌다고 볼 수 있다. 드라마의 보수적 관행으로 볼 때, 여성의 순결성에 대한 고의적 파기는 매우 중요한 사회적 발언이 될 수 있는 것이다.

그런데 이러한 커밍 아웃이 전경이라는 인물로 볼 때 전혀 돌출적이지 않다는 데에 이 드라마의 매력이 있다. 전경이라는 인물 자체가 기존의 고정적인 여성의 이미지를 뒤집고 해체시키는 인물이기 때문이다.

물론 그녀의 새로운 여성성은 그녀가 고복수라는 다소 특이한 인간을 사랑하게 되는 과정에서 결정적으로 드러나게 된다. 그것은 고복수라는 남성과의 대구 속에서 이루어지는 것이다.

고복수라는 인물이 구현하는 남성성 역시 기존의 '남자다운' 남성성에서 끊임없이 비껴간다. 일단 멜로드라마에서 남자주인공을 양동근으로 캐스팅한 것은 쉽지 않은 선택이다. 바로 전에 인기몰이를 했던 <위기의 남자>에서 주인공 김영철은 그 '핸섬'하지 않은 외모로 인해 여성 시청자들의 많은 불평을 들어야 했다. 실상 그의 그러한 모습이 드라마의 리얼리티를 살려주는 매우 핵심적 구실을 했음에도 불구하고 시청자들의 관심은 황신혜와 신성우의 로맨스로만 빨려갔다. 확실히 멜로드라마에서 잘생긴 남자와 여자 주인공들은 드라마 성공의 핵심 기제이다(아무리 외모 지상주의를 비판해도 그 비판이 판타지와 대리체험을 핵으로 하는 멜로드라마 속 배우들에게는 쉽게 들어맞지가 않는 것 같다).

그런데 양동근이라니, 울퉁불퉁하고 못생긴 얼굴, 왜소한 체구, 심하게 곱슬거리는 검은 머리, 느릿느릿하고 불분명한 발음, 어느 것 하나 예쁘고 사랑스러운 구석이라곤 없어 보인다. 로맨스의 환상이 생겨나기엔 너무나 부적절하다. 게다가 그는 한낱 비굴하고 소심한 좀도둑인 소매치기에 불과하다. 그는 물론 잘생긴 꽃 미남도 아닐 뿐더러, 직업에 걸맞게 이글거리는 눈빛을 가진 터프가이도 아니다.

그런 그에게 전경이 관심을 갖게 되는 것은 바보스러워 보이면서도 고집스럽게 그녀 주위를 맴돌며 자신의 잘못 ─전경이 가지고 있던 친구 수술비를 훔침으로써 그 친구가 죽게 되는 사건─ 을 용서받고자 하는 모습에서 그의 진실과 사람됨을 읽기 시작했기 때문이다.

전경이 발견한 그의 마음은 전혀 과장도 억지도 아니다. 그는 배운 것도 없고 가진 것도 없지만, 그리고 익힌 것이라고는 어리석게도 소매치기 기술밖에 없지만, 자신을 사랑할 줄 알고 주변을 사랑할 줄 아는 한없이 여리고 순정한 마음의 소유자이다. 그가 그녀를 사랑하게 되면서 그는 다시는 소매치기를 하지 않기로 결심한다. 그리고 그는 그러한 자신과의 약속을 지키기 위해 죽도록 노력한다.

그가 죽음을 앞두고 스턴트맨이 되는 것은 그러한 노력의 일환이다. 죽기보다 어려운 자신을 변화시키기 위한 노력은 그렇게 그가 자신을 사랑하고 여자를 사랑하기 위한 마지막 방법이었다. 그리하여 그의 격렬하고 과격한 액션은 숨겨졌던 그의 남성성을 드러내고 강화시키는 수단이 아닌, 죽음을 앞둔 인간 고복수가 자신의 한계를 뛰어 넘기 위해 몸부림치는 처절하고 가슴 시린 마지막 사투이다.

그러한 남자를 여자는 사랑한다. 우리도 그 남자를 사랑하게 된다. 그리하여 그들의 사랑이 우리의 마음을 깊이 움직인다. 그건 바로 그 의미 그대로의 사랑인 것이다. 여자의 감정이 죽음을 앞둔 남자에 대한 동정과 연민인 것도 아니다. 그녀는 끝까지 자신이 남자를 돌보는 '간호사' 대신 투정부리고 화도 내는 '애인'이 되기를 원한다.

이들에게 있어 여자, 남자라는 허울은 거의 중요하지 않다. 물론 그들은 여자와 남자로서 함께 섹스를 나누기도 하지만(장면으로는 보여지지 않았다), 이들을 여성의 역할과 남성의 역할로 나누어주는 어떠한 사회적 통념과 관습도 개입되지 않는다. 이들은 그러한 거추장스러운 외적 요소들과는 무관하게 인간 대 인간으로서 평등하게 사랑한다.

이들이 만들어내는 새로운 여성성과 남성성이 새로운 모습의 사랑을 가능하게 했으며, 그들의 사랑은 인간의 관계맺음에 대한 하나의 통찰을 내포한다. 사랑은 진정 한 여자와 한 남자 이전의 한 인간과 또 다른 한 인간의 만남임을, 한 사람의 내면과 다른 사람의 내면의 만남임을 여실히 보여주는 것이다. 그리고 그들의 사랑은 진정 아름답다.

가족의 해체, 그 새로운 시작

<네 멋대로 해라>가 기존의 고정되고 왜곡되어 있던 여성성과 남성성이라는 관념을 의도적으로 비틀고 뒤집어 놓고 있는 것이 가장 큰 매력이라면, 또 하나의 매력은 이 드라마가 인간과 사회를 바

라보는 그윽하고 깊이 있는 시선에 있다.

이 드라마가 직접적으로 사회적인 주제를 다루거나 특별한 사회적 메시지를 담고 있는 것은 아니지만, 극 속에서 보여지는 인간들의 살아가는 모습과 인간들 사이의 관계에 대한 묘사는 사회와 역사를 경유하여 개인들에 이른 작가와 연출가의 내공을 잘 보여주고 있다.

특히 가족에 대한 접근이 눈에 띄는데, 이 드라마에서 보여지는 가족의 모습은 기존의 드라마들이 보여주었던 가부장제적이고 보수적인 가족주의 가치와는 매우 다르다는 것을 알 수 있다.

이 드라마의 주인공들이 살아가는 가정의 현실은 각자가 견뎌내야 할 만큼의 무게를 가지고 그들을 억누른다.

전경은 부자 아빠를 가지고 있지만, 그는 흔히 말하는 졸부로서 인정이라곤 찾아볼 수 없고 순종하지 않는 자신의 딸에게 매우 가혹하고 엄하게 군다(따귀를 때리고 발로 차기까지 한다). 겉으로는 순해 보이는 그녀가 반항기 있고 오기와 강단을 가진 인물이 될 수 있는 근거이다. 그녀가 자신의 가족들과 맺는 관계는 약간의 경멸과, 조금 심한 무관심, 그리고 연민으로 이루어져 있다. 특히 올케 언니에 대한 연민은 그녀로 하여금 올케가 가난한 집안 출신으로서 하녀처럼 살아온 자신의 종속적이고 순종적인 삶에서 벗어날 수 있도록 독려하게 만든다.

전경은 비록 집에서 완전히 독립하지는 못했지만, 자신의 집으로부터 심적으로 독립해 있을 뿐만 아니라, 경제적으로도 거의 독립되어 있다. 이것은 그녀가 부잣집 딸로서의 자기 정체성을 벗어날 수 있게 한 가장 확실한 방법이다. 이것은 그녀가 의도했건 안 했건 자신의 졸부 아버지의 삶의 방식에 대한 일종의 거부이다.

전경과 그녀의 부모와의 갈등은 멜로드라마의 공식대로 그녀가 형편없는 남자를 선택함으로써 불거지는 것이 아니다. 전경의 연애는 이 집에서 아무런 사건도 되지 못한다. 그녀의 집안은 이미 각각의 성원들이 가정 내 절대적인 존재로서의 아버지라는 중심으로부터 원심력을 가지고 빠른 속도로 뿔뿔이 이탈해가는 과정에 놓여 있다.

아버지, 어머니, 오빠, 올케, 그리고 전경, 이들 다섯 식구는 다들 잘못 엉겨있고 잘못 놓여진 각자의 위치와 정체로 자기 고민들에 빠져 있고, 그것은 그들 사이의 관계에 대한 각 개인들의 회의와 반성의 모습을 담고 있다. 따라서 폭군인 아버지와 망나니인 오빠조차 단순한 악인으로 그려지지 않는다. 그들 역시 잘못된 가족관계와 왜곡된 남녀관계의 희생자들인 것이다.

따라서 해체 위기에 놓여 있는 이 집안이 그리 절망적으로 보이지 않는 것은 어쩌면 당연한 일인지도 모른다. 그들은 자신들의 문제와 모순들을 알아차린 것처럼 보이며, 가족들 모두가 각자 제자리를 찾아가고 있는 것처럼 보인다. 그리고 그 해체의 중심에 전경이 놓여 있다.

이제 전경이 고복수를 사랑하게 되는 과정은 그녀가 고복수라는 밑바닥 인생을 자신의 고상하고 여유 있는 부유층 인생으로 끌어올리는 과정이 아니라, 자신이 스스로 그 밑바닥 인생으로 걸어 들어가는 과정이 된다. 그러나 그것은 전혀 나락이나 타락이 아니다. 그렇다고 이것이 부잣집 딸이 집을 나와 맨몸으로 남자와 도망치는 유의 절절한 사랑의 낭만과 스릴을 보여주는 것도 전혀 아니다.

그녀는 그저 자신이 스스로 선택한 낮은 삶을 사랑하게 된 것이다. 그 낮은 삶이란 흔히 물질적 가치에 반하는 고상한 정신적 가치로 빛나는 그러한 세계이기 십상이지만, 여기에서는 물론 아니다. 그 세계는 인간들의 욕망과 애증이 있는 그대로 드러나고 희로애락이 아무런 허울을 쓰지 않고 그대로 살아 있는 세계이다.

이제 고복수의 세계로 들어가 보자. 어렸을 때 그의 부모가 이혼을 하면서 고아원에서 자라난 복수가 아빠를 만난 것은 몇 년 전이다. 마을버스 기사인 아빠는 출감한 그가 행여 다시 감옥에 갈까 노심초사한다. 아들에 대한 아빠의 죄책감과 무조건적 사랑은 병든 복수를 짓누르는 멍에이다.

다른 한편에 어린 아들을 데리고 치킨 집을 하면서 살아가는 엄마가 있다. 그녀는 아들이 갖다 주는 돈을 냉큼 받아 챙기는, 먹고사는 데 악착같은 여자다. 그녀는 복수가 손을 씻는 데 걸림돌이다. 엄마에 대한 안쓰러움과 안타까운 애정은 그의 발목을 잡는다. 그는 엄마가 한심한 놈팡이와 어울리는 것에 화가 나 엄마에게 남자 없이 하루도 살 수 없냐고 막말을 해대지만, 그런 엄마의 외로움을 누구보다 잘 이해한다.

그는 엄마 아빠의 이혼을 겪고, 부모에게 버림받고, 소매치기가 되는 힘들고 불행한 성장기를 살아왔지만, 아빠와 살고 있고 엄마를 만날 수 있는 지금 그는 행복하다. 그 각각의 사람들 —엄마, 아빠, 복수, 복수의 아빠 다른 동생— 은 각자 자기 몫의 삶을 살아간다. 이혼한 부부와 아빠가 다른 두 형제, 언뜻 보면 엉망진창인 콩가루 집안 같지만, 그들이 그리 불행해 보이지는 않는다. 때로는 고달프고, 외롭고, 때로는 서로에게 짐이 되고, 가슴에 쌓인 한이 폭발하기도 하지만, 그들은 서로에 대한 사랑으로 충만하다. 그냥 특별히 더 불행하지도 더 행복하지도 않은 무수한 삶들 가운데 하나이다.

가족에 대한 이러한 시선은 양쪽 부모와 자녀로 구성된 이른바 '정상적인' 가족만을 인정하고 미화하는 통상적 가족 관념에 교묘한 시비를 거는 것이다. 수십 년을 살아온 그 '정상적인' 가족이 얼마나 허구적일 수 있는지, 사람들이 가족을 이루고 살아가는 형태와 양상이 얼마나 다양하고 다를 수 있는지 이 드라마는 너무나 잘 드러내 준다.

드라마에서 나타나는 행복한 가족의 외형이 너무도 쉽게 '정상' 가족의 모습으로 한정되는 것은 현실에 대한 일종의 왜곡이다. 그런 점에서 이 드라마의 가족에 대한 시각은 매우 신선한 것이라고 할 수 있다.

이 드라마에서 가족의 해체는 보다 넓어지고 다양해지는 가족의 형태를 위한 긍정적인 출발이 될 수 있는 것이다. 이것이 바로 이 드라마가 여성주의 드라마가 될 수 있는 두번째 가능성의 지점이다.

연적에서 우정으로, 사랑에서 우정으로

<네 멋대로 해라>에서 또 한 가지 흥미로운 것은 삼각관계를 이루는 세 남녀의 사랑의 진행과정이다. 고복수를 둘러싸고 전경과 복수의 원래 애인 송미래(공효진 분)는 연적이 된다. 하지만 이들의 관계는 여느 연적들과는 매우 다른 양상을 보여준다.

사실 멜로드라마의 연적들은 예나 지금이나 선과 악으로 갈리기 십상이다. 제1의 주인공이 선이라면 제3의 주인공은 악이기 마련이다. 물론 최근의 몇몇 드라마들, 특히 노희경의 작품들에서는 선악을 떠난 삼각관계의 새로운 방식이 그려지기도 했다. 제3의 주인공에게도 충분한 연민과 애정 어린 시선이 부여되었다.

그런데 이 드라마는 여기에서 한 걸음 더 나아간다. 미래와 전경은 서로 연적이면서도 부딪칠수록 서로에 대한 호감과 친분을 쌓아간다.

여동생 하나 데리고 치어리더로 고되게 살아온 미래에게 복수는 가족과 같은 존재이다. 그런 미래에게 긴 손가락으로 키보드를 치는 얼굴 하얀 부잣집 딸 전경은 말 그대로 원수 같은 존재이다. 그런데 그런 전경이 미래의 눈에 점점 예뻐 보이기 시작한다. 마음이 예쁘고 복수에 대한 사랑이 진정이다. 미래는 복수의 마음을 이해할 수 있고 그들의 사랑을 인정할 수 있게 된 것이다.

전경 역시 미래에게 한없이 미안하고 송구스럽다. 그녀는 거칠고 사나워 보이는 미래가 실은 따뜻하고 넓은 마음을 가진 멋진 여자임을 알게 되고 점점 그녀에게 끌리고 의지하게 되는 자신을 느낀다.

이 두 여자는 동시에 한 남자를 사랑하는 비극적인 현실 속에서 심한 질투를 느끼기도 하지만, 서로에 대한 인간적인 매력에 이끌리면서 미묘한 우정을 싹틔운다. 이러한 감정은 복수의 병이 깊어지면서 두 여자의 거리를 더욱 좁혀놓는다.

물론 이들의 우정이 사회적 약자로서의 여성들이 갖는 연대의식과는 차이가 있지만, 그럼에도 연적인 여성들 사이에서 피어나는 우정은 남녀 간의 사랑 문제만으로 치환될 수 없는 폭넓은 인간적인 관계에 대한 천착을 보여준다는 점에서 또 하나의 진전을 이룬 것이라고 할 수 있겠다.

이러한 인간적 관계에 대한 천착은 복수와 미래의 관계에서도 그대로 나타난다. 복수는 온통 전경에게 마음을 빼앗기고 있으면서도 미래에 대한 연민과 죄책감을 떨쳐버릴 수가 없다. 아니 배신에 대한 죄책감 때문만이 아니라, 더 이상 애인관계가 아니어도 여전히 그녀에 대한 애정과 신뢰는 계속된다.

미래 역시 자신을 배신한 복수가 한없이 원망스럽고 밉지만, 그에 대한 속 깊은 정과 근심, 배려는 그녀가 그를 위해 할 수 있는 모든 일을 다하도록 만든다. 그리하여 복수와 미래의 관계는 인간적인 신뢰에 바탕한 새로운 우정의 관계로 발전하게 된다.

연적 사이에도 우정은 싹틀 수 있고, 연인 관계도 새로운 우정의 관계로 변할 수 있다. 이 드라마가 사랑만이 지고지순의 가치이며, 사랑을 위해서라면 다른 모든 것은 아무 것도 아니어도 좋은 보통의 멜로드라마와는 매우 다른 길을 가고 있음을 알 수 있다.

가혹하지만 복수의 치명적인 병이 그를 새로운 삶으로 인도한다. 그는 언제 닥쳐올지 모르는 죽음을 눈앞에 두고서야 자신의 삶에 눈을 뜬다. 새로운 사랑이 찾아오고, 자신이 몰두할 수 있는 신나는 일을 찾았다. 그리하여 세상은 참 살 만한 곳이 되었다. 그는 그의 병 때문에 아주 불행해 보이지는 않는다. 많이 아프지만 그냥 조금 두려

위하고, 그 아픔을 잊기 위해, 두려움을 떨치기 위해 지금 현재 더 많이 사랑하고 더 많이 즐거워하고, 더 많이 기뻐할 따름이다.

그리고 자신이 수술 후 '남자'를 잃을까봐 두려워하던 고복수가 어떠한 결과가 따르던 받아들이자는 전경의 설득으로 수술을 받기로 했을 때, 그들은 비극적인 죽음과 영원한 사랑을 택하는 대신 주어진 현실 속에서 사랑하는 방법을 찾아가는 진정한 휴머니스트가 되는 것이다. 장애에 대한 두려움과 편견을 거부하고, 살아있음의 소중함을 알며, 있는 그대로의 인간을 사랑할 줄 아는 이들이야말로 진정한 페미니스트인 것처럼 보인다.

이 드라마가 단지 '쿨'한 신세대적 애정 관계를 보여주는 트랜디 드라마에 머물지 않는 이유는 이처럼 인간과 사회에 대한 깊은 애정과 진지한 통찰, 인생과 사랑에 대한 깊은 성찰을 담고 있기 때문이다.

거창한 구호가 아니어도, 첨예한 문제의식을 가지고 있지는 않아도, 여성을 그야말로 '인간'으로 보여주고 여성의 사랑과 삶을, 나아가 사람들의 사랑과 삶을 진실하고 건강하게 담아내고 있다는 점에서, 이 작품은 여성주의 드라마의 새로운 장을 열었다고 할 수 있을 것이다.

골동품, TV를 만나다
<TV 쇼 진품명품> 들여다보기

황성재(학생)

골동품, TV에 출연하다.

무언가 오랜 세월의 경륜을 소유했음 직한, 그러나 범인의 눈으로는 손쉽게 그 용도를 파악하지 못할 물건이 하나 놓여 있다. 쇼 참석자들은 정체 모를 골동품의 용도를 가지고 이런 저런 해석을 내놓는다. 가끔 그럴듯한 통찰력이 깃든 해석이 나오기도 하지만, 대부분의 의견은 무지한 시청자의 눈으로 보기에도 그다지 설득력이 없는 것들이다. 그러나 쇼 참석자들의 어설픈 해석에 실망할 필요는 없다. 사실, 여기까지는 눈요기이니까.

시청자가 진정 희열을 느끼는 부분은 전문 감정단이 나와서 해당 골동품의 감정가를 발표하는 그 순간일 것이다. 이때에 터지는 탄식과 한숨, 희열과 실망의 감정은 나른한 주말에 TV를 보는 시청자의 가슴을 울렁거리게 하기에 충분한 효과를 지니고 있다. 모든 사물의 가치가 돈이라는 척도로 자리매김할 수 있는 자본주의 사회에서 이

만큼 사회논리에 잘 들어맞는 재미있는 게임도 참으로 드물 것이다. 나도 주말에 채널을 돌리다가 이 프로그램을 접하노라면 넋 놓고 부러움 섞인 마음으로 저 물건은 얼마나 될까 하고 생각해보곤 한다. 정작 브라운관에 비친 물건은 내 것이 아님에도 불구하고.

하지만 이 프로그램을 보면서 나도 작은 희망을 가져봄 직하다. 언제나 으슥한 창고에서 보았던 도자기 요강, 박스 안에 보관된 낡은 청동 촛대 따위를 떠올려보면서. 혹시 우리 집에 있는 골동품들도 꽤나 값나가는 물건이 있지 않을까, 즐거운 상상을 해본다.

사실 이 교양 프로그램의 위력은 상당한 것이다. 자칫 재미없고 식상한 것으로 그칠 수 있는 골동품이라는 소재에 '감정'이라는 '돈'을 매기는 행위를 결부시켜 현대인의 흥미를 최대한 부각시켰다. 특히 집안에 박혀 있는 쓸모없어 보이는 물건이 시가 수천만 원을 호가하는 '보물'일 수도 있다는 사실은 얼마나 사람들의 마음을 설레게 하는가. 그래서 이 프로그램은 수많은 집안의 창고 안에서 잠자고 있는 물건들이 한바탕 일광욕을 하게 하는 데 일조한 것이 사실이다. 그것도 모자라, 진품명품 팀은 지방을 순회하며 시골 지역의 숨겨진 '보물'들의 가치를 가늠하는 발걸음을 행하기도 했다.

만일 이 프로그램이 단지 '골동품'을 놓고, 그 용도를 맞추거나, 역사적 의의를 증명하는 행위에 그쳤다면 어떻게 되었을까. 좋은 교양 프로그램이라는 말은 들었겠지만, 이만큼 성공하기는 쉽지 않았을 것이다. 현대인의 흥미를 자극할 만한 '화폐로서의 가치 측정'이라는 요소 그리고 골동품의 역사적 의미를 해석하는 '교양으로서의 의미', 이 두 마리의 토끼를 통해 <TV 쇼 진품명품>은 재미와 교양 두 가지 가치를 동시에 획득하고 있다고 볼 수 있을 것이다. 그런데 정말 그럴까?

감정단의 정체

그런데 여기서 잠시 의문을 품어 보는 것도 괜찮을 것 같다. 도대체 저 감정단의 정체는 무엇일까. 고미술 연구가, 관련 전문가 등의 그럴 듯한 직함을 달고 나오는 것은 사실이지만, 그들이 자신의 정체에 대해 말하는 것은 거의 본 적이 없다. 겸손의 미덕을 등에 업은 탓일까. 그러나 그들을 소개하는 사회자 또한 그분들의 전문성이나 식견에 대해서는 그다지 언급하지 않는다. 다른 프로그램이라면 해당인들의 전문성과 탁월한 지성에 대해 입술이 닳도록 칭송하며 프로그램의 신빙성 ─정확하게 말한다면 감정가─ 을 확보하고자 했음 직한데 말이다.

결론부터 말하면 이 사람들은 '골동품 상인들'이다. 왜 교수들이나 박물관의 전문가들을 부르지 않느냐고? 그것은 불가능하다. 현재의 법규상 대학과 박물관의 전문가들은 매매를 위한 고미술 감정 및 가격 설정 행위를 할 수 없기 때문이다. 그들이 할 수 있는 일은 단지 매매를 하지 않는다는 전제하에서, 이 물건이 어느 시대의 어떤 물건인가를 따지는 진위여부를 위한 감정일 뿐이다.

과정과 상황이 어떻게 되었건 간에 돈이 안된다는 것은 프로그램에 정말 맥 빠지는 일일 터이다. 사실 해당 물품의 시대와 용도를 맞추는 것보다 가격을 맞추는 것이 훨씬 쉽고 재미있는 일인 것도 당연한 것이다. 진품명품에서 '감정가'라는 요소를 빼고 나면, 참여도나 인기도가 적지 않은 하강곡선을 그릴 것임은 어렵지 않게 짐작할 수 있다. 그래서 이 프로그램에서는 과감하게 학자들을 소외시켜버린다.

골동품, 자본주의 사회의 대중매체와 만나다.

자본주의 사회의 가장 큰 특징은 세상의 모든 것을 화폐 가치로 환산하려고 드는 습성을 가지고 있다는 것이다. 특정한 재화나 지형지물뿐만 아니라 유무형의 문화 또한 예외일 수 없다. 아름다운 자연과 광대한 갯벌이 개발의 논리하에서 사라져야 하는 것은, 당연히 개발과 비개발의 경제적 효과의 비교 때문이다. 어디 자연 뿐일까, 백제의 중요한 유물인 풍납 토성 또한, 돈 문제 때문에 완전히 사라질 뻔한 위기를 겪지 않았던가.

물론 골동품을 사적이나 문화재, 인간이 살아가는 자연과 동일시할 수는 없는 일이다. 사실 골동품이라는 것도, 하나의 재화이기 때문에 인간과 인간 사이에 거래될 수 있는 물품인 것은 사실이다. 그런데 문제가 있다. 바로 우리가 접하는 TV는 '시장'의 역할을 공공연히 수행하는 곳은 아니라는 것이다. 적어도 TV 홈쇼핑이 아닌 바에는 말이다.

그러나 <TV 쇼 진품명품>에서는 과감하게 시장의 역할을 수행한다. 그곳에서 문화로서의 골동품은 해체되고 사라진다. 거기서 나오는 골동품에 대한 해석은 단지 '감정가'를 뒷받침하기 위한 근거일 뿐이다. 그리고 프로그램에서는 이 과정에 신비성을 가하기 위해 기묘한 장치를 마련한다. 감정단이 감정을 행하는 동안 흘러나오는 음악 그리고 감정단을 비추는 카메라의 앵글은 철저하게 시청자를 타자화시킨다. 시청자가 할 수 있는 일은 무력하게 감정가의 발표를 기다리는 일뿐이다. 그리고 발표가 이루어진 이후에 남는 것은 감정가뿐이다. 물건을 가지고 나온 사람들은 감정가에 따라 기뻐하고 슬퍼한다. 쇼 참석자들은 감정가의 높고 낮음에 따라 감정을 표시한다. 해당 물품의 용도나 역사적 의의는 감정가가 만족스러울 때만 부각될 것이다. 감정가가 낮을 때는 그저 지금까지 보관해온 정 때문에 그저 보관해야 할, 천덕꾸러기 '쓰레기' 취급을 받게 되는 것이다. 그런 쓰레기를 앞에 두고 사회자는 어색하게 웃으며 잘 보관하라는 말을 한다. 물건의 주인도 무슨 희극의 주인공인 양 어색하게 웃으며 잘 보관하겠다고 화답한다. 그러나 감정가가 높으면 상황은 달라진다. 물건의 주인은 얼떨결에 위대한 영웅이 되어 사회자의 찬사를 듣게 된다. 얼떨결에 보물을 쥐게 된 주인공은 카메라 앞에서 무언가 그럴듯한 말을 하려고 하고, 참석자들은 그 말을 존경하는 듯한 얼굴로 잠자코 듣게 된다.

감정가가 결정되는 순간에, 해당 방송은 거대한 투기장이 되어 버리는 것이다. 문제는 대한민국의 지상파 방송은 남다른 신뢰성을 갖고 있다는 것이다. 특히 감정가와 같은 사안에 있어서 방송의 결정은 그 누구도 손쉽게 부인할 수 없는 것일 것이다. 그리고 그 같은 방송 아래서 문화재가 될 수 있었던 골동품은 고급 상품이 되어버리고, 그런 가치로 환산된 골동품을 거머쥔 물건의 주인은 잠재적인 판매자가 된다. 그리고 그런 상품으로서의 골동품을 쥘 수 있기를 바라는 수많은 욕망의 주체들이 그 방송을 보면서 자신의 창고 어딘가에 쌓여 있을지 모를 골동품을 찾아보게 된다.

<TV 쇼 진품명품>의 비극은 바로 어딘가 보이지 않는 곳에 박혀 있는 골동품이 문화로서의 가치를 확인 받지 못하고, 바로 상품으로서의 존재로 변질되는 과정을 거치고 있다는 것이다. 더욱 위험한 것은 바로 이러한 과정이 '교양 프로'라는 범주하에서 이루어지고 있다는 것이다. 이것이 자본주의 시대의 대중매체와 만난 골동품의 유쾌하지 못한 숙명이라고 생각한다면 지나친 오산일까.

올바른 무게중심을 위하여

그러나 분명한 것은 <TV 쇼 진품명품>이 우리 주변에 있으면서도, 떠올리지 못하고 있는 수많은 골동품들의 존재를 일깨워주는 계기를 마련해주었다는 것이다. 과거 우리의 삶과 연결된 골동품은 분명한 문화이다. 문화의 광의는 '사람들이 살아가는 방식'임을 생각할 때, 골동품은 과거의 우리와 현재의 우리를 연결하는 중요한 자산이다. 골동품 자체의 화폐적 가치와 무관하게 우리는 그것을 통하여 십수 년 전의 나의 모습 혹은 수백 년 전의 조상의 모습을 연상할 수 있을 것이다. 어릴 적 가지고 놀던 유리구슬 속에서 현재의 나와 과거의 나를 되짚어보는 명상의 시간을 가질 수도 있을 것이며, 어머니가 사용하시던 재봉틀, 할머니가 감추어 두신 요강, 구석이 깨어져 나간 항아리 모두 우리가 살아가는 생활 속에서 하나의 문화로서 존재했던 물건들일 것이다. 그리고 그중에는 정녕 중요한 가치를 지니는 '보물'도 섞여 있을 수 있을 것이다.

여기서 <TV 쇼 진품명품>은 스스로 좀 자유로워지면 어떨까 싶다. 돈이란 것이 원래 수량으로 환산될 수밖에 없는 존재이다. 수량으로 환산된다는 것은 많고 적음을 판단하게 된다는 것을 의미한다. 그렇게 되면 그 많고 적음에 따라 문화적 의미는 희석되고, 사물의 가치 자체가 그것과 동일시되어 버릴 것이다. 하지만 수많은 골동품들의 진정한 용도를 진지하게 탐구해보는 것도 정말 재미있는 일일 것이다. 용도를 알 수 없는 골동품을 통해 십수 년 전부터 수백 년 전에 이르는 삶을 재현해보는 것도 의미 있는 일일 것이다. 골동품을 통해 과거의 생활상을 구체적으로 되짚어보는 일 또한 단순히 감정가를 매기는 것 이상의 흥미를 불러일으킬 수도 있을 것이다. 그리고 그 과정에서 잊혀진 옛 문화는 아름답게 부활할 수 있을 것이다. 깨지고 상한 골동품도 아름다운 자태를 뽐낼 수 있을 것이다.

이러한 과정을 통해 과거의 문화를 되짚어볼 때, 감정가에 따른 골동품의 귀하고 천박함의 구분은 조금은 해소될 수 있는 문제가 되지 않을까 싶다. 비록 감정가는 높지 않더라도 자신의 조상이 사용했던 물품들이 정확히 어떤 의미가 있고 어떤 형태로 사용되었음을 안다면, 그 주인이 되는 사람은 나름대로 만족을 얻을 수 있을 것이다. 그것을 바라보는 시청자도 나름대로 문화에 대한 작은 혜안을 얻을 수 있을 것이다. 단지 감정가 하나를 도출하는 과정에 모든 프로그램의 역량을 집중하기보다, 골동품에 관련된 좀더 풍성한 컨텐츠를 확보할 필요가 있다. 단지 감정가를 책정하는 감정단뿐만 아니라, 골동품이 사용되던 시대를 폭넓게 조명해줄 수 있는 전문가도 몇 분 모셨으면 어떨까 싶다.

자본주의 사회의 법칙에 얽매인 프로그램은 추악해지기 쉽다. 설사 그것이 교양 프로그램의 성격을 띠고 있다고 해도 세상의 모든 가치를 사물로 환산하거나, 단순한 쾌락과 말초적인 자극에 집중하는 프로그램은 단기적인 유흥 이상의 의미를 지니기 어렵다. 그래서 그런 프로그램이 만연한 시대일수록, 오히려 건전한 교양과 이성을 토대로 한 프로그램의 가치는 더욱 빛나게 마련인 것이다.

그런 면에서 <TV 쇼 진품명품>은 충분한 가능성을 지니고 있다. 골동품이라는 존재는 우리의 과거 모습을 재현하고, 시청자의 교양과 지식욕을 충족시킬 수 있는 소재인 것만은 분명하다. 그러나 기존의 <TV 쇼 진품명품>은 지나치게 자본주의 논리에만 충성했던 것은 아닌가 싶다. 고색창연한 문화의 일부분일 수 있는 골동품을 다루는 프로그램으로서 다소 아름답지 못한 모습을 지녔던 것은 아닌가 싶다.

그래서 이제 <TV 쇼 진품명품>에도 무게중심을 잡아주면 어떨까 하는 생각을 덧붙여본다. 골동품이라는 존재에 대한 다각적인 접근과 분석 그리고 재현을 통해 과거의 문화를 이해하는 계기로 작용한다면, <TV 쇼 진품명품>은 가치 있는 교양 프로그램으로서의 위치를 확고히 할 수 있을 것이다. <TV 쇼 진품명품>이 나이 지긋한 시청자들에게는 옛 추억의 향수를, 젊은 시청자들에게는 과거 문화에 대한 이해를 공유하게 해줄 수 있는 혜안을 마련해줄 수 있는 프로그램으로 거듭나기를 기대해본다.

KBS <개그 콘서트>의 봉합 전략

윤성호(무직)

KBS는 현실을 어떻게 꿰매는가? '개그'는 현실을 어떻게 꿰매는가? '콘서트', 다른 말로 '마당놀이'는 현실을 어떻게 꿰매는가?

먼저 KBS

아시다시피 KBS와 그 구성원들은 공공을 위해 존재하는 '척' 하는 이익집단이고, 날랜 기획자인 '척' 하는 복지부동의 공무원들이다 (이건 비난이 아니라 그냥 그렇다는 이야기이다).

KBS, 특히 KBS2 TV에서 품을 파는 사람들은 프로그램 앞뒤에 붙을 광고의 개수를 의식하지 않을 수 없고, 투입 대비 산출의 기회비용을 고려하지 않을 수 없고, 불확실한 시장에서 그런대로 안전한 옵션을 선택하는 데 골몰할 수밖에 없다. 더불어 한국방송이라는 조직의 서열 문화를 모른 척 할 수 없고, 그래도 공영방송인데 그 정체가 불분명한 '품위'를 의식하지 않을 수 없고, 합쳐서 '한.국.방.송.공.사' (요새는 '공사'라는 뒷말은 퇴출됐지만)로서의 명분 —어떻게 보면 이것도 헤게모니— 을 어떤 식으로든 세우려 할 수밖에 없다.

어떻게 보면 진부하고 어떻게 보면 아슬아슬한 그런 지형에서 <KBS 개그 콘서트>는 지난 5년을 놀라운 성적(시청률 + 아이들이 봉숭아 학당 모양으로 담임들한테 농을 거는 등의 기타 주변 효과)으로 버텨왔다. '놀라운'이라는 수식에 변을 달자면, 먼저 최근의 방송 시장이 기획사들이 양산해내는 컨텐츠, 즉 운동을 잘하는 가수들(~), 연기자가 꿈인 탤런트들(?), 인기연예인들과 친하게 지낼 줄 아는 코미디언들(!)을 섭외하고 이용하는 걸 최적의 수익 모델로 '믿고' 있는 상황에서 무명의 공채 희극인들로 이 살림을 꾸려온 것은 분명 놀라운 일이다(괜한 말이 아니라, 개그 콘서트의 어떤 '인기 개그맨과 개그우먼'들은 실제로 그 이름은 안 알려진 채, '무다리' '갈갈이' '옥동자' 정도로만 인지되고 있다).

재밌는 점은, 이 마당을 가능하게 한 요소 중 많은 부분이 KBS의 창의력이라기보다는 관습적인 전통, 즉 '하나도 안 웃기지만' 여전히 유지되는 KBS만의 몇몇 코미디 프로들과 그 프로들의 진부한 풀장인 셈인 KBS 희극인실, 그 방을 오가며 생산되는 여전히 안 웃기는 코미디 클리셰들(사투리 개그라든지, 동음이의의 장난, 아예 관심 밖이 되곤하는 KBS 특유의 슬랩스틱 개그 등등)에 빚을 지고 있다는 사실이다.

위에서 언급한 사투리 개그와 동음이의 말장난, 슬랩스틱 개그 등등이 바로 최근의 최고 인기 코미디 프로인 KBS 개그 콘서트가 '웃기려고' 선택한 전술인 점은 다들 동의하시리라. 뿐만이 아니라 전혀 호응이 없던 1990년대 초·중반 동안에도 '이상해'나 '임하룡' 등 언뜻 수긍이 가지 않는 캐릭터들에게 상을 줘가며 시청률 바닥의 연말 프로인 'KBS 코미디 대상'을 꾸준히 방송했고, 시청자들의 수요를 그다지 신경 쓰지 않으며 선발대회 이후에는 사실상 거의 전파를 타지 못한 공채 개그맨들을 뽑아왔다. 그런데 이 진부한 의식들이 지금 KBS 개그 콘서트를 가능하게 한 토양이 됐다, 쑥스럽게도.

오해를 막기 위해 얼른 말하자면, KBS가 제공한 토양이 맹구와 이장님과 황 마담과 수다맨에게 비옥한 그것이었다는 얘기가 아니다. 오히려 그 반대. 다시 말하면 이건 'Hawthorne Effect'가 반대의 경로로 실현된 셈인데, 조직 및 관리자들의 무관심 **덕분**에 백재현과 김미화와 심현섭 등등의 창의적인 절치부심이 가능했던 것 아닐까 싶다(일요일 낮의 복권 당첨 프로와 그밖의 고만고만한 공개홀의 막간이 이들의 개그 연습을 위해 이용됐다).

개그콘서트의 가장 큰 특징 중 하나는 최근의 토크쇼 트랜드에 반하는 정통 코미디라는(근데 과연 '정통'?) 점과 더불어, 희극 연기자 개개인이 스스로의 대사와 동선을 꾸민다는 점, 즉 개그에서 연기자와 작가, 출연자와 기획자가 일치되는 '전파 안의 작가주의'를 어느 정도 실현하고 있다는 점이다. 이 작가들에게 KBS라는 토양이 결코 만만한 그것은 아니었겠지만, 반대로 경작지가 (다른 '빡센' 상업방송 및 공영, 가장 민영방송에 비해) 좀 방만하게 펼쳐진 것은 사실이었고 그 무심한 부동산을 개척하는 것은 생산자에게나 시청자에게나 괴롭지만 즐거운 일이 된 셈이다.

이들이 구사하는 거의 혼돈에 가까운 유머도 그런 맥락에서 보면 간단하다. '토크쇼'라는 신종 서비스 산업에 밀려난 '(콘티에 따른) 정통 코미디', 그 품 많이 드는 농업을 다시 일으키되 선대처럼 파종부터 추수까지 선형적으로 감내하는 것이 아니라 '기ー승ー전'에서 멈춘 채 '결'을 생뚱맞게 차버리거나, '기ー승' 따위는 덮어둔 채 '전ー결'로 경박단소한 유머를 구사하는 것이다.

이런 잡곡 농사를 가능케 한 것은, 물론 수용자들의 (발전한?) 입맛이 그만한 할인을 해주기 때문인데, 즉 장르의 관습에 **충분히** 익숙해진 관객들은 잡다한 도입부나 괜한 봉합을 생략한 채 개그맨들이 사바나와 드랙퀸 쇼 무대와 대종상(개그 콘서트에선 '대충상') 시상식을 왔다갔다해도 얼른얼른 접수를 해주는 것이다.

더 중요한 것은, 이들이 기표와 기의를 활용하는 전술에 있다. '여장 남자'는 '재수 없는' 아이콘이 아닌 '친근한 대화상대'로 봉숭아 학당을 다니고 있으며, '연변 총각'은 기죽은 저임금 노동자가 아니라 무진장 떳떳하게 갖가지 설화를 생산해내는 친구로서 존재한다(요새의 강성범은 무진장 떳떳하게 전래 설화를 각색하는 전라도 사람으로 스스로를 변주하고 있긴 하다). 학당 선생님은? 아이들을 통제하는 것이 아니라 온갖 허튼 소리의 릴레이가 가능하도록 몸바쳐 바톤 노릇을 할 따름이다(예전 '쇼비디오 자키' 시절 봉숭아 학당의 임하룡은 가끔 훈계 비슷한 거라도 했었다).

그리고 개그

개그[gag]: 연극·영화·텔레비전 등에서 관객을 웃기기 위하여 끼워 넣는 즉흥적인 대사나 우스갯짓(출처: 두산세계대백과 EnCyber)

그렇다면 이 개그들은 그 저변의(한국 코미디의 저변, 한국 방송의 저변, 한국 사회의 저변) Langue에까지 영향을 끼칠 수 있을까?

두괄식으로 말하자면 '그렇다'이지만, 이 답이 그들의 개그에 무한한 신뢰를 보낸다는 뜻은 아니다.

위에 언급했듯이 개그 콘서트의 전술은 분명 시청자들의 2차 의미화 작용에 어떤 전향적인 계기를 제공하지만, 그 안에 구축된 신화에까지 도전장을 내밀 수 있을는지는 의문이다(그에 앞서, 도전장을 내밀 생각이 있는지도 의문이다. 그보다 앞서, 꼭 도전장을 내밀어야 하는지도 의문이다).

황 마담은 그 성대와 가짜 가슴과 털 민 다리를 통해 드랙퀸을 모사하는데, 사실 이런 여장 남자의 아이콘은 이미 빈번한 장치이다(중·고등학교 시절의 수학여행 때부터 '여장남자' 패션쇼는 고유한 메뉴 아니었나 싶다). 황 마담이 하나 앞서나간 게 있다면 스스로를 변태나 사회 부적응자가 아닌, 개그 퍼레이드 속의 친근한 (어떤 땐 가장 친근한) 인물로 만들었다는 점인데, 꼭 개그 콘서트가 우리 사회 성별 감수성에 독립변인으로 작용하진 않았겠지만 '나와 다른 사람'들에 대한 즉각적인 경직을 해동시켜준 점은 인정해야 할 듯싶다.

그럼에도 불구하고

이 아이콘은 그 저변의 신화를 공격하는 데에까지는 이르지 못한다. 이 여장남자는 아이러니하게도 '여성스러운 여성'에 대한 신화를 더욱 공고히 하는 역할을 하는데 사실 동서양을 막론하고 드랙퀸, 드랙 쇼는 '여성성'에 무한 신뢰를 보내는 남성들을 위한 가장 무도회 역할을 했으니까 그 자체에 대한 비판은 괜한 감이 있지만, 다양한 성별 정체성 중 딱 드랙퀸을 끌어들여 2년간 다양한 몸짓을 선보이는 개그 콘서트의 방침은 이 '작가'들이 애초에 '신화'를 집적거리는 데는 무관심함을 보여준다.

연변 총각, 사바나 추장, 결코 무다리를 부끄러워하지 않는 무다리 처녀, 114서비스를 하는 남자교환원 모두 같은 맥락으로 풀이된다. 모두 2차 의미화 과정에서의 파격(아주 신선한)은 제공하되 바르뜨가 말한 사회적인 신화의 영역에는 관심이 없다. 이방인에 대한 신화, 여성의 외모에 대한 신화, 남성의 영역에 대한 신화는 안전하게 남는다(더 공고해진다고 볼 수도 있을까? 이건 물음표다).

허허허(虛虛虛), 실실실(實實實)

대개, KBS 개그 콘서트가 비난받는 지점들은 개그 콘서트의 유머가 지나치게 경박하다든지, 소재와 표현이 위험수위를 넘나든지 하는 때이다. 가령, 시청자들(특히, 어쩔 수 없이 방송에 관한 레포트를 내야하는 대학생들)은 옥동자 정종철을 비롯한 이런저런 캐릭터들이 용모 차별주의를 부추긴다고 비난한다.

과연 그런가? 당위적으론 맞더라도 효용적으로 과연 그러한가? 그런 비난들은 좀 게으르지 않은가? '개그콘서트'는 차라리 그렇게 비하 대상이 되는 외모의 소유자들을 연기자로, 스타로, 공인으로 대우해주기는 하는데 말이다. 그 외모에 대한 조롱이 하도 극단적이라 오히려 무해한 'fantasy'라는 생각이 들기도 한다(그것이 의도된 궤변이라면 썩 칭찬해주고 싶진 않지만).

좋다. 그럼에도 불구하고 우리는 더더욱 '정치적으로 공정해지려는' 노력을 해야 한다. 물론이다.

그러나 & 그렇다면

개그 콘서트뿐만이 아닌 다른 모든 방송 프로들은 더더욱 그런 용모 차별주의의 용의선상에 놓인다. 제일 용모단정한 방청객들만을 배경에 앉히는 <생방송 퀴즈가 좋다>, 용모단정한 가수들만을 출연시키는 이런저런 가요 프로, 용모단정해서 출세한 연예인들에게 플래시 세례를 퍼붓는 연예 프로, 용모단정한 연후에 똑똑하기까지 하면 자리를 내주는 9시 뉴스, 8시 뉴스, 그리고 그밖의 모든 뉴스.

개그 콘서트, 그러니까 용모 전혀 단정하지 않은 친구들이 이런저런 제약(소수에 대한 고려뿐만 아니라 다수에 대한 고려까지 내던져버리고) 없이 1시간 동안 벌이는 'freak show'는 그런 '가면극'들에 비하면 차라리 안전하지 않은가?

한편, 반대로 개그 콘서트가 시청자들로부터(특히 상대적으로 다양한 문화 층위를 누린다고 '보여지는' '학삐리' 시청자들로부터) 칭찬을 받는 경우 대개 개그 콘서트만이 보여줄 수 있는 파격에 대한 썸—업인 경우가 많다.

다시 한번 딴지를 걸어본다. 과연 그런가? 오히려 그 반대지 싶다. 개그 콘서트의 '경박성'이 (위에 언급했듯) 그다지 이 프로가 욕먹지 않아도 될 대목이라면, 개그 콘서트에서 아쉬운 점은 이 한 시간 가량의 시끌벅적 쇼가 무늬에 비해 내용은 '덜 파격적'이라는 사실이다.

오케이, 개그 콘서트는 신화의 영역에 손을 댈 정도로 파격적이지 않다. 어떤 몸부림도 안전하게 착지한다. 그 몸부림이 너무 경박하고 맥락 없어 안쓰럽다고? 아니, 그 경박하고 맥락 없는 몸부림이 이 마당놀이의 엑기스다.

구체적으로 살피자면

최근 인기를 몰았던 코너 '청년백서'를 볼작시면, 특히 남성들에게 낯익은 화법, 즉 군대 교관 식의 프레젠테이션이 선보인다. 교련시간과 훈련소와 자대 특공훈련과 정훈 시간을 통해 그렇게도 익숙해져 있던 언술들이 개그 콘서트 식으로 부활하는 재미가 쏠쏠하다. 이런 식의 '일상에 대한 패러디' 또는 '매체에 대한 패러디'를 '내레이션에 대한 내레이션'이라고 명명해본다.

내레이션을 이 소고를 위해 따로 정의하자면, 비단 내러티브를 'voice—over'를 통해 전달하는 성우의 음성뿐만이 아니라, 어떤 종류의 창작(및 창작자)이든 그 대상에게 이야기를 지루하지 않게, 또는 효율적으로, 또는 그 방법밖에 없어서 선택하는 '말하기', '말걸기'의 장치를 말하는 뜻으로 일단 써본다. 정신과 의사와의 상담이 우디 알렌 영화의 내레이션이고, 라디오 DJ의 선곡이 타란티노 영화의 내레이션이다. 최근 TV 오락 프로들이 택하는 내레이션은 대개 불필요한 자막의 홍수인데(그 사람들은 그게 재밌다고 생각하나보다), 개그 콘서트가 택한 전략은 우리 사회에 갖가지 모습으로 존재하는 '내레이션에 대한 패러디 내레이션'이다.

무슨 무슨 아가씨 선발대회의 촌스런 자기소개가 내레이션으로 채택되고, 700 서비스의 자동 안내 메시지가 내레이션으로 채택된다. 교련 시간의 무지막지한 조교 시범이 내레이션으로 채택되고 북한 공연단의 간드러진 말투가 1960년대 한국 만담+최근의 TV 홈쇼핑과 결합하여 정말 'hybrid'의 내레이션을 낳는다(따라서 너무 오래된 데다 별로 교배되지도 않은 내레이션 장치인 '바보 삼대' 나 그밖의 스탠드업들은 재미가 없다).

이 내레이션들의 차용만으로 이미 개그 콘서트의 목표인 '웃음'의 반은 거둔다. 'Public figure'가 아닌 우리 사는 순간 순간들에 대한 패러디 아닌 패러디.

그런 내레이션을 통해 기본적인 문장 꼴이 구성되면 이제 각각의 명사 또는 대명사를 대입시키는 작업이 남았고, 여기서 개그 콘서트의 많은 코너들이 택하는 전략이 '아무런 의미 없음'이다. 아마도 개그 콘서트와 가장 비슷한 다른 채널의 코너가 요새는 장사를 관둔 '허무개그'일 텐데, 허무 개그가 택한 전략이 '맥락을 통해 웃기기'를 포기한 '어, 그래'라는 맹한 대답으로 청중의 허를 찔러 웃음을 유발하는 것이라면, 개그 콘서트의 전략 역시 '맥락을 통해 웃기기'를 포기한 채 '상관없는 수다의 무진장한 나열, 대입'으로 청중의 감각을 압도해 웃음을 유발하는 것이다(좀 비경제적이긴 하다).

'의미의 밭'에 전혀 상관없는 채소도 아닌 것들을 모종한다고나 할까. 이건 마치 1990년대 중·후반 이후 쏟아져 나온 일본의 극단적인 개그 망가들을 떠올리게 한다. 그 대표주자라고 할 수 있는 우스타 쿄스케의 만화『멋지다, 마사루』에서 마사루가 재학중인 고등학교의 사미자 교장 선생님은 정말 진지한 표정으로 교정 화단에 '미역'을 심는다. 그리고는 그게 발렌타인 초콜릿으로 피어나길 기대한다.

이런 식의 '의미의 밭'에 '엉뚱한 의미를 심어 쑥대밭 만들기' 전략이 나는 기껍다. 자신이 설정한 미괄식(개그맨들에게는 웃음, 연속극에서는 눈물, 시사고발 프로그램에서는 고개 끄덕)을 위해 한 컷 한 컷을 종속시키고 봉사시키는 많은 프로그램들은 사실 그것이 당연한 선택임에도 불구하고(잠깐, 당연하기만 할까?) 사람을 지치게 하는 무엇이 있다. 생산에 대한 강박.

콘서트

다만 이런 모든 파격들은 개그 콘서트 식으로(다시 말하면, '튀는 듯하지만 어쩔 수 없는 TV 프로' 식으로) 봉합된다.

황 마담이 좀 심하다 싶은 여성 비하적인 제스처를 선보인 다음의 반응 샷은 항상 청중의 환하게 웃는 모습, 그것도 여성 관객의 박장대소를 프레임 가득 잡곤 한다. "이봐, 이건 무해해, 여성 관객도 웃고 있잖아" 식으로 딱 나 같은 수준의 고만고만한 남성 시청자들을 안심시키려는 전략, 전술.

'청년 백서'의 마지막 구호는 또 어떤가? "개그는 개그일 뿐 따라하지 말자!"는 사실 그 코너와는 별 관계없는(독해력 낮은 시청자들이라도 그리 따라하지 않을 성싶은 난이도 높은 개그라서) 슬로건임에도 불구하고, 개그 콘서트 전체를 관통하는 봉합 메시지 역할을 한다.

결정적으로 개그 콘서트를 마무리짓는 봉숭아 학당은 항상 맹구의 해도 그만, 안 해도 그만인(하긴, 모든 개그가 그렇긴 하다) '동음이의 + 엉뚱한 채소심기' 멘트로 끝나는데, '봉숭아 학당' 자체가 내러티브 실종의 횡설수설 'Freak Show'이기 때문에 과연 어떻게 정리를 할 것인가 궁금한 시청자들에게(물론 한 번 보면 다 파악하게 되지만, 어쨌든) 뜬금없는 재담, "……하면 이상하잖아~" 하나 던져놓고는 다같이 너털거리며 서둘러 1시간의 해프닝을 마무리하는 것이다. 어, 이건 봉합이 아닌데, 이러면 관객이 불편해지는데 할지 모르지만, 여기서의 봉합 쇼트는 적확한 타이밍에 터지는 밴드의 생음악과 바삐 올라가는 개그 콘서트 스탭 크레딧이다. 고로, 이 일요일 밤의 해프닝은 말 그대로 해프닝으로 봉합된다. 즉, 개그 콘서트는 다른 장르의 프로그램이 보이는 제스처들(연속극이 끝났을 때의 프리즈 샷, 월드컵 축구 중계가 마감되면서 두 번 세 번 반복되는 안정환의 헤딩 슛 리플레이, 9시 뉴스가 끝난 후 앵커들의 신중한 인사 등등)이 자신들이 제공한 그 무엇의 여운을 최대한 연장시키려는 것과는 달리 개그 콘서트 자신들의 여운을 일축시키려는 의도를 보인다. 한 시간을 깔깔대던 시청자들은 의식·무의식적으로 쑥스러워진다. '이제는 잘 시간이다, 또는 다른 진지한 무엇을 해야할 시간이다, 내일은 월요일이고 우리는 정성들여 어떤 의미를 생산해내야 한다, 아무런 맥락 없는 놀이는 일요일 밤에 간접체험한 걸로 족하다' 등 뭐 대략 그런 식으로 브라운관 바깥이 꿰매진다.

콘서트 얘기를 할 차례다. 개그 콘서트는 물론 관현악이 존재하는 곳은 아니며, 록 콘서트도 아니며, 그보다는 차라리 한국 전래의 마당놀이를 떠올리게 하는 공간이다. 전래의 마당놀이가 무엇인가? 관객과 연기자의 경계가 무너지며 쌍방적인 커뮤니케이션이 가능한 그런 공간이다(데이비드 레터맨이 가끔 농담을 던지곤 호응을 받는 그런 쌍방 커뮤니케이션과는 양적으로, 질적으로 다르다). 아, 개그 콘서트 역시 전래의 마당놀이와는 다르다. 개그 콘서트에서 관객과 배우 사이의 커뮤니케이션 양상을 살펴보면 관객이 극에 직접 참여할 수 있을 만큼 적극적인 형태가 아니라는 것을 알 수 있다. 심지어 소극적인 참여 또한 결국 방송국 측에 의해 편집되고 배열되어진(우리는 '맹구'의 재담 이후에 웃는 관객이 정말 '맹구' 땜에 웃는 것인지, 아니면 그 전에 '이 장님'이나 '달려라 하니' 때문에 웃었던 것인지 확인할 길이 없다) '조작된 참여'이다. 즉 관객이 개그 콘서트에 동참은 하되, 전체적인 극의 진행에 영향을 미치는 존재가 아니라는 것이다. 개그맨이 관객에게 말은 거는 것은 단순히 이 '콘서트'를 진행시키기 위해 지켜져야 하는 기본적인 약속을 **가끔** 깸으로써 관객의 주의를 집중시키고 웃음을 자아내게 하는 'Skill'일 뿐이다.

개그 콘서트에 아쉬워지는 부분이 바로 이 지점이다. 비단, 관객의 참여를 말하는 게 아니다(그런 경계 무너뜨리기는 소극장에서 더 긴요할 터). 그 커뮤니케이션의 공간이 현재로서도 꽤 기꺼운 곳이기 때문에 좀더 '반역'을 꾀할 수 있을 텐데 하는 그런 아쉬움.

이건 무슨 진보적 의미의 생산을 바라는 게 아니다(그런 주문은 이런 경우 대개 위선 내지 생산에 대한 강박이다). 여담인데, 좌파 노동자 영화의 대부 격인 켄 로치가 개그 콘서트를 감상한다면 꽤 팬이 되리라는 게 내 예측이다. "저, 이 콘서트가 좀더 노동친화적, 신화파괴적이 되어야 하지 않을까요?" 하며 누군가 제안한다면 "에잇, 이 가롯 유다 같은 놈" 하고 화를 낼 성싶기도 하다.

내가 아쉬운 지점은, 이 '웃고 헤어지는' 시공간이야말로 사실 세상에서 '반역에 관대할 수 있는' 최적의 시공간이기 때문이다. 배낭여행을 하던 중 온갖 잡스런 포즈와 성대모사를 해가며 한국인, 일본인, 베트남인, 미국인, 영국인, 네덜란드인, 팔레스타인인, 심지어 자기네 독일인까지 억수로 씹어대던 어느 독일 코미디언(independent gag?)을 본 적이 있다. 약 100명 정도의 한국인, 일본인, 미국인, 영국인, 네덜란드인, 팔레스타인인, 그리고 독일인들이 그를 둘러싼 채 무진장 '유쾌해'했던 기억이 지금도 생생하다. 다른 예가 더 필요할까? 봉건 영주한테 유일하게 까불던 어릿광대? 양반 사회에서 역시 유일하게 까불던 탈춤놀이, 그리고, 그리고…….

요는 개그 콘서트는 조금 더 까불어도 된다는 점이다. 의식, 무의식적인 봉합에 괜한 긴장을 소모하느니, 차라리 그 봉합을 툭툭 뜯어내는 걸로 새로운 웃음을 노려보는 것도 좋을 성싶다.

하나 더. 위에 독일의 가객의 교훈을 벤치마킹하자면, 웃음이 가장 순수할 때는 (그리고 공감을 살 때는) 바로 자기 자신(내지 자기 자신이 속한 집단)을 조롱의 대상으로 삼을 때이다. 개그 콘서트에서 "우리는 KBS

공채 13기"를 처절하게 부르짖는 30대의 무명 개그맨이 현재 상당한 호응을 받고 있는 바로 그런 대목 말이다. 연변과 추남, 추녀와 오노와 그밖의 이런저런 타자들이 아닌 스스로한테 시비를 걸고 물고 뜯고 하는 그런 재미. 희극인을 비롯한 방송 '노동자'들의 이런 얘기 저런 얘기를 할 수 있는 공간, 디테일들은 좀 놓치더라도 굵직굵직한 악덕들('안톤 오노' 같은 뻔한 아이콘들 말고)을 우리네 입담을 동원해 후빌 수 있는 시간. 그런 크고 작은 설들을 뻔뻔하게 요리할 수 있는 곳, 그러고도 한바탕의 박수를 받을 수 있는 곳이 개그 콘서트일 텐데 말이다. 원래 웃으면서 하는 일탈이 힘이 센 법인데 말이다.

이거 너무 꿈 같은 소리일까? 봉숭아 학당에 문제아들은 있어도 결석자는 없듯이, 시청자들의 그런 꿈들에도 출석 좀 해주면 안되나? 개근까진 안 바라지만 가끔 출석 좀 해주면 안되나?

<논스톱III>에 나타난
리얼리즘의 허구성과 왜곡된 여성성

우수란(학생)

서론

요즘 텔레비전에서 시청자에게 웃음과 재미를 주는 데 큰 역할을 하는 프로그램으로 각광 받는 것 중 하나가 시추에이션 코미디 (situation comedy), 바로 시트콤이다. 시트콤은 날마다 또는 주마다의 새로운 에피소드를 통해 시청자에게 웃음을 제공한다.

시트콤의 특성은 제한된 배경을 설정해서 매회 같은 출연자들이 주로 가정이나 대학이라는 고정된 장소에서 매번 다른 에피소드를 코믹하게 엮어나간다는 것이다. 그리고 이런 시트콤은 그 내용 면에서 가볍고 단순해 다양한 연령층에게 흥미를 불러일으킨다는 특성이 있다.

시트콤은 여러 종류가 있지만 이중 청춘 시트콤은 1990년대 중반에 이르러 큰 인기를 얻어왔다. 이는 신세대가 대중문화의 주체 세력으로 떠오르자 각 방송사들은 신세대의 감성에 맞추어 트렌디 드라마와 청춘 시트콤을 중점적으로 편성했기 때문이다.

이렇게 신세대라는 시청자의 대두로 나오게 된 청춘 시트콤 중에서 앞으로 논의하게 될 <논스톱Ⅲ>는 시청자들에게 재미와 웃음을 준다는 면에서 텔레비전의 가장 큰 특징인 오락적 기능을 충족시켜준다. 하지만 단순한 웃음으로 치부해버리기엔 <논스톱Ⅲ>가 가지고 있는 텍스트의 함의가 크다는 생각이다. 물론 시트콤이 가지고 있는 과장된 캐릭터를 통한 웃음 유발, 코미디적인 에피소드를 이용하는 본래적인 특성을 간과하려는 것은 아니다. 이는 시트콤을 코미디라는 관점에서 관대하게 접근하더라도 텔레비전 비평을 하는데는 최소한의 비판적 접근이 필요하다는 것을 의미한다. <논스톱Ⅲ>가 지니는 웃음 유발 이면에는 대학 생활의 모습이 어느 정도는 왜곡되어 있다는 것을 볼 수 있으며, 여성 캐릭터들이 남성들에 의해 호명되어 결국은 잘못된 여성성으로 묘사되고 있다는 것을 알 수 있다. 즉 시트콤이 최소한의 진지함마저 상실하고 있는 상태에서 오락적 웃음만을 추구하는 것은 시청자들에게 잠시 위안은 될 수 있으나, 현실과 유리된 왜곡을 수반할 수 있으므로 비판적 관점에서 재검토해 볼 필요가 있다.

본론

<논스톱Ⅲ>는 대학이라는 공간에서 남녀 대학생들이 벌이는 사랑과 우정에 관한 갖가지 에피소드를 소재로 하는 청춘 시트콤이다. 시트콤이라는 장르의 특성은 우스꽝스러운 캐릭터를 설정해서 단순한 내러티브로 시청자들에게 웃음을 준다는 것이다. 그런데 <논스톱Ⅲ>에 나오는 대학생이라는 인물과 대학 공간은 그 표현에 있어서

많은 문제점이 보인다.

현실과는 유리된 <논스톱Ⅲ>의 유아적인 대학생

시트콤에서 가장 중요한 것은 바로 인물들의 캐릭터라고 할 수 있다. 여타의 드라마보다 개성 있는 인물이 요구되는 만큼 인물이 가지고 있는 특성은 갈등 양상에 있어서 가장 중요한 축을 이룬다. 그런데 문제는 <논스톱Ⅲ>에 나오는 중심 인물들이 대부분 유아적 성격을 지닌다는 것이다. 유아적 성격은 등장인물의 특징적인 성격으로 코미디적 요소로 받아들일 수 있다. 그러나 등장인물의 성격은 단순한 구도에 묶여 있고 이들은 아직도 피터팬 콤플렉스에서 못 벗어났다는 데 문제가 있다. 주 관심사는 서로에 대한 사랑 문제이고 단순하게 발생되는 사건에서 유아적인 행동을 한다. 등장인물이 대학생이지만 이들은 피터팬이어서 사회적인 규범과 권위에 대해서는 관심이 없고, 사회로부터도 어느 정도 유리되어 있다.

구체적으로 살펴보면 정다빈이라는 캐릭터는 단순하고 '바보'라고 놀림을 받으며 주 관심사라고는 소개팅을 하는 것밖에 없다. 이진의 성격은 순진해서 실수도 잘하고 주변으로부터 놀림도 곧잘 받는다. 막내 다나는 가장 어린 나이로 나와서 그런지 항상 어리광을 부리는 캐릭터이다. 하하는 만화적인 어투와 과장된 행동을 사용하며 최소한의 책임감도 없는 인물로 나온다. 이렇게 극단화되고 단순화된 캐릭터는 현실의 대학생들과는 멀리 떨어져 있는 것이다.

그리고 <논스톱Ⅲ>에 나오는 대학생들의 모습에서는 공부를 하는 열정과 관련된 분위기는 찾아볼 수 없다. 책꽂이에는 책이 보이지 않고 간간이 보이는 책은 여성 잡지책이다. 이런 소품들은 사랑과 낭만을 중시하고 정신적으로 성숙하지 않은 <논스톱Ⅲ>의 대학생들에게나 어울릴 뿐 치열한 삶을 사는 대학생의 모습에는 어울리지 않는 것들이다.

시트콤에서 캐릭터는 서사 구조를 이끄는 데 중요하므로 과장되게 설정될 수 있다. 하지만 대학생이라는 인물 설정이 무색해질 정도로 유아적인 행동을 하는 이들은 어느 정도 문제가 있다고 본다. 시청자의 입장에서 더 나아가 대학생의 눈으로 볼 때 이들의 캐릭터는 부담스럽고 공감이 되는 부분이 많지 않기 때문이다. 시트콤을 위한 과장성은 어느 정도 인정하는 바이지만 대학생이라는 인물에 대한 최소한의 현실성은 있어야 하지 않을까?

다양한 계층의 층위가 기만된 <논스톱Ⅲ>의 대학생

대학생이라는 같은 사회적 지위 내에서도 다양한 층위가 발견된다. 대학생의 계층을 다양하게 나누는 스펙트럼 중 가장 큰 요인은 바로 경제력에 의한 계층적 차이이다. 즉 상류층, 중산층, 하류층이라는 부모님의 경제적 층위의 차이가 아직까지는 부모님으로부터 독립적이지 않은 대학생에게도 존재한다는 것이다. 이런 경제력에 의한 계층의 차이가 엄연히 존재함에도 불구하고 <논스톱Ⅲ>의 대학생들에게는 경제적 차이가 전혀 보이지 않고 있다.

<논스톱Ⅲ>에 나오는 대학생들은 거의 중·상류층에 살고 있는 것으로 보여진다. 이는 유명 브랜드를 입은 등장인물들의 모습과 특별한 아르바이트를 하지 않고도 소비를 마음대로 하는 그들의 라이프 스타일(life style)을 보면 알 수 있다. 그들 중에 경제적인 어려움 때문에 힘들어하는 학생은 없다. 물론 최민용이라는 캐릭터는 다른 주인공들과는 달리 낭비벽도 없고 검소하다. 하지만 이런 최민용의 행동은 내러티브에서 희화화하는 도구로 쓰여질 뿐이다. 검소가 지나친 '짠돌이'라는 이미지로 차용되어 극에서 웃음을 유발하는 기제로써만 보여질 뿐이다.

결국 <논스톱Ⅲ>는 어렵게 아르바이트를 하며 용돈과 등록금을 마련하는 많은 대학생들의 모습, 경제적인 이유 때문에 휴학을 하는 대학생들의 모습 등을 반영하지 못하고 있다. 오히려 이 시트콤에 나오는 대학생들은 모두 유명 브랜드 의상을 입고 나옴으로써 대학생들 사이의 경제적 층위를 감추고 있는 기만화 전략을 보여주고 있다. <논스톱Ⅲ>는 소비 중심 이데올로기의 강요로 철저하게 중·상류층에 있는 대학생들의 모습만을 보여줌으로써 힘들게 아르바이트를 하는 많은 대학생들의 근면성은 은폐되고 있는 것이다.

<논스톱Ⅲ>에 나오는 대학문화가 보여주는 리얼리즘의 허구성

<논스톱Ⅲ>에서 보여지는 리얼리즘은 그것이 단지 재미를 위한 허구적 이야기를 모티브로 하고 있더라도 그 방식은 이야기를 실재처럼 대학생을 묘사하는 데 문제가 있다. 즉 이것은 <논스톱Ⅲ>가 대학 현실을 왜곡했다는 비판을 받기 앞서, <논스톱Ⅲ>라는 텔레비전 텍스트 자체는 리얼리즘을 지닌 것처럼 말하려고 한다는 것이다.

1990년 후반에 들어와서 운동권 세력이 약화되고 대학 내에서는 포스터모더니즘이라는 지배 담론이 휩쓸고 있다. 운동이라는 테마보다 대학생들 사이에는 연애가 주 관심사가 되고, 자본주의 이데올로기가 당연시 받아들여지는 1990년대 후반의 대학생들 사이엔 그 어떤 대중문화의 소비 계층에 뒤지지 않을 정도로 소비가 일상화되어 있다. 그래서 1990년대 후반의 대학문화는 운동을 논하는 문화라기보다는 현재 대중문화의 일원으로서 소비하고, 즐기는 문화가 대학문화로서 보여지고 있다.

그렇다면 이렇게 대중문화의 속성인 자본주의 지배 이데올로기 속에 대학문화가 점점 설자리를 잃어가고 있는 것일까? 만약 이것이 사실이라면 이런 자본주의 이데올로기와 소비 이데올로기, 연애 중심주의 속에서 가벼운 대학문화를 보여주는 <논스톱Ⅲ>의 리얼리즘은 어는 정도의 사실성(reality)을 잘 표현하고 있는 것이라 할 수 있다.

하지만 <논스톱Ⅲ>가 보여주고 있는 대학문화는 대학 전체의 모습이 아닌 부분만을 보여주고 있다. 즉 <논스톱Ⅲ>가 보여주는 대학문화가 현실에서 보여지고 있는 대학문화의 전부는 아니라는 것이다. 왜냐하면 아직도 대학 내에서는 진보를 논하는 대학생들이 존재하며, 연애와 사치에만 관심을 갖기보다는 취업과 고단한 삶 때문에 도서관을 전전하며 공부하는 대학생들의 모습이 훨씬 더 많기 때문이다. 실제로 대부분의 대학생(85.7%)은 취업에 불안감을 느끼고 있는 것으로 조사됐다.[1] 그리고 취업에 대한 불안감으로 휴학을 하는 학생이 급증하고 있다. 교육인적자원부에 따르면 전국 161개 4년제 국·공·사립 일반대학의 2002년 4월 1일 재적생은 177만 3,700여 명이며 이 가운데 31.4%인 55만 6,400여 명이 휴학하고 있는 것으로 집계됐다. 대학생 셋 중 한 명이 휴학을 하고 있는 실정이다.[2]

그러나 <논스톱Ⅲ>에 나오는 대학생들 대부분은 3학년이지만 취업 걱정을 하는 사람은 없다. <논스톱Ⅲ>는 현실의 대학생 대부분이 겪고 있는 취업에 대한 걱정과 불안조차 보여주고 있지 않고 있는 것이다. 그러므로 <논스톱Ⅲ>는 대학에 존재하는 부분의 모습을 전체인양 보여주고 있다고 말할 수 있다. <논스톱Ⅲ>가 보여주는 대학 문화 모습은 대학 모습이 그렇게 보인다는 지배적 현실감(dominant sense of reality)만을 보여주는 것이다. 결코 경험적인 리얼리즘(empirical realism)의 문제를 다루고 있지 않다.

그람시(Gramsci)는 문화의 영역이 헤게모니를 위한 투쟁의 장이라고 했다. 그렇다면 대학문화도 현재 포스트모더니즘의 영향으로 개인의 개성이 중시되고, 자본주의 이데올로기로 인해 경제적 계층성

---

1) 문화일보 2002년 10월 10일자 통계/설문조사 22면
2) 중앙일보 2002년 10월 4일자 사회면

이 기만돼 소비 중시 풍조가 만연되어 있으며, 진지한 토론보다는 개인의 연애가 중심이 되는 지배적인 포스트모더니즘 대학문화 속에서 일정한 저항의 영역을 확보할 가능성이 있는 다른 대학문화의 모습이 보여져야 하지 않을까? 사회 진보를 논하는 대학생의 모습과 취업을 걱정하며 도서관을 다니는 학생, 그리고 어려운 경제적 환경 속에서 공부를 하고 있는 대학생들이 있는 대학문화와 <논스톱Ⅲ>에서 보여지고 있는 대학문화가, 헤게모니의 투쟁 과정 속에서 서로 혼재된 문화가 바로 진정한 대학문화가 아닐까? 그런데 <논스톱Ⅲ>는 이런 대학문화의 혼재된 특성을 단순히 희화적인 등장인물이 보여주는 내러티브의 단순성으로 간과해버리고 있다.

<논스톱Ⅲ> 속의 여성성과 남성성

<논스톱Ⅲ>에서는 5명의 여성이 중심 인물로 나온다. 그중 김정화는 일반적으로 사람들이 생각하는 여성성3)을 많이 갖고 있지 않는 캐릭터로 나온다. 반면에 정다빈, 다나, 이진, 김효진은 여성성이 많이 보여지는 캐릭터로 나온다.

먼저 김정화는 다른 여성 캐릭터와는 다르게 주체적이고 강인한 여성의 모습으로 묘사된다. 하지만 정태우와 이진과의 삼각관계 속에서는 나약한 여성의 이미지로 보여진다. 즉 다른 면에서는 능동적이고 주체적이지만 사랑이라는 감정 앞에서는 여성성으로 불릴 수 있는 감성이 부각되는 모순적인 성격을 지닌 캐릭터이다. 그리고 김

---

3) 여성성과 남성성의 이미지도 결국 가부장적 지배 이데올로기가 만들어낸 것이다. 그런데 논의를 위해 여성성과 남성성의 이미지를 이분법적으로 나누고자 한다. 이는 텔레비전에서 보이는 여성과 남성의 이미지가 이항 대립적인 모습으로 보여지기 때문이다. 예컨대 남성이 성적 주체, 능동성, 기획성, 우수성, 기능성, 이성으로 묘사되는 데 비해 여성은 성적 대상, 수동성, 보조성, 열등성, 비기능성, 감성 등으로 그려지는 것을 부정하기는 어렵다.

정화가 여러 방면에서 적극적이고 주체적으로 보여지는 모습은 남성들로부터 "여자가 저렇다니"라는 핀잔의 대상이 될 뿐이다. 예컨대 10월 21일 방송되었던 '너의 뒤에서' 편을 보면 과 주점 행사에서 한선이가 무거운 의자를 나르고 있는 정화에게 하지 말라고 하자 정화는 "여자라고 무시하냐?"라고 말을 한다. 그런데 곧이어 최민용은 "제가 보통 여자야?"라며 핀잔을 준다. 이런 대화를 보더라도 김정화의 주체성은 남성의 보호 속에서 그 의미가 무시되고 있는 것이다.

이진, 정다빈, 김효진, 다나는 <논스톱Ⅲ>에서 김정화와는 다르게 여성성을 많이 가지고 있다. 이들은 연약하고, 각각 좋아하는 남자들에 대해 수동적 위치를 가지고 있으며, 지나친 감성성을 지닌 존재로 나온다. 이는 강인한 남성상과 이항 대립적인 이미지 차원에서 쌓여온 것이다. 그리고 김효진은 특히 자신이 남자를 사귀지 못하는 것은 외모 때문이라는 열등의식을 가지고 있다. 그리고 이런 이들의 모습은 남성에 의해 보호되고 있다.

이런 여성의 이미지는 각각 이들이 좋아하는 남성에 의해, 더 나아가 텔레비전을 시청하고 있는 남성에 의해 호명(interpellated)된 것이라 할 수 있다. 이들 각각의 개인 주체들은 스스로를 복종이 아닌 자유스러운 참여, 즉 실천을 했다고 생각하게 된다. 그러나 카메라와 동일시되는 위치에 놓이게 되는 시청자의 입장에서는 특정 등장인물의 관점에서 <논스톱Ⅲ>를 바라보게 한다. 즉 이 시트콤은 남성의 관점에서 프로그램을 보도록 시청자가 봉합(stitched)되는 것이다. 시트콤에 나오는 여성들은 남성들로부터 놀림과 핀잔 그리고 보호를 받는 존재이다. 그런데 시청자는 이런 모습을 보고 비정상적이거나 이상하다고 느끼기보다는 지나친 여성성이 투영된 그들의 이미지를 오히려 좋아한다. 그리고 시청자에게 단순한 시트콤의 캐릭터로 비판 없이 수용되기도 한다.

그런데 중요한 것은 코믹물 역시 사회적 편견에 영향을 미칠 수 있는 가능성의 정도가 드라마 못지 않다는 것이다. 특히 <논스톱Ⅲ>의 주 시청자가 대학생이 아닌 청소년이라는 것을 감안한다면 남성에 의해 호명(interpellated)된 여성의 관습적 이미지 강화는 결코 간과할 수 없는 일이다. 즉 일상에서도 웃음을 전면의 방패삼아 농담이나 편견에 사로잡힌 행위를 합리화하기도 하지만, 그 안의 편견은 웃음 속에서도 전이되고 강화될 수 있는 것이다. <논스톱Ⅲ>에서 여자 주인공들은 남자 주인공에 의해서 보여지고, 카메라에 의해서 동일시된 관객에 의해서 보여지는 대상으로 자리잡게 된다. 시청자들은 그런 이데올로기적 메커니즘에 의해서 시트콤 속 여성을 바라보는 위치에 서게 된다. 즉 시청자들은 남자 주인공의 주체를 갖게 되는 것이다. <논스톱Ⅲ>가 부르는 방식대로 주체를 갖추게 되는 것이다.

 <논스톱Ⅲ> 속에 나오는 남성성은 대부분 시트콤에서 보여지는 여성성과는 다르다. 남성 주인공들은 무슨 일에 있어서든지 주도적이고, 갈등관계를 해결하는 데 있어서 합리적 이성을 지닌 존재로 표현된다. 10월 4일 방송되었던 '내 사랑 팥쥐' 편에서 최민용은 오해를 사게 된 다빈이를 구하기 위해 문제를 해결하는 역할을 맡는다. 그런데 민용은 다빈이가 단순해서 한 가지 일밖에 할 수 없고, 합리적 경제관이 없는 허영 덩어리라는 여성 비하적인 말을 함으로써 합리적인 해결자의 위치에 서게 된다. 10월 15일 방송되었던 '도둑맞곤 못 살아' 편에서는 애인이 없어 서러움을 당하던 조교 김효진을 위해 한선이가 가짜 남자친구 역할을 해주면서 잘 생긴 남자 친구라는 주도적 위치에 서게 된다. 반면 김효진은 얼굴이 예쁘게 생기지 않았다는 이유로 그녀의 친구들로부터 한선이와 어울리지 않는다는 핀잔을 듣는 존재로 나온다. 이런 남성의 이미지는 남성은 모든 일에 주도적이고 해결자의 위치에 서 있으며 능동적인 존재로 보이게 한다. 반면 여성은 수동적이고, 열등적인 존재로 보여지게 된다. 이렇듯 남성성은 긍정적인 것으로 묘사된다는 데 일차적으로 문제가 있고, 더 나아가 그런 긍정적인 남성성이 여성성을 비하하거나 열등적인 것으로 묘사함으로써 더욱 부각된다는 데 또

다른 문제가 있다. 그리고 이것은 남성이 여성과의 관계에서 보다 남성다워야 한다는 가부장적 이데올로기를 보여주는 것이다.

그런데 <논스톱Ⅲ>에 나오는 주인공들은 어느 정도 요즘 대학생들의 진보된 젠더(gender)의식을 반영하고 있는 듯 보인다. 이는 예전의 시트콤과는 다르게 김정화라는 능력 있고 강인한 여학생이 등장하는가 하면, 남성들도 주체적이고 합리적인 남성성만을 강조하는 인물과는 조금은 다른 캐릭터가 보이기 때문이다. 예컨대 남성성으로 규정되는 주체성과 이성적인 면이 두드러지지 않아 여성들에게 구박만 받는 하하나 다빈이와의 관계에서는 지나친 남성성을 보이지만 순정 만화를 볼 때는 눈물을 흘리는 최민용이라는 인물이 나오기 때문이다. 순정 만화를 보면 운다는 것은 여성성으로 간주될 수 있는 특성이다. 그리고 겉으로 드러나는 인물 설정에 있어서도 남성들이 여성들과의 헤게모니(hegemony) 영역에서 어느 정도 후퇴하는 듯한 인상을 주고 있다.

하지만 이런 인물 설정이 단순히 내러티브 전개를 위한, 시트콤의 목표인 웃음 유발을 위한 것으로만 이용된다면, 투쟁적인 텍스트로서의 가능성을 줄 수 있을지는 의문이다. 왜냐하면 <논스톱Ⅲ>에서 보이는 일견 변화된 남성성과 여성성이 시트콤이라는 장르의 관습적 성격으로 인해 시청자들에게는 재미와 웃음이라는 카타르시스로만 전달될 가능성이 크기 때문이다. 그러므로 이런 시트콤이라는 장르가 주는 보수성과 기만성을 간파하려는 노력이 필요하다. 이는 시청자가 텔레비전을 쾌락으로만 수용하여 이에 철저하게 봉합되는 것을 막아줄 수 있기 때문이다.

결론

청춘 시트콤 <논스톱Ⅲ>의 분석을 통해 이곳에 나오는 대학생과 대학 공간이 가지고 있는 리얼리즘의 허구성과 이항 대립적 구도로 보여지고 있는 여성성이 남성 위주의 지배 이데올로기에 의해 왜곡되어 있다는 것을 조금이나마 알 수 있었다.

시트콤이라는 텔레비전 장르는 다른 장르와는 다르게 시청자들에게 웃음을 창출하는 것이 주 목적이다. 그러나 이런 시트콤이 주는 웃음은 의미의 차원이 아닌 골계미의 차원에서 파악된다. 그리고 시트콤의 웃음을 위해 인물의 과장성은 어느 정도 필요하다고 보나 인물 설정이 단순히 희화화에 해당하는 범주에만 관련이 되어 있었고 비현실적인 면이 강조되었다. 즉 <논스톱Ⅲ>에서 보여지는 대학생이라는 인물이 일상에서 보여지는 대학생의 모습과는 너무도 유리된 허구의 실체이고, 대학생들의 연애와 농담만이 난무하는 동화 같은 대학 공간을 보여주는 것은 시트콤의 웃음유발을 위한 구조적인 기제인 것이다.

그리고 단순한 웃음으로 치부해버리기엔 <논스톱Ⅲ>가 표방하는 지속적인 봉합과 이데올로기의 공고화 과정은 큰 비중을 차지한다. 물론 이는 시트콤이 가지고 있는 과장된 캐릭터와 이를 통한 웃음유발, 에피소드를 통한 내러티브 전개라는 본래적인 기능을 간과하려는 것은 아니다. 그러나 시트콤이 최소한의 현실성과 성실성을 상실하고 있는 상태에서 웃음만을 추구하는 것은 사회 전체를 희화화하고 현실과의 괴리감과 왜곡을 수반할 수 있는 위험이 있다.

텔레비전에서 나타나는 다양한 표상들은 사회 현실을 구성하고 또한 그렇게 구성된 사회 속에서 존재한다. 그래서 그것이 내포하고 있는 리얼리즘의 허구성과 지배 이데올로기를 발견하고 비평하는 것은 힘들다. 특히 시트콤에서 보여지는 웃음과 재미라는 즐거움을 의미의 관점에서만 평가하는 것은 시트콤 비평에 있어서 더욱 접근하기가 쉽지 않다. 하지만 이런 복잡한 양상에도 불구하고 <논스톱Ⅲ>라는 텔레비전 텍스트에 숨어 있는 리얼리즘의 허구성과 왜곡된 여성성을 파악하는 것은 텔레비전과의 지속적인 헤게모니 투쟁을 통한 시청자의 이데올로기적 실천에 필요하다.

성성을 파악하는 것은 텔레비전과의 지속적인 헤게모니 투쟁을 통한 시청자의 이데올로기적 실천에 필요하다.

TV 프로그램의 사회적 영향력

<도올, 인도를 만나다>를 중심으로

박지숙(사진가)

1.

한 시대의 사회를 재구성해서 보여주는 TV라는 대중매체는 어느 특정 계층을 대상으로 하는 것이 아니라 사회를 구성하고 있는 다양한 계층과 광범위한 지역을 전제로 하기 때문에 사회에 미치는 영향력이 크다. 특히 대중의 일상생활은 TV 프로그램의 시간표에 맞춰 진행될 정도로 TV와 밀착되어 있다. 그만큼 TV는 대중의 사적인 영역을 통제하면서 그들의 생활방식을 규정하고 있다는 사실이다. 따라서 TV는 대중에게 무비판적 수용을 강요하는 전횡을 휘두르며 대중매체의 역기능을 강화하고 있는 것이다. 이러한 현실에서 교육방송의 기획특강 <도올, 인도를 만나다>는 대중매체의 역기능으로부터 벗어날 수 있는 하나의 출구를 제시하는 프로그램이다.

TV는 한때 한국 사회가 근대화의 과정을 거치면서 상류층의 문화를 대변하는 부의 상징으로 여겨지던 때도 있었다. 그러나 지금은 누구나 쉽게 구입할 수 있는 가전제품에 불과하다. 그렇다고 해서 TV 프로그램의 사회적 영향력이 감소되는 것은 아니다. 오히려 현대 산업사회처럼 분화된 세계에서 대중의 욕구를 충족시킬 수 있는 가장 친밀한 형태가 아닐까. 물론 컴퓨터가 많이 보급되어 있기는 하지만 TV의 전 방위적 향연을 능가할 수준은 아니다.

이렇듯 TV는 시청자의 감정에 호소함으로써 이성의 기능을 축소시킨다. 시청자는 무방비 상태에서 자신의 감정을 노출시키면서 현실처럼 보여지는 TV 속의 세계에 빠져들게 된다. 그러나 <도올, 인도를 만나다>는 시청자의 감정에 호소하는 것이 아니라 이성적 판단을 통해, 단지 TV를 보는 것에 그치는 것이 아니라 TV를 사유하게 되는 새로운 문화를 만들어낸다.

이러한 과정에서 <도올, 인도를 만나다>는 TV와 시청자 사이의 일방 통행적인 관계를 파기하고 TV 프로그램의 내용과 형식에 기초한 쌍방 통행적인 관계 맺기를 시도하고 있다. 이것은 시청자에게 TV가 양산해내는 대중문화의 권위주의에 대한 비판적 성찰을 가능하게 하며, 문화의 소비자에서 문화 생산의 주체로서의 변화를 추구하는 것이다. 즉, 시청자가 문화의 생산자로 변화되는 지점에서 <도올, 인도를 만나다>의 사회적 영향력은 극대된다.

2.

시청자가 문화의 생산자로 변화되기 위해서는 무엇보다도 TV 프로그램에 대한 시청자의 주체적인 참여가 필수적이다. '바보상자'라 불리는 TV는 대부분 드라마와 쇼 프로그램 중심의 시청률 확보에 안간힘을 쓰고 있다. 시청률 확보는 방송사의 이윤추구에 있어 가장 관건이 되는 사항으로 방송사간의 시청률 과다 경쟁으로 인해 시청률 위주의 프로그램을 방송하고 있는 실정이다. 따라서 드라마와 쇼 프로그램에서 시청자가 참여할 수 있는 방법이란 TV 채널을 선택하는 것뿐이다. 이와는 대조적으로 <도올, 인도를 만나다>는 주제에 대한 강의 형태로 진행되는 프로그램으로서 시청자의 판단에 따른 선택적 시청이 가능하다는 점이다.

역설적으로 <도올, 인도를 만나다>는 TV가 왜 '바보상자'인가에 대해 의문을 가지게 하는 동시에 '바보상자'의 굴레에서 벗어날 수 있는 방법에 대해 생각하게 해주는 프로그램이다. 드라마와 쇼 프로그램 시청에 있어 시청의 주체는 '나'가 아닌 '타자화된 나'이다. 즉 '나'라는 존재의 소멸 속에서 프로그램만이 존재하는 것이다. 정확히 말하자면, 프로그램의 방영에 필요한 시청률 확보의 도구로서 이용된다. 그러나 <도올, 인도를 만나다>는 '나'라는 존재 없이는 불가능하다. 강의자의 내용을 인지하는 주체로서의 '나'라는 존재는 곧 <도올, 인도를 만나다>라는 프로그램을 구성하고 유지할 수 있는 조건이 되는 것이다.

따라서 <도올, 인도를 만나다>는 시청자의 주체적인 참여에 의해 프로그램이 진행되는데, 이 과정에서 시청자의 주체적인 참여를 이끌어내는 가장 특징적인 요소는 강의 진행 방식이다.

<도올, 인도를 만나다>의 강의 진행 방식은 강의자와 청중 그리고 시청자 사이의 시간과 공간의 차이를 상쇄시킬 만한 효과를 발휘한다. 강의자는 공급자요, 청중과 시청자는 수요자라는 관념은 기존의 강의자의 권위주의적인 강의 진행에서 충분히 알 수 있다. 이러한 경우 청중이나 시청자가 강의 내용을 이해하고 체화시키는 것에는 관심이 없고 강의자의 관점을 강변하는 것이 대부분이다.

그러나 <도올, 인도를 만나다>의 강의자는 권위를 내세우기보다는 일상생활에서 접할 수 있는 자연스러운 몸짓과 표정 그리고 격식에 짜여진 언어가 아니라 생활 속에서 사용하는 말투에서 느껴지는 것처럼 강의라는 형태가 아닌 대화의 형태를 통해 청중과 시청자를

자신과 동격의 관계로 설정한다.

또한 <도올, 인도를 만나다>의 강의자가 채택하고 있는 강의 내용의 '낭독'과 청중의 '따라 읽기' 방식은 강의 내용에 대한 집중력을 높이고 강의의 논점을 강조하는 데 효과적이다. 이러한 방식은 강의자의 관점에 치우치기 쉬운 독단적인 강의 방식을 극복하고 강의 내용을 중심으로 하는 강의를 진행할 수 있는 것이다. 특히 청중의 '따라 읽기' 방식은 청중의 주체적인 참여를 자연스럽게 이끌어냄으로써 강의 내용을 체화시키는 방식이다. 이러한 진행 방식은 프로그램에 참여하는 강의자와 청중 사이의 교감을 통한 공감대를 형성하면서 시청자에게 생생한 현장감을 느끼게 해주는 매우 독창적인 강의 형식을 만들어낸다.

이것은 청중에게 강의 내용을 일방적으로 전달하기보다는 청중이 강의자에게 친밀감을 느낄 수 있는 분위기 속에서 강의가 진행되기 때문에, 강의를 듣고 있다는 수동적인 자세에서 벗어나 청중 스스로 강의 내용에 집중할 수 있는 효과를 가져다준다. 프로그램의 이러한 분위기는 강의를 진행하는 현장에 함께 있다는 느낌을 받게 된다.

그렇기 때문에 장기간에 걸쳐 진행되는 강의 프로그램이지만 시청자의 관심과 참여를 지속시킬 수가 있는 것이다. 아무리 유익한 내용이라 할지라도 재미가 없다면 프로그램을 장기간 방영하기는 힘들다. <도올, 인도를 만나다>는 강의 프로그램이기는 하지만 유익함과 재미를 동시에 얻을 수 있다. 말하자면, 재미있게 공부할 수 있는 시간이다. 그래서 다음 강의 시간이 기다려지는 것이다. 강의자의 자신 있고 거침없는 말투 그리고 격앙된 감정마저도 숨기지 않고 드러내 보이는 리얼한 태도에서 대리 만족을 경험하는 것 또한 사실이다. 그만큼 강의자는 시청자의 심리 상태를 세밀하게 파악하면서 강의의 수위를 조절하고 진행 방식의 다양한 변화를 보여준다.

이것은 강의자의 철저한 강의 준비를 통해서 이루어질 수 있으며,

시청각 매체의 특성을 간파하고 이용할 줄 아는 강의자의 능력에 의
해 입체적인 강의가 가능한 것이다. 호랑이를 잡기 위해서는 호랑이
굴로 들어가야만 되는 것처럼, '바보상자'인 TV의 해악으로부터 벗
어나기 위해 TV 속에서 정면대결을 감행하는 프로그램이 <도올, 인
도를 만나다>이다.

　이러한 지점에서 TV 프로그램의 일방 통행적인 패러다임이 변화
하는 것을 체험할 수 있다. 강의자와 청중 그리고 시청자가 함께 참
여함으로서 프로그램을 만들어가는 과정은 TV라는 기계적 장치에
예속되지 않고, 오히려 개별적으로 존재하는 인간관계를 유기적인
관계로 발전시킴으로써 프로그램의 공급자와 수요자라는 이분법적인
관계를 해체하는 것이다.

3.

　TV가 가정의 안방과 거실을 점유한 채 덩그러니 놓여져 있는 풍경
은 더 이상 낯선 모습도 아니며, 그렇다고 신기할 것도 없는 생활의 일
부가 되어버렸다. 더욱 이러한 변화에 대해 민감하게 반응하는 사람은
거의 없다. 그러나 사회적으로 볼 때 대중의 여가 생활을 지배하는 절
대적인 위치에 있다는 점에서 TV의 문제점이 제기된다. 한 사회의 문
화가 오락문화 중심으로 치우칠 때 결국 욕망을 부추기는 저급한 문화
가 만연하게 되는 것이다. 이렇듯 오락문화의 집중 현상은 당연히 토론
문화의 부재와 맞물려 있다. 이러한 현실에서 <도올, 인도를 만나다>
는 토론문화의 활성화에 기여하는 프로그램이다. <도올, 인도를 만나
다>는 시청자의 적극적인 참여 속에서 '타자화 된 나'를 '주체적인 나'
로 전환시킨다. 즉 스스로 나라는 존재의 개성을 발현할 수 있는 계기
를 마련해줌으로써 토론문화를 이끌어낼 수 있는 개인의 능력을 향상
시킨다.

이렇듯 <도올, 인도를 만나다>의 청중과 시청자는 반복되는 강의 체험을 통해 자신이 문화의 소비자에서 문화의 생산자라는 인식을 갖게 된다. 이러한 인식의 변화는 강의 체험을 사적인 차원에서 공적인 차원으로 확대시키면서 자신의 체험을 사회화한다. 여기서 강의를 청강하거나 TV를 시청하거나 하는 프로그램에 참여하는 방식은 그렇게 중요하지 않다. 중요한 것은 자신의 체험을 사적인 것으로 국한하는 것이 아니라 프로그램의 분위기와 에너지를 삶의 현장으로 이동시키는 과정이다. 이러한 과정은 프로그램이 삶의 현장으로 확대되는 것을 말하며, 프로그램이 진행되는 순간보다 프로그램이 끝나고 나서 강의 체험을 일상생활에서 지속시키는 것이다.

<도올, 인도를 만나다>가 방영된 이후 다양한 매체에서 활발한 논의가 이루어지고 있다. 물론 도올 김용옥이라는 강의자의 지명도가 프로그램의 사회적 반향을 불러일으키는 데 절대적인 영향을 미친 것은 사실이지만, 지금까지 폐쇄적이고 권위적인 문화 속에서 표현의 자유를 억압당한 다수의 대중이 움직이기 시작했다는 것을 말한다. 이 시점에서 논의의 질적인 수준을 평가하는 것은 아직 시기상조이며 대중의 자발적인 의사에 따라 자신의 의견을 표현하고 있음에 주목해야 한다. 프로그램에 참여한 대중이 낮은 수준이지만 토론문화를 만들어 간다는 것은 개인의 자율성에 기초한 공동체 문화를 형성한다는 점에서 의미를 부여할 수 있다.

토론문화는 '나' 이외에 '타인'의 존재를 인정하는 것으로부터 출발한다. 이런 점에서 <도올, 인도를 만나다>에서 보여준 강의자의 강의 진행 방식은 시사하는 바가 크다고 할 수 있다. 강의자인 도올 김용옥은 청중을 존중하며 강의가 끝날 때까지 그들의 반응을 세심하게 관찰하면서 이해 정도를 파악하고 그에 걸맞는 강의 내용을 조절한다. 이러한 쌍방 통행적인 강의 진행 방식을 통해 대중 스스로 토론의 내용과 방식을 결정할 수 있다.

또한 토론을 진행하기 위해서는 타인의 존재를 인정하는 것과 더불어 자신의 관점이 분명해야 한다. 무엇인가에 대해 자신의 의사를 표현하려면 그 무엇에 대해 알고 있어야만 한다. 그리고 알기 위해서는 구체적인 자신의 실천 행동이 뒤따라야 하는 것이다. 즉, 토론문화 속에서 대중은 노력하고 배우는 실천적인 삶을 경험하게 된다. TV 프로그램의 강의자로 출연한 도올 김용옥의 경우에서 알 수 있듯이 지식을 자신의 전유물로 생각하지 않고 대중과 공유함으로써 앎의 목적이 실천하는 데에 있음을 보여주고 있다.

토론문화가 활성화되기 위해서는 개인과 개인, 개인과 전체 사이의 유기적인 관계가 형성되어야 한다. 이러한 두 가지 측면의 유기적인 관계를 <도올, 인도를 만나다>에서 살펴볼 수 있다. 프로그램이 방영되는 동안 강의자와 청중과 시청자는 시간과 공간의 차이를 넘어서서 응집된 결합력을 보여준다.

<도올, 인도를 만나다>의 청중과 시청자는 성별, 나이, 학력수준, 경제력, 사회적 지위 등등 개인적인 차이를 가지고 있음에도 불구하고, 강의에 참여하는 순간 하나의 공동체를 형성한다. 여기서 우리는 토론문화를 활성화시킬 수 있는 유기적인 관계를 발견하게 되는 것이다. 개별적인 조건이 각기 다름에도 서로 상충되지 않고 공동의 이해 요구를 해결해나가는 모습을 <도올, 인도를 만나다>에서 만날 수 있다. 이러한 위계질서를 강조하지 않는 평등한 인간관계 속에서 토론문화는 자생력을 갖고 활성화될 수 있다는 사실이다.

토론문화는 개인의 자율성을 수용하는 사회적 토양 위에 뿌리를 내려야만 건실하게 성장할 수 있다. <도올, 인도를 만나다>는 강의자와 청중과 시청자가 자신들의 조건은 다르지만, 나름대로 프로그램을 지속할 수 있는 각자의 몫을 준비하고 있다. 누구의 강요나 충동에 의해서가 아니라 각자 자신이 원하는 바에 따라 <도올, 인도를 만나다>의 완성도를 높이기 위해 노력하는 것이다. 이것은 프로그램

의 시청률을 높이거나 강의자의 명예를 위해서가 아니라 완성도 높은 프로그램을 공유함으로써 각자의 삶의 문화를 풍요롭게 하기 위해서이다.

이렇듯 삶의 문화라는 것은 어느 개인이 만들어 낼 수 있는 것이 아니다. 토론문화 역시 개인의 가치관과 입장의 차이가 있지만, 끊임없이 서로의 생각을 공유하고 조율할 줄 아는 자세와 노력이 필요하다. 도올 김용옥은 강의 프로그램을 통해서 이러한 토론문화를 유지하고 발전시킬 수 있는 주체는 '나'라는 사실을 분명히 보여주었다. 프로그램에 함께 참여하고 호흡하는 과정에서 자신의 관점을 인식하고 타인의 관점을 수용하는 경험을 쌓음으로서 대중은 토론문화의 주체임을 자각하게 된다.

4.

사회를 구성하는 다수의 대중이 지식을 공유하기 위해서는 지식의 확대·재생산, 즉 지식의 사회화가 필수적으로 진행되어야 한다. 대학을 중심으로 한 고등 교육기관을 통해 지식을 습득할 수 있는 현실에서 대중이 지식을 공유할 수 있는 방법은 대중매체를 통해서이다. 이러한 대중매체 중에서 특히 TV는 대중이 가장 쉽게 접할 수 있는 매체이며, 다수의 대중이 동시적으로 시청할 수 있다는 점에서 지식의 사회화 과정에서 중요한 역할을 담당할 수 있다. 따라서 교육 방송에서 방영중인 <도올, 인도를 만나다>는 지식을 확대·재생산 할 수 있는 프로그램이다.

<도올, 인도를 만나다>는 2002년 8월 29일 시작해서 11월 29일까지 14주 동안 주 2회 방영되며, 방영시간은 저녁 10시에서 10시 50분까지이다. 이처럼 <도올, 인도를 만나다>는 장기간에 걸쳐 인도를 중심으로 한 불교문화에 대해 체계적으로 학습할 수 있는 전문

성을 갖추고 있다.

강의자의 해박한 지식과 뛰어난 교수방법은 어려운 강의 내용을 대중이 소화할 수 있는 형태로 전환시키는 능력을 발휘하고 있다. TV를 통해 강의가 진행됨으로 누구든지 원하는 사람이면 참여할 수 있는 장점이 있다. 대학의 강의실에서나 들을 수 있는 강의를 가정의 안방에서 시청할 수 있다는 것은, 대중이 지식을 공유할 수 있는 대안을 마련했다는 점에서 시사하는 바가 크다. 또한 TV 강의 시청은 지식이 특정 계층의 전유물이라는 생각을 변화시킬 수 있는 계기가 된다.

대중은 <도올, 인도를 만나다>를 통해 지식을 체화시킬 수 있는 과정을 배운다. 프로그램을 시청하는 모든 대중이 그렇다는 것은 아니지만, 다수의 대중이 <도올, 인도를 만나다>의 강의 교재인 『달라이라마와 도올의 만남』이라는 책을 구입해서 읽은 다음 강의에 참여한다. 그리고 강의 교재뿐만 아니라 인도와 불교 전반에 관한 자료를 찾아보고 강의 내용을 이해하기 위한 노력을 하게 된다. 이러한 과정에서 강의 내용에 대한 자료 찾기와 독서가 이루어지며, 이를 바탕으로 강의 내용에 대한 분석을 통해 강의자가 전달하고자 하는 강의의 핵심을 파악하게 된다. 강의의 핵심을 파악한 대중은 자신이 파악한 핵심을 상대방에게 전달할 수 있는 능력을 가지게 되는 것이다.

이렇듯 대중이 지식의 확대·재생산에 일익을 담당함으로써 지식이 지식인 계층의 전유물이 아니라는 사실과 이론 중심의 지식이 결국은 학력 중심의 불합리한 사회를 만든다는 것을 알게 된다. <도올, 인도를 만나다>는 지식의 실천적인 측면을 부각시키는 방향에서 강의가 진행되기 때문에, 이론 중심의 권위적인 지식 체계를 변화시킬 수 있는 가능성을 보여준다.

지식이 특정 계층의 전유물이 될 경우, 계층간의 위화감이 조성되어 공동체 사회에 역행하는 결과를 낳게 된다. 따라서 대중이 지식의 확대·재생산에 참여하는 것은 계층간의 대립을 최소화할 수 있으며, 공동체 사회를 유지할 수 있는 사회적 구조를 구축하는 것이다. 대중이 <도올, 인도를 만나다>와 같은 TV 강의 프로그램을 통해 지식의 수준을 향상시키는 과정에서 대중의 의식은 변화하고 발전하게 된다.

따라서 <도올, 인도를 만나다>에 참여하는 대중의 행위는 바로 대중의 사회적 참여라 할 수 있다. 다시 말하자면, TV를 시청하는 행위가 지극히 사적인 것처럼 보이지만 사회와 대중을 연결시켜준다는 측면에서 공적인 것이라 할 수 있으며, 대중이 사회적 참여를 보장받지 못하는 현실에서 TV 시청의 영향력은 무시할 수 없는 수준이다.

단순히 TV를 시청하는 차원이 아닌 TV 프로그램에 참여하는 <도올, 인도를 만나다>와 같은 경우에는 사회와 대중을 연결시켜주는 방식이 직접적이다. 즉, 프로그램에 참여하는 과정에서 얻게 된 지식수준의 향상과 의식 변화는 대중이 처해 있는 현실에 대한 인식을 통해, 사회를 구성하고 있는 '나'라는 존재를 발견하게 한다. 이렇듯 '나'라는 존재를 발견해가는 과정과 대중 스스로 자신의 선택과 판단에 따라 프로그램에 참여하는 과정은 유기적으로 결합되어 있다.

대중이 <도올, 인도를 만나다>에 참여하는 것은 지식을 통제하는 불합리한 사회에 대한 일종의 저항이라고 볼 수 있으며, 사회적으로 공개된 TV 강의 형태를 통해 지식을 확대·재생산 할 수 있기 때문이다. 프로그램에 참여하는 대중이 매우 다양한 계층으로 구성되어 있기 때문에 오히려 그에 걸맞는 여러 가지의 현상이 일어날 수 있다는 점에서 프로그램의 사회적 영향력이 커지는 것이다.

TV 강의를 통한 지식의 확대·재생산은 결과를 예측하기가 힘들다. 물론 지식을 확대·재생산하는 데 있어 모델이 설정되어 있는 것은 아니다. 참여하는 대중 개인의 준비 정도에 따라 습관의 변화에서 가치관의 변화에 이르기까지 다양한 결과가 나타난다. 결국 <도올, 인도를 만나다>를 통해서 이루어지는 지식의 확대·재생산은 지식을 삶에 대한 다양한 관점으로 변화시키는 작업이다.

5.

<도올, 인도를 만나다>는 프로그램 방영기간이 끝난 것은 아니지만 프로그램의 사회적 영향력을 논의하는 데 충분한 요소를 갖추고 있다. 대중이 쉽게 접할 수 없는 강의 내용과 형식을 갖춘 프로그램이지만 오히려 그러한 프로그램의 특징이 대중의 적극적인 참여와 지지를 이끌어낼 수 있는 장점이라 할 수 있다.

이를 통해 대중의 이해와 요구를 반영하는 프로그램은 방송의 내용과 형식에 구애받지 않고 성공적으로 진행될 수 있다는 것을 알 수 있으며, <도올, 인도를 만나다>와 같은 TV 강의 프로그램이 프로그램의 질적 수준을 향상시킬 수 있는 대안 프로그램의 가능성을 보여주고 있다.

TV 프로그램의 질적인 수준을 향상시킨 <도올, 인도를 만나다>는 강의자의 역할뿐만 아니라 프로그램에 참여한 대중에 의해 프로그램의 저변이 확대되는 과정에서 여론을 형성하고 활발한 토론이 전개되고 있다. 이것은 TV 프로그램의 비판적 수용을 위해 매우 바람직한 현상이라고 할 수 있다.

그러나 TV 프로그램의 무비판적 수용은 결국 대중을 자본의 이윤추구에 종속된 하나의 도구로 전락시킨다. 그만큼 TV 시청에 있어 무비판적 수용은 위험한 것이다. 안타까운 현실은 TV 프로그램의 상당 부분이 무비판적으로 시청되고 있다는 점이다. 이러한 상황에서 <도올, 인도를 만나다>는 TV 프로그램의 비판적 수용을 이끌어냈다는 점에서 방송문화를 변화시킬 수 있는 대중의 역량을 강화시킨

것이다.

오늘날의 대중에게 TV 시청은 하루의 일과에 속하며, 대화의 중심에는 언제나 TV 프로그램이 있다. 따라서 TV를 시청하지 않는 사람은 대화에서 소외당하여, 대중의 인간관계까지 지배할 정도로 막강한 힘을 발휘하고 있다. 이것은 TV 중독현상으로서 대중이 TV 프로그램의 영향력에서 결코 자유로울 수 없는 상태임을 반증하는 것이다. 그러나 <도올, 인도를 만나다>의 질적인 수준과 대중의 비판적 수용은 TV 중독현상에서 벗어날 수 있게 해주며, 대중의 창조적인 여가 생활을 가능하게 한다.

따라서 <도올, 인도를 만나다>는 일회적이며 소비적인, 그렇기 때문에 중독될 수밖에 없는 TV 프로그램의 지층을 날카롭게 파헤치면서 TV 프로그램이 나아갈 방향을 제시하는 프로그램이다. <도올, 인도를 만나다>는 TV 시청에 무감각해진 대중의 일상을 환기시키면서 TV 프로그램을 향유할 수 있는 여유와 자신감을 갖게 한다. 그럼으로써 짜여진 그물망처럼 대중의 일상을 포위하고 있는 TV 프로그램의 지배로부터 자유로울 수 있다.

대중의 판단에 따른 TV 시청의 결과는 TV뿐만 아니라 대중매체 전반에 걸쳐서 새로운 흐름을 조성할 수 있다. 이것은 대중매체를 수용하는 과정에서 대중의 주체적인 시각을 확장할 수 있으며, 이를 바탕으로 대중매체의 사회적 영향력에 대한 성찰이 가능해진다. <도올, 인도를 만나다>는 대중의 참여 정도와 관점에 따라 프로그램을 수용하는 방식이 달라지며, 대중문화의 질적인 수준을 향상시킬 수 있다는 것을 보여준다. 또한 변화하는 대중의 수준을 파악하고 이를 충족시켜줄 수 있는 프로그램 제작에 자극제가 될 것이다. <도올, 인도를 만나다>를 기점으로 대중의 요구를 수렴한 다양한 프로그램이 제작되어 문화의 풍요를 누리고자 하는 대중의 희망을 저버리지 않기를 바라는 것이다.

'해라'가 아닌 '하자'를 위해서

<!느낌표> '하자하자' 분석

이민정(학생)

서(序)

우리나라 대부분의 청소년들은 초등학교, 중학교, 고등학교 과정을 이수하고 대학교 진학을 목표로 한다. 대학교에 진학하지 못한 청소년들은 낙오자로 분류되고, 대학교에 진학한 청소년들 중에서도 상위 대학인지의 여부에 따라 다시 한번 우열이 가려진다. 청소년들이 집안이나 사회에서 대접받기 위해서는 공부를 잘 해야 하며, 학교에서는 열심히 공부해서 좋은 대학에 가는 것이 인생의 가장 큰 목표라고 가르친다. 그래서 우리나라에서는 '청소년'이라는 말과 '학생'이라는 말 사이에 등호를 놓을 수 있다. 공부를 잘하는 학생은 모범청소년이고 공부를 못하거나 하지 않는 학생은 불량청소년이다.

학생이라는 틀에 꽉 맞춰진 청소년들은 제도권 교육이 시키는 것을 해야 하고 금하는 것은 하지 말아야 한다. 칠판 가득 빼곡히 적혀 있는 선생님의 판서를 공책에 토씨 하나 빠뜨리지 않고 옮겨 적던 초등학교 시절부터 청소년들은 '해라'라고 주어진 것들을 묵묵히 이행하는 데 익숙해져왔다. "해라"를 통한 길들이기 과정은 너무나 오래되어서 '해라'에 불만을 표하는 청소년들 자신조차도 정작 '해라'가 아닌 다른 무엇을 하고 싶은지 모르는 지경에 이르렀다. 이러한 상황에서 다수의 청소년들은 별다른 방법이 없기에 '해라'에 순응하고 다른 소수의 청소년들은 별다른 방법을 모르기에 '해라'에 역행함으로써 불만을 표시한다.

청소년 개개인의 개성과 재능을 무시하고 획일적으로 행해지는 '해라'식(式) 교육이 바람직하지 않다는 것은 누구나 아는 사실이다. 하지만 청소년들에게 모든 권한을 내맡긴 채 원하는 대로 하라며 방치하는 것 또한 무책임한 일일 것이다. 그렇다면 일방적인 규제도 무책임한 방치도 아닌 바람직한 교육의 방법은 무엇일까? '하자'가 그것이다. 청소년들 각각의 재능과 가능성을 일깨워주고 목표를 제시해주되 그것을 실현시키고자 하는 주체가 청소년 자신이 될 수 있도록 '하자'라고 기운을 북돋워주는 방법이다.

청소년 문제를 해결하기 위해 '해라'가 아닌 '하자'로 접근하는 TV 프로그램이 있다. 청소년 문제에 대한 고민과 사랑이 엿보이는 이 프로그램은 놀랍게도 교양이나 보도 프로그램이 아닌 쇼 오락 프로그램이다. MBC <!느낌표>의 '하자하자'가 그것이다. 많은 시청자들의 관심 속에 호응과 비난을 동시에 받고 있는 '하자하자'는 청소년 문제를 이슈화하고 시청자들의 관심을 확보했다는 점에서 성공한 프로그램이다. 하지만 진정한 해결책 없이 여기에 그친다면 청소년들을 위한 '하자하자'라는 구호가 무색해질 것이다. 따라서 이 글에서는 청소년 문제 해결을 위해 '하자하자'가 가지는 미덕과 한계를 살펴보고 그 해결방안을 모색해보고자 한다.

본(本)

청소년, 계도가 아닌 사랑의 대상

'하자하자'가 '해라'가 아닌 '하자'를 주창한 까닭은 청소년을 계도의 대상이 아닌 사랑의 대상으로 바라보고 있기 때문이다. 청소년들의 학업 성적이 아닌 청소년들의 건강과 안전, 행복에 관심을 보이는 이 프로그램은 기본적으로 청소년들에게 따스한 시선을 보내고 있다. 어른들이 청소년을 가르치는 것이 아니라 이해하기 위해 이 프로그램을 만들었다는 기획의도[1] 역시 프로그램의 성격을 잘 설명해 주고 있다.

지금까지 총 3편의 청소년 시리즈가 진행되었는데, 그 첫번째는 '아침밥 먹자!'였다. 방영 초기부터 시청자들의 엄청난 호응을 얻었던 이 시리즈는 <!느낌표> 중에서도 가장 주목받는 코너였다. 우리나라 인문계 고등학생의 평균 등교시간은 7시~7시 30분 정도이다. 야간 자율학습과 방과 후 과외 수업 등을 마치고 1·2시에 잠이 드는 학생들이 다음 날 등교시간을 맞추기 위해 아침까지 거르는 일은 비일비재하다. '아침밥 먹자!'에서는 말 그대로 청소년들에게 아침밥 먹을 시간과 여유를 주자는 캠페인을 벌였다.

이 캠페인에는 다양한 방법이 사용되었다. 성장기에 아침 식사를

---

1) "청소년, 어린이 교육문제로 방송 및 온갖 언론이 떠들썩하면서도 막상 효과적인 교육 방법이나 공감대를 형성하지 못한 것이 사실입니다. 이러한 교육문제의 대전제는 '어른의 각성'이라고 할 때, '하자하자'를 통해 어른들이 청소년을 바라보는 시각을 바꾸고, 진심 어린 애정으로 다시 생각해볼 기회를 제공하려고 합니다. 색다른 '하자하자'는 청소년은 계도의 대상이기 전에 사랑의 대상임을 먼저 깨닫고 강요 섞인 '해라해라' 대신, 어른들과 함께 하자는 의미의 '하자하자'로 바꾸자는 취지의 코너입니다. (이하 생략)"

(MBC 홈페이지에서 발췌)

거르는 일이 건강에 얼마나 악영향을 미칠 수 있는지를 의학적 자료를 통해 강조하였으며, 아침 식사 대신에 조금이라도 더 자고 싶다는 청소년들의 솔직한 심정을 인터뷰했다. 아침 자율 학습 시간에 초죽음이 되어 책상에 엎드려 있는 청소년들의 모습이 CCTV를 통해 찍혔다. 다른 나라와의 비교를 통해 어느 곳에서도 우리나라처럼 학업 때문에 청소년의 건강을 등한시하는 일은 없다는 것을 해외 탐방을 통해 알렸다.

지치고 힘들어하는 청소년들의 모습과 아침밥 한 그릇을 먹으며 행복해하는 청소년들의 모습이 대비를 이루며 몇 주째 전파를 탔다. "아휴~"하는 진행자의 안타까움을 시청자들 역시 느낄 수 있었고, 눈물까지 글썽이는 청소년들의 모습을 보며 시청자들은 등교시간의 개선을 요구했다. 결국 서울시는 서울지역 고등학교의 등교시간을 늦추도록 지시하였으며, 전국의 많은 고등학교에서 등교시간을 30분 정도 늦추는 붐이 일기도 하였다. 성공적인 캠페인의 결과로 '하자하자' 코너의 PD와 진행자는 어린이 청소년 포럼으로부터 제1회 '어린이 청소년 미디어상'을 수상하기까지 하였다.

청소년 시리즈 2탄은 '애들아, 헬멧 쓰자'였다. 일반적인 아이들을 대상으로 하였던 '아침밥 먹자!'와 달리 '애들아, 헬멧 쓰자'는 비행 청소년으로 분류되는 폭주족 아이들을 대상으로 삼았다. 늘 사회와 학교, 가정으로부터 지탄의 대상이었던 폭주족들 역시 우리의 소중한 청소년들임을 강조하였다. 오토바이로 폭주를 하며 아찔한 묘기를 벌이는 모습이 TV를 통해 시청자들에게 전해졌고, 그것이 얼마나 위험한 일인지 인식시켜주었다. '애들아, 헬멧 쓰자'에서는 폭주를 막을 수 없다면 적어도 헬멧은 착용하게 해서 폭주족 청소년들의 생명을 지키자는 캠페인을 벌였다.

현재 진행되고 있는 청소년 시리즈 3탄은 '애들아, 행복하니?'이다. 2탄에서 폭주족을 다룬 것에 이어 3탄에서는 가출 청소년들을 대상으로 삼았다. 2탄에 이어 가출 청소년들도 이해와 사랑의 대상이 되어야 한다는 것이 이 시리즈의 취지이다. 가출을 하는 청소년들을 다그치지만 말고 그들에게 어떤 고민이 있는지 들어보고 이해해서 그들의 재가출을 막자는 이 캠페인은 현재 2달째에 접어들고 있다. 가출 청소년 부모로부터 의뢰를 받고 그 청소년의 소재를 파악한다. 부모와 가출 청소년이 만나기 전에 가출 청소년이 어떤 생각에서 가출을 하게 되었고, 부모에게 바라는 점은 무엇이며 가출 후의 자신의 심경 변화를 들어본다. 부모와 자녀가 만나기 전 다리를 사이에 두고 그들이 서로 무엇을 이해해야 하는지 이야기를 나누게 한 다음, 가출 청소년을 부모의 품으로 보낸다. 이는 가출 청소년의 재가출을 막기 위해서라고 제작진은 설명한다. 가출 청소년이 자신의 행동을 반성하고 부모 또한 그간의 무관심에 대해 용서를 바라는 과정에서 부모와 가출 청소년은 눈물을 흘리고, 이는 시청자들에게 감동을 준다.

'하지하자'의 한계와 문제점

'하자'가 가지는 태생적 한계

'하자하자'가 참신한 이유는 어른과 청소년의 관계 변화에 있다. 이전까지 어른과 청소년은 수직적 관계에 있었고, 청소년은 어른의 가르침을 받고 따라야 할 위치에 있었다. 하지만 '하자하자'에서는 어른과 청소년의 수직적 관계가 수평적 관계로 전환되었다. 앞서 말했듯이 청소년은 계도의 대상이 아닌 이해의 대상으로 자리 잡게 된 것이다.

그래서 '하자하자'의 모든 캠페인은 청소년들에게 방향을 제시하되 '반드시!'라는 단서를 달지 않는다. 아침밥을 먹고 등교하는 것이

건강에 얼마나 중요한 일인지, 헬멧을 썼을 때 사고의 위험을 얼마나 줄일 수 있는지, 가출이 부모와 청소년 자신에게 얼마나 아픔을 줄 수 있는지를 알려주지만 그 이상은 아니다. 아침밥을 먹는 것도 헬멧을 쓰는 것도 가출하지 않는 것도 청소년 자신의 자율적 의사에 따른 것이다. 청소년 문제 해결을 위해 청소년의 주체성에 호소한다는 점에 '하자'가 가지는 의의가 있다.

그러나 모순 되게 바로 이 점에서 '하자'는 한계를 지니고 있다. '하자'고 한 것을 지키지 않았다고 체벌을 하거나 징계를 줄 수는 없는 일이다. '하자'고 한대로 하면 좋지만 하지 않더라도 그저 지켜보는 수밖에 없다. 그래서 '하자'가 가지는 힘은 생각만큼 크지 못하다.

'아침밥 먹자!'의 경우, 등교시간이 변경 된 후 학생들의 모습 변화를 보여주었다. 인터뷰에 응한 많은 학생들이 아침밥을 먹었다며 좀더 나은 생활을 하고 있다고 이야기했다. '애들아, 헬멧 쓰자'는 중간점검에 들어가면서 예전에 인터뷰했던 폭주족 학생들을 다시 찾았다. 제작진이 나누어준 헬멧을 잘 쓰고 있다고 수줍게 웃는 모습과 헬멧 착용으로 사고 당시 위험을 면할 수 있었다며 감사해 하는 모습이 나왔다. 하지만 우리는 그 인터뷰들이 있는 그대로를 보여준다고 생각지 않는다. '하자하자'를 통해 살기 좋게 바뀐 세상의 모습은 방송사 측에서 취사선택한 장면이라는 것을 누구나 알고 있기 때문이다. 제작진의 의도에 딱 맞아떨어진 긍정적인 변화들을 보면서 시청자들은 '하자하자'가 작위적이라는 생각까지 갖게 된다.

'하자하자' 이후 실제로 고등학교 등교시간이 조금씩 조정되기는 하였다. 하지만 그 변화는 방송에서 떠들어대는 것처럼 대단한 것이 아니었다. 주지하다시피 등교시간 조정을 공표한 것은 서울시에 불과했다. 서울의 고등학생들이 아침밥을 먹으며 여유 있게 등교하는 모습 이면에는 여전히 아침밥을 거르며 졸린 눈으로 아침 자율학습을 듣는 지방 학생들이 있었다. '아침밥 먹자!' 캠페인이 이슈화되면서 아주 잠시 전국적으로 등교시간을 30분 가량 늦추게 되었지만 그 캠페인이 끝난 지금 대부분의 학교는 다시 예전의 등교시간으로 바늘을 돌렸다. ‘애들아, 헬멧 쓰자’와 ‘애들아, 행복하니’ 방송 이후 폭주족 사고가 줄었다거나 청소년 가출 빈도가 줄었다는 어떠한 통계도 나오지 않았다. 같은 프로그램의 ‘책책책, 책을 읽읍시다’라는 코너가 방송 후 도서 판매율 등에서 얼마나 긍정적인 변화가 일어났는지를 차트까지 만들어가며 설명한 것과는 사뭇 다른 모습이다. ‘하자’가 가지는 힘이 얼마나 미약한지를 보여주는 단면이다.

색안경 너머로 보이는 ‘하자’의 대상들

‘하자하자’는 방영 초기에 ‘박경림의 길거리 특강’이나 ‘다큐멘터리 이경규 보고서’, ‘책책책, 책을 읽읍시다’ 등을 제치고 <!느낌표>의 간판 코너 역할을 하였다. 다른 코너가 진행되는 중간에 ‘아침밥 먹자!’ 예고를 집어 넣어가며 관심을 증폭시켰고 항상 프로그램의 대미를 장식했다. 그러나 ‘애들아, 헬멧 쓰자’와 ‘애들아, 행복하니’로 이어지면서 이 코너는 ‘책책책, 책을 읽읍시다’에 간판 자리를 내주고 말았다. ‘아침밥 먹자!’에 비해 상대적으로 시청자의 관심이 떨어진 탓이다.

그렇다면 왜 2탄과 3탄은 ‘아침밥 먹자!’와 같은 호응을 얻을 수 없었던 것일까? 그 이유는 2, 3탄에서 다루고 있는 ‘하자’의 대상들이 1탄과는 다르기 때문이다. ‘아침밥 먹자!’의 대상은 학교에 잘 적응하고 있는 일반 학생들이었다. 제도권 교육에 힘들어하고 있지만 일반 학생들은 그래도 이제껏 큰 말썽 부리지 않고 ‘해라’에 잘 따라주었다. 이런 일반 학생들은 우리 주위에서 너무나 쉽게 찾아볼 수 있다. 내 형제, 자매 혹은 내 자식, 내 제자가 바로 그런 학생들이고 우리 역시 과거 그런 학생들이었다. 그래서 일반 학생들이 처한 힘겨운 상황은 우리에게 보다 살갑게 다가왔고 보다 많은 사람들이 공감할 수 있었다. 넓은 범위의 시청자들을 끌어안을 수 있다는 것은 많은 사람들의 지지를 받을 수 있다는 것을 의미한다. '아침밥 먹자!' 캠페인은 많은 어른들의 각성을 불러왔고, 실제로 등교시간을 늦추는 움직임을 보여주기도 하였다.

그러나 '얘들아, 헬멧 쓰자'의 폭주족과 '얘들아, 행복하니'의 가출 청소년은 성격이 다르다. 그들은 이미 사회로부터 문제아라고 낙인찍힌 아이들이고, 보기만 해도 혀를 차게 만드는 아이들이다. 비행 청소년들이 모두 나쁘지 않으며 그들도 나름의 이유가 있어서 빗나가게 되었음을 시청자들에게 이해시키려고 하지만 오랜 시간에 걸쳐 굳혀진 인식이 몇 달간의 방송으로 쉽게 바뀌긴 어렵다. 이렇게 색안경 너머로 바라보게 되는 '하자'의 대상들은 이전의 일반 학생들과 같은 애정과 연민을 불러일으키기엔 역부족이다. 그런 애들한테 무엇 때문에 신경을 쓰느냐는 불만 섞인 목소리가 관련 게시판에 쏟아졌다.

특히 '얘들아, 헬멧 쓰자'의 경우는 반감을 불러일으킬 수밖에 없는 캠페인이었다. 아침밥을 먹지 않는 것은 규제의 대상이 아니다. 심지어 가출을 하는 것도 학교에서 징계를 받을 수는 있지만 범법행위는 아니다. 그런데 폭주는 엄연히 범법행위이다. 단속되고 법적 처벌을 받아야 하는 행위인 것이다. 그런 아이들을 훈계하고 법적인 조치를 취해야 마땅하다고 생각하는 기성세대에게 도리어 그들도 소중한 생명이니 따뜻한 관심으로 헬멧을 씌어 주자는 캠페인은 고깝게만 보이지는 않을 터였다. 더군다나 후에 제작진이 월드컵 기념으로 나눠줬던 축구선수 사인 헬멧이 경매를 통해 팔리고 있다는 사실이 인터넷에 알려지면서 이 캠페인은 공감대 형성에 실패하고 말았다.

최근에 진행되고 있는 '얘들아, 행복하니?'의 경우도 문제가 있긴 마찬가지이다. 첫 회 방송 후 가출 청소년들이 안고 있을 남모를 사연을 이해하고 이 캠페인을 긍정적으로 바라보고 있던 시청자들이 요즘은 우려를 표하고 있다. 가수가 되고 싶은데 키보드를 사주지 않는다며 불만을 표하던 주현이의 경우(9월 21일, 28일 방송) 부모가 자녀를 이해하는 방법의 하나로 키보드를 사주겠다고 약속했다. 성아의 경우(10월 5일, 12일 방송)에도 아버지에게 자신을 좀더 이해해달라는 요구를 관철시킨 후에 가정의 품으로 돌아갔다. 애정 어린 시선으로 바라보려 했던 시청자들은 당황하게 된다. 너무나 당당한 가출 청소년들과 자식의 재 가출을 막기 위해 그들의 조건을 들어주는 부모를 보면서 아이들이 매우 영악하다는 생각을 가지게 된다. 실제로 '하자하자'의 게시판에는 어떤 시청자가 최근 사촌 동생이 이 프로그램을 보고 가출을 하면 부모가 자신의 소원을 들어줄 것 같아 가출하고 싶어한다며 우려를 표하는 글을 올려놓았다. 여전히 '하자'의 대상을 색안경 벗고 바라보기는 힘든 상황이다.

계란으로 바위 치기

'아침밥 먹자!'는 처음에 학생들에게 아침밥 먹을 여유를 주자는 것으로 시작했다. 가장 기본적인 방법으로 학생들의 등교시간을 조정하는 캠페인을 벌였다. 하지만 학생들이 아침밥을 먹지 못하는 이유가 단지 이른 등교시간 때문만은 아닐 것이다. 서울에는 없어졌다고 하지만 지방에는 여전히 존재하고 있는 야간 자율학습, 그리고 밤 늦도록 이어지는 과외 수업, 학벌로 대접받는 사회. 이러한 것들을 그대로 방치한 채 단지 등교시간을 30분 늦춰주는 것으로 문제를 해결할 수 있다고 생각한다면 이는 오산이다.

폭주족과 가출 청소년을 다룬 문제는 어떠한가. 역시 제도권 교육에 적응하지 못해서, 학벌이 좋지 않으면 인정받기 어려워서 비행을 저지르고 있는 것이다. 촬영중에 마주친 애들 몇 명에게 헬멧을 나눠주고, 의뢰 받은 몇 건에 한해 가출 청소년들을 집에 돌려보낸다고 청소년 문제가 해결되는 것은 아니다.

이러한 캠페인이 성공하기 위해서는 제도권의 개선 노력과 도움이 필요한데, TV 프로그램 그것도 쇼 오락 프로그램이 제도권의 협력을 받기는 힘들다. '하자하자'의 내용이 쇼 오락 프로그램의 그것을 넘어 진지하게 청소년 문제를 다루고 있음을 안다하더라도 고개를 끄덕이는 차원에서 그칠 뿐, 보다 현실적이고 실효성 있는 변화를 얻어내기는 힘들다. '하자하자'가 "대한민국 청소년 파이팅!"을 외친 지 1년이 지났지만, 꿈쩍도 않고 있는 제도권 교육을 보면 계란으로 바위치기란 바로 이런 상황을 두고 하는 말이 아닐까 생각해본다.

결(結)

이상에서 보듯이 '하자하자'는 다음과 같은 문제점을 가지고 있다. 첫째, '하자'가 가지는 한계이다. 둘째, '하자'의 대상이 공감대를 이루기 어렵다는 점이다. 셋째, '하자'의 실효성 문제이다.

'하자'가 태생적 한계를 지니고 있다고 해서 '하자'를 포기할 수는 없는 일이다. '하자'를 포기하는 것은 다시 '해라'로 돌아가는 것을 의미하기 때문이다. 당장에 규제나 강제성이 없는 '하자'의 힘은 미미해 보일 수 있다. 그러나 주입식 교육('해라'식 교육)을 받는 우리의 청소년들보다 자유롭게 사고하는('하자'식 교육) 선진국의 청소년들이 시간이 지난 후에 보다 큰그릇이 되어 있는 모습을 볼 때, '하자'의 힘이 결코 미미하지 않음을 알게 된다. 당장에 가시적인 효과가 없다고 포기할 것이 아니라 보다 여유 있게 시간을 두고 '하자'가 이루어낼 변화를 기대해야 할 것이다. 시청자는 긍정적인 자세로 느긋하게 '하자하자'를 바라보아야 되겠고, 프로그램의 제작자들 역시 급하게 캠페인을 바꿀 것이 아니라 조금은 진득하게 하나의 캠페인을 밀어

붙여야 할 것이다. 반복되는 캠페인에 시청자들이 지루해 하지 않을까 조바심치는 것은 애초에 기존의 쇼 오락 프로그램과 차별을 둔 <!느낌표>의 기본 정신을 잊는 것이다.

‘하자’의 대상 문제에는 다음과 같은 해결책을 제시해본다. 주지하다시피 일반 청소년들을 대상으로 했을 때와 달리 이른바 문제아들을 대상으로 하였을 때 시청자는 냉담한 반응을 보였다. 그들 역시 우리의 소중한 청소년이라는 말은 머리로는 이해가 되어도 가슴으로 이해되어지지 않는 얘기다. 시청자들에게 갑자기 마음을 열어보라고 할 수는 없는 노릇이다. 따라서 ‘하자하자’는 조금 더 오랜 시간을 두고 일반 청소년을 대상으로 하는 다양한 캠페인을 벌여야 하겠다. 그래서 시청자들이 충분히 청소년 문제에 마음을 열어 보일 때, 조금은 특별한 청소년들에게도 관심을 주자고 권하는 것이 어떨까? 시청자들의 반감을 사지 않고 자연스럽게 관심을 이동시킬 수 있는 방법이 될 것이다.

‘하자’의 실효성 문제에는 캠페인의 구체화를 방법으로 제시하고 싶다. ‘아침밥 먹자!’는 일견 아주 사소해 보이는 청소년 문제를 건드린 캠페인이었다. 하지만 왜 청소년들이 아침밥을 먹지 못하는지에 대한 심도 깊은 이야기가 시작되면서 사소한 아침밥 문제는 오늘날 우리나라 청소년들이 처한 현실을 가장 확실하게 보여주는 도구가 되었다. 그러나 뒤이어 진행된 2, 3탄의 경우 아침밥과 같은 작지만 핵심이 있는 매개체를 가지지 못했다. 헬멧을 씌어 주자는 것으로 폭주를 하게 된 근본적 원인이 드러나지는 않으며, 가출한 청소년과 부모가 울면서 서로를 이해한다는 설정 또한 아침밥과 같은 일격이 없다. ‘아침밥 먹자!’와 같이 구체적으로 잘 짜여진 캠페인은 결국 제도권 교육마저 움직였다. 제도권으로부터의 지원은 프로그램의 위상을 높여주는 데도 일조 하며 캠페인에 더욱 힘을 실어줄 수 있다.

지금까지 ‘하자하자’의 미덕과 문제점 해결책을 살펴보았다. TV

프로그램이 이 정도 했으면 됐지 않느냐고 생각할 수도 있다. 청소년 문제를 이슈화하고 사회적으로 공감대를 형성하기도 했고, 연예인들이 떼거지로 나와서 웃고 떠드는 다른 프로그램들보다 훨씬 낫지 않느냐고 말이다. 이 말이 틀린 것은 아니다. 하지만 잘 만든 프로그램이기 때문에 나는 '하자하자'에 조금 더 많은 것을 기대하고 싶다. 몇 안되는 청소년 관련 프로그램 중에서 모처럼 좋은 프로그램이 나왔기에 여기서 머물거나 뒤처지지 않을까 조바심이 난다. 청소년에 대한 관심과 사랑을 온전히 보여주는 '하자하자'라는 제목 그대로, 시청률을 겨냥한 주기적인 변화나 자극적 소재가 아닌 진지한 고민을 바탕으로 발전하는 청소년 프로그램이 되길 바란다.

진정한 의미의 터닝 포인트가 되기 위한 과제

<터닝 포인트 - 사랑과 이별>

문미혜(학생)

들어가는 말

 TV를 본다는 것은, 때로는 다른 사람들의 삶을 엿볼 수 있는 정당한 기회가 되어준다. 가까운 사람이라고 해도 쉽게 캐물을 수 없는 어두운 그늘을 속 시원히 볼 수 있는 장치가 바로 TV인 것이다. 시청자는 TV라는 작은 기계를 통해, 철저한 관찰자의 입장에서 그 그늘을 바라본다. 그리고 어느 때는 서서히 자신의 감정을 이입시키기도 한다. TV 속 주인공과 함께 울고 웃으며 카타르시스를 느끼게 되는 것이다. 그런데 이제껏 시청자들이 함께 울고 웃었던 주인공들이 프로그램의 제작 뒤에 숨은 작가와 PD의 산물이었다면, 이번의 <터닝포인트-사랑과 이별>은 좀 다르다. 소리지르며 싸우고, 울고, 웃는 TV 속 주인공이 바로 실제 인물에 실제 상황이라는 것이다. 콘크리트 담 사이로 어렴풋이 들리는 욕지거리 속에서 추측만 해야 했던 부부싸움이, 밤새 물건 던지는 소리에 잠을 설쳐도 차마 대놓고 뭐라고 하지 못했던 답답한 사연이, 그리고 마치 내 자신에게 침 뱉는 것 같아 어디 가서 시원하게 쏟아내지도 못했던 내 가족의 이야기가, 공중파 TV를 통해 생생하게 나오는 것이다.

그렇게 은밀한 이야기를 담담하게 들려주는 프로그램은, 또 하나의 기쁨을 선사한다. 프로그램에 등장하는 부부들은 하나같이 다들 심각한 문제를 갖고 있다. 배우자의 외도나 불신에서 오는 문제, 성격 차이, 술이나 폭력, 고부 갈등 등 문제들도 다양하다. 그들의 다양한 문제에 공통점이 있다면, 그것은 한결같이 복잡하고, 이미 곪을 대로 곪은 상처를 갖고 있다는 것이다. '그냥 갈라 서버려'라고 말해버리는 것이 차라리 쉬운 해결책으로 보일 만큼 깊은 상처들, 그러한 문제들 속에서 시청자들은 의외의 위안을 찾기도 한다. '그래도 저 사람들보다는 우리가 낫다'하는 안도에서부터 '우리 같은 부부가 또 있네' 하는 동질감까지 그들은 일상에서 불거져 나온 고름 덩어리 앞에서 나름의 만족을 찾아가며 스스로를 위로한다.

그리고 이 프로그램에서 다루는 소재는 꽤나 자극적이다. 밤 시간, 즉 성인 전용 시간대 프로그램으로서의 자유를 충분히 누리고 있는 프로그램은, 때로는 부부의 성관계를 중심으로 두기도 하고, 부부관계에 대한 솔직한 이야기나, 불륜에 관한 것 등이 심심찮게 등장한다. 공중파 방송으로 떳떳하게 보는 '부부'이야기, '성'이야기란 물론 생각만큼 야하거나 자극적으로 다가오지는 않지만(오히려 너무나 일상적인 이야기로 다가오지만), 어쨌든 재미있는 느낌이다.

오늘날 TV에 바라는 시청자들의 관음증적인 시선, 타인의 갈등 안에서 스스로를 위안해보기 등의 기회가 적당히 자극적인 소재들과 어울려 있는 이 프로그램은, 어찌 보면 그 시간대의 성인 시청자들을 끌어들일 수 있는 요소를 모두 갖추었다고도 할 수 있다. 그렇게 프로그램은 토요일의 밤 시간 시청자들을 유혹하며, 적당한 카타르시스와 적당한 해피 엔딩의 뿌듯함을 선사하며 자신의 유혹에 보답한다. 그러한 보답의 과정은 과장되어 떠들썩하지 않고, 오히려 꽤나 조심스럽다. 자칫 짜증스럽게 비추어질 수 있는 문제들에 살며시 다가가, 작은 것부터 풀어나가기 위해 노력하는 것이다. 그렇게 조심스러운 제작진들의 노력에도 불구하고, 프로그램은 몇 가지의 문제점을 갖고 있다. 여기서는 그 문제점 몇 가지를 살펴보고자 한다.

문제1 — 밀착된 카메라, 파괴되는 사생활

행복하게 잘 살고 싶지 않은 부부가 어디 있을까. 어떠한 동기로 결혼을 했더라도, 결혼을 한 이상 부인이든 남편이든 행복한 가정을 이루고자 하는 마음은 마찬가지일 것이다. 그런데 이 프로그램에 나오는 부부들의 모습은 대게는 '왜 저러고 살까. 그냥 헤어져버리지' 하는 생각이 들 만큼 서로의 거리는 멀기만 하다. 그들에게 부부란 더 이상 인생의 동반자라는 의미는 해당되지 않아 보인다. 부끄러움을 무릅쓰고 출연을 신청한 용기는 어쨌든 이혼만은 막아보겠다는 의지로 보일 수도 있을 텐데, 그럼에도 TV 속 부부의 모습은 이혼을 앞에 두고 마지막으로 서로에게 해줄 수 있는 최대의 예의정도로만 보인다. 그들의 문제는 카메라 앞에서라고 해서 결코 숨겨지거나 미화되지 않는다. 아니 오히려 더 자신들의 문제를 폭로하고, 자신들이 결정한 '이혼'에 정당성을 부여받으려는 듯 보이기도 한다. 그렇게 처음 자신들의 입장만을 인정받으려고 노력하는 두 사람을 보여주는 카메라가 가장 중요하게 여기는 것은 바로 객관성과 중립성이다. 자칫 한 사람 쪽으로 의견이 기울어질지도 모르는 상황 속에서 카메라는 부인의 편도, 남편의 편도 아닌 제3자로의 공정한 시선을 갖기 위해 노력한다. 그러한 노력의 부분으로 카메라가 선택한 것은 바로 밀착이다. 집안에 설치된 카메라는 제작진의 시선을 배제하고 오직 카메라의 정확한 눈으로만 부부에게 더욱 가까이 다가가 그대로 보여주기를 택한다. 그러다 보면 때로는 부부의 환경이 구체적으로 폭로되기도 하고, 흔들리는 모자이크는 언뜻언뜻 출연자들의 윤곽을 스친다. 그러면서 때로는 출연자들을 아는 사람들이라면 그들의 정체를 짐작할 수 있을 만큼의 단서를 제공해주기도 한다.

개인 정보 노출의 문제는 출연 신청을 한 성인 출연자들에게만 국한되지 않는다. 그 출연자와 얽혀진 가족들은 본인의 동의 없이 그대로 자신의 생활이 들추어지기도 한다. 여기서 가장 직접적인 피해를 보는 것은 바로 출연자 부부의 자식, 즉 아이들이다. 아직 스스로 결정권과 판단력을 지니지 않은 아이들은 카메라 집중세례 안에서 말도 못하는 피해자가 되어버린다. 어느 날 난데없이 들이닥친 집안의 카메라를 아이는 어떻게 받아들일 수 있을까. 거기다가 때로는 낯선 사람들이 들어와 부모의 싸우는 모습을 찍고, 질문을 해댄다. 맨날 싸우는 부모의 모습에도 모자라, 이제는 그 부모를 둔 아이로서 '부모의 안 좋은 관계'를 반복적으로 각인 받는 것이다. 그것뿐만이 아니다. 아이는 때로 부모의 화해를 위한 도구로 이용되기까지 한다. 모성애, 부성애를 자극하여 부부에게 '아이를 위해서라도 이혼만은'이라는 생각을 강요하기도 한다. 아이는 그렇게 어른들이 만든 상황 속에서 때로는 감추고 싶은 눈물을 보이며, 때로는 자신이 가진 상처를 낯선 사람들에게 내비쳐야 한다.

부부의 문제 안에서 아이의 사생활은 별로 중요해 보이지 않는다. 마치 아이에게는 어떻게든 자신의 부모를 이혼하지 않게 해주면 충분하다는 생각을 하는 것 같다. 그러면서 카메라는 지독하게 아이의 사생활에까지 파고든다. 어떤 때에는 아이의 유치원에까지 카메라가 따라가기도 하고, 아이의 활동 공간 안에서 부모와의 '특별한' 만남을 갖기도 한다. 적어도 그 아이를 아는 사람들은 아이의 가정에서 뭔가의 일이 일어나고 있음을 느낄 만큼 말이다. 여기서 프로그램 제작진들은, 아이들의 세계는 어른들의 세계보다 훨씬 보수적이고 치사하다는 것을 알아야 한다. 또한 그 아이의 지금 시기는 앞으로 본인의 인성 형성에 있어서 더없이 중요하고 민감한 시기임을 간과해서는 안된다. 아이의 유치원 친구가 '너네 엄마 아빠 이혼한다고 TV 나왔다며'라고 쉽게 던질 수 있는 한 마디가 그 아이의 평생에 상처로 남을 만큼 민감한 사항임을 알고, 제작진들은 아이의 사생활도 보호해줄 수 있도록 최대한 노력해야 한다.

물론 이 프로그램의 출연자들은 일차적으로 자신의 자발적인 신청에 의해 출연이 가능해진다. 비록 때로는 모자이크 화면, 음성 변조 등으로 자신들을 가려준다는 조건을 끼우긴 하더라도, 어쨌든 어느 정도 자신들의 윤곽이 방송을 통해 드러나는 정도는 이미 각오한 건지도 모른다. 그래서 제작자들이 사생활을 가려주기 위한 노력은, 지금 정도로도 충분하다고 할지 모르겠다. 그러나 이것은 부부의 삶이 연관된 문제이다. 아직까지 이혼이라는 문제가 음성적으로 다루어지며 그 내부적 편견을 씻지 못하는 사회 속에서, 출연자들은 뜻하지 않은 피해를 보게 될 수도 있다. 아무리 출연이 스스로의 선택이었다 하더라도, 그 개인에 대한 보호는 최대한으로 이루어져야 한다. 그것은 앞으로의 출연 여부를 결정할 일반 시청자들에도 매우 중요한 문제이다. 누구나 가지고 있는 문제라 하더라도 어쨌든 자신의 문제를 만천하에 공개하고 싶지는 않은 것이 일반이기 때문이다. 개인의 보호는 문제에 봉착한 부부들에게 프로그램의 출연이란 것이 마지막 여지로 남을 수 있기 위한 기본 전제인 것이다.

문제2 — 큰 소리의 싸움과 해결의 꽃다발 속에 묻혀지는 과정들

처음 카메라가 그들 부부를 방문하는 순간부터 싸움은 시작된다. 결국 하나의 큰 문제는 서로가 서로를 이해하지 못하는 일반적인 것이지만, 그들에게 그런 보편적 원인은 중요하지 않다. 삶에서 부딪히는 작은 문제들, 그들이 정작 분노하고 참지 못하는 문제들은 말하기조차 민망한 아주 작고 유치한 것들이 대부분이기 때문이다. 그러한 작은 문제들은 그들에게 있어 무엇보다 중요한 것이다. 그것은 제3자의 입장인 시청자들에게도 마찬가지다. 그러한 문제들은 그 자체로도 흥미로운 소재거리이며, 공감하고 빠져들게 하는 직접적인 계기가 된다. 그런데 문제는 이러한 '문젯거리'들을 자세하게 보여주려다 보니, 그 문제를 해결하는 과정을 보여주는 시간이 줄어든다는 것이다. 극단적으로 말하면 이 프로그램은 싸우고 소리치는 모습만 잔뜩 보여주다가 상투적인 과정들 몇 개를 형식적으로 훑은 후 어느새 결론에 이른다. 과정의 구체성이 빠진 것이다.

형식적인 과정이란 대체로 '전문가와의 상담' → '심리 치료' → '갈등해소'로 요약된다. 출연자들은 매주 다르고 그들이 꺼내놓는 문제들도 참 다른데 해결 방법으로 제시한 방법은 참 일관적이다. 이 일관된 과정은 시끄러운 서두, 의미 있는 결말 사이에서 축소되고 잘려진다. 물론 정해진 방송의 시간관계상 편집은 불가피한 것이다. 그리고 어차피 반복되는 과정이라면, 오히려 길게 보여주는 것이 지루해질 수도 있다. 그러나 결과만큼 원인도 중요한 것이다. 부부의 문제에 대한 원인을 찾고 그것을 천천히 해결해나가는 방법은 매우 중요한 사항임에 의심의 여지가 없다.

또한 프로그램이 제시한 해결방법에는 다양성이 필요하다. 물론 가끔 있는 변화는 인정하는 바이다. 어느 부부에게는 정신력 강화 프로그램을, 어느 어린 부인에게는 요리강좌를, 어느 무기력한 남편에게는 욕구 성취 프로그램을 제공하는 등 개인의 특성을 고려한 프로그램을 제시하기도 한다. 그럼에도 대부분의 경우 출연자들이 해결책으로 갖는 과정은 앞서 서술한 것으로 대체된다. 물론 그러한 방법이 부부 문제를 진단하고 해결하는 데 가장 좋은 방법이라면, 굳이 매번 방법을 바꾸자고 억지를 쓸 필요는 없을 것이다. 그러나 그것은 출연자의 치료이기 이전에 연속되는 프로그램이다. 프로그램 스스로의 매너리즘에 빠지지 않고 고정된 시청자 군을 형성할 수 있기 위해서는 어느 정도의 변화가 필요하다.

게다가 프로그램에서 제시하는 치료 과정, 즉 '전문가와의 상담'이나 '심리치료'는 효과적인 것은 될 수 있어도 일반적인 것은 될 수 없다. 따라서 프로그램은 좀더 일반적인 시선으로 출연자를 바라보고 문제를 짚어줄 수 있어야 한다. 그런 의미에서 프로그램이 제시한 교환 편지를 쓴다던가, 부부가 함께 의논해 생활수칙이나 대화법을 정하는 방법 등은 상당히 괜찮은 방법이다. 물론 서로 으르렁대고 싸우다가 이혼의 문턱까지 가게 된 부부들에게 그것의 실현 가능성에는 의심의 여지가 있지만 말이다. 어쨌든 문제에 봉착한 부부들이 해결의 열쇠를 찾고자 할 때, 이것은 하나의 방법으로 사용될 수 있다. 또한 같은 맥락에서 프로그램에서 진행자와 패널의 역할은 매우 중요하다. 일반적이고 평범한 시선, 즉 시청자와 동등한 위치에서의 해석을 내릴 수 있는 프로그램 안의 유일한 장치이기 때문이다. 여자의 입장 변호 한 번, 남자의 입장 변호 한 번. 이러한 상투적 편가르기의 해석으로 단지 극의 '쉼표'로서의 역할에서 벗어나, 조금 더 가까운 곳에서 부부출연자의 문제를 바라보아야 한다. 프로그램의 일반 시청자들이 비슷한 문제에 봉착했을 때, 실제의 도움까지도 받을 수 있는 방향으로서 말이다.

문제3 – '터닝 포인트'가 되려는 강박

밤 시간에 방송되는 여타의 프로그램들과는 다르게 <터닝 포인트－사랑과 이별>은 꽤나 시끄럽다. 소리치며 싸우다가 제작진 측에서 제시한 프로그램 안에서 그들은 또다시 소리지른다. 마치 이전부터 차곡차곡 쌓아두었던 그들의 문제를 한꺼번에 표출하려는 듯, 출연자들은 소리지르고 울고 화를 낸다. 제풀에 지쳐 주저앉을 때까지 그들의 고함은 계속된다. 그런데 그러한 고함은 대부분 어느 순간 절정을 넘기고 해피 엔딩을 맞게 된다. 마치 각본에 의해 잘 짜여진 드라마처럼 말이다.

우리의 삶은 드라마가 아니다. 물론 살다보면 드라마보다 훨씬 극적인 부분들이 있다지만, 그렇다고 그대로의 삶을 드라마의 극적 구조에 짜 맞출 수는 없다. 드라마 속에서는 명백하게 정해진 결말, 즉 끝이 있지만 우리의 삶에서는 그런 정해진 결말 따위는 없기 때문이다. 이 프로그램의 제작진들은 프로그램 주인공들의 삶은 프로그램이 끝난 후에도 계속된다는 것을 명심해야 한다. 극의 결말이 인생의 결말과 동일할 수는 없는 것이다. 따라서 프로그램의 완성도를 위해, 억지의 해피 엔딩을 조장하는 것보다는, 앞으로 계속될 그 부부의 삶을 위해 부부의 앞날을 도와야 한다.

9월 4일 방송된 '결혼 17년, 그들의 진실게임' 편을 보면, 각자의 주장이 서로 다른 부부가 나온다. 여느 부부와 마찬가지로 그들의 문제는 심각한 것이었는데, 특징적이었던 것은 부인과 남편이 말하는 '사실'이 너무나 다른 것이었다. 이들 부부의 '다름'은 단지 서로의 입장을 이해하지 못한 상태에서 펴내는 입장차이 정도가 아니다. 하나의 사실을 두고 펼치는 다른 주장, 다시 말해 둘 중 하나는 진실이고 다른 하나는 거짓임이 명백한 것이었다. 그런데도 프로그램의 처음부터 끝까지 어느 것이 진실이고 어느 것이 거짓인지의 의견은 없었다. 정말 이상한 것은 출연한 부부는 끝까지 자신의 의견이 '진실'이라고 말하는데도 불구하고, 마지막 몇 분을 남겨두고 남편이 준비한 이벤트와 꽃다발 앞에서 해피 엔딩의 분위기로 끝맺었다는 것이다. 17년의 부부생활 속에 지속되었던 문제들, 이혼이라는 중대한 결정을 이미 각오했을 만큼 심각했던 그 문제들이 한순간의 꽃다발로 끝난다니. 물론 그렇게 간단하게 끝날 수 있다면 무엇이 문제이겠는

가. 그런데 중요한 것은 그 부부가 헤쳐나가야 할 앞으로의 삶이다. 그들 부부의 꽃다발 앞에서 순간적으로 보였던 웃음은 이후 방송이 끝나고도 지속될 수 있을까. 근본적인 문제가 아직 해결되지 않은 상태에서 말이다.

이러한 모습은 비단 9월 4일 방송분에만 해당되는 것이 아니다. 출연자들은 제작진이 제시하는 프로그램에 참여하고, 각각의 특색에 맞는 해결책으로 그 문제를 하나씩 해결해 나가기도 하지만, 그러한 과정이 모두 화해로 연결되는 것은 아니다. 그도 그럴 것이, 그들이 가진 문제는 크고 길고 깊다. 이 지속적으로 쌓인 문제들을 한 달 남짓한 프로그램 출연으로 해결한다는 것은 결코 쉬운 것은 아니다. 그러한 상태에서 그 마지막 단계에 다가갔을 때에 해결의 실마리를 찾지 못한 부부에게, 프로그램은 성급한 결론을 강요하는 듯하다. 기·승·전·결을 따지는 완성도를 떠나더라도 프로그램의 반전이 주는 재미와 처음 의도한 목표를 달성하기 위해, 억지의 결말을 만들어내려는 모습은 그다지 좋아 보이지 않는다. 더구나 마지막의 '히든카드'처럼 등장하는 것이, 꽃다발 한 뭉치의 이벤트에 기댄 순간의 기쁨이라니. 값싸고 성의 없는, 결말 아닌 결말이다.

부부의 문제는 부부 당사자들이 아니고서는 결코 해결할 수 없다. 그것은 아무리 엄청난 힘을 가진 방송이 개입된다고 해도 마찬가지이다. 프로그램은 그들에게 문제의 원인을 찾아주고, 그 원인을 해결할 방안을 제시해줄 수 있다. 그러나 그들이 할 일은 거기까지다. 다음은 부부들이 선택할 일인 것이다. 문제를 하나씩 해결하여 함께 살 것인지, 아니면 그냥 처음의 결정대로 나갈지는 부부가 결정하는 것이며, 여기서 프로그램은 그들의 '해결사'가 아닌, 단지 '도와주는 사람'임을 명심해야 한다. 제작진들은 프로그램의 제목대로 출연자들에게 TV 출연이 하나의 '터닝 포인트'가 되어야 한다는 강박을 가질 필요는 없다. 제작진이 '도와주는 것' 다음에 할 수 있는 것은 '지켜보기'이다.

맺음말

8월 17일, 방영된 중간 결산 '터닝 포인트, 그 후'에서 나온 통계에 의하면, 그동안 출연했던 총 57쌍의 부부들 중에 방송 이후 행복하게 잘 살고 있는 부부가 43쌍, 노력중이라고 한 부부가 4쌍이었고, 방송에 나오기 전에 생각대로 별거나 이혼에 이른 부부는 10쌍밖에 되지 않았다. 이들 부부가 하나같이 심각한 문제를 들고, 이혼이란 단어에 수긍이 갈 만큼의 묵직한 사연을 가지고 온 것에 비교했을 때, 이건 정말 놀라운 숫자가 아닐 수 없다. 깨질 위기에 놓여진 가정에게 행복을 가져다 주었다는 것은, 이미 그것만으로도 프로그램은 충분히 훌륭한 프로그램이 될 수 있다. 그점에 있어서는 프로그램을 기획한 사람을 비롯해 제작진 모두와, 그들의 진행에 잘 따라온 출연자 모두가 칭찬을 받아야 마땅하다.

그럼에도 터닝 포인트는 여기서 만족해서는 안된다. 방송 프로그램이라는 것의 주 대상은 단지 회당 출연하는 출연자들뿐만 아니라, 안방의 TV 앞에서 함께 그들의 이야기를 지켜볼 대다수의 시청자도 포함된다. 따라서 프로그램은 단지 문제에 봉착한 두 부부의 이혼 위기 극복만이 아니라, 사례를 통해 문제를 극복해나가고, 함께 해결해가는 방법을 제시할 필요가 있다.

사는 데 아무런 문제없이 마냥 행복하기만 한 부부가 어디에 있을까. 실제로 존재하기는 하는 것인지조차 의문인 이 '모범부부'가 되는 것은 어찌 보면 불가능한 일인지도 모르겠다. 출연을 결심한 사람들도, 그 부부들의 모습에서 자신의 모습을 발견한 시청자들도, 그러한 '모범부부'가 되기 위해 안달할 필요는 없다. 그것은 제작진에게도 마찬가지이다. 제작진의 목표는 대한민국 모든 부부를 아무런 문제없는 '모범부부'들로 만드는 것이 아니다. 아니 그건 제작진들의 능력 밖의 문제이다. 다만 제작진들의 과제는 '모범부부'가 되고자

하는 사람들에게 하나의 방법을 제시해주는 것이다. 그러한 방법을 통해, 부부란 문제에 부딪히기도 쉽지만 서로의 노력이 있다면, 의외로 작은 부분에서 해결의 실마리가 풀릴 수 있다는 것을 알게 된다면, 그걸로 충분할 것 같다. 삶이란 더없이 복잡하고 어려워 보이지만 알고 보면 또 간단한 것일 수도 있음을, 프로그램은 이제 더 많은 사람들에게 전달해야 할 것이다.

단지 출연자들에게의 '터닝 포인트'가 아닌, '터닝 포인트'를 바라는 다수의 시청자들에게 하나의 방법을 제시해줄 수 있는 프로그램이 되기를 기대해본다.

<야인시대> - 폭력과 무법시대로의 회귀

김영욱(프리랜서)

처음 김두한이란 인물에 대해 접하게 된 건 임권택 감독의 <장군의 아들(1990년 작)>이라는 영화를 통해서였다. 개봉 당시 역대 한국 영화 흥행기록을 갱신하면서 대단한 가십거리로 떠올랐던 이 작품은 김두한이라는 인물을 본격적으로 대중 앞에 드러낸 첫 작품이기도 하다. 영화를 좋아하던 나는 길고 지루한 줄을 서면서도 입장권을 사기 위해, 이 영화를 극장에서 보기 위해, 종로 모 영화관 앞에서 기다림의 시간을 가져야 했다. 하지만 당시의 감상으로 이 영화는 단지 활극일 뿐이었고 그 이상도 그 이하도 아니었다.

시간이 지나고 다시 김두한이란 이름을 접하게 된 것은 KBS미니시리즈 '무풍지대'를 통해서였다. 그리고 간간이 MBC미니시리즈 <왕초>에서 그의 이름을 듣기도 했다. 그러면서도 끊임없는 거부감은 단 한 가지였다. 김좌진 장군의 아들이라는 후광이 과연 현대사가 올바르게 정립되지 않은 상황의 한 인물을 영웅으로 만들 수 있는가 하는 의문이었다.

21세기가 시작된 지금 나는 다시 그가 활개치고 다니는 TV브라운관을 바라보며 당혹감을 금할 수 없다. SBS의 <야인시대>에 다시 그의 이름이 등장한 것이다.

이렇게 보면 마치 일제 강점기의 영웅을 대표하는 인물은 김두한 밖에 없는 듯하다. 수많은 애국선열도(물론 나는 민족주의자도 아니고, 그렇다고 애국자는 더더욱 아니다) 이름 없이 스러져간 무수히 많은 독립군도, 심지어 장군의 아들인 김두한의 부친인 장군 김좌진의 일대기를 담은 영화, 드라마 한 편 본 기억이 없다. 그토록 위대한 장군을 직접 담아내기에 영화계나 방송계는 너무 내공이 부족하기 때문일까? 아니면 고작 이토 히로부미 한 명을 처단한 안중근은 스케일이 너무 작기 때문일까? 그도 저도 아니면 정치적 성격이 없어 무기력하게 밀려난 백범 김구 선생에게서는 폭력으로 대변되는 선 굵은 남성적인 힘이 느껴지지 않기 때문일까?

생리적이고 생태적으로 폭력이라는 단어에 거부감을 일으키는 나로서 폭력에 관한 글을 쓴다는 것은 참으로 아이러니한 일이 아닐 수 없다. 하지만 역사 자체를 왜곡하고 한 인물을 그것도 그 평가가 극단적인 인물을 우상화시키는 방송작업에 대해서는 우려와 의아함을 금할 수 없다.

도대체 왜 김두한인가?

기본적인 의문이며, 사고의 출발은 김두한이라는 인물이 갖는 특성이다. 장군의 아들로서 속칭 뒷골목의 세계라고 불리는 건달세계에서 일제 강점기를 거친 후 정치계에 진출, 국회위원으로 활동을 한 이력의 이 인물. 하나의 극적 이야기를 끌고 가기에는 더할 나위 없이 자극적인 소재임에 분명하다. 하지만 그 소재를 풀어나가는 방식은 언제나 한결같다. 영화든 드라마든 그는 일본인에 대항한 민족 투사적 인물이며 응어리진 울분을 시원하게 풀어주던 정의로운 주먹으로 그려진다. 여기서 눈여겨보아야 할 것은 그가 일차적인 폭력을 행사하던 인물로서의 김두한이란 점이다. 기본적으로 이 인물이 살고 있던 세계는 당시 평범한 조선인이 살고 있던 세계와는 전혀 다른 세계라는 것을 우린 간과하고 있다. 일반적인 직장에서 평범한 중산층 생활을 하고 있는 사람이 조직 폭력배들의 세력다툼과 칼부림에 노출될 확률이 얼마라고 생각하는가? 동시대를 살아간다고 해서 같은 공간 속에서 살고 있는 것은 아니다. 밤의 세계는 아직도 일반적인 우리에게는 낯선 세계이고 일종의 가상 공간이며 판타지의 세계이다. 특히 TV 드라마 속에서 그려지는 밤의 세계는 마치 중국 무협 소설에 나오는 강호라는 공간처럼 허구적 공간과 다름없다.

'야인시대'에서 일제강점기의 종로는 바로 폭력세계의 가장 이상적인 판타지 공간으로 치환된다. 다시 말하면 실제 야인시대를 통해 보여지는 공간은 사실적인 일제 강점기의 공간이라기보다는 일제강점기를 배경으로 한 판타지의 공간으로 보는 것이 옳을 것이다. 이 가상의 공간에서 깡패들의 혈투는 남자들의 멋진 승부가 되고, 치졸한 건달들의 세력다툼은 민족적 저항으로 미화되고 있다. 문제는 그러한 배경이 주는 환각 현상을 시청자들은 제대로 알아채지 못하고 있다는 사실이다. 한 예로 홍콩의 무협작가 김용의 소설 속에는 수많은 역사 인물들이 가상의 인물들과 혼재되어 나타난다. 금나라의 태조와 원나라를 세운 징기스칸, 명나라를 세운 주원장에 이르기까지, 시대적 배경으로서의 인물이 아닌 소설 속에서 실제인물로 등장하고 가상인물과 인과 및 양립 관계를 가지면서 이야기를 전개한다. 하지만 독자는 그 같은 소설을 읽으면서 기본적으로 가지게 되는 일반지식, 즉 이 소설을 역사 가상소설이며, 등장인물은 작가의 의도에 의해 재창조된 인물이란 사실을 지속적으로 인지하게 된다. 그렇기 때문에 비록 그들의 관계가 역사에서 벗어날지라도 작가의 상상력이라는 관용 속에서 즐거이 받아들여지고 이해되는 것이다.

그에 반하여 국내에서 방영되고 있는 김두한에 대한 이야기는 매우 괴상한 논리로 전개된다. 실존 인물을 주변인물이 아닌 주인공으로 설정함으로써 마치 픽션을 위인전처럼 보이게 하고 있으며, 가공된 현실이 역사적 사실처럼 보이게 하고 있다. 바로 이점이 가장 큰 문제라고 할 것이다. 작가적 상상력이라고 하기에는 너무도 진실인 것처럼 위장하면서 시청자를 현혹시키고 있다는 사실이다. 진실과 사실의 여부를 떠나 작가와 PD에 의해 조작된 설정이 그대로 역사적 진실성을 갖고 당위성과 정체성으로 직결되고 있다. 드라마를 통해 보여지는 이미지는 김두한이라는 실존인물을 주인공으로 만들어진 픽션이 아닌 마치 그의 진짜 생애를 보여주는 듯한 논픽션의 이미지가 지배적으로 보여지며, 하나의 인물이 매우 이상적인 인물로 우상화되고 있는 것이다.

한 예로 김두한의 유년시절을 다룬 부분을 돌아보면 마치 김일성 일대기를 보는 듯한 착각이 들 정도다. 어릴 때부터 장군의 아들이기 때문에 범상치 않은 인물이었다는 설정은 유년시절 읽던 위인전의 그것과 별반 다를 바 없다. 하지만 그 범상함이 왜 하필 뒷골목세계를 배회하던 김두한에 국한되는가? 박정희와 전두환을 우상화시키던 과거 언론의 작태와 무엇이 다른지 궁금하다. 그나마 박정희와 전두환을 우상화시키던 그 작태가 군사정권의 강압적 권력에 의해 어쩔 수 없이 자행되었던 것이라면, 도대체 김두한 우상화 작업은 어디에 기인하는 것인가?

<장군의 아들>부터 <야인시대>에 이르기까지 이상하리만큼 김두한이라는 인물에 대해 집착하는 모습을 보인다. 도대체 그 원인은 무엇이며, 왜 반세기가 지난 지금도 그것도 온 국민이 모두 노출되는 방송에서 김두한이라는 인물을 영웅으로 만드는 작업을 수행하는 것인가?

폭력에 대한 동경 – 조폭 세계를 동경하다

유교사회의 가치관 속에서 폭력에 대한 동경은 바로 대의명분이라는 이름의 안전장치를 통해서 그 정당성을 획득한다. 가령 홍길동이 영웅이 되는 것은 그가 기존가치 즉 권력의 정당성을 획득하고 있는 조선왕조를 쓰러뜨렸기 때문이 아니라 오히려 비판정신만 드러내고 다른 곳에 다른 나라(율도국)를 건설했기 때문이다(홍길동은 오히려 조선 왕조로 대변되는 당시의 조선 정부에 호의적이며, 그의 적은 탐관오리인 부패한 정치가에 국한된다). 적어도 우리는 체제의 전복이 아닌 저항정도에서만 안심을 하는 것 같다. 임꺽정이 동경의 대상이 된 것은 그가 한 행동이 부패한 조선사회에 대한 민중의 저항이었기 때문이다. 하지만 그 역시 실패한 쿠데타의 전형이다. 그렇다면 김두한은 어떠한가? 그가 반일주의자이며, 독립투사이며, 그토록 민족과 국가를 사랑한 애국자인가? 근대사의 올바른 평가가 이루어지지 않은 상황에서 그를 평가한다는 것은 무척 조심스러운 일이지만 그런 것과는 별개로 그는 비합법적 세계를 살아온 인물이었고, 폭력에 의존한 인물이었다는 사실임은 부인하기 힘들다. "시대적 상황으로 인해 어쩔 수 없이 폭력세계에 몸을 담았다"라고 한다면 마치 <박하사탕(이창동 감독, 1999년 작)>의 주인공 영호(설경구 분)처럼 가해자가 피해자로 전이되어 관객에게 가해자에 대한 연민을 자아내게 하는 어처구니없는 상황을 다시 한번 보여주는 것과 무엇이 다른지 묻고 싶다. 시대가, 사회가 그렇게 강요했다고 주장할 때 그렇게 변하지 않고 살아간 수천만의 국민은 모두 비정상이 되는 것인가? 마찬가지로 일제강점기에 살면서 김두한처럼 뒷골목세계에 몸을 담지 않은 당시의 종로에 살던 조선민족은 모두 비정상이 되어버리는 것인가?

차라리 전우의 원수 또는 가족의 원수를 갚으러 베트남을 쑥대밭으로 만드는 람보의 줄거리가 더 설득력 있게 느껴진다. 적어도 그

영화는 철저하게 때리고 부수고 사람을 무차별로 죽이는 시간 때우기용 오락영화라는 것을 당당하게 보여주고 있기 때문이다. 그냥 정직하게 '때리고 부수고 누굴 흠씬 두들겨 주는 사람이 나오는 드라마를 보고 싶다', 또는 '만들고 싶다'고 솔직히 이야기를 하고, 기왕 두들길 거 밉살스러운 일제 강점기 시대의 일본인이나 두들기자 뭐 이런 식의 발상이면 오히려 방송을 보는 데 있어서 그토록 역겹지 않을 꺼 같다. 치졸하기 그지없는 조폭들의 싸움질에 독립을 위해서, 민족의 자긍심을 위해서라는 말도 안되는 대의명분을 갖다 붙이는 드라마를 도대체 언제까지 봐야 하는 걸까? 우리는 아직도 그를 그런 식의 애국자, 또는 힘없는 역사에 대변자로 포장을 해야 평범한 우리가 그의 일탈된 폭력을 안심하고 볼 수 있는 것인가? 이 얼마나 한심한 노릇이며, 어이없는 발상이며, 황당한 코미디인가?

한 가지 재미있는 사실은 김두한이 싸우고 있는 대상은 일본제국이 아니다. 이것은 조선 또는 대한제국을 압박하던 일본 정부가 김두한과 직접적인 대치관계를 이루고 있지 않다는 것이다.

김두한의 적은 일본인가, 일본인인가?

결론부터 이야기하자면 김두한의 적은 일본인 깡패로 한정된다(그나마 일설에는 일본인 깡패 하야시가 조선인이라는 이야기도 있다. 그렇다면 이것은 일제 강점기에 조선인 깡패들끼리 싸운 이야기가 되버린다). 이 부분이 가장 흥미로운 사실이다. 기본적으로 일제 강점 상황에서 조선 또는 대한제국으로 명명되던 이 나라의 주 적(主敵)은 일본정부이다. 하지만 김두한은 일본 정부와 싸우지는 않는다. 왜냐하면 당시 일본 정부는 바로 조선의 정부와 같은 위상의 존재이며 국내에서의 공권력에 대한 정면 도전이기 때문이다. 그렇다면 김두한의 적은 일본인인가 하면 그것 역시 모호하다. 앞서 일반인이 조폭세계와 연관될 가능성의 희박하다고 밝혔듯이 일반적인 일본인이 한국 건달과 싸움을 벌일 일은 빈번하지 않았을 것이다. 김두한과 극적 갈등을 일으키는 존재는 다름 아닌 하야시로 대변되는 일본 정치깡패들이다. 그들의 다툼은 민족적 자긍심과 독립의 염원을 담은 투쟁의 아니라 종로 상권을 두고 벌이는 치졸한 건달들의 아귀다툼이라는 점이다. 차라리 김두한이 만주벌판으로 가서 아버지 김좌진의 독립운동을 계승했다면 이야기는 완전히 다른 의미를 부여받았을 것이다.

일제 강점기에 벌어졌던 김두한의 활극은 사실 그 어떤 정당성도 확보하지 못한다는 사실을 우린 어떻게 해석해야 할까? 그동안 우리는 수많은 영화와 드라마에서 김두한이라는 인물이 마치 전 조선인의 적인 일본 정부와 싸워왔다고 생각했었고 분명히 그렇게 세뇌되어 있었다.

나부터도 처음 장군의 아들이라는 영화를 접했을 때는 '아! 김두한이라는 사람이 일제강점기 당시 정말 조선인의 긍지를 가지고 일본인을 호쾌하게 두들겨 주던 남아대장부였구나!' 하면서 감탄을 했었다. 이 얼마나 무서운 발상인가? 건달의 세계가 남자의 세계로 치환되고, '형님(오야붕)'이 진짜 남자의 표상이 되고, 의리는 칼부림에도 두려워하지 않는 잔인함의 무미건조한 반응으로 치환되어버린 것이다.

의리보다는 법이 우선이고, 진짜 남자는 혈기에 좌우되는 무력에 의한 폭력이 아닌 논리와 이성, 합리적인 판단이 선행되어야 한다는 점이 모두 무시되어 버린 채 트렌치 코트에 중절모를 쓴 엉뚱한 어른 싸움꾼들만 양산하고 있는 것이다. 과연 이 프로그램을 기획한 이들은 이 같은 기본적인 고민을 하기는 했는지 궁금하다.

역사서와 역사소설은 분명히 다른 것이면 구분되어야 할 것이다. 『삼국지』와 『삼국지연의』가 완전히 다른 시각에서 쓰여졌으며, 자국의 역사와 타국의 역사가 상이하게 기록되었다는 예는 수도 없다. 역사에 대한 해석은 다양할 수 있으며 해석의 차이로 치부할 수 있는 부분이다. 하지만 TV의 경우는 다르다. 도서관에서 또는 서점에서 역사서를 뒤적이는 것과, 돈을 내고 영화관에 가서 자신의 보고싶은 영화를 보는 것과, 무차별적으로 보여지는 공중파 속의 드라마는 그 매체부터 차이가 있으며 책임소재도 분명히 구분된다. 전파의 소유는 국민이며, 국민에게 무차별적으로 보여지는 매체가 형평성을 잃고 그 정당성마저 확보하지 못한 역사에 대해 정당한 사실인 양 극화되어 보여진다는 것은 분명 위험한 발상이며, 왜곡된 역사관을 마치 보편적 역사관인 양 오도할 권리가 과연 방송사에 있는지 궁금하다.

차라리 시청률을 위해 깡패들이 치고 받고 싸우는 장면이 너무도 필요하다면 시청자의 비난을 감수하면서라도 그냥 그런 영상을 보이는 게 마치 깡패들의 몸싸움을 독립전쟁의 축소판인 양 보여주는 것보다 백 배는 건전할 것이다. 적어도 그 같은 폭력이 독립운동으로 연관되지는 않을 것이기 때문이다.

정당한 폭력은 존재하지 않는다. 법의 범주 안에서 정당성을 부여받는 것은 공권력이며, 법적 정당성이며, 정부에 의해 행사되기 때문에 정당한 것이다. 아무리 그 이념이 정당하고 가치가 있더라도 한 인간을 폭력으로 굴복시킬 권리는 개개인에게 부여되지 않았으며 하물며 시전 건달에게 그 같은 정당성을 부여한 이는 아무도 없다.

아직도 남성 우월주의에 사로잡혀 주먹으로 모든 것을 해결하는 건달이 그토록 남자답게 보인다면 제발 혼자 그렇게 하고 다녔으면 하는 바람이다. 도대체 우리 방송은 언제쯤 남자다움이라는 단어가 조폭들의 무도한 칼부림과 전혀 다른 의미인지를 알게 될 것인가. 어린 학생들이 배우는 교과서에서 남자다움을 어떻게 정의하고 있는지 그 뜻이라도 좀 찾아봤으면 하는 바람이다.

살아 있는 꿈을 위하여

MBC 드라마 <네 멋대로 해라>와 최근 드라마의 어떤 경향

이태연(학생)

들어가며

한국 TV 방송 사상 최장수 드라마인 농촌 드라마 <전원일기>가 만 21년이 넘는 그 긴 역사를 뒤로하고 조만간 막을 내릴 예정이다. 1980년 10월 21일 <박수칠 때 떠나라(극본 차범석, 연출 이연헌)>로 첫 방송한 이후, 국민들의 꾸준한 사랑을 받으며 장수해온 <전원일기>의 종영 소식은 많은 이들을 아쉽게 했다. 더구나 무엇보다도 아쉬운 일은 그 종영의 배경에 소재의 고갈이라는 요인이 적지 않은 부분을 차지하고 있다는 제작진의 설명에 있다. 시청자들의 사랑과 관심은 비록 예전만 하지 못하다고 해도, 결코 외면 받는 드라마는 아니었던 <전원일기>가 갑작스레 막을 내려야 하는 그 낯선 이유, 혹시 그 배경에는 오늘날 우리 TV 드라마의 해묵은 문제점이 묻어 있는 것은 아닐까.

드라마는 픽션이다. 그렇기에 소설이나 희곡 등의 모든 픽션이 그

러하듯 드라마 역시 '꾸며진 거짓 이야기'라는 태생적인 특징을 지니고 있다. 그리고 그 거짓 이야기를 시청자들이 그럴듯하게 느끼느냐, 그렇지 않느냐의 문제는 전적으로 드라마가 지닌 개연성에 달려 있다. 사실 이것은 지극히 당연하고 기본적인 이야기이다. 황당무계한 설정에 말도 안되는 대사를 남발하는 드라마는 필연적으로 시청자의 신뢰를 잃기 마련인 것이다.

그렇다면 <전원일기>의 종영 배경인 '소재의 고갈'에는 바로 이 드라마의 기본인 '개연성'의 문제가 없었을까. 그동안 <전원일기>를 사랑해온 시청자들이 많았던 만큼이나 이 드라마에 대한 지탄의 목소리도 적지 않았던 것이 사실이다. IMF 이후 농촌 살림은 하루가 다르게 기울어져가고, 폐교되는 학교가 한둘이 아니었던 동안에도 <전원일기> 속 인물들은 20년 전과 조금도 다름없는 일상을 살아가고 있었다. 그에 대한 각성의 목소리가 높아져가자, 제작진은 농촌 문제를 다루어보기도 했고 출연진을 일부 교체해가며 귀농자(歸農者)들을 소재로 삼기도 했다. 그러자 이번에는 기존의 <전원일기>를 즐겨 보던 시청자들이 반발했다. 그 반발은 농촌에 대한 아련한 향수를 자극하던 드라마의 갑작스런 변화에 대한 것이었다.

어찌 보면 이것은 당연한 딜레마였다. 전 국토가 도시화되어 가는 현실을 뒤늦게 다루자니, 지난날 이촌향도(離村向都)의 물결 속에서 도시로 입성한 시청자들이 보기에는 오히려 그것이 비현실이었다. '내가 살던 농촌은 저것이 아닌데……'라는 그들의 아련한 향수에 맞춰 드라마를 만들면, 이번엔 실제 농촌 주민들이 '요즘 농촌이 어떻게 그러냐?'며 목소리를 높인다. 결국 그렇게 표류하던 <전원일기>는 기실 '소재 고갈'이 아닌 시간이라는 조류에 휩쓸려 떠내려가게 된 셈이다. 그리고 그 시간차를 미리 좁혀두지 못한 것이 바로 <전원일기> 극본의 개연성 문제였다. 20년이라면 결코 짧지 않은 시간이었다. 그동안 변화해가는 농촌의 모습을 조금씩 그려나가며 드라마를 진행시켰더라면 괜찮았을 일을, 하루아침에 이쪽저쪽 눈치를 살피며 움직이다 보니 탈이 난 셈이다.

사실 서두에서부터 이렇게 <전원일기> 이야기를 길게 꺼내는 것은, 오히려 만 21년이라는 긴 역사를 지탱해온 드라마로서의 그 굳센 자부심을 믿기 때문인지도 모른다. 거의 한 세대에 달하는 시간의 벽을 넘지 못했다는 사실은 결코 부끄러운 일이 아니다. 세월이 가면 모든 것은 변하고 잊혀지게 마련이다. 어쩌면 그 현실의 벽을 진작에 체감하지 못했음은, 긴 세월 동안 <전원일기>가 드라마로서의 기본을 잊지 않기 위해 꾸준히 노력해온 과정에서 벌어진 작은 실수쯤이라고 생각할 수 있지 않을까. 오히려 문제는 오늘날 방송되고 있는 그 무수한 드라마들에 있다. 그중 대부분은 <전원일기>처럼 오래 방영되지도 않는, 이른 바 '미니시리즈'로 분류되는 것들임에도 불구하고 현실과의 두터운 벽 사이에서 신음하고 있다. <전원일기>의 개연성 문제가 사람의 힘으로는 감당하기 어려운 시간의 문제와 맞닿아 있는 것이라면, 이들 드라마의 개연성 문제는 일단 그러한 차원과는 거의 무관하다는 특징이 있다. 또한 오늘날 이러한 극의 개연성 문제는 많은 드라마의 아킬레스건으로 무수히 지적되고 있는, 그래서 더욱 심각한 것이기도 하다.

드라마 – 꿈과 현실 사이의 아슬아슬한 줄타기

드라마는 허구이다. 그러기에 앞서 잠시 언급한 것처럼 픽션으로서의 드라마는 개연성의 문제를 필연적으로 지닐 수밖에 없다. 그것은 허구이되, 결코 허무맹랑한 것이어서는 안된다. 사람들의 실제 생활에서 어느 정도 벌어질 만한 일이어야 하며, 시청자들이 마치 자신의 일인 것처럼 공감할 수 있는 부분이 있어야 한다. 그러나 동시에 분명 드라마는 하나의 꿈이기도 하다. 시청자들은 드라마를 통해 자신이 체험하지 못했던, 혹은 결코 체험할 수 없는 삶을 체험하고 싶어한다. 어떤 면에서 이러한 사실은 하나의 드라마 내에서 실현되기 어려운 딜레마이다. 그렇기에 드라마는 꿈과 현실이라는 두 가지의 대립된 명제 사이에서 줄타기를 해야만 한다. 그 가운데 어느 하나도 충족시키지 못하면 추락할 수밖에 없는 것이 드라마의 운명이다.

다양한 계층과 연령의 시청자들은 물론 각자 드라마의 허구와 개연성 문제에 대한 시각이 다를 수 있다. 누군가는 보다 환상적인 드라마를 원할 것이고, 다른 한쪽은 보다 사실적인 드라마를 원할 것이다. 그러나 기본적으로 드라마는 이 양자를 충족시켜야 한다. 그것은 드라마의 시조라 할 수 있는 극영화가 사실주의영화와 표현주의영화의 극단 사이에서 어느 한쪽으로 치우치지 않았기에 오늘날과 같은 인기를 누릴 수 있었다는 바로 그 사실에 기인한다. 시청자들의 사랑을 받아야 하는 드라마는 따라서 기본적으로 잘 짜여진 서사극의 구조를 기본 축으로 해서 제작된다. 그리고 극의 기본 구조에서 꿈과 현실 사이의 위태로움을 조율할 수 있게 해주는 기능을 지닌 것이 바로 개연성과 상상력이다.

이 두 개념은 결코 서로에 대해 반목하거나 질시하지 않는다. 개연성을 해치지 않는 범위 내에서 드라마가 자유로운 상상력을 발휘할 때, 드라마 속의 세계는 아름다워지고 풍성해지게 마련이다. 그리고 다시 그 상상력을 그럴싸하게 뒷받침하는 것은 드라마가 지녀야 할 확고한 개연성이다. 결국 이들은 무수한 환류(feed-back) 속에서 서로를 보충하고 감싸주며 드라마를 직조해간다. 드라마 속의 꿈과 현실, 그 아슬아슬한 줄타기를 바라보며 시청자가 즐거워할 수 있는가의 문제는 바로 개연성과 상상력의 '궁합'에 달려 있다 해도 과언이 아니다.

그렇다면 과연 오늘날 우리의 TV 드라마는 어떠한가? 한때 시청률 1위를 계속 기록했으며, 현재까지도 인기를 끌며 방영되고 있는 <인어아가씨(MBC)>를 통해 우리 드라마를 다시 한번 생각해보자.

미니시리즈의 성공으로 유명 방송 작가가 된 은아리영. 그런 그녀가 지난날 자신과 어머니를 버리고 열정만을 좇아 다른 여자와 결혼해서 행복하게 살고 있는 그녀 아버지의 가정을 향해 복수하려 한다는 것, 그리고 그 과정에서 유혹한 이복 동생의 연인에게 사랑을 느끼게 된다는 것이 바로 이 드라마의 기본적인 스토리라인이다. 이 내용은 예전에 SBS에서 방송되어 폭발적인 인기를 끌었던 <청춘의 덫>의 그것과 왠지 유사하다는 인상을 지울 수 없다. 아니, 보다 더 근본적인 문제는 사랑과 복수를 소재로 하는 드라마가 하나같이 천편일률적이라는 점인지도 모른다. <인어아가씨>의 아리영은 자신을 버린 아버지에 대한 복수심 때문에 신문사 사주의 아들이자 이복 동생 예영의 연인인 주왕에게 의도적으로 접근하지만 결국 그를 사랑하게 된다. <청춘의 덫>의 윤희 역시 연인인 동우에게 버림받자 그에게 복수하기 위한 수단으로 동우의 새 연인 영주의 오빠인 영국에게 접근하지만, 결국 영국을 사랑하게 된다. <젊은이의 양지(KBS)>에서는 버림받은 언니 차희를 대신해 동생 종희가 복수를 다짐하는데, 그녀 역시 석주를 사랑하게 된다. 이와 비슷한 드라마는 한둘이 아니다. 상상력 부재라는 우리 드라마의 아픈 현실을 곱씹게 되는 순간이다.

더구나 그 빈약한 상상력 속에서는 개연성마저 빛을 발하지 못한다. 드라마 속에서 복수심에 불타는 등장인물들은 '의도'만 가지면 재벌가의 2세에게 얼마든지 접근할 수 있고, 그들의 사랑을 얻어낼 수 있다. 아니, 심지어는 재벌가의 2세 스스로 복수심을 가진 인물과 '우연히' 만나서 '필연적으로' 사랑하게 된다고 그들 드라마는 강변하기도 한다. 비단 복수를 소재로 한 드라마뿐만이 아니다. 사랑을 다룬 모든 드라마에는 거의 예외 없는 공식이 있다. <토마토(SBS)>의 주인공처럼 어려운 처지에 있는 여성은 어느 날 '우연히' <가을동화(KBS)>의 태석처럼 부잣집 남자를 만나게 되고, 드라마는 우연을 여러 번 겹쳐 놓으며 그것을 필연이라 말한다. 그런데 거기엔 반드시 <이브의 모든 것(MBC)>의 영미처럼 그들의 사랑을 가로막는 악한 존재가 있다. 그녀는 드라마 중반까지 위력을 발휘하며 주인공을 궁지로 몰지만 어김없이 사랑의 힘 앞에서 무릎을 꿇고 자신의 잘못을 뉘우친다. 이 정도 스토리가 이미 주어져 있다면 아마 국민 가운데 대다수가 방송 대본을 집필할 수 있을 것이다.

물론 드라마의 핵심은 바로 갈등이다. 주인공은 그것이 유형 혹은 무형이든 간에 무엇인가를 간절히 이루고 싶어하고, 그것을 이루는 과정은 매우 어렵다. 바로 이 과정에서 주인공이 겪는 내적·외적 갈등이야말로 흥미성의 원천인 것이다. 그런데 도대체 왜 우리 방송의 모든 드라마의 주인공은 예외 없이 부잣집 남자와의 사랑을 이루고 싶어해야만 하는가. 혹 그것은 꿈과 현실 사이의 어려운 줄타기를 감당해야 할 개연성을 창출해낼 능력의 부족과 상상력 부재라는 악순환 속에서 천편일률적으로 산출된 것은 아닌지.

시대극 열풍과 '네 멋대로 해라'

최근 불어닥치고 있는 시대극 열풍도 결코 이런 문제로부터 자유로울 수 없다. <허준(MBC)>의 인기에서 본격적으로 시작되어 <태조 왕건(KBS)>, <여인천하(SBS)>, <상도(MBC)> 등의 인기 드라마를 거쳐 최근에는 <태양인 이제마>, <제국의 아침(KBS)>과 <야인시대(SBS)>에서 지속되고 있는 시대극의 인기는 한마디로 우리 드라마의 치명적인 문제점인 개연성 부족에서 기인하는 바가 적지 않다. 도무지 무슨 이야기를 하려 해도 현실성이 떨어지니, 실제 현실이었던 역사적 사실에서 내용을 차용해옴으로써 개연성 부족이라는 난국을 타개하려는 시도인 셈이다.

그러나 이러한 시대극 붐 속에도 두 가지의 큰 문제점이 있다. 우선 첫째는 과거 <여인천하>와 최근의 <야인시대>에서 지속적으로 제기되어온 사실성의 문제이다. 역사적 사실을 바탕으로 한 드라마는 그 개연성이 확보되는 반면, 사실과의 미묘한 긴장 관계에 놓일 수밖에 없다는 문제가 있다. 사실 그대로 하자니 극적 구조의 문제가 발생하고, 재미있게 각색해서 쓰자니 시청자들이나 학계가 반발하는 일이 생긴다. 두번째 문제는 바로 드라마의 내용이 현실과는 유리되어 있다는 점이다. 앞서 거론한 것처럼 드라마는 시청자들에게 그들의 현실과는 다른 삶을 간접체험하게 함으로써 가치를 지닌다. 그런데 요즘의 시청자들은 현실보다는 오히려 고려시대나 조선시대, 혹은 일제시대의 삶을 체험해야 하는 것이다.

바로 이 지점에서 드라마는 극이 아닌 단순한 재미거리로 전락한다. 요즘 최고의 인기를 누리고 있는 <야인시대> 같은 경우도 김두한과 구마적의 결투에서 최고의 시청률을 기록했다고 하는데, 이것은 달리 얘기하자면 극의 흥미가 아닌, 한 장면의 액션 때문에 시청하는 사람들이 많다는 것으로 해석할 수 있다. 그러다 보니 드라마가 지나치게 폭력적이라는 여러 지적에도 불구하고, 제작진들은 유독 결투 장면에 매달릴 수밖에 없다.

단순하게 얘기해서 이 모든 문제들은 결국 극의 개연성과 상상력 부족이라는 핵심 논제로 귀결된다. 현대물은 대본의 구조가 허술하니 매번 상투적인 사랑싸움에 매달리게 되고, 시대극은 사실성의 제한에 묶여 이리저리 갈팡질팡하는 상황이 생겨나게 되는 것이다. 한 때 전 국민의 사랑을 받으며 인기리에 방영되었던 <서울의 달(MBC)>이나 <그대 그리고 나(MBC)> 같은 드라마가 그리워지는 순간이다.

그런데 올 여름 갑자기 ─유명 탤런트가 대거 등장해 방영 전부터 대대적인 홍보를 펼치는 여러 드라마와는 달리─ <네 멋대로 해라>라는 드라마가 MBC에서 방영되었고, 이 드라마는 여러 측면에서 굉장히 신선하게 다가왔다. 양동근 - 이나영이라는 이 드라마의 주연 라인업은 우선 '드라마 왕국'이라는 별명을 지닌 방송사가 황금시간대에 방영하는 것으로서는 초라하다고 할 수 있을 정도였다. 더욱이 시대극 열풍이 불어닥치는 가운데서 불륜도 아니고 복수도 아닌, 그렇다고 뜨거운 사랑도 아닌 내용은 타 방송사의 같은 시간대 드라마들과 비교할 때 가망 없어 보이는 것이기만 했다.

그렇다면 이 드라마는 도대체 어떤 것이었는가? <네 멋대로 해라>는 현대물, 그것도 젊은이들의 꿈과 사랑을 다룬 것이었지만 한때 폭풍처럼 불어닥쳤던 '트렌디 드라마'와는 정반대의 지점에 서 있는 것이었다. 소매치기로 교도소에 들어갔다가 출소한 스물 여섯의 전과 2범 '고복수'(양동근)'는 계층과 학력, 그리고 살아온 환경이 전혀 다른 인디밴드 키보디스트 '전경(이나영)'을 만나 그녀를 사랑하게 된다. 그러나 그에게는 적지 않은 문제가 있다. 우선 그는 출소하자마자 자신의 삶이 얼마 남지 않았다는 시한부 선고를 받았고, 돈을 벌어다 달라고 칭얼대는 어머니 '유순(윤여정)'과 비록 아버지는 다르지만 착한 동생, 그리고 혼자 살며 자신만을 묵묵히 바라보는 아버지 '중섭(신구)'이 있다. 더욱이 그에게는 다소 과격하지만 자신만을 사랑해주는 여자친구 '송미래(공효진)'도 있다. 이제 그는 어떻게 살아갈 것인가.

복수가 사랑하는 경에게도 문제는 있다. 부유한 경의 아버지 '낙관(조경환)'은 경이 자신의 딸이 아니라고 믿고, 더욱이 인디밴드를 한다며 돌아다니는 그녀에게 불만이 많다. 경의 어머니 '인옥(이혜숙)'은 남편을 조금도 사랑하지 않으며 오로지 떠나간 옛 사랑만을 기다린다. 오빠인 '전강(이세창)'은 돈만 밝히는 남자로, 가난한 집안 출신인 자신의 아내를 은근히 멸시한다. 경은 복수를 만날 즈음, 신문사 문화부 기자인 동진(이동건)과도 만나기 시작했다. 사교적이고 자상하며 세련된 동진이 그녀에게 다가올수록 왠지 경의 마음은 복수에게 끌리기 시작한다. 이제 그녀는 어떻게 할 것인가.

<네 멋대로 해라>의 가장 큰 매력은 바로 '그(복수)'와 '그녀(경)'

가 지닌 선택의 문제에 있다. 이 문제는 다른 드라마의 선택과는 크게 다르다. 다른 드라마의 주인공들이 지닌 문제가, 그 하나를 해결함으로써 인생의 모든 행복과 꿈이 성취되는 것이라면 <네 멋대로 해라>의 그와 그녀가 해결해야 할 문제는 오로지 어느 날 갑자기 찾아온 사랑 하나뿐이다. 그들이 여러 난관을 뚫고 사랑을 이룬다고 해도 해결되는 것은 기실 아무 것도 없다. 경과의 사랑을 이뤄도 복수는 죽음을 향해 나아가며 소매치기를 할 것인가 말 것인가를 고민해야 하고, 경 역시 출생의 문제와 뮤지션으로서의 자신의 위치 문제 등 무수한 삶의 문제와 대면해야만 한다. 그리고 시청자인 우리들의 진짜 삶 역시 그러한 답답한 현실 속 어딘가에 분명 존재해 있다.

무엇이 우리를 꿈꾸게 하는가

복수는 경을 향한 자신의 마음을 추스르지 못한다. 자신만을 생각해 주는 미래 앞에서 복수는 번민하고 좌절한다. 더구나 이런저런 오해로 인해 경은 복수를 완전히 소매치기로 생각하고 있다. 그는 그런 처지에 놓인 자신이 싫다. 이제 죽을 날도 얼마 남지 않아서 제대로 좀 살아보려고 생각하는데, 그게 그리 쉽지가 않다. 경 역시 복수를 향한 마음이 정리되지 않는다. 기껏 버스 정류장에서 남의 지갑이나 훔치는 '나쁜 놈'인데, 왠지 잊혀지지가 않는다. 더구나 복수와 경 모두 다른 사람으로부터 사랑 받고 있다.

미래의 복수를 향한 마음 앞에 복수는 미안하기만 하다. 아니, 모든 사람들에게 미안하다. 기껏해야 남의 지갑이나 터는 소매치기 자식인데도 자신만을 굳게 사랑해주는 아버지와 칭얼대며 떼쓰는 방식으로 사랑을 표현하는 어머니, 아버지가 다른데도 복수에게 남다른 애정을 보이는 어린 동생. 그들에게 사랑 받는 것이 자신의 분에 넘치는 것이라 생각하면서도 한편으로 그는 자신을 옭아매는 삶의 지난(至難)한 그늘을 벗어나고 싶다. 그리고 그에게 죽음은 서서히 다가온다. 스턴트맨이 되어 새로운 인생을 시작하고 싶지만, 전과자라는 멍에를 벗어버리기는 여전히 쉽지 않다. 복수에게 있어 유일한 안식처는 그의 마음 속에 담긴 '전경'이라는 존재다.

경은 자신을 이해해주지 않는 모든 것이 불만이다. '진짜 음악'을 하고 싶지만 부잣집 딸인 경에게도 인디밴드로서의 가난하고 힘겨운 일상은 어김없이 존재한다. 아버지는 그녀의 음악을 이해하지 않는다. 아버지에게 '클래식도 음악이고 록도 음악이고 아버지네 카바레에서 틀어대는 뽕짝도 음악'이라며 항변하지만 어차피 그녀의 아버지는 경이 자신의 딸이 아닐 것이라는 믿음을 갖고 있다. 신문사 문화부 기자인 동진 역시 자상하고 세련된 태도로 그녀에 대한 사랑을 드러내기는 하지만, 뮤지션으로서의 그녀는 조금도 인정해주지 않는다. 동진이 원하는 것은 그저 자신이 겪어온 여자들과는 조금 색다른 '바비 인형'일 뿐이다.

결국 복수와 경은 힘든 사랑을 이루어내지만, 그후에도 그들에게 이어지는 것은 고단한 일상뿐이다. 소매치기를 그만둔 후에도 복수는 자신의 '천적'인 박 형사의 집요한 추적으로부터 자유로워지지 못하며, 아들만을 챙겨주던 아버지는 스스로 죽음을 택한다. 어머니는 곗돈을 날렸다며 복수에게 다시 돈 좀 벌어다 달라고(소매치기를 하라는 뜻이다) 애원한다. 그런 와중에서도 스턴트맨으로서의 뿌듯하면서도 힘겹기만 한 일상을 계속하던 복수는 드디어 쓰러져 수술대에 오르고, 첫 앨범 발매로 기대에 가득 차 있던 경은 복수가 수술실로 들어가는 모습을 바라본다. 그리고 <네 멋대로 해라>는 거기서 끝난다. 이 드라마는 아무것도 이루어주지 않는다. 만일 다른 드라마라면 복수가 경과 결혼해 낙관의 부(富)를 물려받고, 미래가 강과의 불륜을 통해 복수하는 구조로 나아갔겠지만, 이 드라마에서 그들이 가질 수 있었던 것은 오로지 사랑뿐이다. 아니, 오히려 그 사랑 하나를 이루기 위해서 복수와 경은 힘겨운 일상을 더욱 힘든 것으로 바꾸어야 했다.

그럼에도 불구하고 <네 멋대로 해라>가 시청자들에게 꿈과 현실의 성공적인 줄타기를 보여줄 수 있었던 것은 그 꿈과 현실 모두가 우리들의 고단한 삶 한 귀퉁이에서 건져 올린 것이었기 때문이다. 복수와 경 역시 다른 드라마에서와 같은 '이상'을 꿈꾼다. 그러나 그들의 이상은 다른 드라마처럼 높은 것도, 비현실적인 것도 아니었다. 그들은 그저 자신의 존재 가치를 다른 이들에게 인정받고 싶어했으며, 그 험난한 여정을 함께 할 동반자를 원했을 뿐이었다. 오히려 그렇기에 <네 멋대로 해라>의 꿈은 다른 드라마의 백일몽과는 달리 현실적인 기반을 바탕으로 진솔하게 그려졌다. 우리들을 꿈꾸게 하는 것은 결코 환상 속의 '백마 탄 왕자님'이 아니다. 힘든 일상의 한 모퉁이에서 나를 기다리고 있는 초라한 사람, 그 작은 존재의 드라마틱함을 발견하는 것이야말로 진정한 드라마의 시작임을 <네 멋대로 해라>는 선언하고 있는 것이다. 그리고 바로 그 지점에서 이 드라마의 개연성과 상상력은 진정한 빛을 발한다.

마치며

<네 멋대로 해라>에도 분명히 문제점은 있다. '안티 - 히어로'로서의 복수(양동근)와 '안티 - 신데렐라'로서의 경(이나영)의 연기는 사실적이기는 하나 다소 어색한 감이 없지 않았고, 디테일 차원에서 접근한다면 분명 작위적인 설정도 존재한 것이 사실이다. 그러나 이 드라마의 최대의 장점은 현재를 살아가고 있는 무수한 젊은이들 ─ 그 가운데서도 이 드라마의 주인공인 낙오자(drop-outer)들은 드라마에서 아예 존재하지 않는 것처럼 무시되곤 했다 ─ 의 고민과 진지한 성찰을 최대한 사실적으로 그려내고자 했다는 점이다. <네 멋대로 해라>에서 그

시도가 과연 성공한 것인지, 그렇지 않은지는 시청자들 개개인의 판
단에 미루고자 한다. 다만 한 가지 확실한 것은 이러한 시도가 오늘
날의 우리 드라마 풍토에서 아주 드물게 출현하는 것이며, 그 시도만
으로도 충분한 가치를 지닌다는 점이다.

드라마는 결코 환상이 아니다. 그것은 우리를 꿈꾸게 하는 것이면서
도, 우리 삶과 밀접하게 연관되어 있어야만 한다. 소재가 그러해야 하
고, 구성이 그러해야 하고, 인물이 그러해야만 한다. 삶이 척박한 것이
라면 그 척박한 토양에서 아름다운 꿈의 꽃이 피어날 수 있도록 이끌
어야 하는 것이 드라마다. 현실이 초라하고 구차하다고 해서, 시청자와
는 멀리 떨어진 환상 속의 존재들을 그려내는 것으로는 아무런 꿈도
심어줄 수 없다. 그러나 불행히도 오늘날의 많은 드라마들은 우연을 남
발하며 환상의 세계로 시청자들을 몰아가고 있는 것이 사실이다.

<네 멋대로 해라>가 보여준 참신한 시도는 분명 값진 것이다. 그
러나 앞서 언급하였듯이, 이 드라마는 소소한 문제점들을 여러 가지
지니고 있다. 값진 시도 후에 남겨진 이 문제점들은 분명 우리 드라
마들이 떠 안고 나가야 할 무거운 과제이다. 삶을 이야기하고, 우리
의 삶 속에 숨겨진 눈부신 진주를 아름다운 꿈으로 승화시켜 나가야
하는 것이야말로 앞으로의 드라마들이 이루어야 할 일이라 믿는다.
픽션으로서의 드라마가 이루어야 할 일은 시청자들에게 아득하고 눈
부신 신기루를 보여주는 일이 아니라, 살아 있는 사람들의 살아 있는
이야기를 빛나되 눈부시지 않게 드러내는 일이다. 그 속에 비밀처럼
감추어져 있을 우리들 모두의 살아 있는 꿈을 위하여.

아리스토텔레스도 <야인시대>의 손을 들어주었다

SBS의 드라마 <야인시대>를 보고

김성진(연극연출가)

들어가면서

요즘 매주 월, 화요일 늦은 저녁 무렵이면 때 아닌 귀가 전쟁이 벌어지고 있다. 회사원들은 말할 것도 없고, 대학생을 선두로 중·고등학생 심지어 초등학생들까지도 그 대열에 동참하고 있다. 회식은 연기되거나 무산되고, 시험 공부는 뒷전이며, 사랑하는 연인들의 데이트도 영락없이 방해받는다. 그야말로 범국민적인 '월, 화요일은 가족과 함께'라는 웃지 못할 운동이 전개되고 있는 것이다. 하지만 누구도 그 운동을 강요하지 않았다. 그렇다고 공공 언론에서 공개적인 캠페인을 벌인 것도 아니다. 그런데 사람들은 때가 되면 자연스럽게 집으로 향하고, 시간이 흐를수록 그 행렬에 동참하는 동지들은 점점 불어나고 있다. 그 이유는 바로 SBS 방송국에서 내보내고 있는 <야인시대>라는 드라마 때문이었다.

그런데 왜 우리는 <야인시대>에 열광하는 것일까?

<야인시대>는 주먹의 제왕으로 잘 알려진 김두한의 일대기를 다룬

드라마다. 김두한에 관한 이야기는 일찍이 임권택 감독이 영화 <장군의 아들>로 인기 몰이를 한 바 있으며 그 뒤로도 소설, 드라마, 만화 등 갖가지 문화 상품으로 둔갑해 사람들을 찾았다. 그쯤이면 세인들에게 충분히 각인되고 남았을 법한데 여전히 그 이야기는 강력한 후광을 발휘하고 있었다. 그건 일종의 사건이었다. 소재의 빈곤, 지겨운 재탕, 폭력에 대한 미화 등과 같이 좋지 못한 꼬리표를 달고 등장한 <야인시대>가 결국은 그러한 주장을 펼친 자들에게 압승을 거두고 있으니 말이다. 아무도 예상 못한 일이었다. 그리하여 평자(評者)들은 섣불렀던 판단을 잠시 거두고 <야인시대>를 꼼꼼히 되짚기 시작했다.

도대체 무엇이 우리를 <야인시대> 앞으로 불러모은 것일까?

깨끗하지 못한 정치와 불안한 사회 속에서 영웅을 기다리는 사람들의 바람 때문인가, 아니면 정의와 불의에 대해서 변변히 주장을 펼치지 못할 정도로 나약해진 현대인들의 대리 만족인가. 하지만 그 어떤 분석도 쉽사리 정론(正論)으로 받아들이기 힘들다. 그렇게 보기엔 공통적으로 해결되어야 할 문제가 있기 때문이다. 예를 들면 <야인시대> 앞에 붙들려 있는 시청자의 범주에 아이들이 끼어 있다는 것이 그렇다. 정치와 사회의 문제, 어른들의 비겁함에 대한 돌파구를 아이들에게까지 이해시키려 한다는 것이 왠지 부담스럽지 않은가.

이쯤에서 먼 과거로부터 들려오는 한 사람의 목소리를 들어보는 것이 좋을 듯하다. 2,500여 년 전 그리스에서 태어나 소크라테스, 플라톤의 계보를 이어 위대한 철학자로 우뚝 선 아리스토텔레스의 목소리 말이다.

『시학』은 <야인시대>를 어떻게 보고 있는가?

아리스토텔레스는 그의 저서 『시학』에서 이렇게 말하고 있다.

드라마는 다음과 같은 여섯 가지의 요소로 이루어져 있는데, 그 첫 번째가 구성이며 다음이 인물 그리고 사상, 언어, 음악, 장관(미술)이다. 그중 가장 중요한 것은 구성과 인물이고 나머지는 그 다음에 첨가적으로 삽입되는 요소일 뿐이다.

그의 주장으로 미루어본다면 좋은 드라마란 구성이 잘 짜여지고 인물이 독특하고 일관성 있게 그려진 것이라 할 수 있다. 바로 그럴 때, 관객이나 시청자들은 그 드라마 앞으로 몰린다는 것이다.

그렇다면 <야인시대>는 이 부분에서 성공을 거두고 있단 말인가? 일단은 '그렇다'라고 말해야 할 것이다. 혹자는 이것에 강한 거부감을 나타낼지 모르겠지만 TV 시청자 중 50%에 육박하는 사람들이 <야인시대>를 선택했다는 점에 대해선 어떻게 설명해야 할지 그 뚜렷한 대론(對論)이 없으니 말이다.

아리스토텔레스는 그가 말한 6요소 중에서도 특히 구성과 인물을 중요하다고 말했으며, 그중에서도 특히 구성이 최우선이다라는 주장을 펼쳤다. 물론 이는 어느 한 개인의 논리에 불과할 수 있다. 그러나 2,500여 년이란 긴 시간을 견디어내며 살아낸 힘이 있기에, 여전히 드라마를 공부하는 사람들에게 훌륭한 교본으로 사용되고 있는 것이기에, 일단은 그의 논리에 대해 수긍을 하고 넘어가는 게 나을 듯하다.

구성은 이야기(story)와는 다르다. 한 이야기 안에는 많은 사건들이 담겨 있으며 이 사건들은 대체로 '일어난 순서' 즉 '시간의 순서'대로 말해진다. 그러나 구성은 '사건의 순서'다. 즉, 작가가 어떤 이야기든지 그것으로부터 필요한 사건들만을 선택해 자신의 의도를 효과적으로 전달하는 데 알맞은 순서대로 재배열하는 게 구성인 것이다. 그러니까 구성은 작가에 의하여 치밀하게 인위적으로 짜여진 것이라 할 수 있다.

그렇게 볼 때, <야인시대>의 구성은 '시간의 순서'가 아닌 '사건의 순서'로 잘 배열된 작품이라 할 수 있다. 만약 '시간의 순서'를 따랐다면 그건 김두한에 관한 다큐멘터리에 가까웠을 것이며 시청률 또한 높지 않았을 것이다. 물론 <야인시대>가 '시간의 순서'를 완전히 무시하고 있는 것은 아니다. 청계천의 거지 생활을 거쳐 건달로 이어져 펼쳐지는 드라마는 시간의 순서임에 틀림없다. 그러나 사건이란 점에 있어선 그 시각을 달리할 필요가 있다. 사건이란 말에는 '문제가 되거나 관심을 끌만한 일'이란 뜻이 내포되어 있다. 즉, 김두한에 얽힌 여러 가지 일들 중에서 주목할 만한 것들이 사건이며 그것들을 잘 배열시키는 것이 바로 '사건의 순서'라는 것이다. 여기에서 한 가지 짚고 넘어갈 점은 그러한 '사건의 순서'에는 작가의 의도가 뒤따르며 때로는 그것이 다분히 허구성을 내포할 수 있다는 것이다. 이 말은 다음의 개연성에서 설명되어질 수 있다.

드라마의 사건은 개연성을 가져야 한다. 그 말은 '어떤 일이 일어날 수 있는 확실성의 정도'가 분명해야 한다는 것이다. 그렇다고 드라마가 흔히 실제 인생의 모습과 닮아야 한다는 뜻은 아니다. 드라마의 논리가 현실의 논리와 반드시 똑같을 수는 없기 때문이다. 현실의 세계에서는 불가능한 사건일지라도 작가가 꾸며낸 범주 내에서 일관된 논리를 가진다면 그 사건은 보는 이에게 납득될 수가 있다. 바로 그게 개연성이란 것이다. 그런 드라마적인 개연성이 <야인시대>를 더욱 흥미롭게 만들고 있는 것이다.

다음으로는 목적성이다. 드라마의 사건은 공포, 분노, 기쁨, 슬픔 등 어떤 구체적인 반응을 불러일으키는 목적성이 담겨 있어야 한다. 이건 곧 구성의 목적이기도 하다. 따라서 드라마 속의 모든 요소들은 그 목적에 유기적으로 관련되어 있어야지 그 목적과 반대되거나 무관한 요소들이 들어 있어서는 안된다.

<야인시대>를 다시 보자. 그 드라마 안에는 우리를 흥분시키는 게 얼마나 들어 있는가. 공포와 분노는 물론이요, 때로는 속 시원하

게 혹은 슬프게 만드는 것들이 충분히 녹아 있는가? 물론 그렇다. 일제시대라는 총체적인 슬픔이 그 배경이 된 조선이란 곳에서 김두한이란 인물이 어떻게 우뚝 일어서고 있는지가 그것을 잘 대변해주고 있다. 그리고 김두한을 중심으로 펼쳐지는 사건들이 유기적으로 연결되어 반응을 일으키고 있다. 김두한을 사랑하는 기생에게, 김두한을 아끼는 기자에게, 김두한에게 적대감을 품고 있는 자들에게 그리고 그를 기다리는 사람들에게. 이것이 곧 목적성에 있어서 성공을 거두고 있다는 뜻이다.

목적성은 곧 통일성이란 문제로 이어지며 마지막으로 완결성을 지녀야 한다는 것으로 귀결된다. 비록 드라마가 인생의 한 부분을 다룬 것이라곤 하지만, 한 편의 작품 속에는 작가의 목적이 충분히 달성될 수 있을 만큼의 내용이 담겨 있어야 한다. 그렇지 않고 아무 전제 없이 결론부터 불쑥 얘기한다거나 문제 제기만을 해놓고 도중에 얘기를 끊어서는 보는 이들이 그의 목적을 알아챌 수 없는 것이다. 그래서 아리스토텔레스는 드라마의 구성이 '시작, 중간, 끝'을 가져야 한다고 말했다. 그러나 이것은 작가가 자신의 할 말을 충분히 다 해야 한다는, 즉 완결성을 지녀야 한다는 것을 말할 뿐, 그 구성이 반드시 '기승전결'이라는 수학적 구조를 지녀야 한다는 뜻은 아니다. 흔히 드라마의 구성을 '발단, 전개, 절정, 위기, 결말' 등으로 나누어 설명하는 경우가 있는데 꼭 이 같은 패턴에 맞출 필요는 없고, 이렇게 하지 않는다고 해서 나쁜 구성이라고 말할 수는 없다.

아직 <야인시대>는 진행중인 작품이기에 그것의 전체 완결성에 대해서 논하기엔 이르다. 중반으로 채 넘어서지도 않은 그것을 보고 그 끝을 예측하기란 불가능하기 때문이다. 다만 지금까지의 상태로 볼 때 완결성에서도 성공적이라고 말할 수 있을 뿐이다. 그것의 예는 각 장면의 완결성에서 찾을 수 있는데, 예를 들면 신마적의 등장과 활동 그리고 퇴장, 다시 구마적의 등장과 활동, 퇴장 등이 그러하다.

어째 '시작, 중간, 끝'이란 아리스토텔레스의 논리를 정확히 따르는 것 같지 않은가.

지금까지 드라마의 구성은 개연성, 목적성, 통일성, 완결성 등의 원리를 가져야 한다는 설명을 했다. 그렇다면 이 원리를 염두에 두고 구성의 방법을 살펴보자. 구성이란 한마디로 단편적인 행동을 연결하는 것인 만큼 구성의 방법은 결국 개별적인 행동들 사이의 관계를 어떻게 설정하는가를 가리킨다. 우선 '원인과 결과'에 의한 사건의 배열로 만들어진 구성을 들 수 있다. 그러니까 작가가 극의 첫 부분에서 극의 상황과 조건, 인물들의 동기를 설정하면 극의 나머지 부분들은 이것으로부터 이끌려 나온다는 것이다. 이건 '긴밀한 구성'으로 부르기도 한다.

두번째 구성의 방법은 중심 인물을 구심점으로 해서 사건이 엮어져나가도록 하는 방식인데, 드라마 속의 각 행동이나 사건들 사이에는 논리적 인과 관계가 없다 하더라도 그것들이 한결같이 동일한 인물에 관한 것이라면 작품의 통일성은 유지될 수 있다. 세번째 방법은 극을 끌어나가는 구심점이 사상인 경우이다. 가령 <야인시대>가 '사나이들의 우정과 사랑'을 담아내려는 작품이라면 드라마 속의 개별적인 장면들 사이에는 서로 아무런 논리적 관계가 없다 하더라도 매 장면들이 주제와 관련을 가지는 한, 통일성은 유지될 수 있는 것이다. 이건 '느슨한 구성'이라 부른다.

위의 것들 중에서 좋은 구성 방법은 첫번째인 '긴밀한 구성'이다. 그건 원인과 결과에 의해 사건이 배열되고, 계속 그런 식으로 진행되면서 보는 이의 흥미를 끌어당기기 때문이다. 그렇다면 두번째와 세번째의 구성 방법은 좋고 나쁨을 떠나서 일단 흥미로움에선 제외되는 구성인 셈이다. 인물이나 사상을 중심으로 구성이 꾸며졌다면 각 장면들이 독립된 에피소드처럼 느껴지기에 구성이 느슨해 보이고 결국엔 지루함으로 떨어질 수 있기 때문이다.

<야인시대>는 물론 '긴밀한 구성' 방식을 취하고 있다. 김두한으로 인해 생기는 원인이 계속 새로운 결과를 만들어내면서 드라마가 고조되고 있기에 그렇다. 이건 자칫 두번째 구성 방법인 '중심 인물 구성 방식'으로 볼 수 있지만 엄밀히 말하면 그렇지 않다. 쌍칼, 신마적, 구마적, 하야시 등이 김두한을 중심으로 엮어져 있다 하여도 드라마 자체로는 각기 독립적인 인물로 그려지고 있으며 김두한만큼 주요 인물로 취급되고 있다. 여기에 복합 구성이란 방법이 함께 어깨를 나란히 하면서 <야인시대>를 돕고 있다. 복합 구성은 무수한 사건의 얽힘과 꼬임, 음모나 책략을 담아서 사건이 복잡하게 전개되도록 꾸민 것을 말한다. 이건 말하지 않아도 어느 한 사건을 다룬 단순 구성보다 훨씬 재미있으리라.

아리스토텔레스가 말한 두번째 요소인 인물 역시 구성 못지 않게 중요한 요소다. 우선 영어로 'character(인물)'라는 말의 사전적 정의를 보면, '어떤 사람이나 사물이 다른 것들과 구별되는 성질들의 총체'라고 되어 있다. 사람으로만 놓고 보자면 다른 사람과 구별되는 그 사람의 특징적인 성격을 뜻하게 된다. 그러나 모든 드라마 속의 인물들이 반드시 남과 구별되는 성격적 특성을 가지는 것은 아니기 때문에 'character'를 '성격'이라고 하기보다 '인물'이라고 옮기는 것이 안전할 것 같다. 그리고 작가가 드라마 속의 인물을 만들어내는 행위를 가리켜 '성격 창조'라고 말하기도 하지만, 이말 역시 '인물 구현'이란 말로 대체하는 게 나을 것이다.

작가가 인물을 그려내는 데엔 정도의 차이가 있다. 어느 인물을 구석구석까지 소상하게 그려내어 마치 살아 움직이는 인물처럼 생동감 있게 그려낼 수도 있고, 아니면 매우 단순하게 평면적으로 그려 보일 수도 있다. 앞의 인물을 개성적 인물, 입체적 인물이라고 한다면, 뒤의 인물은 유형적 인물, 평면적 혹은 단순한 인물이라고 말한다. 대체로 개성적 인물을 성공적인 인물 구현이라고 보고 유형적 인물 구현에 비해 우월한 것으로 본다.

<야인시대>에 나오는 모든 인물들은 행동으로 인해 자신의 독특한 개성을 창조하는 데 있어서 어느 정도 성공을 거두고 있다. 물론 실존했던 인물들의 성격이 드라마 속에서 그려진 그대로였는지는 알 수가 없다. 하지만 그건 중요한 문제가 아니다. 인물이란 드라마의 완성을 위해 존재할 뿐이지 역사적 사실을 증명해내기 위해 존재하는 것은 아니기 때문이다. 그렇기에 <야인시대> 속의 인물들이 다소 왜곡되고 과장된 성격을 보이기도 하는 것이다. 그건 드라마를 위해선 좋은 현상이다. 남들보다 독특하고 개성적인 성격의 소유자들 간의 부딪힘이 그렇지 않은 자들보다 훨씬 동적이며 강렬한 인상을 심어줄 수 있기에 그렇다. 그건 구마적의 부하인 뭉치와 김두한의 패거리인 김무옥에서 확인할 수 있다. 그들의 역할이 평양박치기나 왕발, 제비보다 뚜렷이 각인되지 않던가. 그런 차원에서 신마적, 구마적, 하야시 역시 드라마에 적합한 인물을 창조해냈다고 볼 수 있다. 이렇듯 <야인시대>는 각 인물들이 개별적이며 독창적으로 창조되어 서로간에 갈등을 일으키고 있다는 데서 또한 그 성공 요인을 찾을 수 있는 것이다.

그러나 아무리 개성적 인물이라 하더라도 드라마 속의 인물은 실제 인간의 모습과는 같을 수가 없다. 드라마 속의 인물은 작가의 의도에 의하여 선택되고 강조되고 배열된 인물이다. 다시 말해서 실제 인간은 자신이 어떤 사명을 띠고 세상에 태어난 것인지 모르지만, 드라마 속의 인물은 자신의 목적을 분명히 안다는 것이다. 따라서 모든 등장인물은 그 목적에 알맞도록 그려져야 한다. 만약 김무옥이나 뭉치가 느닷없이 애국심을 불태운다면 그 드라마의 목적엔 어울리지 않으며 더 나아가서는 드라마의 재미를 약화시키는 범인이 되고 말 것이다. 그들은 본인에게 주어진 역할(건달)만 충실히 수행해내고 사라지면 되는 것이다. 이것이 바로 사상이 구성이나 인물보다 앞설 수

없다는 이유이다.

주제는 들려주는 게 아니라 보여주는 것이다

러시아의 연극 연출가인 스타니슬라브스키가 그의 『연극론』에서 이런 말을 했다.

'철학이 시작되는 곳에서 예술은 끝난다.'

이건 다른 말로 풀자면 드라마는 재미와 감동을 기반으로 사람들에게 보여주어야지 그 자체로 설교를 하려 한다면 오히려 사람들은 귀를 막아버릴 것이란 말이다.

우리는 흔히 드라마를 통하여 놀라운 교훈과 깨달음을 얻고 싶은 자들의 주장을 접할 때가 있다. 그리고 그 주장은 지면이나 TV 등과 같은 매체를 통하여 그들의 수준에 미치지 못한 드라마를 난도질하는 데 사용된다. 그 첫번째 이유가 교육적이지 못하다는 데 있다. 그렇다면 앞으로 <야인시대>에게 내려질 그들의 철퇴가 심히 우려되기도 한다. 건달들의 세계에서 벌어지는 폭력은 그들의 눈에 어떤 식으로든 미화되기에 불편하기 때문이다. 물론 김좌진 장군이란 독립 투사의 후광이 김두한을 감싸주고 있긴 하지만 그것도 점점 시간이 흐르면서 퇴색되어가고 있는 형편이다. 그래서 이런 우려를 염두에 두고 있기에 작가는 하야시란 일본 건달과의 결투를 마지막으로 배치시켜 놓은 것인가. 그렇다면 똑똑한 처사이다. 한국과 일본은 여전히 갈등의 대상이며 그 대결은 어떤 식으로든 용서받을 수 있는 여지가 다분하기에 그렇다. 이것이 바로 <야인시대>가 앞으로 고심하며 풀어내야 하는 사상이란 요소이다.

아리스토텔레스가 말한 네번째 요소는 사상, 다른 말로는 주제다. 주제란 한마디로 작품의 전체적 의미라고 할 수 있으며, 보다 정확히 표현하자면 '드라마 행동의 의의'라고 할 수 있다. 주제는 작가가 의식하지 않았더라도 모든 작품에 다 들어 있을 수밖에 없다. 왜냐하면 작가가 드라마를 쓸 때 '어떤' 인물의 '어떤' 행동을 일관된 기준에 의해 선택해서 그렸기 때문에, 일관된 행동은 필연적으로 인생에 대한 해석을 가질 수밖에 없기 때문이다.

선택된 드라마 행동과 인생에 대한 해석은 표리의 관계를 가진다. 즉, 동전의 앞뒷면이라 말할 수 있다. 실제로 작가가 작품을 쓸 때에는 이들 중 어느 쪽에서부터 시작되어도 상관이 없다. 이성적인 작가라면 인생에 대한 그 자신의 해석이 먼저 떠올라 그것을 잘 대변해 줄 인물과 행동을 구상하는 순서로 작품을 쓰기 쉬우며, 감성적인 작가라면 어떤 인간의 행동에 관심이 쏠려 그 같은 행동을 일관되게 그려나가다보면 자기도 모르는 사이에 인생에 대한 해석이 담기게 될 수도 있는 것이다. 그러나 보는 이들 쪽에선 항상 행동이 먼저 전달되고 행동을 보아나가는 동안에 그 작품의 의미는 뒤에 가서야 깨닫게 된다. 이건 작가가 전달하려고 하는 주제와 보는 이들의 주제가 다를 수도 있다는 뜻이다.

아직까지 <야인시대>는 위의 두 가지 방법 중 어떤 것을 택하고 있는지 불분명하다. 쌍칼을 시작으로 신마적, 구마적의 퇴장 직전까지는 후자를 택하고 있는 듯하나 그들이 퇴장 직전에 보여준 언행은 마치 세상을 달관한 사람들처럼 비추어졌기 때문이다. 이것은 확실히 전자의 방법이다. 물론 이 둘을 조화롭게 섞어놓는 것도 하나의 방법일 수 있다. 하지만 그러한 방법이 자칫 인물의 일관성을 흐려놓을 수 있고 결국엔 드라마 자체를 위기로 몰고 갈 공산이 있기 때문에 조심해야 한다.

좋은 작품이라면 작가와 보는 이들이 작품의 마지막 순간에 가서 한 마음을 가질 수 있다. 왜냐하면 좋은 드라마는 그 속에 그려진 행동들이 보는 이들에게 납득되고 공감 받기 때문이다. 바로 그 납득되고 공감 받게 해주는 것이 주제라고 할 수 있다. 다음은 벤틀리가 말한 것이다.

　재인식이 첫 인식보다 낫다. 훌륭한 이야기는 우리가 이미 들어본 이야기다. 곧 좋은 이야기꾼은 다시 이야기하는 듯한 효과를 노리며, 좋은 작가도 재현해 보여 주는 듯한 효과를 노린다. 그리고 옛 이야기가 항상 새롭게 들린다면 새 이야기도 항상 옛 이야기처럼 들려야 우리를 사로잡을 수 있다. 요점은 곧 우리는 우리가 이미 알고 있는 것만을 배울 수 있다는 사실이다. 우리가 드라마에서 원하는 것은 머리를 위한 지식이 아니라 가슴을 위한 재확인이다.

　이 구절은 드라마가 예술이기 때문에 우리에게 모르는 것을 깨우쳐 주는 매체가 아니라는 점과 드라마의 주제는 실상 우리가 이미 무의식적으로 동의하고 있는 것이어야 한다는 점을 깨닫게 해주고 있다. 또한 아는 것을 다시 확인 받는 것은 가슴에 대한 호소로서, 드라마가 아무리 철학적인 혹은 과학적인 주제를 다룬다 하더라도 우리의 가슴에 호소하는 예술 매체라는 점을 다짐해주고 있는 것이다. 따라서 작가가 보는 이가 이해 못하는 주제를 잡았다면, 보는 이는 주제를 이해 못하는 데서 끝나는 것이 아니라, 인물들의 행동을 납득할 수 없게 되는 것이다. <야인시대>에 등장하는 인물들의 행동은 명확하게 이해될 수 있게 그려지고 있다. 그들의 목적이 단순하고 명쾌하기 때문이다. 그건 곧 주제가 잘 녹아져 있다는 것으로 바꾸어 말할 수 있다.

　우리는 때때로 어느 드라마를 재미있게 보고 나서 그 드라마의 주제가 무엇인지 모른다고 느끼는 경우가 있다. 그러나 그것은 모르는 것이 아니라 정확한 말로 표현이 되지 않는다는 뜻일 뿐이다. 그 드라마를 재미있게 공감하면서 보았다는 것 이상 그 드라마의 주제를 이해했다는 증거는 없다. 때로 어느 드라마의 주제는 말로 잘 설명하면서도 막상 그 드라마를 즐겁게 관람하지 못하는 평론가들이 있는

데 이는 참으로 불행한 일이다. 그 원인이 바로 드라마를 통하여 무언가를 깨닫고 싶다는 열망이 강했기 때문이다. 그런 의미에서 어린이들이나 어머니들의 시청 태도를 주의 깊게 볼 필요가 있다. 그들은 단지 보는 것이지, 교육을 받는다고 생각하지 않는다. 만약 그랬다면 채널은 이미 다른 데 있을 것이다.

이런 점에서 <야인시대>는 '사상' 즉 '주제'란 요소에 대해서도 성공을 거두고 있다. 등장인물들의 행동이 시청자가 이해할 수 있게 그려지고 있기 때문이다. 김두한을 비롯하여 쌍칼, 신마적, 구마적 심지어 뭉치에 이르기까지 그들은 자신의 삶에 주제를 갖고 있다. 그것이 건달을 독립군의 일종으로 생각하는 것이든, '오야붕' 자리에 오르고 싶어하는 것이든, 돈을 많이 벌고 싶어하는 것이든, 사랑하는 연인을 만들고 싶어하는 것이든, 모든 게 다 그들 삶의 주제가 될 수 있는 것이다. 이에 대해서 정의와 사랑만이 으뜸이니 나머지는 모두 무가치한 것이라 말한다면 그것이야말로 교육적인 사고 방식인 것이다. 그래서 쌍칼이나 신마적, 구마적이 드라마에서 퇴장할 때 마치 모든 걸 깨달은 사람처럼 성인의 말을 남기고 떠났다는 게 우려가 된다는 것이다. 그래도 그건 한 영웅의 끝을 알리는 것이기에 납득될 수 있다. 하지만 만약 뭉치가 그런 말을 한다면 어떨까? 이는 분명 그 인물에 주어진 목적을 배반하는 일이며, 시청자들에겐 납득이 되지 않는 처사다. 그러면서 자연적으로 '인물의 행동'을 통하여 드러나는 주제가 약화되는 현상을 초래하고 말 것이다. 바로 이 점을 아리스토텔레스가 모든 드라마들에게 경고하고 있는 것이다. 주제는 마지막에 가서 알아져야 될 일이다. 인물들은 자신의 일관성을 망각하지 않은 채 퇴장하고, 그러면서 마지막에 남게 될 주인공에게 그 사명을 넘기면 될 일이다.

나오면서

<야인시대>는 앞으로도 엄청난 시청률을 기록할 것이다. 여전히 흥미로운 사건들이 무수히 도사리고 있기 때문이다. 그리고 그것의 절정은 김두한과 하야시가 대결하는 지점이 될 것이다. 설사 우리가 결과를 알고 있다 하여도, 우리는 그 결과를 재확인하고 싶어하며 더 나아가서는 일본의 무너짐을 통하여 대리만족까지 체험하고 싶어하기 때문이다.

그러나 이것이 <야인시대>를 성공시키는 것이 아님을 우리는 앞서 살펴보았다. 결국 좋은 드라마란 폭력의 난무나 성적인 장면, 코미디와 최루성으로 만들어지는 것이 아니라 잘 짜여진 구성과 독특하고 일관된 인물 창조가 있을 때에 가능한 것이다. 물론 우리에게 감동적인 주제까지 선물한다면 그야말로 금상첨화임은 두말할 나위도 없다. 바로 이것이 잘 되어 있기에 <야인시대>는 승승장구를 할 수 있는 것이며, 아리스토텔레스가 <야인시대>의 손을 번쩍 들어주었던 것이다.

TV에서 '대화와 소통'은 가능한가

부부클리닉 <사랑과 전쟁>에 관한 비평

김성훈(학생)

'상실의 시대'에 서서

1990년대 이후 일본의 대중소설가 '하루키'라는 이름은 우리 시대를 대표하는 하나의 기호로 자리 잡았다. 그의 작품은 번역과 함께 언제나 베스트셀러가 되어 많은 독자를 거느리게 된다. 그의 소설이 독자에게 던져준 것은 소설매체의 강력한 상상력(imagination)이다. 마치 내가 소설 속 주인공의 삶이 된 듯한 설정, 그것은 독자가 간접체험하는 또 하나의 현실세계(real-space)다. 특히 그의 대표작 『상실의 시대(원제: 『노르웨이의 숲』)』는 중학생에서부터 30~40대 주부에 이르기까지 폭넓은 독자층을 가진다. 스무 살을 전후한 청년들의 고민과 방황이 그려지는 작품 속에서 주인공 와타나베는 삶과 사랑, 그리고 죽음에 대한 고민을 하게 된다. 주인공이 지니고 있는 인간적인 장점은 다른 이의 이야기를 그저 말없이 들어주는 데에 있다. 특별히 여성독자들이 그 인물에게 느끼는 편안함도 거기에서 비롯된다.

TV가 연출하는 리얼한 '상실의 시대'

현실세계의 대리체험에는 사실상 소설보다는 TV 매체가 훨씬 더 '강력한 도구'로 쓰여지고 있으며, 그것은 미디어 환경이 오늘날 우리 사회를 옭아매고 있기 때문이다. TV는 그 존재 자체가 '바보상자'로 규정되는 것과 상관없이, 현대를 살아가는 사람들의 경험과 지식 자체를 재구성해주는 매우 중요한 역할을 수행하고 있다. 움직이는 그림(이미지)과 쉴 사이 없이 이어지는 장면 전환, 시청자의 상상력이 틈입할 여지를 주지 않는 '완결된 의미전달'로 말미암아 실제 상황보다 더욱 리얼하게 현실을 재가공하기 때문이다.

리얼리티 텔레비전(Reality-TV)의 출현은 이러한 TV 매체의 구조적 속성을 가장 잘 활용한 경우로 꼽힌다. 현실에 기반한 프로그램 콘텐츠의 채택과 이의 제작과정은 물론 반응(feedback)에 이르기까지 시청자 참여라는 대전제(大前提)가 포함되기 때문에 수용자는 그 어떤 프로그램에 비해 '진한 공감대'를 드러낸다.

Reality-TV는 시청자의 참여를 적극 유도하기 위해 광범위한 의미에서의 '참여 미디어' 기능을 수행하는 장치로 처음 선보였다. 미디어 수용자들은 스스로가 녹화한 사건 비디오 테이프를 방송국에 기고하거나 실제 프로그램에 출현함으로써 단순한 수용자의 입장을 극복했고, 방송사측도 일정지분의 제작과정을 수용자에게 할애함으로써 '방송의 민주화'에도 상당부분 기여하고 있다. 리얼리티 텔레비전 프로그램이 가장 활성화되고 있는 지역이 근대 민주화의 본고장으로 지목되는 유럽의 제 국가(諸國家)라는 사실은 '방송의 사회학적 역할'을 시사하는 하나의 사례로 지목할 수 있다.

Reality-TV는 사실을 있는 그대로 '순수하게' 보여줄 것을 약속한다. 그러나 이는 정형화된 일상을 단지 미디어의 매개를 통해서만 경험할 수 있도록 하는 효과를 지닌다. Reality-TV에서 행방불명된 가족을 찾아주거나 결혼에 대한 영상물을 방송할 경우, 수용자들은 방송을 시청하면서 전통적 가치가 사회적으로 점점 더 해체되는 현실에서도 결혼이나 가족애가 사실적이거나 사실일 수 있다는 것을 경험하게 된다.

또 알코올 중독자나 마약 중독자가 Reality-TV 형식의 프로그램에 출연하여 자신의 잘못을 고백하는 모습을 통해 시청자는 교회와 종교를 떠나는 사람이 갈수록 증가하고 있는 현 시대의 문제점에 동감을 표하면서 이의 공개적인 고해성사를 목격하게 된다. Reality-TV 프로그램에서는 화면당김(Close-up) 샷을 자주 이용하는데, 이는 수용자의 느낌에 호소하기 위한 카메라 기법으로 현실을 부각하는 대표적인 기법으로 평가된다. 이러한 카메라 기법들이 동원된 Reality-TV 형식의 프로그램들은 동시적이고 현재적인 것으로 지각되는 '미디어 현실'을 형성한다.

KBS TV가 매주 금요일 심야시간대(밤 11시)에 녹화 방영하는 『부부 크리닉 – 사랑과 전쟁(이하 <사랑과 전쟁>)』은 Reality-TV의 표본 프로그램이라 해도 과언이 아니다.

이 프로그램은 오락적인 면을 치중하는 황금시간대를 벗어난 '호젓한 심야'에 설정돼 있지만, 시청자에게 극중 부부들의 갈등해결에 대해 일일이 기혼 시청자들의 의견(전화 투표)을 수렴하는 제작과정으로 상당한 수의 기혼 시청자들을 고정적으로 확보하고 있다.

고도의 문명사회를 살아가는 우리는 기계적인 편리함을 얻은 대신 인간다움을 어느 정도 포기해야만 했다. 교통과 통신의 발달은 시간과 비용의 절약만큼 대화의 단축을 가져왔으며 미디어의 발달은 정보의 획득을 용이하게 만들었으나 비판 없는 일방적인 수용을 강요하고 있다. 예전에는 사람들끼리 머리를 맞대고서 이야기해야 해결될 수 있는 많은 것들이 이제는 단시간에 이루어짐으로써 소통(疏通)의 부재(不在) 현상을 불러오고 있다. 아버지와 아내는 사라지고 돈버는 아저씨와 단순한 파트너만 남은 요즘, 정말 사랑하는 이가 그리운 시대다.

소설 『상실의 시대』가 보여주었던 삶의 통과의례는, 비단 스무 살 시대에만 국한되어 있는 것이 아니다. 인간이 생(生) 과정 속에서 끊임없이 성장해나간다면 타인과의 만남, 특히 결혼이라는 인류의 대사는 그 성장의 과정 중 극대점을 이룬다. 아내와 남편이 제자리를 지켜야하는 중요한 이유가 거기에 있다. 전혀 다른 환경에서 자라서 전혀 다른 개성을 지닌 인물과 남은 평생을 함께 해나가는 것. 그것은 서로에게 많은 이해와 대화를 요구한다. 이런 소설 속 『상실의 시대』는 <사랑과 전쟁>에서 더욱 강렬한 메시지로 구성, 안방으로 파고들고 있다.

'부부 클리닉'이 보여주는 상실의 현실성

지난 10월 25일 방영된 <부부 클리닉—사랑과 전쟁(연출 이형민, 극본 하미선)> 제155화 '황혼의 아우성'을 실례로 들자. 이 '재구성 현실드라마'는 요즘의 고령화 사회가 던져주고 있는 노년층 부부관을 재조명하는 것으로 짜여져 있다.

남자주인공 만수는 곧 칠순에 접어드는 할아버지다. 상처(喪妻) 이후 외로운 말년을 보내는 그에게 어느 날 운명처럼 다가선 금자. 첫눈에 반한 만수는 결혼까지 서두르고, 늘그막의 행복한 신혼생활을 꿈꾼다. 그것도 잠시, 만수를 둘러싼 '주위환경'은 그를 순수한 사랑에 빠져들지 못하게 가로막는다. 그의 아들은 새 어머니가 부친의 재산을 노리고 정략 결혼한 것으로 오해하고 아버지와 갈등을 하게 된다. 이에 금자 씨는 자신으로 비롯된 가족간의 불화를 끝내 극복하지 못하고 이혼을 결심하기에 이른다.

그러나 이 '가상드라마'에는 현실과 같은 더욱 리얼한 보조장치가 따라 붙는다.

예를 들자면 만수라는 남자 주인공의 캐릭터다. 만수는 '돈만 많은 노인'이 아니라, 시장에서 야채부스러기를 주워 반찬거리를 해결할 정도로 근검절약이 몸이 밴 사람이다. 우리 주변에 흔한 '구두쇠 영감'이다. 이런 아버지에게서 재산의 '상속위협'을 직감하게 된 만수 아들 영철의 반응은 이 드라마가 제시하는 갈등의 핵심구조로 등장한다. 만수는 아들내외의 반대에도 불구하고 금자와 성대한 결혼식을 치르게 된다. 신혼재미에 빠진 만수에게 아들 영철은 급기야 "차라리 우리 부부가 집을 나갈 테니 두 노인네가 잘 살아보시라"는 폭언을 퍼붓고, 이 와중에 금자는 만수에게 이혼을 제의하기에 이른다.

만수와 금자로 설정된 노인부부 문제는 장자재산상속(長子財産相續)이라는 우리 사회의 전통적 유교관이 노인들의 행복할 권리와 정면으로 배치되는 '현실'에서 충분히 상정(想定)가능한 이야기다. 우리 사회의 상당수 기혼부부와 그 부모세대가 겪고 있는 갈등구조를 적나라하게 드러낸 그런 '상실의 이야기'다.

'부부 클리닉', 곧 '시청자 클리닉'

지금까지 TV가 보여주었던 부부의 모습은 몇 가지 정형을 지니고 있다.

트랜디(trendy) 드라마가 일과성 드라마로 엮어내는 '신세대 부부상'은 아기자기한 연애를 거쳐 결혼까지 하게 되는 과정을, 일일연속극 속의 '중년부부'의 전형은 적당한 생활기반을 갖추고 오로지 자식들 때문에 고민하는 모습을, 혹은 처음부터 '불륜'이라는 주제를 걸고 나오는 경우 아웃사이더(outsider)적 요소에다 철저히 캐릭터를 고정시키고 있다.

일반적인 경향으로서 우리나라의 주부시청자 대상 TV 멜로드라마

(soap opera)에 등장하는 부부상은 거의가 작위적(作爲的) 플롯전개의 혐의가 농후한, 단지 눈요기감의 범주를 벗어나지 못한다는 지적을 받고 있다. 이러한 '초현실성'은 아침드라마에서 절정을 이루는 것이 보통이다. 시청자의 눈길을 끌어야 하고, 그에 따른 시청률 제고로 말미암아 상업적 성공을 거두기 위해서는 어쩔 수 없이 편성된다는 것을 많은 시청자들은 인지하고 있다. 이 경우에 시청자의 역할이란 단지 드라마를 지켜봐야 할 뿐 참여의 길은 원천봉쇄 된다. 수용자의 소극성을 부채질하는 대표적인 '반민주적' 프로그램이 아닐 수 없다.

이에 따라 멜로드라마에서 보여지는 부부간의 일상적인 일이나 이불 속 '정치'는 이야기할 필요도 없거니와 수위조절 하기에도 힘든 부분이 생기게 된다. 자연스레 드라마는 점점 통속적이 되어가고, 그 속에서 부부상은 일련의 정형화(定形化)된 모습을 갖추게 된다.

TV로부터 자신의 정체성(identity)를 위협받게 될 것이라고 경고한 맥루한의 이야기[1]를 수긍한다면, 우리는 이제 화면 속의 부부들 관계 너머에 있는 남성과 여성의 상호관계로 일상을 들여다보아야 한다. 그곳은 화면 속에 뿌려진 이미지만큼 고민마저도 즐거운 곳이 아니다. 헐리우드 영화처럼 언제나 해피엔딩으로 끝나는 것도 아니며 무작정 해결책이 마련되어 있는 곳도 아니다. 부부 사이에 벌어지는 일은 누군가의 말처럼 당사자가 아닌 이상 어떠한 충고나 이해도 존재할 수 없다. 지금껏 드라마 속의 부부들은 이 고민의 바다로 나아가지 않았다.

최근 발표된 통계청 자료에 따르면 2001년도의 혼인율은 1970년 이후 사상 최저인 반면, 이혼율은 매년 상승 곡선을 그리고 있다.[2] 이러

---

1) 마셜 맥루한은 그의 저서 『미디어는 마사지이다』에서 다음과 같이 밝힌다. "텔레비전은 전 존재(全存在)란 차원에서 참가하고 몰입할 것을 요구한다. 텔레비전은 배경의 역할은 맡지 않을 것이다. 텔레비전은 당신을 몰입시킬 것이다. 많은 사람들이 그들의 아이덴티티가 위협을 받고 있다고 느끼게 된 것은 바로 이 때문일는지도 모른다."(열화당, 1988, 125쪽)

한 통계는 우리가 살고 있는 시대를 그대로 드러내고 있다. 무엇보다 과거에 비해 가치관에 많은 변화가 있음을 알 수 있다. 이혼이 꼭 해서는 안되는 것이 아니라 불가피하게 할 수도 있다는 사실, 나아가 자유로운 선택이라는 것을 보여주고 있는 것이다. 더불어 거의 모든 부부들의 해결책이 자연스럽게 준비되어 있는 드라마가 하루 평균 370쌍[3]의 이혼에 대한 답을 해주지는 못한다는 사실을 확인시켜 준다.

KBS TV가 그려나가는 우리 사회가 당면한 오늘의 '이혼 이슈' <사랑과 전쟁>은 그 한 단면을 시청자 참여라는 제작 장치까지 더해서 고스란히 우리에게 되묻는다.

TV라는 매체가 가진 가장 큰 문제점은 소통의 일방성에 있다. 흔히 TV를 바보상자라 부르는 이유도 거기에 있다. 비판과 대안이 존재할 수 없는 일방적인 메시지의 주입, TV 앞에 앉은 시청자는 그러한 위치에 있는 것이다. 이러한 점에서 본다면 <사랑과 전쟁>이 가진 긍정적인 면은 무엇보다 시청자들의 참여를 유도하고 있다는 점이다. 시청자들이 각각의 사안에 대하여 배심원으로 직접 참여하게 됨으로써 일방적인 메시지의 전달이 아닌 소통의 창구를 마련하고 있다. 부부가 함께 걸어가야 할 길은 '상실의 시대'가 아닌 것처럼 TV와 시청자 역시 '공존해야 할 사이'이다. 비판과 참여를 통해 서로 성장해나가야 할 관계인 것이다.

이혼, 음지에서 양지로

프랑스의 사상가 몽테스키외는 "이혼은 진보된 문명사회에서는 필

---

2) 인구 1,000명당 이혼건수를 나타내는 조이혼율은 2001년 2.8건으로 1995년 1.5건, 1998년 2.5건 등 꾸준한 상승세를 보이고 있다.
3) 통계청 자료 「2001년 혼인·이혼 통계결과」에 따르면 2001년 이혼건수는 13만 5,000건으로, 하루 평균 약 370쌍이 이혼하는 것으로 나타난다.

수품이고 그 사회에 개인의 자유가 있고 경제가 안정되었음을 나타내는 증거"라고 말한 바 있다. 필수품이라고 모든 사람이 일생을 통해 꼭 챙겨야하는 그런 성질의 것은 물론 아니다. 적어도 그런 환경 정도는 마련되어야 마땅하다는 뜻이 그 속에 담긴다. 다시 말하자면 이혼이 개인의 일생을 발목 잡는 그런 장애물로 작용되어서는 안된다는 것이다.

몽테스키외가 말하는 '이혼이 허용되는 사회'는 곧 구조적으로 열린 사회가 되어야 한다는 강조에 다름 아니다. 서로를 이해하는 열린 사회는 깨어있는 개인들의 사고에서 비롯된다. 타인을 이해하는 개인들이라면 부부간의 문제 또한 열린 마음과 대화로 풀어나갈 수 있다. 그런 공간에서라면 자연스럽게 이혼도 줄어들 수 있다. 이혼은 결코 범죄도 제의(祭儀)도 아니다.

<사랑과 전쟁>은 우리가 지금껏 나쁜 거라고 여기고 있던 '이혼'을 다시 한번 생각하게끔 한다는 점에서 일단 기존의 틀을 어느 정도 부수어 놓았다. 이혼은 그 자체로 용납되지 않는다는 생각에서 '저런 상황이라면 이혼을 해야 하지 않는가'라는 인식을 가지게끔 한 것이다. 그곳에서는 아기자기한 연애 대신 결혼하자마자 시집살이에 곤욕을 치르는 며느리의 모습이 드러나고, 불륜의 현상보다는 그 불륜이 생겨났던 이유를 되짚어보게 만든다. 이것은 중요하다. 사람들 의식에 은연중에 자리 잡혀 있던 '이혼 불가'의 개념에 대해 TV가 앞장서서 인식의 변화를 요구하고 있다. 더욱이 그것은 '우리가 하는 것은 사랑, 남이 하는 것은 불륜'이라는 식의 낭만적인 이혼으로 과장하는 것이 아니다. 왜 법정에까지 오게 되었는가에 대한 과정을 조목조목 밝힌 후에도, 이혼은 차선임을 가르쳐 준다. 언제나 조정기간을 두어 가장 좋은 방법은 마주 보고서 대화로 풀어나가는 것이라는 사실을 말해 준다. 조정기간이 의미하는 것은 이 드라마가 도덕적으로 정당하다는 사실이다.

우리나라의 공중파 3사 TV 매체는 하루에도 몇 편씩 드라마를 보여준다. 그 속의 부부들이 보여주는 것은 '남녀사이의 관계'라는 결과일 뿐 그들 사이의 원인은 아니다. 그들에게는 단지 에피소드만 있을 뿐이지, 함께 살아가는 사람들끼리의 생활은 없다. 반면 <사랑과 전쟁>에서는 '이혼과 이해'라는 두 가지 갈림길에서부터 시작된다. 그들이 왜 지금 현재 법정에 앉아 침울한 표정으로 남남이 되고자 하는지에 대하여 한편의 드라마로 꾸며진다. 그리고 어느 이야기에서라도 그들 사이에 부족한 것은 '대화'였음을 우리는 알고 있다. 이것은 비단 부부사이의 문제뿐만 아니라 한국사회에서 드러나는 토론부재, 대화부재의 한 단면인 것이다. 가부장적 사회에서 나타나는 수직적인 의사소통이 대화와 토론 등의 수평적 의사소통을 막아왔다. 그런 의미에서 이 드라마는 우리 사회가 열린 사회로 가고 있다는 하나의 실례가 된다. 부부사이의 문제도 자신들 사이에서 해결이 되지 못하면, 다른 이들과의 상담과 대화를 통해 충분히 해결의 실마리를 찾을 수 있음을 보여주고 있다. 따라서 신구와 정애리, 김흥기 등의 모습은 법조인의 모습이 아니라 상담사의 모습을 보여준다. 부부사이에 존재하는 것, 혹은 부부관계에서 존재해야만 하는 것이 결혼, 싸움, 이혼, 재혼 등이 아니라 바로 '대화'라는 사실을 시청자들에게 이야기하고 있다.

<사랑과 전쟁>에 등장하는 주인공 부부는 언제나 법정에서 자신들의 이야기를 풀어가게 된다. 그 이전의 몇몇 법정관련 드라마가 보여주었던 변호사 혹은 검사의 생활, 재판의 과정 등을 보여주는 것이 아니라 그저 '가정법원' 안에서 두 남녀, 즉 부부가 등장하여 서로의 이야기를 하고 있다. 그 사이에 '부부'라는 금기의 영역이 적나라하게 드러나게 된다. '부부사정은 당사자 이외에는 모른다'라는 이야기처럼 그 영역은 지금껏 속속들이 들여다보기가 힘들었다. 거기에는 '결혼을 했으니 당연히 검은머리 파뿌리 되도록'이라는 전통적인 사회 통념과 '한 번 시집갔으면 그만이지'라는 여성에 대한 불평등이

내재되어 있었다. 인연이 닿아서 결혼했으면 그 인연이 어떻게든지 지속되어야 한다는 사회적 암묵이 이제껏 미디어 속에도 내재하고 있었던 것이다. 어찌됐든 이혼은 나쁜 것이며, 인연이 찢어질 수는 없다고 생각해온 것이다. 거기에서 여성은 어떠한 억압과 폭력을 당하더라도 그저 묵묵히 인내하며 살아야 하는 것을 제일 덕목으로 생각해왔다. 경우는 많지 않지만, 남성의 경우도 그건 마찬가지였다. 그러나 속내를 알고 보면 사랑과 정은 사라지고 권력을 잡기 위한 전쟁만이 존재하는 경우가 허다하다. 특히, 여성의 경제자립과 사회적으로 높은 교육열 등은 이러한 문제들에 대하여 의문을 제기했고, 드라마를 통해 이제야 서로 이야기 할 수 있는 기회를 마련하게 된 것이다. 더 이상 관습의 볼모가 되지 말 것이며, 자신의 삶을 흐르는 시간에만 맡길 수 없다는 생각이 전반적으로 확산됨을 입증한다.

　‘부부 클리닉’은 결국 ‘상실’에서 출발한 ‘자아(自我)의 발견’에 초점을 맞추고 있다.

권력이 아닌 조화를 위하여

　대화와 타협을 통한 보다 개방적인 사회로 나아가는 과정에서 미디어는 중요한 소통역할을 하게 된다. 지금까지 국내의 경우 TV가 이러한 역할에 대하여 소홀히 했다는 것은 우리 모두가 알고 있는 사실이다. 빠른 유행의 물결 속에서 많은 경우 가볍고 말초적인 즐거움만을 제공해왔으며, 여성과 남성의 관계 역시 대부분 흥미위주로 설정되었다. 불륜, 간통 등 사회·도덕적으로 부정적인 사례들이 그 주요한 소재로 등장하게 되는 원인은 아무래도 시청률 경쟁에서 기인한다. 합리적인 사랑이나 정상적인 연애로는 점점 다양해져만 가는 시청자들의 욕구를 만족시키기가 힘든다. 더욱 재미있고, 더욱 드라마틱한 내용을 원하는 시청자들에게 손쉽게 다가갈 수 있는 이야기가 남녀간의 복잡 미묘한 관계들이다. 그 속에서 진정한 부부의 모습은 사라지고, 보여주기 위해 만들어진 부부의 모습만 존재했다.

사회적인 관계뿐만 아니라 사람이 두 명 이상 존재하는 곳이면 어디서나 권력관계가 생기게 된다. 인류가 존재하는 한 그것은 앞으로도 변함 없는 사실이다. 가난뱅이와 부자, 시어머니와 며느리, 남편과 아내, 상사와 직원 등 사회는 그 모든 권력관계의 집합이다. 미디어는 때로 이러한 권력관계를 더욱 확고하게 만들기도 하며, 균열의 틈을 비집고 들어가기도 한다. 법과 질서 그리고 제도를 통해 인위적으로 막고 있을 뿐이지 권력관계를 뒤집을 폭력의 소지는 언제나 있는 것이다. 그러한 위험을 안고도 이처럼 잘 짜여진 세계에서 우리가 살 수 있는 것은 폭력보다 더 위대한 힘을 가진 무언가를 가지고 있기 때문이다. 그것이 대화와 소통이다. <사랑과 전쟁>은 이혼을 이야기하고 있지만, 사실은 공존을 담고 있다. 그 공존을 위해 필요한 것이 폭력보다 위대한 대화와 소통임을 보여준다. 『상실의 시대』의 주인공 와타나베처럼 우리는 대화와 소통을 위해 가장 가까이에 있는 사람의 이야기를 차분히 들어주는 자세가 필요하다.

비평을 위한 몇 가지 제언(提言)

수용자가 참여하는 '미디어 현실'로 재구성되는 Reality-TV는 다음과 같은 특징을 지닌다. 이러한 특징은 장점이 될 수도 혹은 단점으로 작용할 수도 있는 양면성을 지닌다. <사랑과 전쟁> 역시 이 범주가 구속하는 한계에서는 자유롭지 못하다.

첫째, Reality-TV의 표현방법은 운명이라는 커다란 명제를 개인화함으로써, 현실적인 보편성이 개인적인 것에 가려지게 하는 우를 범하게 할 수 있다. 사회 전반적인 정의를 위해 곧주 세워져야 할 가치관이 자칫 '개인적 사정에 의해서라면 유보될 수도 있다'는 감정론에 치우쳐질 수도 있다는 뜻이다. 제작관련자들은 개별적 이야기를 구성하는 차원에서 지나친 복선의 배치와 상식 선에서 용납되지 않는 비현실성의 '억지대입'은 피해야 한다는 것이다.

둘째, 생방송의 경우에는 사건의 진실성을 강조해주지만 녹화방영의 경우 '조작의 위험성'은 항상 자리 잡게 된다는 것이다. <사랑과 전쟁>의 경우 극중 배역인물이 의도된 연기를 통해 제작되는 프로그램의 특성으로 말미암아 조작의 개연성 혹은 굴절요인은 상존하게 된다. 사회문제의 정확한 해석, 원본과 틀림없는 제작방향의 고수, 이런 노력만이 시청자가 공감하는 참여 프로그램으로서 진정한 역할을 수행하게 된다.

셋째, 사적인 사건해석이 우리 사회 전체가 공감하는 가치관으로 자칫 호도 될 수도 있다는 염려다. 개인사에 관한 부분은 TV 카메라가 아무리 리얼하게 묘사한다고 해도 그 한계가 있게 마련이다. TV 매체가 알면서도 범하는 오류 가운데 하나가 '캐릭터의 단순화'다. 나쁜 사람은 모든 행동이 악질의 연속이며, 선량한 주인공은 언제나 핍박 속에서도 성인군자처럼 의인(義人)으로 그려진다는 것이다. 그러나 인간의 실제 면면은 악한 면과 선한 요소가 뒤섞여 있으며, 어느 한 부분이 얼마나 '상대적으로 우세한가'에 따라 그 인성이 판단되게 마련이다. 극적인 효과만 염두에 둔 나머지 현실을 표방한 이야기 구조마저 '극단적 성격'으로 몰아간다면 그것은 또 다른 차원에서의 '시청자 모독'이 될 수 있다.

넷째, 등장하는 이야기 구조는 천편일률적으로 '상식적인 소재'만 다룬다는 것이다. 이러한 현상은 광범위한 시청자들을 끌어들이기 위한 TV 프로그램 편성상 어쩔 수 없이 적용하는 일반적 원칙이기도 하다. 그러나 자칫하면 우리 사회가 전문화·다원화되고 있는 현실을 제대로 반영하지 못하는 '반쪽 리얼리티'의 완성도에 머물고 마는 굴레가 될 수도 있다.

　이러한 지적에도 불구하고 KBS TV의 <부부 클리닉−사랑과 전쟁>은 상업적 드라마와 센서이셔널을 추구하는 프로그램이 범람하는 현재의 미디어 환경에서 상당히 성공하고 있는 프로그램이란 후한 평가를 줄 수 있다. 시청자 참여수의 변함 없는 추이와 그에 공감하는 ‘고정 팬’이 언제나 그 시간대를 ‘잔잔한 반응’으로 응시하고 있다. 때문에 <사랑과 전쟁>은 상실의 시대를 살아가는 현대인들에게 한 번쯤 뒤를 돌아보게 만드는, 바보상자가 그간 등한시 해왔던 ‘대화와 소통의 한 장’으로, 우리에게 메시지를 던져주고 있는 것이다.

중첩된 거울 이미지의 역사

역사(인물) 소재 드라마의 두 가지 악덕

이윤경(자영업)

언젠가 서양의 유명한 치즈 생산업체의 상표를 본 적이 있다. 그 상표는 치즈만큼이나 유명해서, 치즈를 애호하는 나머지 치즈상표를 수집하는 취미를 가진 사람들이 꼭 소장하고 싶어하는 첫번째 순위에 든다고 한다. 로고(logo)는 소박한데, 순박한 눈을 가진 젖소가 그 전부이다. 그런데 젖소의 왼쪽 귀에는 품종이나 등급을 표시하는 딱지가 붙어 있는데, 그 딱지에도 똑같은 젖소의 모습이 그려져 있다. 그리고 꽤 좋은 돋보기를 들이대고 본다면, 딱지에 그려진 젖소의 왼쪽 귀에 달린 딱지에도 똑같은 젖소가 그려져 있음을 알 수 있다. 짐작했겠지만, 이 로고의 매력은 젖소 안의 젖소, 그리고 그 젖소 안의 젖소인 것이다.

인간이 자신의 모습을 볼 수 있게 된 것은 거울(혹은 자신을 비추어 줄 모든 것들)의 존재 때문이다. 혹자는 거울로 인해 인간의 욕망이 배태되었다고 본다. 거울에 비치는 자신의 모습을 좀더 근사하게 만들고자 하는 욕망은 타인과의 비교를 낳고, 그러한 비교는 끊임없는 경쟁과 욕망의 추구를 낳는다는 것이다. 하지만 거울에 비친 모습은 참이라든가 진실과는 거리가 멀고 심지어 사실도 아니다. 의류매장의 거울들은 모두 비스듬히 어느 정도의 각도를 유지하며 세워져 있는데 다리가 길어 보이는 효과를 위해서이다. 옷맵시가 그만큼 살아나기 때문에 손님의 만족을 높여 매출에 많은 영향을 준다고 한다. 한마디로 착시현상을 노린 것이다. 그러나 그런 착시현상을 굳이 일으키지 않더라도 자신을 엄정하게 객관적으로 볼 수 있는 사람은 드물다. 하물며 거울은 나의 본모습을 비추어 주는 도구일 뿐, 결코 나의 본래적 모습을 담아낼 수는 없다.

결국 인간은 자신의 모습조차 사실대로 볼 수 없으니, 거울에 비친 모습을 위해 끊임없는 욕망을 추구한다는 것이 얼마나 허망한 일인가. 그러나 허상을 뒤쫓는 그러한 욕망의 추구 안에서 움트는 또 하나의 욕망은 진실에 대한 갈구이다. 거울 속의 나는 참된 나를 비춰 주지 못한다. 거울 밖에 존재하는 나와 거울에 비추어진 거울 속의 나는 같을 수가 없다. 그러나 대부분의 사람들은 거울 속의 자신을 참된 자신이라고 생각한다. 참된 나와 거울 속의 허상인 나의 문제는 물리적인 측면에서 따진다면 굳이 문제될 것이 없는 듯이 보인다. 하지만 엄정하게 본다면 물리적으로도 거울 속의 나는 거울 밖의 나를 완벽하게 재현해주지 못한다. 이 세상에 완벽한 원은 존재하지 않는 것과 같은 이치다. 일찍이 시인 이상은 이러한 참된 나와 거울 밖의 허상으로서의 나를 자각했던 사람 중의 하나다. 이러한 다소 형이상학적인 문제를 누구나 나름대로의 수준에서 고민해보았을 것이다. 참과 진실과 사실의 복잡한 문제에 대해서 말이다.

앞서 상표 속의 수많은 젖소 중 과연 최초의 것은 어떤 것이라고 해야할 것인가. 그렇다면 최초의 젖소는 본래의 젖소에 가까운 것인가. 마찬가지로 거울 속의 내가 참된 나일 수 없다면, 거울 밖의 나는 참된 나인가. 진실에 가까운, 혹은 사실에 가까운 나는 어떤 모습일 것인가. 서양의 사상가인 바르뜨나 보드리야르는 거울 이미지의 문제와 '시뮬라시옹'이라는 이론으로서 이러한 것들을 설명하려 한다. 프랑스의 대표적인 사상가 중 한 사람인 장 보드리야르는 그의 독창적 이론인 '시뮬라시옹'을 통해 포스트모던 사회의 본질을 꿰뚫고 있다. 실재가 실재 아닌 파생실재로 전환되는 작업이 시뮬라시옹이고, 모든 실재의 인위적인 대체물을 시뮬라크르라 부른다면, 우리가 살아가고 있는 이곳은 다름 아닌 가상실재 즉 시뮬라크르의 미혹 속이다. 그는 이러한 논의를 통해 출구도 희망도 없이 와해된 사회적인 것들의 종말을 묘사하고, 사람들에게 사는 가치를 주기 위해서, 가치 없는 세상의 허무함을 가리기 위해서 시뮬라크르적인 실재를 역설하고 있다. 한마디로 이 세상에 참된 실재는 없으니, 그것을 인정하고 속 편하게 파생실재, 즉 허상을 인정하라는 것이다. 실재가 존재하지 않는 이 세상의 허무를 인정할 수 없다면 그 뒤에 남는 것은 죽음 이외의 어떤 대안이 있을 것인가.

그런데 근간의 역사 소재 드라마에서 이러한 보드리야르의 권유를 문득 발견한다. 역사란 가장 객관성을 추구하고 실재와 진실과 사실을 드러내려 애써야 하는 성질의 것이 아닌가. 그러나 온 세상이 시뮬라크르의 미혹 속이니, 역사라고 예외일 수는 없다. 따지고 보면 역사는 역사를 이루는 사건들이 일어나는 순간을 떠나면서부터 왜곡되기 시작한다. 또한 그것을 기술하는 사가의 손에 의해 또 한 번 굴절된다. 정쟁의 승리자가 기록하는 역사는 정쟁에서 패배한 자를 깎아 내리는 방식으로 이루어진다. 따라서 역사의 기록을 볼 때조차도 이면의 진실을 생각해야 하는 것이다. 탁월한 역사가는 객관적인 사실 외에도 이면의 진실을 간파하고 그것을 온전히 전달하려 애쓰는 사람이 아닐까 싶다. 그러나 보드리야르의 입장에서 본다면 그러한 노력들이, 진실에 대한 추구가 무의미하다. 어차피 진실이란 온전한 실재란 존재하지 않기 때문에. 이러한 보드리야르의 권유를 근간의 역사 소재 드라마는 적극적으로 수용하고 있는 듯 보인다. 아니 수용이라는 말보다는 오해라고 해야 바른 표현일 듯싶다.

역사나 역사 속의 인물을 소재로 취하는 드라마는 '역사적 사실'과 허구화된 삶을 보여주는 '드라마'라는, 모순되는 양상 속에서 탄생했다. 따라서 역사 드라마라 일컫는 일련의 드라마들은 역사적 사실과 허구 사이에서 교묘한 줄타기를 함으로써 시청자들에게 묘미를 준다. 익히 알려진 역사적 사실이나 역사 속의 인물을 주제나 소재로 삼아 친근감을 획득하고, 역사에는 표면화되어 있지 않은 행간의 의미를 허구적으로 재구성하여 새로움을 얻어낸다. 이때 드라마는 역사가가 했던 작업, 즉 객관적 사실인 역사를 자신의 시각으로 바라보고 해석하는 작업을 다시 수행한다. 어쩌면 알려진 역사보다는 드라마가 보여주는 새로움인 역사에 대한 재해석에서 시청자들은 흥미를 느끼는 것일지도 모른다. 그리고 그러한 재해석과 허구화된 것들이 역사와 교묘하게 융합되어 그럴 듯할수록, 시청자들에게 역사적 사실과 허구의 간극을 잊고 그 모든 것을 역사로 착각하게 만들 때 잘된 역사 드라마라 할 수 있을 것이다.

그러나 역사적 사실과 허구의 교묘한 줄타기는 쉽지 않다. 양쪽에 걸친 것이기에 적당한 배분을 하지 않으면 죽도 밥도 아닌 것이 되어 버리고 만다. 또한 역사와 허구 사이의 적절한 배분은 정해져 있지 않다. 역사 쪽에 치우칠 수도 있고, 상상력을 더욱 발휘할 수도 있다. 어느 쪽에 비중을 두었을 때 더욱 성공적인 드라마가 나올 것인가 하는 문제 역시 정답은 없다. 하지만 역사를 다루되 그에 대한 날카로운 해석과 일관된 관점이 있어야 함은 자명하다. 근래의 역사나 역사 인물 소재의 드라마는 허구화 쪽에 더욱 치중한 듯싶다. 어찌 보면 역사나 역사 속의 인물을 타이틀로 내걸었을 뿐이고, 내용은 점점 역사적 사실과는 거리가 멀어진 것으로 생각된다.

드라마가 다루는 역사는 일명 사극이라 불리는 형태로 주로 나타난다. 특히 왕실을 중심으로 한 정쟁이나 권력암투, 혹은 그러한 와 중에서 부각되는 인물들에 초점을 맞추어 진행된다. 또 다른 예로는 우리 역사의 격동기라고 할 수 있는, 그렇게 멀지 않은 일제시대나 한국전쟁을 배경으로 삼거나 그 혼란기를 살아간 인물에 초점을 맞 추는 경우이다. 그러나 드라마의 묘미를 살리기 위해서는 좀더 극적 인 삶을 살았던 인물이 필요하고 때문에 역사상 혼란기나 변환기가 주로 선택되어져, 드라마의 소재로 취해지는 역사적 사건이나 인물 이 한정되어 있는 실정이다. 왕실 배경 사극의 경우에는 세조의 왕위 찬탈을 다루거나 숙종조의 장희빈과 인현왕후의 사건, 영·정조의 사 도세자와 혜경궁 홍씨의 비극을 주로 다루었다. 그러면서 인물을 부 각시켜 조광조나 한명회 등을 타이틀로 내걸기도 하고, 구한말의 역 사적 격변기와 함께 흥선군과 명성황후를 내세우기도 한다. 이러한 역사적 시대와 인물은 지속적으로 드라마의 소재적 원천이 되면서 다양한 시각으로 재현되어 왔다. 그러나 같은 소재를 다양하게 보는 것도 한계가 있어, 최근에는 사극을 표방하되 현대적인 감각을 살린 퓨전 사극이라 일컬을 만한 독특한 장르가 나오기에 이르렀다. 근자 의 사극은 점점 역사적 사실과는 무관한, 단지 시대적 배경만을 차용 하고 인물이나 사건은 완전한 허구에 가까워지게 되었다.

물론 비교적 역사적 사실에 충실한 사극인 일명 정통사극에 있어 서도 주인공 외의 인물 설정에 있어서는 완전한 허구의 인물을 창작 해내기도 한 전례가 있다. 하지만 전체적인 드라마의 흐름을 벗어나 게 할 정도의 비중은 아니었다. 아예 과거의 어느 특정 시대를 배경 으로 삼더라도 모든 인물이 역사상의 실존 인물이 아닐 경우에는 오 히려 큰 문제가 없다. 문제가 되는 것은 분명한 역사적 사실을 배경 으로 삼으면서도 드라마의 재미를 위해 허구적 인물, 나아가서 허구 적 사건을 끌어올 때이다. 개연성 있는 허구의 개입은 드라마의 완성 도를 높이고 동시에 흥미를 배가시킬 수 있지만, 역사적 사실과 허구의 조화로운 공존이라는 것이 그리 용이한 일만은 아니다. 드라마 작가의 역량과 안목 및 연출가의 솜씨가 탁월하지 않다면 이것은 상당히 위험한 시도가 될 수 있다.

역사 소재 드라마의 원천을 살펴보면, 역사적 고증을 거친 자료가 아닌 역사소설을 그 원재료로 삼고 있음을 볼 수 있다. 따라서 우리가 접하는 완성된 드라마는, 역사적 사실을 다시 작가의 관점에서 재창조한 역사소설을 주 재료로 삼고 다시 드라마 작가의 수정과 재창조를 거쳐 나온 결과물이다. 때문에 이런 드라마가 나올 때마다 드라마의 성공 여부와 상관없이 으레 나오는 말이 역사적 사실의 왜곡 문제이다. 특히 드라마의 내용을 역사 자체로 착각하는 청소년 시청자, 혹은 일부 성인 시청자들에게는 이런 류의 드라마가 심각한 문제를 가져올 수 있다. 드라마의 시청률이 높아 이른바 성공한 드라마라고 하는 것일수록 이러한 왜곡과 착각의 정도는 더 심하다.

하지만 드라마가 진행되는 동안에도 문제점들이 끊임없이 지적되고, 앞으로의 드라마 전개에 있어 올바른 방향으로의 수정이 가능함에도 드라마의 역사 왜곡은 요지부동이다. 역사적 왜곡과 확대, 과장이 심할수록 시청률이 높아지고 대중의 호응이 열렬하다는 이유 아닌 이유로 말이다. 특정한 예를 들자면 김두한을 소재로 한 드라마를 들 수 있다. 김두한이라는 인물은 드라마 외적인 부분에서도 여러 차례 재조명된 인물인데, 드라마의 경우만 보아도 타이틀에 오른 예가 허다하다. 그런데 재조명될수록 그 허구화의 정도가 심해지는 양상을 보이는데, 가장 큰 허구화의 특징은 김두한에 대한 영웅화이다. 일견 그는 영웅으로서의 면모가 있으나, 그가 결국은 정치와 결탁한 폭력배였다는 것은 자명한 사실이다. 최근 우리 문화에서 폭력배, 세칭 조폭이라는 화두는 희극적인 요소와 결합하여 열렬한 대중의 호응을 얻고 있다. 그러한 시류에 편승하여 김두한이라는 인물도 다시 소재화되기에 이르렀다고 볼 수 있다. 이러한 흐름이 위험한 것은 이

시대의 스트레스를 폭력으로 씻어내려 한다는 점이다. 그리고 김두한이 그렇게 멀지 않은 시대에 실존했던 인물이라는 점이 또한 위험한 요소인데, 가까운 시대에 실존했던 인물은 그만큼 현실과 허구를 분별치 못하게 하는데 있어 더욱 강력함을 발휘한다. 요컨대 역사의 왜곡과 함께 폭력의 미화가 맞물리는 이중적 문제점을 드러내는 것이다.

이상과 같은 역사 및 역사적으로 실존했던 인물을 다루는 드라마의 고질적 문제점은 사극에 있어서나 현대극에 있어서 공통적으로 발견된다. 그리고 역사에 대한 잘못된 인식을 심어주는 것은 물론, 드라마의 시청률이 높아질수록 과장과 미화로 포장한 허구가 더욱 드라마의 내용을 잠식해 들어가게 되는데, 그러한 양상이 진행됨에 따라 시청자의 불만 또한 증폭된다는 사실을 드라마를 담당하는 작가나 연출가는 잘 인식하지 못한다는 것이다. 시청률의 상승 속에 숨어 있는 불만의 그림자를 간파하지 못하거나, 아니면 시청률 외의 다른 요소들은 눈을 감아버리는 것인지도 모르겠다.

불만의 그림자는 역사적 진실을 드라마가 제대로 구현해주기를 바라는 많은 시청자들의 마음이다. 이들은 역사에 대한 어느 정도의 식견과 나름대로의 견해를 지닌 층들이라고 할 수 있는데, 이러한 층들은 교육의 정도나 연령대의 차이로 구별지을 수 있는 사람들이 아니다. 교육의 정도나 연령에 상관없이, 역사에 대한 제대로 된 통찰을 원하고 진실은 그만두고라도 사실만이라도 온전히 드러내주기를 바라는 그런 시청자들이 여기에 속할 것이다. 이러한 시청자들이 결코 적다고 할 수 없으니, 이들이 역사 소재의 드라마에 바라는 것은 허구화에서 오는 자극적 흥미가 아니라 역사와 드라마라는 이질적일 수 있는 두 층위가 만나서 이루는 또 다른 진실이다. 그런데 앞서 지적했듯이 대부분의 드라마가 보여주는 것은 이들의 바람과는 거리가 멀고, 또 점점 멀어지고 있다.

과거에 제작되었고 현재 진행중인 드라마 외에 앞으로 제작·방영될 역사(인물) 소재 드라마의 현황을 보면, 역사적 진실의 구현을 바라는 시청자들의 목마름은 여전히 외면되어 있음을 알 수 있다. 즉 비교적 명백한 역사적 사실이나 역사적 인물의 행적을 소재로 했을 경우 허구화가 자유롭지 못한 면이 있기에 허구화가 줄어들수록 대중의 호응도가 줄어든다는 생각을 가진 드라마의 제작 담당들은, 역사의 왜곡이니 역사적 진실의 호도니 하는 비난을 면하고자 다른 출구를 모색한 듯하다. 앞서 말했듯이 배경은 역사적인 어느 시점을 택하더라도 인물은 완전히 허구로 설정하거나 역사적으로 기록이 많지 않은 인물을 내세우는 방법이 그 하나인데, 이때에는 역사극이 아니라 시대극이라는 성질의 것으로 전환되는 것이다. 최근에는 무협적인 요소를 가미하여 협객과 무사들의 이야기를 다룸으로써, 역사를 대치할 다른 흥미 요소를 찾고 있는 듯 보인다.

아쉬운 것은 좀더 적극적인 방안을 모색하여 기존의 비판을 겸허하게 수용하고, 객관성을 바탕으로 한 역사적 사실과 허구화를 통한 역사적 진실의 조화를 시도하는 방향으로 나갔다면 좋았을 것이라는 점이다. 물론 쉽지 않은 줄타기라는 것은 명백하다. 그러나 그러한 노력과 열정은 시청자에게 고스란히 전해지게 마련이고, 드라마를 담당하는 층들이 자신의 소임을 다했을 때 시청자 또한 드라마를 통해 드러나는 진실과 열정을 느껴 서로가 일정한 접점에서 만날 수 있는 것이 아닐까 싶다. 그 접점이 감동이요, 감동은 드라마를 비롯한 방송 매체를 수준 높게 성장시키는 밑거름이 될 것이다.

그러나 차기 제작 드라마들의 모습과 성과는 미지수지만, 지금까지의 결과를 대체적으로 평가하자면 역사(인물) 소재 드라마의 행보는 썩 올바른 길을 걸어 온 것 같지는 않다. 앞서 누누이 지적했듯이 역사적 사실과 진실에 눈뜨지 못한, 혹은 몰이해한 대중들에게는 제대로 된 역사 길잡이가 되지도 못하고, 반면 역사적 사실을 어느 정도 정확히 인지하고 있고 역사적 진실에 목말라하는 대중들에게는 거센 반발과 외면을 유발한다. 이는 역사나 역사적 인물을 소재로 한 드라마의 고질적인 두 가지 악덕이다. 이 악덕을 미덕으로 바꿀 것인가 아닌가 하는 문제는 일단은 고스란히 드라마 관련 층들, 특히 드라마 작가와 연출자에게 달려 있다. 부단한 드라마 작가의 발굴과 그들의 역량을 키울 수 있는 여러 조건들이 충족되어야 하겠지만, 일단은 드라마가 오로지 허구의 산물만은 아니라는 것, 특히 지면에 기록되는 소설류와는 다르게 더욱 현실적으로 다가오는 것이 드라마라는 점을 인식했으면 한다. 서민의 삶을 다룰 때에는 그들의 삶과 호흡하고, 상류층이나 전문직의 인물들을 다룰 때에는 그러한 세계에 대해서 면밀히 취재하는 등의 기본적인 것을 충실히 해야 할 것이다. 더구나 역사적 사실이나 인물을 다룰 때에는 고증의 철저함을 바탕에 깔고, 개연성을 바탕으로 한 허구화의 추구를 통해 역사 속에 숨어 있는 이면의 진실을 전해 주어야 하지 않을까 싶다.

이러한 일반론적인 사항을 구구절절이 밝힌다는 것은 불필요한 일인지도 모르겠다. 원론적인 문제를 그들이 모를 리가 없기 때문이다. 그렇다면 마음의 자세에 대한 변화를 요청해야 하는 것인지. 시청률이라는 미망에 빠진 그들에게 역사를 대하는 올바름을 깨우쳐주는 것이 또한 시청자들의 몫이 아닌가 한다.

우리가 보고 있는 드라마 속의 역사나 역사적 인물은 몇 번째의 젖소인가. 또한 몇 번째의 거울에 비친 형상인가. 가상현실 속의 자신을 깨닫고 그속에서 빠져나왔지만 또 다른 가상현실 속이었을 뿐이라는 어느 영화의 메시지처럼, 역사를 호도하는 드라마는 우리에게 시뮬라크르적인 세상의 허무함을 알려주려는 것은 아닐까 하는 우스운 생각도 해본다. 어차피 실재는 존재하지 않으니, 실컷 파생실재인 허상을 즐기라고 말이다. 역사적 사실이니 진실이니 하는 것은 모두 잊고 즐겁고 맛나게 버무린 허상의 역사 속에서 마음껏 유영하라고 말이다. 하지만 보드리야르의 결론은 진실과 실재를 온몸으로 탐구한 자의 하나의 마지막 선택이었을 뿐이다. 진실과 실재를 탐색하는 또 하나의 도달점은 그래도 진실과 실재는 있다는 믿음이다. 어느 인기 외화의 모토처럼 '진실은 저 너머에' 있다. 역설적이게도 초현실적이고 비현실적인 현상에서 진실을 추구한다는 그 외화 시리즈의 10년여에 걸친 성공이 무엇을 시사하는 것인지를 다시 한번 생각해볼 일이다.

카메라 렌즈 속의 동물들

방송 3사 동물 프로그램을 중심으로

오연주(학생)

서론

동물 프로그램의 대명사 격이었던 KBS <퀴즈탐험 신비의 세계>가 18년간 800회를 넘기며 장수하는 동안, 초등학교 시절 진행자의 동물 목소리 연기에 감탄하며 웃던 아이들도 어느새 어른이 되었다. 동물들은 간혹 지루한 ―어린 나에게는― 다큐멘터리의 주인공으로 나서곤 했는데, <퀴즈탐험 신비의 세계>라는 프로그램에 출연하는 동물들은 그렇지 않았다. 그들은 우리와 멀지 않은 존재로서, 그들의 사는 이야기를 듣는 것은 어린 시절의 호기심과 맞닿아 언제나 즐거움을 주었다. 간혹 어린 시절의 그러한 추억이 그리워지면 <퀴즈탐험 신비의 세계>의 시간에 맞춰 TV 앞에서 기다리면 되었다. 동물들이 고정적으로 출연하는 프로그램은 그만큼 한정되어 있었고 이는 10년이 넘는 세월이 흘러도 변함 없는 사실이었다.

그런데 2001년쯤부터 여기에 변화가 일어나기 시작했다. TV를 켜면 동물들을 주인공으로 하는 프로그램이 쉽게 눈에 띄는 것이다. 근래의 동물 프로그램 편성 붐의 진원지인 SBS의 <TV 동물농장>을 시작으로 KBS의 <주주클럽>, MBC의 <와우 동물천하>가 차례로 생겨났고 동물원을 배경으로 한 시트콤이나 연예인이 동물을 키우는 이야기가 방영되기도 한다. 드디어 인간들은 오래 전부터 우리 옆에 있던 존재들에게 본격적으로 카메라를 들이대기 시작한 것이다. 최근 하나의 유행처럼 번지고 있는 이러한 현상을 그냥 관조하기엔 짚고 넘어가야 할 것들이 너무 많다. 동물들에게로 왜 카메라를 돌리게 되었는지, 그리고 그 카메라들은 동물들을 '잘' 찍고 있는지 생각해 보아야 할 것이다. 인간에게서 찾을 수 없는 그 무엇을 동물들의 세계에서 발견하기를 고대하며 그들과 교감하고자 하는 취지에서 시작한 동물 프로그램들, 이 글에서는 그러한 방송 3사의 대표적인 동물 프로그램을 중심으로 이야기를 풀어나가고자 한다.

본론

왜, 어떻게 만들고 있나 — 기획의도와 구성

SBS <TV 동물농장>은 '야생의 자연을 누비는, 혹은 우리 곁에서 함께 호흡하며 살아가는 수십만 종의 동물들, 인간과 밀접한 생활을 나누는 이들을 우리는 얼마나 진심으로 이해하고 있는가?'라는 질문을 시작으로 기획의도를 설명하고 있다. '순수한 동물들의 생활을 통해 각박한 도시생활에 잃어버렸던 감성과 건강한 웃음을 시청자들에게 제공하고자' 하는 MBC <와우 동물천하>나 '인간과 동물의 100% 공감지대'를 표방하고 나선 KBS <주주클럽>까지 모두 공통적으로 지향하는 바는 동물에 대한 이해, 그리고 그 이해를 바탕으로

▶프로그램의 구성◀

(각 방송사 홈페이지 참조)

	KBS <주주클럽>	MBC <와우 동물천하>	SBS <TV 동물농장>
방영 시간	월요일 밤 8:20	금요일 밤 7:20	일요일 오전 9:40
주요 코너	1. 동물시트콤 2. 지구촌 동물 기행 3. 신기한 동물 나라 4. 동물병원 24시 * 당신이 없는 사이	1. 동물극장 2. 지구촌 동물 탐험 3. 大발견! 동물의 법칙! * 재주꾼을 찾아라	1. 도전, 순수의 왕국 2. 동물세계 대탐험 3. 기상천외 동물탐구 4. 동물수호천사

한 공감과 교감이라 할 것이다. 인간 사회가 더욱 더 각박해지면서 우리는 새로운 미덕을 발견할 수 있는 대상을 원했고 우리 주위에 있던 동물들에게서 그것을 찾을 수 있다고 생각한 것이다. 흔히 순수와 야생으로 표현되는 그들의 세계는 인간에게 어떤 시사점을 줄 수 있을 것이다.

또한 오늘날 어떤 이들에겐 동물은 사람 이상으로 그들의 진정한 동반자 역할을 하고 있다. 애완동물을 키우는 가정이 점점 더 늘어나면서 동물들의 생활은 자연스럽게 우리의 관심사 안에 들어오게 된 것이다. 따라서 이제 동물들은 시청자를 끌어당기기 충분할 정도로 매력적인 출연자가 된다. 이른바 3B ―아기(baby), 미녀(beauty), 동물(beast)― 는 방송가에서 오랫동안 검증을 거친 것이지만, 최근 이 중에서도 동물이 단연 두각을 드러내고 있는 것이다.

세 프로그램은 모두 비슷한 구성을 하고 있는데, 이는 타 방송사에서 흥행한 작품과 비슷한 형식의 프로그램을 따라 급하게 만들다보니 기존의 프로그램을 베끼게 되기 때문이다. 따라서 코너들을 몇 가지로 분류해볼 수 있는데 비슷한 코너끼리 같은 번호를 부여하였다. 1번은 우리 주위에 있는, 우리와 함께 살아가고 있는 동물들에 대한 이야기로 동물 프로그램의 최근 트랜드인 시트콤적 형식을 대표적으로 취하고 있는 코너들이다. 2번은 '지구촌'이라는 말이 암시하듯 세계의 독특한 동물들의 생활을 소개하는 코너이며, 3번은 동물들에 대한 호기심을 풀어주는 정보 제공적 성격을 띠는 코너이다. 마지막으로 4번은 아픈 동물들의 치료에 관한 코너이고 *표시는 그 외의 코너들로 주인이 없는 동안 애완견의 생활을 지켜본다든지 개인기를 가진 동물을 만나보는 내용이다.

동반자로서의 동물에 대한 인식 — 인기 요인

최근의 동물 프로그램은 이전의 동물 프로그램과 확실히 차별성이 있다. 예전의 동물 프로그램은 동물의 생태에 관한 정보를 쉽게 풀어내던 형식을 유지하며 정보 전달에 많은 비중을 두었다. 예를 들어 원숭이의 생활을 살펴본다고 한다면 원숭이 사회의 특성, 식생 등을 '설명'하고자 하는 경향이 있었다. 그러나 최근의 동물 프로그램은 각각의 동물들에게 일정한 캐릭터적 지위를 주는 경향이 있다. 예전에는 각자의 이름이 없이 하나의 전체적인 종으로서만 인식되던 동물들이 이제는 각각 독립된 하나의 개체로서 이름을 가지게 되는 것이다. 이제 개라고 해도 다 똑같은 개가 아니며 각자의 성격과 개성을 지닌 존재로서 재탄생한다. 이른바 동물 시트콤이라고 하는 것이 시작된 것이다. 이 제작방식 아래서는 처음 보는 신기한 동물도, 멀게 느껴지던 맹수마저도 모두 친근한 존재로 우리에게 새롭게 다가선다. 우리와 비슷한 일상생활 속에서 동물들의 감정을 세밀하게 포착해 전달하고자 한 것은 동물들을 우리와 동등한 하나의 주체로서 인식하며 공감을 형성하게 하는 데 꽤 성공적인 방식이었다고 평가될 수 있을 것이다.

또한 이전의 다큐멘터리적 동물 프로그램이 아프리카나 정글의 야생동물을 대상으로 한 데 반해 인간과 가깝게 살아가는 동물들의 이야기를 많이 함으로써 시청자들에게 친근하게 다가갈 수 있었다. 우리 집에서 키우고 있는 애완동물들의 이야기가 TV 속에서 펼쳐지는 것에 대해 대부분의 사람들은 호감을 표한다. 그동안 우리와 실로 많은 부분을 함께 하던 이런 동물들이 그동안 TV에 나오지 않은 것이 오히려 어색하게 느껴질 정도이다. 애완동물에 대한 관심이 증가하면서 이런 TV 프로그램들이 등장하게 되었고, 이런 프로그램의 성장은 역으로 애완동물의 수요를 더욱 증가시키는 결과를 가져오기까지 했다.[1] 무엇보다 최근 동물 프로그램의 미덕은 우리 주위에 늘 있어 왔던 동물들에 대해 비로소 인식하기 시작했다는 점이라 할 것이다. 더구나 그들을 이해한다는 것은 그저 어떠한 지식을 더 늘리는 것이 아니라 각 프로그램들이 기획의도에서 밝혔듯 인간의 순수를 되찾는 계기가 될 수 있다. 현재 동물 프로그램의 갑작스러운 인기를 계속 유지할 수 있느냐의 여부도 이것이 얼마나 성공적이느냐에 달려 있을 것이다.

진정으로 교감하는가 — 성급함의 결과

어쨌거나 누군가에게 관심을 가지게 되었다는 것은 서로의 관계가 발전할 가능성이 있다는 것이다. 특히 우리와 오랜 시간을 함께 하면서도 상대적으로 관심을 가지지 못했던 동물들에게 방송이 눈을 돌리게 된 것은 바람직한 일이다. 이제 중요한 문제는 '어떠한 눈으로 그들을 바라보는가'이다. 기본적으로 인간과 말이 통하지 않기 때문

---

1) TV 속 동물 열풍은 현실로 이어지고 있다. 한국애견연맹에 따르면 지난해 새로 등록된 애완견 숫자가 30만 마리였는데, 올해는 지난 6월 31일로 이미 30만 마리를 넘겨버렸다. 시중에서 판매되는 애완견의 숫자도 예년에 비해 20% 이상 늘었다(《조선일보》, 2002.10.2).

에 동물 프로그램을 제작하다 보면 동물이 인간에 의해 왜곡될 가능성이 존재하는 것이 사실이다. 이를 방지하기 위해선 장기간의 섬세한 관찰이 필수적인데 여기에 동물 프로그램의 어려운 점이 있다. 촬영은 기다림의 연속이 되기 쉬운데 필요한 한 장면을 찍기 위해서 오랜 시간 동안 그저 기다려야만 하는 것은 제작자들에게는 부담스러운 일일 것이다. 그러나 그러한 과정을 거치는 것은 동물에 대한 이해에 필수적이다. 제작자들조차 공감하지 못하는 동물들이라면 이 동물들과 직접도 아니고 TV를 사이에 두고 만나는 시청자들은 어떠한 느낌을 받을 것인가. 간혹 지적되는 억지스런 연출, 작위성 등의 비판이 바로 이러한 문제점으로부터 기인하는 것이다.

동물 시트콤이라는 장르는 이전과 달리 인간과 닮아 있는 동물들의 사랑, 감정 다툼 등으로 구성되어 쉽게 흥미와 호감을 가지게 한다. SBS <TV 동물농장>에서 인기를 끌었던 '개성시대'는 한 연예인 집에서 키워오던 개 9마리의 이야기다. 한 집에서 생활하는 여러 마리 개들 사이의 관계를 재미있는 시트콤으로 구성하였는데, 이 코너는 각각의 개들에 대해 오랜 시간에 걸친 관찰을 토대로 캐릭터 작업에 성공하였다. 인간들이 아옹다옹 사는 모습과 별반 다르지 않은 그들의 모습은 우리 주위에서 가장 친숙하게 볼 수 있는 개들에 대해서 더 잘 이해할 수 있는 계기를 제공해준다. 그러나 동물들에 대한 진지하고 세밀한 관찰과정 없이 그저 우리가 사는 모습과 비슷한 그들의 희로애락을 인간의 시각으로 성급하게 해석하려고만 한다면 그것은 문제가 있다. 후발주자로 나선 프로그램들은 제작 준비기간 부족으로 이런 문제점을 잘 드러내고 있다. 한 집에 살아가는 개 20마리의 이야기를 다루고 있는 KBS <주주클럽>의 '와글바글 명랑가족'의 각 에피소드들은 각각의 개들과 시청자가 교감할 틈조차 주지 않고 끝나버리는 듯한 인상을 준다. 단편적인 에피소드의 연결에 그치는 이 프로그램의 근본적인 문제점은 동물과 교감을 나눌 새도 없이 그저 카메라를 들이댄다는 데 있는 것이 아닐까?

이러한 동물 프로그램 제작 여건상의 문제점은 모두의 공통적인 문제로서 이 점은 동물 프로그램을 기획할 때부터 진지하게 인식되어야 할 것이다. 그렇지 않다면 단기간의 관찰을 토대로 어설프게 동물들의 이야기를 인간 마음대로 재구성하고 편집해 내놓는 결과 밖에 나올 수 없다. 동물과 진정으로 커뮤니케이션 하고자 하는 마음이 물론 가장 기본이 되어야겠지만 제작에 있어서의 현실적 문제도 중요하게 고려되어야 한다는 것이다. 빠듯한 제작일정에 쫓기다보면 다른 프로그램보다 훨씬 더 많은 시간을 요하는 동물 프로그램은 내용의 빈약함을 드러낼 수밖에 없기 때문이다.

아직도 동물원에 가시나요 — 갇혀진 동물들

환경, 생태 등에 관한 관심이 증가하면서 동물원의 문제점에 대한 지적은 여러 차례 있어왔다. 동물원의 '비동물적인' 환경이 보고될 때마다 사람들은 크게 놀란다. 하지만 얼마 후 그들은 또다시 동물원의 우리 앞에서 동물을 보면서 웃고 즐기고 있다. 이것이 보통 사람들의 모습이다. 동물원에 아기 동물들을 키우는 사육사가 필요한 것은 어미가 스트레스로 인해 모성이 변화했기 때문이라는 이야기는 우리에게 무엇을 시사하는가.

인간의 의해 가두어진 동물들을 또다시 인간의 눈으로만 바라보고 해석하는 것은 동물과의 교감을 위해 우리가 가장 경계해야 할 것이지만 TV 프로그램들은 이를 그대로 답습하고 있다. MBC <와우 동물천하>에서 야생에서 위협받는 코끼리들을 언급하고 나서 다음 화면에 나온 것은 코끼리에게 재주를 가르치는 곳이었다(2002.10.4). 이는 은연중에 야생에서 약육강식의 위험 아래 놓여 있는 것보다 인간의 보호 아래 인간을 즐겁게 하면서 살아가는 게 더 낫지 않으냐고 말하는 것 같아서 씁쓸한 기분을 지울 수 없었다. 야생의 코끼리가 왜 위험에 처했는지에 대한 고찰은 찾아 볼 수 없고 오히려 묘기를 처음 배우기 시작하는 꼬마 코끼리의 이야기에는 빨리 무대에 서고 싶은 마음에 조련사를 재촉하고 있다는 내용이 담겨 있었다. 인간에게 즐거움을 주기 위해서 사육되는 동물들에 대한 문제의식은 찾아 볼 수 없고 오히려 갇혀진 동물들을 또 한 번 단순한 볼거리의 대상으로 재포장하고 있다. 인간은 자신들이 보고 싶어하는 동물의 모습만을 찾아낼 뿐이다. 동물원에 사는 여러 가지 동물들의 이야기를 꾸밈에 있어 그저 흥미위주의 드라마 형식으로 구성할 생각만 하였지 동물원 환경에 대한 근본적인 문제제기는 전혀 하지 않고 있다. 동물원을 폐쇄하자는 극단적인 주장은 못하더라도 적어도 동물들이 그 안에서 어떻게 살아가고 있는지에 대해서 객관적으로 보여줄 필요는 있다. 동물원 동물들의 이야기에 우리가 그저 재미있어 하는 동안 우리는 자신도 모르게 소극적 동물학대에 동참하고 있는 것은 아닌가 하는 우려가 든다.

오락이냐 교양이냐 — 정보 전달의 미흡함

동물들이 살아가는 시시콜콜한 이야기는 분명히 신선했고, 색다른 즐거움을 주는 것이었다. 하지만 이러한 재미에 묻혀서 정보 제공의 측면이 지나치게 소홀해지고 있다는 것은 문제점으로 지적되어야 한다. 특히 지구촌의 다양한 동물들을 소개하면서 잘못된 정보를 제공할 때도 있다는 것은 심각한 문제점이다.[2] 방송사의 편성기준에 따

---

2) 한국여성단체협의회 매스컴모니터회의는 지난 8~9월 KBS <주주클럽>, SBS <TV 동물농장>, MBC <와우 동물천하>를 모니터한 결과를 10월3일 발표하였는데 지적된 오류는 다음과 같다. 호랑이가 채식동물로 변한 것처럼 설명한 것(<와우 동물천하>), 바다표범과 물개를 혼동한 것(<주주클럽>).

라 연예·오락 프로그램에 속할 수도, 교양·정보 프로그램에 속할 수도 있는 것이지만 동물 프로그램이 단지 재미를 주는 것에만 치우쳐서는 안된다는 것은 자명한 사실이다. 동물들을 TV에서 바라보고 단순히 웃자고 든다면 이는 동물들을 하나의 객체로 취급하는 것밖에 되지 않는다. 또 하나의 손쉬운 몰래카메라 대상으로서 그들을 대하고 정확한 정보도 없이 우리 마음대로 해석하려 한다면 동물과의 교감이란 말은 빛 좋은 개살구에 지나지 않을 것이다. 대부분 연예인들이 나와서 동물들을 소개하는데 오히려 그 자리에는 동물전문가가 있어야 되지 않을까?

상대를 알아가는 과정이 있어야 그들을 진정으로 이해할 수 있다. 인간과 다른 행동, 우리의 평소 생각과는 다른 동물들의 행동에 대해 그저 이상하다거나 신기하다 같은 감탄사만 내뱉을 것이 아니라 그들이 왜 저런 행동을 하게 되는지에 대한 좀더 전문적인 해설을 들려준다면 좋겠다는 생각이 든다. 각 방송마다 동물들에 대해 평소에 궁금하였던 점이나 동물들의 특이한 습성에 대하여 자세하게 알아보는 코너가 존재하긴 하지만 이는 하나의 코너에 국한되는 것이 아니라 모든 코너들이 공통적으로 갖추어야 할 기본 사양이다. 또한 이러한 코너들마저도 점차 흥미 위주로 치우쳐 본래의 의도와 틀리게 가벼움을 추구해가고 있는 것도 문제점으로 지적되어야 한다. 예를 들어 MBC <와우 동물천하>의 '大발견! 동물의 법칙!'에서는 '곰은 진짜 미련한가'라는 질문에 동물원의 곰에게 간단한 지능검사, 민첩성검사 등을 함으로써 이를 반증하였다(2002.6.7). 그러나 서너 가지의 단순한 실험을 하고 나서 "정말 놀랍지 않습니까?"라고 말하는 것 같은 태도에는 좀 무리가 있다. 여기에 곰의 지능지수라든지, 야생에서의 곰의 생태 등에 관한 설명이 덧붙여진다면 시청자는 그저 화면에 '보이는' 것 이상으로 훨씬 많은 것을 얻어갈 수 있음을 알아야 할 것이다.

당당한 주인공이 되고 싶은 동물들

당연히 동물들이 주인공이 되어야 하는 TV 동물 프로그램이지만 아직도 동물을 단순히 하나의 소재로만 생각할 뿐 그들을 진정한 주인공으로 대접하고 있지 못한 경우가 있다. 시청률을 올려주는 대상으로서만 동물들을 대하는 태도는 특이한 개인기를 가진 동물들을 찾는 코너 등에서 찾아볼 수 있다. MBC <와우 동물천하>에서는 심지어 자동차를 끄는 개를 방송해 동물학대라는 비판을 받은 적이 있다(2002.9.13). 재주를 가진 동물들은 대부분 훈련을 받은 개들인데 인위적으로 인간을 즐겁게 하기 위해 오랜 기간 훈련과정을 거쳤을 동물들은 표면적으로는 그 코너의 주인공이지만 진짜 주인공이 아니다. 자신의 진짜 모습이 아닌 묘기만을 보여주어야 하는 그들이 어떻게 주인공일 수가 있는가. 동물들의 순수를 본받자고 시작한 프로그램들이 오히려 동물들을 인위적으로 인간의 기준에 맞춰 재단하는 모습만을 보이고 있는 것이다.

또 동물들이 그야말로 조연으로만 출연하는 경우도 있다. 특히 이는 전문 동물 프로그램이 아닌 쇼 프로그램에서 두드러진다. KBS <자유선언 토요대작전>에서 가수 CAN이 오리를 기르는 것이라든지, MBC <목표달성 토요일>의 'JTL의 개 두 마리'와 같은 프로그램을 예로 들 수 있을 것이다. 이런 프로그램을 보면서 대부분의 시청자들은 연예인의 모습에 관심이 있지 그들이 기르는 동물 자체에 대해서는 별 관심이 없다. 동물들을 기르는 스타의 모습에 환호할 뿐인 것이다. 또한 이들 프로그램의 진짜 문제점은 동물을 단순히 소재로만 빌려왔다는 것이 아니라 동물학대라는 비판을 받을 정도의 내용 때문이다. 새끼 오리들을 러닝머신에 올려놓고 누가 먼저 떨어지는지를 지켜보는 것 같은 부분적인 문제점부터 시작해 서울 개와 시골 개의 환경을 인위적으로 바꾸어 기르는 'JTL의 개 두 마리'의 기본 컨셉에 이르기까지 많은 점이 지적되어야 할 것이다. 동물들을 하나의 동등한 생명체로서 생각한다면 할 수 없는 이러한 일들은 모두 동물을 단순히 시청률을 위한 도구로밖에 생각하지 않는다는 것에 기인한다.

나가며

순수의 상실 — 인간 중심적 시각의 한계

최근의 동물 프로그램 붐에 대한 우려의 목소리는 점점 커지고 있으며 시청자 게시판에서는 '동물학대인가, 아닌가'에 대한 논쟁이 이따금 벌어지기도 한다. 이는 어쩌면 동물들이 가장 말하고 싶은 것들인지도 모르겠다. 카메라만 작은 동물의 눈높이에 맞춘다고 동물들을 이해할 수 있는 것은 아닐 것이다. 또한 동물 프로그램 한 시간을 동물들의 이야기로만 가득 채운다고 해도 인간 중심적 시각을 버리지 못한다면 그 동물들은 우리에게 그저 잠깐의 웃음거리, 흥밋거리를 제공하는 대상에 지나지 않는다. 우리는 우리가 보고싶은 동물의 모습만을 찾아서 볼 뿐 진짜 동물들의 모습에 대해선 전혀 모르고 있는 것일 수도 있다. 카메라가 비추는 동물들의 모습은 인간의 인식에 의해 한 번 걸러진 것이다. 그 여과기가 왜곡되어 있는 한 우리는 동물로부터 무엇도 배울 수 없다. 오히려 인간의 거만함은 동물들을 더욱 소외시키며 타자화하게 될 것이다. 동물의 순수를 배우고자 했던 사람들은 오히려 지금 자신들의 비순수로 동물의 순수를 파괴하는 과정에 있음을 알아야 한다.

우려를 뒤로하며 — 가능성의 시험장

그러나 현재의 동물 프로그램이 가진 가능성과 미덕에 대해서는 아직 충분한 희망을 가질 수 있다. 야생에서 다친 동물들을 치료해주는 사람을 보거나, 자신이 기르는 애완동물과 진정으로 마음을 나누는 사람을 볼 때 우리가 느끼는 감동, 또 야생의 동물들을 보면서 '그들의 욕심 없음은 인간에게 많은 것을 시사해주는군요'라고 시청자 게시판에 글을 남기는 사람들. 동물 프로그램은 이제 겨우 걸음마를 뗀 어린 아이와 같다. 초기의 '거창한' 기획의도는 방송을 하면 할수록 점점 더 잊혀져가고, 세 프로그램간의 차별성 역시 아직도 구축되지 않고 있다는 점 등 많은 문제점들은 그래서 아직은 면죄부를 받을 수 있을지도 모른다. 초기에는 신선한 프로그램들이었다 할지라도 한 번 매너리즘에 빠져 방향을 상실하게 되면 다시 그것을 바로잡는 데는 아주 많은 노력이 필요하다. 그러나 초기에 방향을 어디로 잡아야 할지 갈팡질팡 하고 있는 아이에게 방향을 바로잡아 주는 것은 의외로 쉬운 일일지도 모르기 때문이다.

현재 동물 프로그램에 대한 우려를 해소할 수 있는 해답은 간단히 찾을 수 있다. 동물을 객체가 아닌 동등한 주체로서 인정해야 한다는 것, 바로 그것이다. 그들이 우리와 별다르지 않은, 생명을 가진 귀중한 존재라는 것을 언제나 잊지 말아야 한다. 동물 프로그램은 많은 미덕과 가능성을 가지고 있다. 어쩌면 방송이 추구하는 교양, 오락, 감동 등의 가치들을 동시에 충족시켜줄 수 있는 프로그램일지도 모른다. 동물 프로그램이 가진 매력은 이제 막 시청자들에게 다가섰고 아직 그 매력은 제대로 다듬어지지 못했다. 지금의 문제점들에도 불구하고 동물 프로그램의 순기능에는 많은 가능성의 여지가 있다. 물론 이 가능성들이 정말로 실현되기 위해서는 지금보다 더 많은 비판이 활발하게 이루어져야 한다. 동물 프로그램에 대해 애정을 가진 시청자일수록 이 비판을 게을리 해서는 안되며, 제작자들과 함께 프로그램을 만들어 나간다는 마음을 가지고 동물 프로그램의 올바른 방향을 함께 잡아나가야 할 것이다.

상업방송에 멍드는 우리 가락

멀어진 TV 국악 프로그램에 대한 유감

정현경(무직)

첫 마당

국악은 아무나 함부로 들어서는 안되는 것이다. 너무나 소중한 우리 자산이기에 일반 사람들이 감히 접근할 수 없는 시간에 방송되어야 한다. 새벽 5시, 밤 12시, 새벽 1시. 국악 프로그램의 방송시간을 이렇게 이른 새벽이나 늦은 밤에 편성한 배경에는 아마 방송국의 깊은 배려가 숨어 있을 것이다.

우리의 소리가 외면당하고 천대받은 현실을 어떻게 극복해야 할지 암담하기만 하다. 시청률이 낮은 시간 겨우 얻은 TV 국악 프로그램, 그러나 낮에는 인기 프로그램의 연예인들에게 연습실을 내주고, 갖가지 중계방송으로 매번 연습한 것이 허사가 되고, 방송된다 하더라도 시청자들의 채널은 돌아가기 일쑤고 국악이라는 이유로 연예인들보다 못한 대접의 출연료를 받아야 했다.

이는 방송에서 우리 소리와 가락이 푸대접받은 현실을 개탄하여 우리 국악인들이 표현한 말이다. 명창이 되었을 때 이 나라에 태어난 것이 원망스럽다고 말한 국악인도 있다. 이는 방송 프로그램에서 클래식과 대중가요에 밀려 국악은 그저 특별한 날에 분위기를 띄우는 액세서리 같은 취급을 받은 현실을 단적으로 보여주는 예가 아닐까?

지금도 각 방송사에서는 방송의 공익성과 문화적 다원주의를 슬로건으로 내세워 방송의 공공성과 다양성을 강조한다. 그러나 현재 방영되는 방송 프로그램들은 다원성을 표방한 획일적인 프로그램들이 다반사이다. 동일한 시간에 차별 없는 내용, 연예인 중복·겹치기 출연 등 대동소이(大同小異)한 프로그램이 난무하고 있는 실정이다. 시청자 집단의 다양한 기호와 욕구, 그리고 관심사를 대변해야 하는 방송의 공익성은 온데 간데 없고, 중복편성이나 맞편성으로 시청자의 채널 선택권을 박탈하고 있다. 선정적인 저질 쇼·오락 프로그램의 가족시청시간대 배치, 재연 프로그램 대거 편성, 시트콤 대량 생산으로 인한 가학적인 웃음 등 시청자들은 소외되고 있다. 장르별 다양성의 한 몫을 톡톡히 해야 하는 방송이 어느새 쇼·오락 프로그램으로 일관된 상업방송으로 전락하고 있는 실정이다. 이런 상황에서 소수집단의 취향과 이익이 방송에서 무시되고 있다. 그중의 하나로 국악을 사랑하는 사람들의 이익이 방송에서 특히, TV 프로그램에서 철저히 무시되고 있는 것이다. 단적인 예로 댄스와 힙합 등 대중음악이 난무하는 가요 프로그램은 시청률이 몰리는 한가한 주말 오후에 편성되어 있는 반면 국악 프로그램은 한밤중 시간 때우기 프로그램으로 일시적으로 편성되거나 일요일 이른 아침에 편성되어 있어 그만큼 시청자들이 접할 기회가 없다. 이제는 우리 음악을 설날이나 추석과 같은 명절에만 들을 수 있고, 장년층과 노년층에서만 즐기는 음악, 특별한 격식을 갖추어서 관람해야 하는 공연으로 인식되고 있다.

이처럼 국악 프로그램이 TV에서 사라져가는 병폐와 현 방영중인 국악 프로그램의 한계, 그리고 국악의 대중화와 보급을 위한 방송의 역할과 자세를 알아보자.

본 마당

마당 하나 – 시청률 지상주의 딜레마에 희생된 국악 프로그램

작년 초에 SBS, MBC, EBS, 아리랑 TV 등 주요 방송사에서 한꺼번에 국악 프로그램이 폐지되었다.

SBS가 매일 5분간 방송하던 <정겨운 우리 가락>을 작년 2월 종영하는 것을 필두로 3월에는 아리랑 TV의 <사운드 앤 모션>이 제작을 중단한 채 재방송에 돌입한 것에 이어 7년여의 전통을 자랑하던 EBS 라디오의 <우리가락 노랫가락>이 폐지되었다. 4월에는 MBC TV의 <퓨전콘서트 가락>과 MBC AM의 <좋은 아침 우리 가락>까지 총 4개 사, 5개의 프로그램이 폐지된 것이다.

이렇게 국악 프로그램이 대거 폐지된 이유는 시·청취율이 낮다는 것이다. 물론 현 방송에서 시청률을 무시할 수 없다는 것은 누구나 다 아는 사실이다. 하지만 공영방송에서까지 국악을 외면한다면 국악의 설자리는 좁아질 수밖에 없다. 우리가 처음부터 서양음악에 익숙했던 것은 아니다. 자꾸 듣고 같이 생활화하니까 저절로 귀에 들어오는 것이다. 우리는 국악을 자주 접할 기회가 없다. 모르니까 국악을 외면하게 되고 우리가락의 맛을 제대로 느끼지 못하는 것이다. 국악을 자주 들어야 국악을 좋아하게 되고 시청률도 좋아지는 것이 아닐까? 시청률이 저조하다는 이유로 국악 프로그램을 폐지하다 보면 방송사에서는 국악 외면 딜레마에 빠질 수밖에 없다.

최우칠(국악노조위원장) 씨는 국악 프로그램 폐지의 두 가지 가장 큰

원인으로 시청률 지상주의에 빠진 현 방송 세태와 국악 방송의 개국
을 들었다.

우리 음악을 접할 수 있는 가장 쉬운 기회인 방송에서 우리 음악을
찾을 수 없다는 것은 우리 민족 문화의 말살과 다를 바 없는 정책이라
며 일반인들이 방송을 접할 수 있는 기회마저 박탈하고 있다며 국악
프로그램 폐지에 대한 강력한 규탄 대회를 열며 일반인들의 동참을 호
소했다.

박일훈(국악방송 기획실장) 씨 역시 "국악방송 개국은 1950~1960년
대 20% 이상을 방송하던 기존의 방송사들이 갈수록 그 비중을 낮추
고 있는 것에 대한 대안이라며 공영방송에서 시청률에 연연하여 우
리 음악을 배제한다면 그것은 국악이 대중화되지 못하는 악순환으로
돌아올 것이다"라며 우려를 표했다.

현재 TV에서 방송중인 국악 프로그램은 <국악 한마당(KBS1)>,
<국악 초대석(MBC)> 단 둘뿐이다. <국악 초대석>은 퓨전 콘서트
가락이 폐지된 이후 작년 말에 새로 신설된 국악 프로그램이다. 각
방송사들은 개편이 이루어질 때마다 시청률 저조를 핑계삼아 국악
프로그램을 없애버리고 이에 대한 비판 여론이 높아지면 다시 생색
이라도 내려는 듯이 새로운 국악 프로그램을 만든다. 하지만 이런 구
색 맞추기 식 편성에 언제 또 폐지와 신설을 반복하게 될지 안타까
울 뿐이다.

마당 둘 — TV 국악 프로그램의 한계

'가깝고도 먼 국악'. 지금 국악의 현실을 여지없이 드러낸 표현이
다. TV에서도 국악 프로그램을 찾아보기란 쉽지 않다. 현재 <국악
한마당>과 <국악 초대석>이 TV 국악 프로그램으로 그 전통을 근
근이 이어주고 있다. 하지만 이들 프로그램도 시청자와의 공감대를

형성하기에는 먼 국악 프로그램이다.

우선 방송시간부터 시청자와 거리감을 두고 있다. 국악초대석(MBC)은 평일 오전 11시에 편성되어 있고, <국악 한마당>은 일요일 오후 1시 10분에 방송되고 있다. 국악 한마당의 경우 일요일 오전 9시와 11시 사이를 오고가던 중 국악 방송시간에 대한 불만을 무마시키려는 듯 오후시간으로 편성을 바꾸었다. 그러나 이 시간도 시청자들과 얼마나 가까워질 수 있는지는 아직 미지수이다. 평일 오전에 방송되는 국악 초대석은 누구를 위한 방송인지 모를 정도로 자주 특집 방송에 밀려나기 일쑤고, 그 방송시간도 종잡을 수 없다.

그러나 시간을 내서 국악 프로그램을 접한다 하더라도 '재미없다', '고루하다'는 느낌을 받고서 다시는 국악 프로그램의 채널을 선택하지 않는 시청자들도 많다.

고리타분하고 익숙하지 않은 우리의 가락을 안방에 친숙한 음악으로 끌어들이기는 쉽지 않다. 그러나 현재 방송중인 TV 국악 프로그램은 아직은 낯선 국악에 대한 자세한 설명과 해설을 들을 수 없다. 물론 자막으로 간단한 설명이 나오지만 시청자들은 친숙한 목소리로 자세하게 그 소리의 유래와 특징들을 듣고 싶어한다.

시청자들은 종묘제례악이나 진쇠춤, 남해안 별신굿, 통영 시나위, 씻김굿 등 국악에 대한 해박한 지식을 가지고 있지 않음에도 불구하고 TV에서는 이런 생소한 용어와 춤에 대한 이해를 한 줄의 자막으로 일관하고 있다는 것이다.

그러다 보니 국악에 대한 이해가 부족한 시청자들은 그냥 그 춤사위와 소리를 무심코 흘려보내게 되고 국악 프로그램은 국악인들을 위한 그들만의 잔치로 끝나 방송에서 시청자와의 거리는 더 멀어질 수밖에 없는 것이다.

또한 단순히 국악을 소개하고 듣는 프로그램의 형식도 시청자들에게 딱딱한 느낌을 준다. MBC와 KBS에서는 국악 프로그램의 성격을 쇼·오락 프로그램으로 규정짓고 있다. 그러나 우리가 접하는 국악 프로그램은 오락적인 성격은 거의 찾아 볼 수 없을 정도로 흥미가 없다. 차라리 교양 프로그램으로 분류하는 것이 적합하다는 생각이 든다. 국악이 방송의 쇼·오락적인 성격을 가미하다 보면 우리 가락이 왜곡된다는 점을 미리 간파하고 제작하는 것이라면 너무 몸을 사리는 것이 아닌가 하는 노파심이 든다. 물론 국악의 대중화를 빌미로 우리 가락의 전문성을 훼손하고 질을 저하시켜서는 안된다. 하지만 방송에서의 프로그램도 하나의 상품이므로 흥미 없는 상품은 시청자가 외면하기 마련이다. 그냥 단순히 국악만 소개하고 듣는 것이 아니라 국악 전문인의 출연으로 국악에 대한 다양한 지식을 전달해주고 명창이나 인간 문화재의 개인 관심사에 대해서도 인터뷰를 하고 우리 소리와 국악기도 배워보는 대중들과 같이 호흡할 수 있는 프로그램을 바라는 것이다. 그리고 현 방송중인 국악 프로그램과는 차별화된 내용과 형식으로 다양한 실험을 시도해보는 것도 시청자에게 한 발 더 다가서는 계기가 될 것이다.

국악 프로그램을 시청하다 보면 특정한 몇 사람만을 '단골 손님화'하는 경향이 있다. <국악 초대석>과 <국악 한마당>을 오가며 겹치기 출연 및 중복 출연하는 경우가 종종 있다. 최창남, 이은관, 묵계월, 박순금, 김백국, 안숙선, 윤평화 등. 이들은 물론 명창이기에 그 기량에 손색이 없지만 다양하고 참신한 국악인들을 만날 기회를 방송사에서 차단하고 있는 셈이다.

특히 <국악 초대석>의 경우 판소리, 경기민요, 선소리타령, 서도 민요 등 주로 민요 위주로 명창을 초대하여 진행하는 프로그램이기에 명창들의 중복 출연이 다반사이다. <국악 초대석>에서는 국악의 다양한 장르를 보기가 힘들다. 판소리, 무용, 가야금 병창도 가끔 볼 수 있지만 대부분 민요 위주로 편성되어 지루한 감이 있다. 가끔 국립 국악원의 예악당에서 열린 공연 실황을 대체하여 방송하는데 이는 방송사의 안일한 제작 의도를 반영하는 것 같아 씁쓸하다. 이에 비해 <국악 한마당>에서는 크로스 오버 및 퓨전 국악도 심심치 않게 시청할 수 있다. 그러나 국악 한마당에서는 대중성에 초점을 맞추어 프로그램을 만들다 보니 정통 국악에 소홀한 면도 있다. 이른바 정통 국악을 선호하는 시청자들은 국악과 서양 클래식, 대중음악과의 접목을 시도한 국적 불명의 음악을 외면하는 경우가 있다. 음역을 넓힌다는 이유로 만들어진 25현 가야금은 서양 악기의 하프 소리와 유사하고, 첼로 같은 거문고 등 진정한 우리 소리와 가락을 듣지 못하게 되었다고 한탄하는 시청자들도 의외로 많다. 이런 상황에서 국악 한마당을 시청하는 청소년들이 25현금을 가야금으로 오인하는 일이 없도록 세심한 배려가 있어야 할 것이고, 별 다른 음악적 토대 없이 국악과 다른 장르를 뒤섞은 대중적 취향의 어설픈 연주 음악도 경계하여 방송을 해야 한다.

<국악 한마당>에서는 퓨전 국악으로 시청자들과 가까워지는 반면 시나위, 별신굿, 용선춤, 진쇠춤, 단가 등 어렵고 무거운 음악으로 거리감을 준다. 낯선 우리가락에 친절한 해설이 없어 정통 국악을 소개하려는 제작의도에 역효과를 불러오고 있다. 그만큼 시청자의 이해를 돕기 위한 배려가 부족하다는 이야기다.

그래도 방송 프로그램에서 이 두 국악 프로그램이 자리 잡고 있어 조금은 안심이 된다. 하지만 시청자들의 국악의 기호와 취향이 다르듯이 방송사는 여러 형식과 장르를 실험할 국악 채널을 많이 확보해야 한다. 그래서 우리가락이 TV에서 사라지는 일이 없도록 방송이 징검다리 역할을 톡톡히 해야 한다.

마당 셋 – 국악 대중화를 위한 방송의 역할과 자세

구한 말 서양음악이 유입된 이래 우리 음악인 국악이 대중과 급격히 멀어진 것은 사실이다. 여전히 국악의 대중화는 국악계의 큰 화두로 그 노력은 지금까지 계속되고 있다. 그러나 곳곳에서 국악을 대중화하고자 하는 노력들이 있었지만 분명 국악은 우리 음악임에도 불구하고 여전히 클래식과 대중가요의 주변적 위치에 머물러 서양음악의 들러리 신세를 모면하지 못하고 있는 실정이다. 국악은 명창이나 중요 무형 문화재 등에 의해 겨우 명맥이 이어져오고 있다.

방송은 그 시청 대상이 보편적 다수 대중이므로 국악이 보다 다양한 계층에서 시청되어진다는 점에서 중요한 의미를 가진다.

국악은 가볍고 현란한 것을 좋아하는 젊은이들의 구미와는 멀기 때문에 가까이 다가가기가 쉽지 않다. 원래 문화는 교육되는 것인데 그중에서도 전통문화는 더욱 그런 것이다. 그러나 국악에 대한 학교교육이 부재한 가운데 우리는 대중교육 수단인 매스 미디어에 기대어 볼 수밖에 없는 상황이다. 그중에서도 영상 매체 방송의 효과가 더욱 크다. 이렇게 방송에 의존해보자는 이유는 오늘의 청소년들이 이미 방송의 기능에 익숙해 있고 방송에 할애하는 시간이 많다는 점이다. 방송을 통해 국악을 자주 접하게 되면 부지불식(不知不識)간에 국악의 맛을 느끼게 된다는 믿음 때문이다.

따라서 방송(TV)이 국악의 대중화에 앞장서기 위해 앞으로 해야 할 일이 많다. 단순히 국악을 전달하는 중간 매체로서의 역할에 그칠 것이 아니라 우리 가락의 계승·발전과 새로운 음악문화를 창조하는 촉매제 역할을 해야 한다.

사실, 지금까지 방송에서의 TV 국악 프로그램은 구색 맞추기 식 편성이었음을 부정할 수 없다. 어떤 방송의 어떤 프로그램도 사전 홍보와 질적 향상을 위한 투자 없이는 시청률을 높이기는 어렵다. 물론 국악이라는 문화 상품이 시청자들에게 가까이 가기에는 너무 고루한 느낌도 들지만 그러나 TV에서 국악 프로그램의 시청률을 높이기 위한 노력의 흔적을 찾아보기란 쉽지 않다. 시청률이 낮다는 이유로 TV에서는 흥겨운 우리 가락의 소리를 들을 기회가 점점 사라지고 있다. 시청률을 운운하기 전에 TV 국악 프로그램에 대한 홍보와 투자가 부족했음을 먼저 인정해야 하는 것이 아닌가?

사전 홍보와 예고제에서 언제나 소외되었던 국악 프로그램, 이제 더 나은 프로그램 개발과 발전을 위해서 내실 있는 투자와 홍보를 아끼지 말아야 할 것이다.

또한 절대적으로 부족한 국악 방송인력의 확충과 새로운 레퍼토리의 개발이 시급하다. 대부분의 국악 프로그램이 단순히 국악을 들려주는 일정한 형식의 틀에서 벗어나지 못하고 있다. 고정관념을 탈피하고 전문성을 강화한 국악 프로그램의 개발이 필요한 시점이다. 정통 국악 공연이나 꾸준히 시도되고 있는 크로스오버 또는 퓨전 개념의 국악 공연 등 대중적 취향에 맞는 다양한 실험을 일회성으로 그치지 않고 계속 시도해야 한다. 이를 위해서는 국악 전문 방송인이 많이 배출되도록 방송사에서는 힘써야 할 것이다.

그리고 방송사는 국악인이 좋은 방송환경에서 활동할 수 있도록 예우함으로써 국악인의 살길을 열어주고 자부심을 느낄 수 있도록 도와주는 새로운 후원자가 되어야 한다.

그러나 이런 모든 것을 실천하기 위해서는 방송사의 자체적인 노력과 관심도 필요하지만 더불어 국악 방송 프로그램에 대한 국가의 재정적인 지원이 뒷받침되어야 한다. 이제 국악이 더 이상 외면당하지 않고 우리 음악으로서의 긍지를 가질 수 있도록 국악인뿐만 아니라 정부와 국민, 그리고 방송이 삼위일체가 되어 꾸준히 노력해야 한다.

끝 마당

21세기는 세계 문화의 전쟁시대이다. 그래서 문화의 힘은 단순히 문화의 영역에만 머무는 것이 아니고 산업, 정보, 경제, 과학에 이르기까지 폭넓게 영향을 미치고 있다. 이제 문화상품이라는 코드는 미래 사회를 이끌어가는 원동력으로 중요한 몫을 담당하고 있다고 해도 과언이 아니다.

그런데 국악이 21세기를 주도할 문화산업의 일등 공신이 될 것이라는 점에 주목하는 이는 의외로 많지 않다.

지금 우리는 세계 각국의 문화 컨텐츠가 인터넷을 통해 무제한적으로 자유롭게 넘나드는 시대를 살고 있다. 따라서 세계 문화가 한자리에 어우러지는 세계화 시대에 국악은 우리 문화의 대표주자로서 중요한 의미를 가진다.

그러나 많은 이들이 국악은 어렵고 고리타분하다고 생각한다. 자주 접하지 못하고 익숙하지 않으니 당연하다. 사실 국악을 들을 기회가 서양음악에 비해 적은 것이 우리의 현실이다. 베토벤, 모차르트, 바흐, 비틀즈는 알아도 우리의 민요 '육자배기', '오돌또기'는 잘 모르며, 정악 '영산회상'이나 '종묘제례악'을 들어본 사람은 거의 없을 것이다.

우리 국악은 정말 민족의 정서를 잘 담아낸 음악이며 세계 어디에 내놓아도 훌륭한 음악이라고 믿는다. 그러나 아무리 훌륭한 음악이라도 그것을 대중이 알아주지 않는다면 별 의미가 없는 것이다. 따라서 국악을 듣고 싶은 의욕이 생기도록 잘 소개하고 보급하는 일이 무엇보다 중요한 일이다. 국악을 잘 모르는 일반 국민들을 탓할 게 아니라 그것을 제대로 소개하지 못한 것을 탓해야 한다.

우리 음악이고 우리 것은 소중한 것이기 때문에 꼭 들어야 한다는 의무감이 아니라 시청자가 선택할 수 있도록 하여 현대 생활 음악으로 자리를 차지할 수 있도록 방송이 계기를 만들어주어야 한다.

물론 '고리타분하다'라는 틀 속에 갇힌 우리가락을 하루아침에 모든 국민들이 즐길 수 있는 음악으로 만들기는 어려운 일이다. 하지만 이제는 방송이 국악의 대중화에 선봉장 역할을 했으면 한다. 전국의 방송망을 통해 고정적이고 좋은 시간에 국악을 방송하여 시청자에게 문화적 공감대를 형성하게 하고, 국악의 대중화 교육 측면에서 시청률에 관계없이 인내를 가지고 지속적인 관심과 지원을 약속해야 한다.

늘 우리 곁에 있지만 눈길을 주지 않았던 우리 음악, 이제 TV가 국악 사랑에 동참하면 어떨까?

대상화된 자연, 오락 프로그램의 우울한 자화상

<목표달성 토요일> 'JTL의 개 두 마리'를 중심으로

김유정(주부)

왕자와 거지, 뒤바뀐 운명

이야기를 시작하기 전에 잠깐 어린 시절 읽었던 책 이야기를 해보자. '왕자와 거지' 이야기를 기억하는가? 따로 설명할 필요 없이 모두들 알고 있는 이야기다. 그럼 '시골 쥐와 서울 쥐'는? 물론 모두들 알고 있는 이야기다. 서로의 환경이 뒤바뀐다는 설정은 이처럼 우리 모두의 기억에 익숙한 이야기 소재다. 그렇다면 일단 'JTL의 개 두 마리(이하, 개 두 마리)'는 친숙한 소재로 시청자들에게 다가가는 것에는 성공했음이 분명하다.

'서울 개의 건강한 나들이, 시골 개의 화려한 외출'이라는 제목에서 보듯 이 코너의 구성은 서로의 환경을 바꾸는 것에서부터 시작한다. 단순히 환경을 바꾸는 게 아니다. 동화의 오랜 고전인 '왕자와 거지', '시골 쥐와 서울 쥐'처럼 서울의 한복판(그것도 스타들의 품)에서 강릉의 한 시골 마을로 환경을 바꾼다는 설정에서 시작한다.

그러나 '개 두 마리'가 위에서 언급한 동화와 가장 차별되는, 그러므로 결코 아름다운 이야기가 될 수 없는 이유가 있다. 그것은 그 속에 개들의 의지가 없다는 것이다. 뒤바뀐 운명의 왕자와 거지도 자신의 의도에 의해 서로 옷을 바꿔 입는다. 시골 쥐와 서울 쥐 역시 서로의 생활을 동경한 끝에 자기가 살던 환경과는 다른 환경을 체험해 보는 것이다.

반면 '개 두 마리'에는 주인공인 개 두 마리의 의사가 전혀 반영되지 않았다. 개들의 의사와는 상관없이 갑자기 바뀐 환경에 처해진 것이다(개들에게 의견을 물어본다는 것은 분명 불가능한 일이다. 그러나 프로그램 전체를 통해 이 같은 선택이 주인공인 개들의 행복과는 전혀 무관한 일임을 보여준다).

주인공인 개들이 결코 행복해 보이지 않는 코너가 시청자들에게 주는 의미는 무엇일까? 이것은 최근 방송 프로그램에서 보여주는 소재주의의 한계를 드러낸다. 오락을 위해서라면 무엇이든 대상화할 수 있다는 것을 보여준다. 실제로 판단능력이 없는 두 사람을 이처럼 낯선 환경에 처하게 한 후 그 적응능력과 변화를 살펴본다고 가정한다면 마냥 웃고 즐길 수만은 없는 사건이 될 것이다.

사람에게는 안되는 일이 왜 동물에게는 가능한 것인지 제작진 스스로가 물어보아야 한다. 비슷한 시간대에 방송되는 KBS 2TV의 '오리엄마 캔'의 이야기도 마찬가지다. 극중에 나오는 오리들은 '각인'이라는 동물의 본능에 따라 태어나서 처음 본 캔을 엄마로 인식한다. 오리가 인위적인 설정에 의해 사람을 엄마로 인식한다는 것은 오리에게 있어서는 참으로 잔인한 일이 아닐 수 없다. 방송이 끝나고 다시 자연으로 돌아간 오리들은 나머지 삶을 어떻게 살아가야 할까?

이처럼 동물을 소재로 한 최근의 오락 프로그램들은 동물을 그 자체로서 하나의 개체로 인정하기보다는 철저히 사람의 시각에서 왜곡하고 있다. 인간을 제외한 모든 생물에 대해서 인간의 의지에 따라

마음대로 해도 괜찮다는 오만한 태도를 보이고 있다. 자연의 순수성
에 대한 배려가 전혀 없는 것이다.

광고 같은, 너무나 광고 같은

이제 일반인에게도 상식이 되어버린 광고의 3B라는 요소가 있다.
광고가 짧은 시간에 소비자의 시선을 끌기 위해서는 이 3B의 요소를
갖추어야 하는데, Beauty-Beast-Baby가 그것이다. 'JTL의 개 두 마리'
는 철저히 이 같은 광고적 요소에 충실하고 있다.

우선 아름다운 여인(Beauty)은 아니지만 그보다 훨씬 동경의 대상
이 되는 '아이돌 스타 JTL'을 등장시켜 시선을 모은다. 걸어다니기만
해도 시선을 끄는 JTL이 나와서 함께 생활하며 개를 키운다는 것은
충분히 시선을 끌 만하다. 그리고 누렁이와 뽀뽀라는 특징을 갖춘 개
(Beast)가 등장한다. 누렁이는 이름 그대로 토속적이며 우리 농촌 어
디서나 흔히 볼 수 있는 개라는 특징을 강조하고, 뽀뽀는 화려한 삶
을 대변하는 개다. 서로 대비되는 특성의 개들을 등장시키는 것으로
동물이라는 소재가 주는 시선 끌기에서 한층 더 발전해 화려함과 순
박함이라는 특성을 의도적으로 조작해 보여주고 있다.

그렇다면 Baby는 어디 있는가? 누렁이와 뽀뽀, 그리고 JTL 말고
이 프로그램의 주인공(?)이 한 사람 더 있다. 강릉에서 뽀뽀를 괴롭히
는 악동으로 등장하는 우섭이다. 우섭이는 용감하고 앞뒤 생각 안 하
는 어린이 특유의 감성을 살려 이 프로그램에서 재미를 배가시키는
데 단단히 한 몫을 하고 있다. 설정된 주인공에서 Beauty, Beast라는
특성을 갖춘 뒤 Baby라는 인물을 또 하나 설정하기 위해 고심을 한
제작진의 의도를 볼 수 있는 부분이다. 사실 이 코너에서 강릉의 우
섭이가 없었다면 뽀뽀의 시골생활은 한층 무난한고 심심했을 것이고
그만큼 시청자들은 볼거리가 없었을 것이다.

왜 버라이어티 프로그램의 한 코너에서조차 이처럼 철저히 광고적 특성을 따라야만 하는가? 광고는 소비자의 시선을 끌어 그 상품을 소비자들의 뇌리에 인식시키고 상품구매로 이어지게 하는 데 제1의 목적을 둔다. 가장 성공적인 광고는 소비자들의 머리 속에 가장 확실히 기억되는 광고이다. 이 코너에서는 효과적인 광고의 요소를 모두 갖추고 있다. 소비자가 아닌 시청자의 눈길을 끌기 위한 치밀한 설정을 보여준다. 어떤 프로그램이든 일단 시청자의 시선을 끌어야 성공한다는 최근 텔레비전 오락 프로그램의 한 흐름을 보여주고 있는 셈이다.

고전적 수법, 스타 만들기

'JTL의 개 두 마리'라는 코너 명칭에서 보여주듯 이 코너의 주인공은 개 두 마리뿐만 아니라 우혁, 토니, 재원으로 구성된 JTL이다. 개 두 마리와 함께 생활하는 JTL의 모습은 스타들의 사생활을 보고 싶다는 십대들의 심리에 그대로 맞아떨어진다. 이는 'GOD의 육아일기'에도 그대로 나타난 바 있다.

화려한 무대에서의 모습을 보여주며 JTL의 멤버를 소개한 첫 회 방송부터 생일잔치, 중국 공연 등에서 시청자들은 JTL의 화려한 모습을 함께 따라가며 보아야만 했다. 가수들이 쇼 프로그램에 출연해서 노래 한 곡 부르기가 얼마나 어렵고, 그것이 시청자들에게 미치는 영향을 감안한다면 25분을 있는 그대로 시청자들에게 보여지는 JTL의 모습은 또 하나의 스타 만들기라는 생각을 하지 않을 수 없게 한다.

팬클럽 회원들이 마련해준 생일 잔치(7.27 방송) 장면은 시청자들에게 JTL의 위대한 힘(?)을 느끼게 하기에 충분했다. 그토록 많은 사람들이 모여 환호하는 장면은 JTL을 잘 모르고 있던 시청자들에게조차 그들이 엄청난 가수라는 생각이 들게 한다. 여기에서 누렁이는 잠깐 조연으로 출연할 뿐이다. 시골의 순박한 개 한 마리에 불과했던 누렁이조차 JTL과 함께 있음으로 팬들의 사랑을 받는다. 수많은 팬들이 누렁이를 위한 노래를 불러주는 장면은 '누렁이'를 위한 시간이 아니라 JTL에 대한 사랑을 확인해주는 시간이었다.

또 전반적인 시간구성에 있어서도 JTL에게 많은 배려를 하고 있음을 보여준다. 누렁이와 뽀뽀가 주인공이라면 강릉과 서울에서의 시간이 공평하게 분배되어야 한다. 그러나 실제 이 코너에서 JTL과 함께 있는 누렁이에게 부여된 시간이 매 방송마다 압도적으로 많다.

표에서 보듯이 12회까지의 방송시간을 분석해본 결과 2시간 3분여의 시간 동안 JTL과 함께 있는 개들의 모습을 보여주었고, 1시간 8분여의 시간 동안 JTL이 나오지 않는 강릉에서의 생활을 보여준다 (JTL이 강릉에 가서 함께 보내는 시간은 비교 대상에서 제외했다). 시골 개와 서울 개의 바뀐 생활이라는 주제 아래 정작 개들이 주인공이 아니라 JTL의 모습을 보여주는 것에 거의 두 배 이상의 시간을 할당하고 있음을 단적으로 보여준다.

더구나 시골에 사는 뽀뽀의 삶은 뽀뽀뿐만 아니라 함께 사는 송순이와 점순이 등 주변의 많은 개들에게도 초점이 맞추어져 그만큼 뽀뽀에게 주어지는 시간은 더 적어진다. 그러나 서울의 누렁이는 누렁이를 제외하고는 다른 개가 등장하지 않는다.

그러므로 '개 두 마리'의 뒤바뀐 환경을 형식으로 내세우고 있지만 실제적인 이야기는 JTL의 사생활 훔쳐보기에 더 많은 시간을 할애하고 있는 것이다. 개 두 마리를 보고자 텔레비전 앞에 앉은 시청자들은 JTL이 얼마나 인기 있는 가수인지, 얼마나 재미있고 인간적인 모습을 하고 있는지를 보는 것에 더 많은 시간을 보내야만 한다.

스타는 시청자들이 그들에게 할애하는 시간만큼 만들어진다. 텔레비전에 많이 나오면 나올수록 인지도는 높아지고 인기는 올라가는 것이다. 그런 의미에서 이 코너는 '개 두 마리'라는 소품을 적절하게

▶'개 두 마리' 12회 동안의 방송시간 분석◀

방송일	총방송시간	서울	강릉	내용
6. 8	17′24″	15′58″	−	JTL 소개 뽀뽀의 몸단장 애정도 테스트
6. 15	36′36″	25′57″	7′11″	뽀뽀와 기념사진 찍기 강릉의 가족 소개
7. 6	22′26″	−	−	누렁이와 뽀뽀를 맞바꾸는 날, JTL이 강릉을 찾아감
7. 13	24′35″	11′13″	9′50″	누렁이의 건강검진 뽀뽀의 집을 짓는 할아버지
7. 20	24′07″	13′36″	7′27″	누렁이 용변 가리기 훈련 뽀뽀 병원에 가다
7. 27	20′02″	12′58″	6′45″	토니의 생일잔치 우섭과 뽀뽀의 갈등
8. 3	21′02″	11′43″	8′34″	달라진 뽀뽀 수영장에 간 누렁이
8. 10	26′14″	14′36″	10′13″	중국에 간 누렁이 송순이의 출산
8. 17	21′24″	12′35″	7′42″	누렁이의 중국여행 우섭이 입원 JTL 시상식과 중국공연
8. 24	27′22″	14′45″	11′05″	절에 가는 우섭 변화 없는 누렁이 누렁이의 IQ 테스트 실시
9. 7	21′57″	4′52″	−	수해 입은 강릉을 방문하는 JTL
9. 14	22′08″	5′32″	−	누렁이 명견 만들기 프로젝트, 강릉 수해복구에 동참하는 JTL
합계	4시간 45분 17초	2시간 23분 45초	1시간 8분 47초	−

활용한 'JTL을 스타 만들기'라는 인상을 지울 수 없게 한다.

사람의, 사람에 의한, 사람을 위한

동물이 등장하는 대표적인 프로그램으로는 자연 다큐멘터리가 있
다. 다큐멘터리에서는 인위적인 요소가 들어가지 않는다. 그 속의 동
물들이 불행해 보이건 행복해 보이건 동물들의 삶 그대로를 보여준
다. 그리고 사람들은 꾸며지지 않은 그들의 삶 자체에서 감동을 받고
재미를 얻는다. 인간들처럼 계산하고 이익을 추구하지 않는 순수한
동물의 모습 그 자체만으로도 충분히 의미가 형성된다. 그러나 다소
과장해 말하면 이 코너에는 동물이 없다. 철저히 사람의 손에 의해
계획된 구성만 있을 뿐이다.

처음으로 돌아가서 '서울 개의 건강한 나들이, 시골 개의 화려한 외
출'이라는 설정부터 살펴보자. 동물들이 바뀐 환경에서 어떻게 적응하
는지를 보기 위해 갑자기 누렁이와 뽀뽀의 환경을 바꾼다. 그야말로 너
무나 잔인한 설정이다. 사람이 새로운 환경에 적응하는 구성은 다른 코
너에서도 흔히 볼 수 있다. 낯선 환경에 처해졌을 때 어떤 행동을 하고,
어떻게 적응해가는지를 보는 것은 이 같은 환경에 처해보지 못한 사람
들에게 대리경험을 해주게 하고, 또 교훈을 주기도 한다. 그러나 여기
에는 '사람의 의지'가 들어가 있다. 바뀐 환경에 적응하고자 하는 사람
이기에 자신의 의지를 갖고 노력하는 것이다.

그러나 동물이라면 이야기는 달라진다. 말 못하는 동물이라 자신의
의지를 구체적으로 표현할 순 없지만 결코 사람들에게 즐거움을 주
기 위해 낯선 환경에 처해지고 싶지는 않았을 것이다. 여기에서 동물
들이 받을 엄청난 스트레스에 대한 배려는 전혀 없었다. 이 같은 스
트레스는 동물을 죽음에 이르게 할 정도로 심각한 것일 수도 있다.
실제로 부산 해운대의 아쿠아리움을 개장할 당시 아프리카에서 수송

해 오던 상어들이 모든 생물학적 조건이 완벽했음에도 불구하고 이유도 없이 12마리 중 11마리가 죽었다는 보도에서 확인할 수 있다. 당시 이 같은 이유 없는 죽음에 대해 새로운 환경에 적응하지 못한 상어들이 스트레스로 인해 죽었을 것이라는 내용이 보도된 바 있다.

실제로 이 코너를 보는 시청자들에게도 이 같은 느낌은 그대로 전달된다. 시골집에 처음 도착한 뽀뽀의 낯선 환경에 적응하지 못하고, 먹지 못해 굶어야 하고, 풀이 죽어 있는 모습은 시청자 게시판에 '동물학대'라는 논란이 일었을 만큼 안쓰러운 장면이었다. '건강한 나들이, 화려한 외출'이라는 설정 역시 철저히 사람의 시각에서 내린 진단일 뿐이다.

또한 이 코너에 나오는 사람들이 개와 함께 지내기 위해 어떤 노력과 희생을 감수해야 하는지, 어떻게 사랑을 쏟는지를 보여주기보다는 마치 인형처럼 예쁜 옷을 입히고, 춤을 추게 하고 장난을 치는 모습만을 보여준다. 뽀뽀와 누렁이에게 화려한 옷을 입히고 춤을 추게 하는 등의 장면은 개와 인간이 어우러진 어떤 감동을 주기보다는 인간들의 장난감으로 전락해버린 동물들의 모습을 보여준다. 있는 그대로의 개의 모습이 아닌 철저하게 사람의 시각에서 인위적으로 조작된 즐거움만을 주고 있는 것이다.

무섭게 성장한 애견산업과 '무서운' 소외감

이 코너를 보다보면 많은 정보를 얻게 된다. 개를 위한 양치질, 장난감, 개옷, 육포 등은 이미 널리 알려진 문화의 한 부분이라서 새로울 것까지는 없다. 그러나 개들만을 위해 꾸며진 수영장이 있고(8.3 방송), 여느 종합병원 못지 않은 동물의료센터에서 엑스레이는 물론 MRI 촬영까지 하고, 심지어는 개들의 정신분석까지 하는 것을 보여준다(7.20 방송). 놀랍도록 발전한 애견산업이다.

그러나 이 같은 과정을 보며 왠지 씁쓸한 기분이 드는 것은 무엇 때문일까. 우리나라 국민들 가운데 자신이 키우고 있는 개에게 이처럼 투자를 할 수 있는 사람이 과연 얼마나 될까? 물론 수요가 있기에 공급이 있는 것이겠지만 대다수 국민이 즐거운 기분으로 시청해야 하는 주말 오락 프로그램에서 이처럼 고도화된 애견산업에 대해 자세히 보여줄 필요가 있는 것인지 의문이다. 그러면서 동시에 다른 프로그램에서 본, 돈이 없어 치료받지 못하는 가난한 사람들의 이야기가 떠오를 때 인간으로 사는 것에 대한 비애감까지 느끼게 한다.

물론 자본주의 사회에서 그럴 만한 능력이 있는 소수를 위한 특별한 소비재가 있어야 한다는 것은 당연하고 또 있을 수 있는 일이다. 그러나 방송은 이 같은 특정 소수를 위한 매체가 아니라 대다수 서민을 위한 공공재임을 잊어서는 안된다. 환경에 적응하지 못하는 개를 데리고 종합검진을 받고 MRI 촬영을 하고, 심지어 정신분석까지……. 그리고 개들을 위한 여름철 전용 풀장이 있다는 내용 등은 일반 시청자들에게 소외감을 느끼게 하기에 충분하다.

오직 웃음을 위하여

이 코너에서 강릉의 우섭이는 프로그램의 재미를 더하는 또 다른 요소이다. 우섭이의 천진난만함은 뽀뽀가 시골 생활에 적응하는 데 어려움을 겪게 하면서도 시청자들에게는 또 다른 볼거리를 제공한다.

그러나 순간순간 위험한 장면이 노출될 때도 카메라는 철저히 방관적으로 웃음의 요소를 담아내는 데만 집중하고 있다. 우섭이가 자기 집에서 기르던 개들과 함께 어울리고 친숙하게 지내는 모습은 시골에서 개들과 함께 사는 보통 어린이의 모습 그대로라고 여겨질 수 있다. 그러나 뽀뽀가 등장하면서 이야기는 달라진다. 우섭이는 뽀뽀를 괴롭히는 악역을 맡게 되고 이를 참다못한 뽀뽀는 결국 우섭이의 손을 깨물기까지 한다(7.13 방송).

이어지는 내용에서 수의사가 뽀뽀는 파상풍 접종을 했기 때문에 큰 염려는 하지 않아도 될 것이라는 설명을 했지만, 개가 아이를 문다는 것은 방송에서 보여주기에 위험한 설정일 수밖에 없다. 뽀뽀는 덩치도 작고 귀여운 개이긴 하지만 사람을 물면 안 된다는 것에는 다른 동물들과 다를 바가 없다.

뿐만 아니라 점순이가 육포를 들고 있는 우섭이에게 달려드는 모습 역시 시청자들이 보기에 매우 위험한 장면이었다(7.27 방송). 아무리 집에서 기르는 개라고는 하지만 먹을 것을 찾으려는 동물의 본능을 무시한 설정인 것이다. 점순이와 뽀뽀 앞에 무방비 상태로 노출되어 있는 우섭이의 모습은 즐거운 웃음보다는 조마조마한 위기감을 느끼게 했다.

또 JTL은 버스 안에서 서로 게임을 하다가 누렁이가 먹던 사탕을 먹는다(재원, 7.27 방송). 개가 빨던 사탕을 사람이 먹는 게 과연 즐거운 웃음을 주는지 반문해 보아야 한다. 누렁이는 정기검진을 받고 모든 검사를 마친 위생적인(?) 개라서 가능할지 모르지만, 의미 구조가 개 일반으로 확대 해석될 소지가 다분한 방송 프로그램에서는 드러내지 말아야 할 내용이었다.

방송은 그것이 미치는 파급효과를 생각해야 한다. 방송에서 자연스럽게 연출된 장면은 판단능력이 없는 아이들에게 그대로 습득될 수 있음을 잊어서는 안된다. 뽀뽀를 놀리다 결국 손가락을 다치는 우섭이, 누렁이가 먹던 사탕을 그대로 빨아먹는 JTL의 모습이 어린이들에게 그대로 습득될지도 모른다는 우려를 하지 않을 수 없게 하는 내용들이었다. 재미를 위해서라면, 웃음을 위해서라면 이 정도의 위험은 감수하겠다는 제작진의 안일한 태도를 여실히 보여준다.

다시 우리를 위하여

이 코너는 결국 JTL이 누렁이와 뽀뽀 모두를 서울로 데리고 가는 것으로 막을 내린다. 이 코너가 방송되던 중에 네티즌의 의견을 물어 마치 시청자 대다수의 의견인 것처럼 포장했지만, JTL은 원래 자기가 키우고 있던 화려함의 상징인 뽀뽀를 선택한다. 그러나 마지막 순간, 우섭이 할아버지가 "두 마리를 다 데려가라"는 친절을 베풂으로써 JTL이 두 마리의 개를 모두 서울로 데려가는 것이다.

순박한 시골 할아버지의 생각으로 '도시의 화려한 삶'이 개에게는 더 행복할 것이라는 배려를 한 것이다(그게 아니라면 개들과 헤어지는 것이 섭섭한 스타 JTL에 대한 배려일 것이다). '서울에서의 화려한 삶'이 행복할 것이라는 생각, 그리고 스타인 JTL에게 '사랑하는 개와 이별하는 아픔을 줄 수 없다'는 기본 구도 아래 마무리된 것이다.

그러나 서울로 간 뽀뽀에게는 다시 새로운 생활에 적응해야 하는 힘든 시간이 기다리고 있을 것이다. 그리고 아이이니까 시간이 지나면 괜찮을 것이라는 어른들의 판단 아래 강릉에 남은 꼬마 우섭이는 정들었던 개 두 마리와 모두 이별한다는 아픔을 이겨내야만 한다.

모두에게 상처뿐인 결말이다. 개 두 마리를 떠나보내는 꼬마 우섭이, 새로운 생활에 적응해야 하는 뽀뽀, 스스로의 정체성은 잃어버린 채 명견으로 훈련되어야 하는 누렁이. 이 같은 아픔은 시청자들에게 안타까움으로 남는다. 작위적인 설정은 이처럼 누구에게도 행복한 결말을 주지 못하는 것이 당연한 일이다. 오락성을 위해서라면 동물들의 고통과 어린 아이의 아픔쯤은 간과해도 좋다는 무책임한 태도가 아닐 수 없다.

최근 들어 동물을 등장시키는 프로그램이 늘어나고 있다. 스타들과 애완동물의 짝짓기도 심심찮게 볼 수 있다. 스타들의 사생활 엿보기와 동물들의 꾸며지지 않은 모습을 보여준다는 이중 효과를 얻을 수 있다는 점에서 이런 유형의 코너는 시청자들을 끌어들이는 데 적절한 요소를 갖추고 있다.

그러나 단순한 시선 끌기에 중점을 두어서는 안된다. 동물도 생명을 갖고 있고 나름대로 행복해질 권리를 갖고 있다. 인간들이 설정한 '재미있을 것 같다'는 상황에 동물을 적응시켜서는 안된다. 동물들이 살고 있는 그대로의 삶에 인간이 자연스레 융화되고, 그속에서 감동과 재미를 주는 구성이 되어야 한다.

시청률이 암묵적인 위협의 존재라 하더라도 넘어서는 안될 선이 있다는 점을 제작자들은 주목해야 한다. 특히, 동물을 소재로 한 프로그램에서 인간의 관점으로 조작하는 일은 자연의 섭리를 무시한 인간의 오만에 가깝다. 주인공인 동물들과 함께 진정으로 행복하고 즐거운 모습을 보여줄 때, 그 프로그램을 보는 시청자들 역시 진정한 웃음을 지을 수 있을 것이다.

<현정아 사랑해>가 특별한 이유

보통사람이 되고 싶은 재벌의 아들 이야기

오정연(학생)

태어나서 지금껏 재벌이라 부를 수 있는 사람과 사랑에 빠져본 사람이 몇 명이나 있을까? 아마 사랑은커녕 만나기조차 힘들 것이다. 그런데 TV를 보면 우리는 매일 수많은 재벌들과 함께 생활하고 있다. 벌써 올해 만들어진 재벌이 등장하는 드라마만 해도 <내 사랑 팥쥐>, <당신 곁이 좋아> 등 서너 개를 넘어간다. 우리는 왜 만나기조차 힘든 재벌들을 수없이 만들어내고 있는 것일까? 게다가 그 많은 재벌들은 하나같이 천편일률적인 모습이다. 고급 차에 고급 주택, 매일 바쁜 데다 정해진 약혼자가 있는 것은 기본이다. 그러나 그들은 우연히 만난 평범한 여자와 사랑에 빠지고 집안의 반대로 갖은 우여곡절을 겪는다. 그런 이야기를 보면서 우리는 그 평범한 여자와 자신을 동일시하고 자신도 모르게 지지하면서 대리만족을 느낀다. 또 그 여자를 버리는 재벌은 돈 때문에 사랑을 버리는 '나쁜 사람'이 되고 우리는 돈은 없지만 순수하고 '착한 사람'이 된다. 우리의 대리만족을 위해서 상상력과 선입견으로 그들을 끊임없이 만들어내고,

돈이 많아도 불행하고 인간미 없는 사람들로 그리면서 보상심리 욕구를 채우고 있다. 그러다 보니 우리는 이제 드라마에 재벌만 등장해도 뻔한 이야기라고 매도하면서도 우리를 위해 만들어진 그 이야기를 외면할 수 없게 되어버린 것이다.

그러나 과연 재벌이 나온다고 해서 모든 이야기를 신데렐라 이야기에 길들여진 우리의 입맛으로만 판단할 수 있을 것인가? 여기 그간의 구태의연한 재벌드라마와 차별화를 주장하고 나온 드라마가 있으니 바로 MBC 월화드라마 <현정아 사랑해>이다. 제작발표회 단계부터 재벌이 등장한다는 줄거리만 가지고도 또 뻔한, 신데렐라 콤플렉스 조장하는 이야기가 아니냐는 비난을 들어야 했지만 같은 소재라도 내용이 얼마든지 달라질 수 있다는 사실을 보기 좋게 증명하면서 우리의 선입견에 일격을 가한다. 오히려 재벌이 나오는 드라마는 전부 '신데렐라 콤플렉스'를 조장한다는 편견이 더 위험한 편견이 될 수도 있다. <현정아 사랑해>의 주인공인 재벌 2세 범수는 신데렐라를 만드는 것이 아니라 자신이 '보통사람 콤플렉스'에 걸려 있기 때문이다. 범수도 우리가 만들어낸 또 하나의 재벌일지 모르지만 색다른 재벌을 통해 우리의 일상을 만나는 것은 새로운 즐거움을 준다. 하지만 <현정아 사랑해>가 특별한 이유는 재벌이 달라졌기 때문만은 아니다.

현실적인 요소들 — 선과 악의 대립이 모호, 입체적인 캐릭터들

<현정아 사랑해>는 대부분의 드라마에서 으레 명확히 드러나게 마련인 '나쁜 사람', '착한 사람'의 구분이 모호하다. 많은 드라마에서 '나쁜 사람'의 설정은 시청자에게 흥분을 유발해서 관여도를 높이고, '나쁜 사람'이 벌을 받게 되는 당연한 결과를 보며 통쾌함을 느끼게 하기까지 그 역할이 매우 중대하다. 하지만 진짜 착한 사람, 나

뿐 사람이 없다는 점은 우리의 현실과 좀더 가깝다. 평범한 사람이라면 누구나 마음 속에 착한 마음과 나쁜 마음이 동시에 존재한다. 다른 사람들과 더불어 살아가면서 나쁜 마음을 되도록 숨기고 착하게 살려고 노력하지만 때로는 시기와 질투도 느끼고 가끔은 잘못도 저지르는 것이 보통 사람들의 모습이다.

이 드라마에서 유일하게 악인으로 드러날 수 있는 인물은 범수의 사촌동생인데 그는 범수의 지위를 노리면서 그를 누르기 위해 머리를 짜낸다. 그래서 범수의 뒤를 캐고 그의 이미지를 손상시키기 위해 노력하지만, 그가 하는 일은 고작해야 회사에 범수의 망신스러운 모습이 담긴 비디오테이프를 퍼뜨린다든가 언론을 이용해 범수를 귀찮게 하는 것뿐이다. 흔히 볼 수 있는 자신의 야망을 위한 청부살인이나 처절한 배신 등은 여기서 찾아볼 수 없다. 그밖에 현정이를 연적으로 여기고 구박하다가 현정이가 재벌과 사귄다는 소문을 듣자마자 잘해주는 직장 상사나 질투심에 범수 엄마에게 현정이를 나쁘게 말했다가도 여전히 현정이가 없으면 점심을 못 먹고 범수에 대한 신뢰를 지키는 소영은 악인이라기보다는 공감을 일으키는 소시민의 모습이다.

주변인물들뿐만 아니라 주인공들의 성격변화도 현실적인 이야기를 만드는 요소이다. 두 주인공인 범수와 현정이는 공통점이 거의 없다. 범수는 재벌 2세로 아버지의 그늘 밑에서 부족함이 없이 자랐다. 그의 삶의 목표는 오로지 '가업의 계승과 발전'이고 이를 위해 교육받아 왔다. 그러나 이사로 취임되자마자 세상물정 모른다는 핀잔을 듣고 그 길로 비서 소영에게 저녁을 제안하고, 자신의 신분을 비서의 사촌동생 철수라고 속인 채 소영의 친구 현정이와 만나게 된다.

어쩌면 이런 의도적인 만남부터가 훨씬 현실적이다. 작위적인 듯 보이지만 사실 재벌이란 직접 찾아오지 않는 이상 우연히 만나기란 정말 어려운 존재인지도 모르기 때문이다. 그는 호기심에 일부러 '서민'들을 만나면서 예의를 갖추면서도 어딘가 거만하고 우월적인 모습을 드러낸다. 그들과 점차 친해지면서도 '서민'들과 어울린다는 사실이 회사의 명예에 누가 될까 두려워 전전긍긍하는 모순된 모습에서 현정이를 통해 자신의 인생을 돌아보고 자신의 선택에 당당해지는 모습으로 변해간다.

이에 반해 현정이는 형편은 어렵지만 당차게 살아가는 여자다. 우연히 만난 친구의 사촌 철수에게 마음이 끌리지만 그가 재벌임을 속였다는 것을 알게 되자 그를 피한다. 여기서 그녀의 모순된 감정도 드러난다. 모든 것을 긍정적으로 생각하고 겉모습으로 판단하지 말자는 가치관을 가진 현정이지만 재벌에 대한 편견 즉, 재벌기업들은 모두 악덕기업들이고 가난한 서민들을 착취해 부자가 되었다는 생각과 자신을 우롱했을 것이라는 배반감에 그를 거부한다. 그러나 점차 범수의 진실함을 느끼고 자신의 편견들과 싸우며 범수와 더 굳게 맺어진다. 이처럼 두 주인공들을 비롯해 주변사람까지도 정형화된 인물들이 아니라 드라마가 전개됨에 따라 성격과 태도가 변화하는 사실적인 캐릭터들이다. 사람이 갑자기 변하는 것이 비약이 아니냐고 비판한다면 다른 드라마에서 보여지는 평면적이고 선악이 분명한 캐릭터에 길들여진 탓일 것이다. 현실은 그렇지 않다. 인간은 누구나 자신의 입장이 변화함에 따라, 어떤 계기를 통해 −그것이 사랑이든 돈이든− 가치관이나 성격이 달라지기도 한다. 그래서 <현정아 사랑해>에 나오는 사람들이 더 설득력 있게 다가오는 것이다.

전통적인 재벌애인 상 파괴 − 신데렐라는 NO!

지금까지 재벌에게 선택되는 여성들은 모두 착하고 수동적이며 상대적으로 매우 초라한 직업을 가진 여성들이었다. 그래야 '신데렐라'가 되는 과정이 더욱 드라마틱하게 그려질 수 있기 때문이다. 가난해도 착하고 예쁘고 고분고분한 여성이 사랑 받는다는 구태의연한 이데올로기에서 벗어나지 못했던 것이다. 얼마 전 <내 사랑 팥쥐>에서 주인공인 송이가 뻔뻔하리 만치 당당하게 재벌과 사랑을 나누는 모습을 보여주었지만 과연 그게 더 솔직한 모습인지는 의심스럽다. 송이가 그녀를 좋아하는 재벌의 누나를 만나는 장면에서 혹시 동생의 배경에 혹해서 만나는 것이라면 그만두라는 말을 듣고, "그 사람이 가진 것 없어도 좋아할 수 있지만 똑똑하고 돈까지 많은 사람이 나를 좋아한다는데 누가 마다하겠어요?"라고 쏘아붙인다. 그 장면은 마치 돈이 많은 사람이 자신을 좋아하면 당연히 좋아하는 것이 솔직한 것이고 아닌 척하는 것은 가식이지 않느냐는 식이다. 지금까지와는 달리 당돌한 여자를 내세워 전통적인 재벌 애인 상을 파괴하려는 듯이 보이지만, 수줍은 듯 받아들이는 것이 가식이라면 두 손 들어 환영하는 것은 솔직하다는 식의 단순한 이분법적 사고가 고정관념을 해결해주지는 못한다. 그마저도 또 다른 틀에 갇히는 위험이 있을 수 있기 때문이다. 그런 점에서 현정이는 어느 쪽에도 속하지 않고 조용히 비켜간다.

현정이는 범수가 차라리 자기가 알고 지냈던 평범한 철수였으면 하는 인물이다. 그 이유는 범수가 가식적인 사람이 아니라는 것을 느끼면서도 자신을 속였으니까 자신을 사랑하는 것도 진심이 아니면 어떻게 하나 하는 우려 때문이다. 재벌이 평범한 여자를 좋아한다는 것은 분명히 흔하지 않은 상황이다. 그것을 의심의 여지없이 수긍하거나 아니면 그런 남자가 좋아하니 얼마나 좋겠냐며 반기는 것은 오히려 비현실적으로 느껴진다. 그런 사람이 정말로 날 좋아할까, 나와는 다른 세계의 사람인데 잘해나갈 수 있을까 하는 의구심으로 망설여지는 게 더 현실적인 모습이 아닐까? 또, 철수가 범수로 밝혀지면서 현정이 주변에는 귀찮은 일들이 벌어진다. 범수와의 일거수일투족이 감시당하고 그의 가족에게서 무시를 당하고 주변 사람들은 자신에게 자꾸 비굴해진다. 결코 행복하지만은 않은 연애를 하게 되는 상황에서 재벌인 남자친구가 차라리 평범한 남자였으면 하는 바람이 가식이라고 할 수는 없을 것이다.

현정이가 특별한 또 다른 점은 신데렐라를 꿈꾸는 것이 아니라 범수가 그녀 곁에 있기 위해 '보통사람'을 꿈꾼다는 것이다. 현정이는 점차 범수의 있는 그대로를 사랑하게 되지만 자신의 일과 꿈은 포기하지 않는다. 현정이가 자신의 일에서 크게 성공하거나 대단한 야망이 있는 것은 아니지만 자신의 소박한 꿈을 이루기 위해 일하는 즐거움이 어떤 것인지 알고 있다. 그것이 그녀에게 가장 중요하며 남자친구가 재벌이라서 기대려는 마음은 조금도 없다. 오히려 재벌인 범수에게 자립심과 일하는 기쁨을 알게 해준다. 그런 그녀를 보고 범수는 자신의 선택으로 이루어진 것이 아무것도 없었다는 것을 깨닫고 스스로의 삶과 그녀의 사랑을 둘 다 얻기 위해 집을 나온다. 주체적인 여성으로 살면서 일과 사랑을 동시에 성취하고 돈 버는 기쁨을 재벌에게 전염시키는 모습은 기존의 드라마에서는 보기 힘들었던 점이다.

현실을 포장하는 드라마다운 요소들 — 새로운 영상스타일의 시도

<현정아 사랑해>는 우리의 모습을 현실적으로 그려내면서도 그것을 드라마적으로 포장해 더욱 돋보이게 만드는 미덕을 발휘한다. 그 일등공신은 바로 새로운 영상스타일이다. 웃음을 자아내는 코믹한 내용과 그 전달방식의 일치에서 오는 절묘함은 재미를 더해준다. 현정이는 자신이 재벌과 연애를 한다는 소식에 주변 사람들이 은근히 부담스럽게 대하자 스트레스를 받고 회식자리에서 술을 잔뜩 마신다. 다음날 아침 현정이는 필름이 끊겼던 상태라서 지난 밤 일이 잘 기억나지 않는다. 현정이의 멍한 표정과 함께 전날 있었던 일이 흑백화면으로 편집되어 소리와 함께 일그러졌다 사라졌다 하면서 툭

툭 끊기며 이어진다. 누구나 술 마신 다음날 아침에 일어나 지난 밤 일을 기억하려고 할 때 조금씩밖에 기억이 안나는 경험을 해본 적이 있을 것이다. 그래서 그 장면을 보고 너무도 실감나는 묘사에 무릎을 탁 치며 웃을 수밖에 없게 된다.

또, 조명의 적절한 사용은 실감나는 장면을 만드는 데 중요한 역할을 하고 있다. 드라마에서 흔히 볼 수 있는 불을 꺼도 다 보이는 방이 <현정아 사랑해>에는 없다. 세트장에서 촬영되는 집안 내부 장면들은 밤에 불을 꺼도 어느 정도 환해서 진짜 집인 듯한 현실감이 떨어지기 마련인데 현정이의 방은 불을 끄면 정말 깜깜해진다. 아침에 일어날 무렵엔 창문 사이로 눈부시게 들어오는 햇살이 마치 진짜 우리 집의 내 방 같은 느낌을 준다. 현정이와 범수가 도망쳤을 때 머무르는 산 속의 민박집에서도 둘이서 불을 끄고 장난치는 모습이 깜깜한 방에 그림자로만 보여져서 그들을 살짝 엿보는 듯한 두근거리는 재미를 준다. 이런 것들은 사소하지만 생동감을 주기 위한 세심히 노력한 흔적이다.

이외에도 <현정아 사랑해>의 새로운 스타일을 집약시킨다고 해도 과언이 아닌 라스트 신을 빼놓을 수 없다. 드라마에서 매회의 라스트 신이 얼마나 중요한지는 굳이 말할 필요가 없을 것이다. 가장 궁금증이 치솟고 위기감이 한껏 고조되고 있을 때 드라마가 끝나고, 입맛을 '쩝' 다시는 동안 우리의 시선은 라스트 신에 머물고 있기 때문이다. 그리고 그 라스트 신은 한 주일 동안 뇌리에서 맴돌며 다음 주의 내용을 나름대로 추측하게 하기도 한다.

<현정아 사랑해>는 이러한 라스트 신의 미학을 한 차원 높은 곳으로 끌어올린 획기적인 스타일을 만들어냈다. 여기서 라스트 신은 기존 드라마들의 그것보다 더 많은 것을 말해주고 있다. 라스트 신에 나오는 인물들은 얼굴이 클로즈업되면서 만화적 상상력이 돋보이는 애니메이션이 입혀진다. 그 효과는 단순한 만화적 표현 이상의 것이

다. 현정이와 범수가 만난 지 얼마 안되서 범수가 현정이에게 갑작스
럽게 사랑을 고백할 때 라스트 신에 잡힌 현정이의 두 볼에 떠오른
빨간 하트는 뒤집어지는 웃음을 선사한다. 그러면서 그 동안 다른 남
자를 짝사랑하던 현정이가 과연 범수에게 마음을 돌릴까 말까 아리
송해하던 시청자에게 확실한 대답을 주는 것이다. 또 우여곡절 끝에
집을 나오게 된 범수, 곱게만 자란 범수에게 아버지는 며칠이나 견딜
지 두고 보자며 코웃음치고 범수는 착잡한 표정으로 아버지의 회사
문을 나선다. 이때 시청자들은 그 표정을 보고 정말 범수가 현정이만
을 바라보고 견뎌낼 것인가 아니면 못 버티고 결국 힘들어하는 것
아닐까 불안하기만 하다. 이때 라스트 신에서 범수의 굳은 얼굴 위,
결연한 눈빛 위로 한 줄기 섬광이 번뜩였다. 이를 보면 웃음이 터지
면서 범수의 결심이 흔들리지 않겠구나 하는 믿음이 절로 생긴다.
　이제는 라스트 신이 단순히 드라마가 끝나는 장면이 아니라 이번
라스트 신은 어떤 모습일지 궁금해서 먼저 기다리게 만드는 <현정
아 사랑해>만의 독특한 매력으로 자리잡고 있다. 변함 없이 계속되
고 있는 비슷한 스타일의 예고편도 다른 드라마들이 초반에만 시청
률을 의식해 보여주다가 슬쩍 중단하는 것과 달리 드라마를 보는 쏠
쏠한 재미에 한 몫을 해준다.
　<현정아 사랑해>에서 시도된 여러 가지 영상 스타일들은 수려한
연출이나 예술적인 영상미가 돋보이는 것은 아니지만, 새로운 스타
일로 사실적인 이야기를 더욱 생동감 있게 보여주면서 드라마적인
재미도 놓치지 않는 방식이라는 점에서 주목할 만하다.

새로운 가능성의 제시 — 친근하지만 새로운 드라마

　<현정아 사랑해>는 소재 기근과 제작비·제작기간 부족, 스타 캐
스팅의 어려움 등 여러 가지 문제에 시달리는 우리나라 드라마의 제

작 풍토 속에서 새로운 가능성을 모색하게 해준다는 점에서 의의를
찾을 수 있다.

소재가 같다고 해서 다 같은 드라마로 만들어야 할 이유는 없다.
가장 선호되는 그래서 자주 쓰이는 소재라면 굳이 마다할 이유도 없
을 것이다. 그러나 시청자 확보만을 위해 모방이나 표절을 일삼는다
면 더 이상 발전할 수도 시청자를 확보할 수도 없을 것이다. 동일한
소재로도 아이디어의 전환으로 얼마든지 달라질 수 있기 때문이다.
새로운 것을 원하면서도 생소한 이야기에는 불편해하고 등을 돌리는
것이 시청자들의 속성이다. 그렇다면 친근한 소재로 다가가되, 뻔해
보이는 이야기를 다르게 포장해서 새롭게 느껴지도록 하는 것이 드
라마의 미덕이 아닐까?

드라마는 시청자를 위한 것이다. 뉴스에서는 연일 끔찍한 뉴스를
접하고 직장과 가정에서 힘든 일을 마치고 TV 앞에 앉았을 때 드라
마에서까지 폭력, 살인을 아무렇지 않게 보여주거나 억지웃음으로
때우려 한다면 우리의 일상생활에 '진짜' 생활이 들어설 자리가 없어
질 것이다. 실제의 생활에서 그런 극단적인 상황을 맞는 사람은 거의
없기 때문이다. 그러나 <현정아 사랑해>는 이미 그런 드라마에 익
숙해진 사람들에게 진짜 생활을 되찾아준다. 우리의 삶에 보다 가까
운 건전하고 가벼운 이야기들을 사실적인 캐릭터에 담아 보여주면서
우리의 일상을 색다르고 드라마틱하게 포장해서 보여주는 미덕도 잃
지 않는다. 친근한 맛 속에서도 더 이상 '신데렐라가 되는 여자'가
아닌 '보통사람이 되는 재벌'을 느껴지게 하는 미각을 개발시키는 것
이다. 그것이 <현정아 사랑해>가 특이한 소재나 엄청난 스타가 없
이도 빛날 수 있는 이유이다.

<현정아 사랑해>가 모범답안이라고는 할 수 없겠지만 드라마가
달라질 수 있는 여러 가지 대안들을 이야기 구조상의 변화, 보다 현
실적인 캐릭터들, 새로운 영상 스타일을 통해 보여준 점은 높이 살

만하다. 현재 기록적인 시청률로 채널을 고정시키고 있는 SBS <야인시대>와 적극적인 홍보를 펼치며 경쟁에 뛰어든 KBS <고독>의 틈바구니에서 고전중이지만, 시청률이 조금만 하락세를 보여도 금방 조기 종영되는 드라마들과 달리 자신만의 맛깔 나는 스타일을 지켜가고 있는 <현정아 사랑해>의 행보가 믿음직스럽다.

그래, 아침밥은 먹고 있니?

이상은(주부)

들어가며

각 방송사마다 방송의 공영성을 가장 중요시하고 있지만, 실제로 방송사가 가장 민감하게 받아들이고 있는 것은 시청률이다. 케이블 방송에 위성방송까지 텔레비전을 보고 있는 시청자들의 채널 선택권이 급격히 늘어나면서 시청자의 시선을 끌기 위한 방송사간의 치열한 경쟁이 가속되고 있는 것이다. 그로 인해, 프로그램이 전달하고자 하는 내용이 방송의 공영성에 얼마나 부합하는가를 고민하기보다는 얼마나 많은 시청자들을 자사의 프로그램에 끌어들이느냐에 대한 고민이 앞서게 된 것이다.

물론, 방송사들이 프로그램 제작시에 방송의 공영성을 전혀 염두에 두지 않고 오로지 시청률에만 급급해 저속한 프로그램만을 만들고 있다는 것은 아니다. 문제는 유익한 정보를 제공하면서 시청자들의 가슴에 감동으로 남을 수 있고, 거기에 너무나 재미있어 시청자들의 시선을 한순간에 사로잡을 수 있는 프로그램을 만들어야 한다는 것인데, 조금만 지루하거나 홍미를 끌지 못하면 가차없이 리모콘을 돌려버리는 시청자들에게 단지 유익하기 때문에 혹은 단지 감동적인 내용이기 때문에 홍미를 배제한 채 진지함만으로 프로그램을 제작할 수 없다는 현실에 있다. 특히, 쇼·오락 프로그램의 경우는 재미와 즐거움을 전달하기 위해 구성을 하다 보면 자극적이라거나 지나치게 가벼운 내용으로 구성된다는 비판의 표적이 되곤 해 재미있으면서도 유익한 내용을 담아내야 한다는 난제(難題)에 명확한 해결책을 찾기란 좀처럼 쉽지 않다.

그런 의미에서 MBC <!느낌표> 신동엽의 '하자하자'(아침밥을 먹자! 편)는 쇼·오락 프로그램에서 큰 의미를 갖는 프로그램이다. 재미와 감동은 물론 사회 전반적으로 고교생의 아침 등교시간에 대한 문제의식을 불러 일으켜 0교시 폐지라는 가시적 성과를 거둬냈기 때문이다. 시사 교양 프로그램도 아닌 쇼·오락 프로그램의 한 코너를 통해 전 국민적 관심과 동의를 구했다는 것은 방송의 사회적 책임과 그 거대한 영향력에 대해 다시 한번 생각하게 해준 기분 좋은 경험이었다.

이와 같이 신동엽의 '하자하자'(아침밥을 먹자! 편)는 여러 가지 측면에서 긍정적인 평가를 받을 만한 의미 있는 코너였지만 그럼에도 불구하고 몇 가지 아쉬운 점이 여전히 남아 있다. 따라서 본 비평에서는 신동엽의 '하자하자'(아침밥을 먹자! 편)를 비판적 시각으로 접근해보고자 한다. 그것은 단순히 쇼·오락 프로그램의 속성을 무시한 채 프로그램을 폄하하고자 하는 것이 아니고 시청자들의 사랑을 아낌없이 받으면서도 가슴에 의미를 심어 줄 수 있는 쇼·오락 프로그램의 제작이 향후 어떻게 발전되어야 하는지에 대해 진지하게 생각해보는 계기를 마련하고자 하는 것이다.

본문

따뜻한 밥 한 그릇에 사랑을 담아

차가운 겨울 날씨에 아직 해도 뜨지 않은 깜깜한 길을 잔뜩 움츠리며 들어오는 학생이 무심코 문을 연 교실에는 따뜻한 김이 모락모락 피어나는 정갈하고 맛있는 아침상이 차려져 있다. 시청자들은 학생들의 감탄과 찬사를 직접 들어보지 않더라도 차가운 날씨와 따뜻한 음식, 어두컴컴한 길과 눈부신 조명, 그리고 무표정한 학생들의 표정과 환하게 웃는 신동엽의 표정이 극명한 대비를 이루면서 아침밥 한 그릇만을 가지고도 학생들의 몸과 마음을 한순간에 녹여버리는 기분 좋은 경험을 하게 된다. 또한 담임선생님이 직접 학생들에 대한 사랑과 정성을 담아 보낸 사연이 함께 소개되면서 제자를 사랑하고 아끼는 스승의 마음이 잔잔한 감동으로 전해진다.

입시 스트레스에 짓눌려 아침밥조차 먹을 여유 없이 숨막히게 살아가고 있는 제자들에게 보여주는 선생님의 관심과 사랑은 시청자들의 공감을 불러일으키기에 충분하다. 거기에 요리 전문가들이 매주 보여주는 새롭고 예쁘고 맛있는 요리들을 보는 재미와 신동엽의 재치 만점 진행이 프로그램의 재미를 한층 더해주고 있다. 즉, 입시전쟁에 시달리는 학교와 학생들이라는 너무나 무거운 소재를 아침밥이라는 매개를 통해 드라마 못지 않은 감동과 시사 프로그램 못지 않은 문제의식으로 재미와 유익성을 모두 갖춘 매력적인 프로그램이 된 것이다.

그러나 여전히 남아 있는 아쉬움

신동엽의 '하자하자'(아침밥을 먹자! 편)의 방송내용을 살펴보면 크게 세 부분으로 나누어볼 수 있다.

초기에는 제자들을 생각하는 선생님의 사연이 중점적으로 방송되면서 지친 학생들을 격려하고, 아쉽게 사라져가고 있는 사제지간의 정을 다시금 느끼게 해주는 데 초점이 맞춰져 있었다.

중기에는 요리의 대가들이 나와 '밥차'에서 현란한 요리 솜씨로 맛의 대결을 펼치면서 음식을 만들고 시식하고 선택되어지는 과정에 더 많은 방송시간이 할애되었다.

후기에는 영국, 일본, 베트남 등 세계 각지 고등학생의 아침 등교시간과 우리나라 고등학생들의 아침 등교시간을 비교하면서 무리하게 진행되는 0교시 수업의 폐해와 그로 인해 학생들이 아침을 거를 수밖에 없는 상황에 초점이 맞춰졌다.

프로그램의 결론부분에는 고등학생들과 학부모가 직접 출연하여 토론을 통해 0교시 폐지를 공론화시켰으며, 시청자들의 호응에 힘입어 0교시 폐지를 정책적으로 관철시키는 놀라운 성과를 얻어냈다.

그렇다면, 과연 입시에 찌든 학생들이 아침밥을 먹을 수 있게 하기 위한 최선의 정책적 대안이 0교시 폐지였던가?

물론 0교시는 너무 이른 시간에 시작되는 수업이고 보충수업의 형식을 띠고 있기 때문에 아침밥을 거르고 등교한 대부분의 학생들이 수업에 제대로 집중하지 못해 학습 능률적인 면에서 누가 봐도 비합리적인 수업이었다. 그러나 과도한 입시 경쟁에 시달리고 있는 고등학생들의 생활은 그런 비합리의 연속이라고 해도 과언이 아니다. 수업에 자율학습까지 끝내고서도 자정이 넘어서까지 학원 버스에 실려 다니며 과외 수업을 받으며 새벽이나 되어야 지친 몸을 뉘일 수 있는 고등학생들의 현실 속에 과연 합리적이고 상식적으로 이해되는 부분이 얼마나 있을까?

문제는 단순히 0교시 수업에 있었던 것이 아니라 학력 위주의 우리 사회가 만들어낸 비뚤어진 입시 전쟁에 있었던 것이다. 물론 너무나 뿌리깊어 교육부 장관이 바뀔 때마다 학교 교육의 정상화를 제1

의 정책으로 내세우고 있지만 수십 년 동안 해결하지 못했던 고질적이고 어려운 문제를 쇼·오락 프로그램의 한 코너에서 해결한다는 것은 어불성설(語不成說)임을 충분히 이해한다. 그러나 최소한 문제를 제기 했으면, 그 문제를 해결하고자 하는 바른 방향을 찾기 위해 노력해야 한다. 또한 바른 방향으로 치열하게 파고 들 수 없다고 판단되었다면 섣불리 문제를 거론하고 어설프게 결론지으려 하지 말았어야 한다. 왜냐하면 우리 사회에서 입시로 고민하고 있는 고등학생들의 이야기는 자기 자신의 우울한 청소년기로, 혹은 자녀의 안타까운 현실로 그 누구에게도 그냥 지나칠 수 없는 아프고 진지한 현실의 문제이기 때문이다.

바로 이 점이 신동엽의 '하자하자'(아침밥을 먹자! 편)의 가장 큰 문제점이었다. 초기의 방송 분에서 보여 주었듯이 힘들고 지친 학생들에게 선생님의 사랑이 가득 담긴 따뜻한 아침밥을 먹여 주고자 했던 취지에 충실하든지, 영국과 일본 등 해외 고등학생들의 합리적인 교육환경을 보여주면서 진정으로 우리 교육의 문제점을 지적하고자 했다면 0교시 폐지라는 단편적인 결론으로 마무리지을 것이 아니라 향후 더 많은 노력과 과제를 남겨두더라도 입시문제의 본질에 접근하는 것이 더 바람직했었다.

0교시를 폐지하겠다는 발표가 뉴스를 통해 보도 된 후 신동엽의 '하자하자'(아침밥을 먹자! 편)에서는 1시간 늦게 등교하면서 한결 밝아진 학생들의 모습을 다소 흥분하여 전달했으며, 이 정책으로 인해 마치 우리 고등학생들이 아침밥을 거르는 일은 향후 절대로 없을 것 같은 과장된 분위기를 연출했다.

그러한 방송으로 인해 시청자들은 문제의 본질에 제대로 접근하지 못하게 되었으며 학교 교육의 정상화에 대한 간절한 요구들이 너무나 가볍게 방송의 소재로 이용되고 만 느낌을 지울 수 없다. 과연 0교시가 폐지되었다고 해서 이 치열한 입시 경쟁 속에서 느긋이 아침밥을 먹으며 여유롭게 등교할 수 있는 고등학생들이 과연 몇 명이나 될 것인가? 요란한 팡파르 속에 0교시 폐지가 관철된 것만으로 우리 학생들에게 새로운 세상이 열린 것처럼 연출된 방송 속에서 여전히 무거운 가방을 들고 학교로 향할 수밖에 없는 고등학생들의 모습은 그들의 고민을 해결해준 프로그램 속의 활기찬 주인공이 아니라 그저 프로그램을 위해 존재하는 들러리가 되어버렸던 것이다.

초기에 학생들의 생활이 학생들의 입을 통해 전해지면서 또 그들의 힘겨운 하루 하루의 일상이 알려지면서 현재 고등학생이 없는 가정에는 적잖은 충격이 전해졌고, 그리고 고등학생이 있는 가정에서는 공감대가 형성되었다. 그리고 그 아이들에게 따뜻한 아침 식사를 전해주며 손 마주잡고 웃어주는 모습은 모두에게 가슴 따뜻함을 느끼게 해주기에 충분했었다.

그러나 아침밥을 못 먹는 학생들이 아침밥을 먹게 하기 위해 아침밥을 먹을 수 있도록 등교시간을 늦춰야 한다는 것은 문제의 심각성을 전혀 고려하지 않은 단편적이고 근시안적인 결론이었다는 것이다. 물론, 아침밥을 먹기 위해서는 등교시간이 늦춰져야 하는 것은 자명한 일이다. 허나 등교시간만 늦췄다고 해서 청소년들이 아침밥 —여기서 말하는 아침밥의 의미는 단순히 식사를 넘어서서 생활의 여유라고 파악해야 할 것이다— 을 먹을 수 있는 상황이 아니기 때문이다. 그 정도로 간단하고 명료하게 해결될 수 있는 생활이 아닌 것이다. 그럼에도 불구하고 신동엽의 '하자하자'(아침밥을 먹자! 편)에서는 그런 오류를 범한 것이다. 자, 이제 등교시간을 늦춰주었으니, 0교시 폐지를 해주었으니 마음껏 아침밥을 먹고 행복한 학교생활을 즐겨라 말하는 것과 무엇이 다르단 말인가?

0교시 폐지 발표가 난 후에 달라진 학생들의 등교시간을 보여주는 것으로 신동엽의 '하자하자'(아침밥을 먹자! 편)는 막을 내렸다. 마치 청소년들을 위해 너무나 엄청난 일을 해주었다는 듯이 의기양양하게 밝고 경쾌하게 프로그램을 끝냈던 것이다. 0교시 폐지를 위한 합의를 도출해냈던 것은, 더 엄밀히 말한다면 우리 학생들이 아침밥조차 먹지 못할 만큼 열악한 상황에 처해 있다는 것에 대한 전 국민적 공감대를 형성해냈다는 것은 칭찬 받아 마땅한 일이나, 그것이 청소년들의 아침밥을 먹게 만들어 줄 수는 없다는 상황을 명확히 인식하고 또 방송 내용 속에서 보다 진솔하게 인정했어야 한다는 것이다. 그랬다면 프로그램을 마감하는 과정에서 느껴지는 시청자들의 공허함을 줄일 수 있었을 것이며, 우리 청소년들의 일상에 대한 고민과 관심을 지속적으로 기울여야 한다는 자각을 함께 불러일으킬 수도 있었을 것이다.

또한 중기에 방송되었던 특급 호텔 요리사들의 화려하고 현란한 요리 대결은 신기한 요리들이 마술처럼 만들어지는 '밥차'와 함께 다양한 볼거리를 선사해주며 프로그램의 재미를 더해주는 역할을 톡톡히 담당했다.

그러나 회를 거듭할수록 요리사들의 요리 대결의 비중이 높아지면서 입시지옥에서 허덕이는 아이들의 건강 회복을 위해 온갖 정성으로 지어주시는 어머니의 아침밥과 같이 진한 사랑을 전달하기보다는 요리를 소재로 한 다른 쇼·오락 프로그램과 크게 다르지 않는 요리사들의 요리 대결과 요리에 얽힌 에피소드에 치우친 흥미 위주의 볼거리가 되어버렸다.

그것은 요리사들의 요리 대결이 계속되면서 초기에 느낄 수 있었던 감동이 많이 사라졌기 때문이다. 한 명의 요리사가 학생들을 위해 정성껏 음식을 준비하고 특급 호텔에서처럼 깨끗한 식탁보가 깔린 책상에서 아침밥을 맛보는 학생들의 모습과 그 모습을 행복하게 바라보던 요리사의 모습은 학생들이 원하는 밥이 어떠한 것인지 느낄 수 있게 해주었으며, 그 자체만으로도 감동적인 장면이 될 수 있었다.

학생들에게 꼭 필요한 아침밥은 비록 반찬은 훌륭하지 않으나 새벽잠을 쫓으시며 오직 자식을 위해 정성을 다해 차려주시는 어머니의 밥상처럼 정성과 사랑으로 만들어져야 한다. 아무리 특급 호텔의 일류 요리사라고 해도, 아무리 값비싼 재료를 사용했다 하더라도 그것이 부족하다면 또 그것이 전달되지 않는다면 학생들의 아침밥으로 적절치 않은 것이다. 요리사들의 요리 대결이 계속 되면서 화려하고 요란스런 상차림이 학생들의 생활에 비추어 볼 때 다소 어색해 보였을 뿐 아니라 재미를 위한 과장된 연출이라 여겨졌기 때문이다.

나오며

최근에 방송되고 있는 쇼·오락 프로그램의 주 시청층은 청소년이고 방송내용도 청소년들의 취향에 부합하도록 기획되고 있는 것이 사실이다. 그러나 아이러니 하게도 시청률의 일등공신인 청소년들에게 유익하거나 청소년 자신들의 이야기를 그려내고 있는 쇼·오락 프로그램은 찾아보기 힘들다.

그러한 가운데 신동엽의 '하자하자'(아침밥을 먹자! 편)는 청소년들의 소리를 가까이서 들을 수 있는 반가운 프로그램이었고, 그들의 고민과 어려움에 귀를 기울이는 따뜻한 프로그램이었다. 아침밥을 먹여주자는 소재 자체도 신선한 발상이었고, 아침밥에 얽힌 청소년들의 삶의 이야기도 감동적이었다.

그러나 우리의 미래를 떠받칠 청소년들을 다룬 프로그램일수록 더 많이 고민해야 하고 방송의 입장에 서기보다는 그들의 입장에 서려고 노력해야 한다. 그렇기 때문에 다른 어떤 프로그램보다도 더 엄격한 평가를 내려야 하는 것이다.

신동엽의 '하자하자'(아침밥을 먹자! 편)는 입시문제라는 다루기 쉽지 않은 주제를 아침밥이라는 일상적이면서도 친근한 소재로 풀어낸 재미있고 유익한 프로그램이었으나, 0교시 폐지라는 엄청난 일도 일으킬 수 있는 것이 방송이라는 것을 생각해볼 때 보다 발전적인 방향으로 우리의 청소년 문제를 고민해볼 수 있는 길을 터 주기 위한 보다 진지한 고민을 했어야 했다는 아쉬움이 남는다.

어려운 주제일수록 어떻게 풀어나가고 어떻게 매듭을 짓는가 하는 것은 쉬운 문제가 아니겠지만, 보다 사회적인 책임을 느끼면서 보다 공익적 차원에서 끊임없이 노력할 때만이 오래 오래 기억되는 좋은 프로그램으로 남을 수 있을 것이다. 천편일률적인 쇼·오락 프로그램의 홍수 속에서 보다 신선하고 감동적인 프로그램이 탄생시키기 위한 제작진의 쉼 없는 정진을 기대한다.

꿈은 계속되어야 한다

<일요일 일요일 밤에>의 '게릴라 콘서트'가
남긴 것과 보다 나은 방송을 위해 개선되어야 할 점

김정아(회사원)

들어가며

토요일이 부담 없이 놀 수 있는 날이라면 일요일은 '휴식'을 위한
날이다. 다음날 늦잠을 자면서 쉴 수 있는 토요일에는 기분이 내키면
심야영화를 보거나 밤늦게까지 밖에서 놀면서 시간을 보낼 수 있지
만, 일요일에는 밤늦도록 집 밖에 있는 것이 부담스럽다. 저녁식사
후에는 집에서 느긋하게 TV를 보며 휴식을 취하는 것이 일반적인
일요일 밤을 보내는 서민들의 삶의 모습인 것이다. 그래서 보통 토요
일보다 일요일 저녁대의 TV 시청률이 높고 이는 각 방송사의 시청
률 경쟁도 그만큼 치열함을 의미한다.

일요일은 다음날부터 시작될 새로운 일주일의 부담감이 큰 스트레
스로 작용하는 요일이기도 하다. 이런 이유로 일요일에는 시청자의
기분을 밝게 해줄 오락 프로그램이 필요하며, 3대 공중파 방송은 모

두 일요일 저녁 시간대에 오락 프로그램을 편성하고 있다.

오락 프로그램은 '웃음'을 궁극적인 목표로 추구한다. 그러나 최근 높아져가는 시청률 경쟁은 유쾌한 웃음만을 추구하게 내버려두지는 않는다. 연예인의 신변잡기나 농담, 인신공격, 개인기 등으로 때로는 불편하고 말초적인 웃음을 추구하는 오락 프로그램이 점점 늘어나고 있다.

이런 상황을 고려할 때 <일요일 일요일밤에>라는 프로그램의 장수는 놀라운 일이다. 10년이 넘는 세월 동안 '몰래카메라', '이경규가 간다-양심냉장고', '인생극장', '러브하우스', '게릴라 콘서트'로 이어지는 간판 코너들은 숱한 화제를 일으키며 <일요일 일요일 밤에>가 주말 오락 프로그램의 지존으로 자리잡게 해주었다.

그리고 이 중 '게릴라 콘서트'는 어떻게 보면 오락 프로그램이 지향하는 '웃음'보다 '눈물'을 더 크게 자극하는 프로그램이다. 주인공이 되는 연예인뿐 아니라 그들을 구경하러 모인 관객들, 코너를 진행하는 MC, 심지어 시청자들까지도 눈시울을 붉히게 만드는 프로그램이다. 심지어 눈물을 너무 많이 흘리고, 감격에 북받친 나머지 혼절하는 스타가 생기기도 했다. 스타들이 철저히 계산된 완벽한 모습이 아닌 인간적이고 허술한 모습, 때로는 두려움에 떠는 약한 모습을 보여준다는 점도 특이하다. 이는 대부분의 오락 프로그램과는 다른 차이점이다.

'게릴라 콘서트'는 <일요일 일요일 밤에>의 간판 코너로 자리잡았으며 최근 종영되었음에도 불구하고 지금도 시청자들의 재방영 요청과 자신이 좋아하는 연예인의 출연 요청이 끊이지 않고 있다. 그러나 감동과 재미를 준다는 호응도 얻었지만, 일부 연예인의 출연자격 논란과 방송의도에 대한 논쟁이 펼쳐지기도 했다.

같은 프로그램 내의 '러브하우스'와 함께 <일요일 일요일 밤에>의 간판 코너로 자리 매김하며 백상예술대상, 한국프로듀서연합회 등의 시상에서 <일요일 일요일밤에>가 예능 오락부문 작품상을 수상하게 한 원동력이 된 코너이기도 하지만, 동시에 여러 시청자 단체들이 뽑은 '나쁜 프로그램'에 선정된 적도 있다. 찬사와 비난이 공존하는 프로그램인 것이다. 이런 양면성은 어디에서 비롯된 것일까?

이 글에서는 '게릴라 콘서트'의 속성과 그것이 갖는 의미를 고찰하고자 한다. '게릴라 콘서트'의 긍정적인 면과 부정적인 면의 양면성을 살펴보고 분석하여 오락 프로그램이 보다 좋은 방향으로 나아가기 위한 실마리를 찾고자 한다.

본론

감동의 '게릴라 콘서트'

'게릴라 콘서트'는 조성모, 핑클, GOD, 신화 등 최고의 인기 가수들이 불시에 직접적으로 팬들을 찾아가 자신들의 콘서트에 와달라고 호소하는 리얼 다큐멘터리 형식을 갖고 있다.

지난 2000년 9월 21일 '조성모 편'으로 시작된 '게릴라 콘서트'는 2002년 7월 28일 김자옥·오승근 부부 편으로 끝맺기까지 총 50여 팀의 가수들과 탤런트, 개그맨 등 많은 연예인들이 참여했다.

이 코너의 가장 큰 특징은 웃음과 눈물 그리고 진한 감동에 스타들의 인간적인 모습이 고스란히 배어있다는 것이다.

시간과 장소에 대한 아무런 예고 없이 갑작스럽게 펼쳐지는 인기 가수들의 깜짝 '게릴라 콘서트'를 통해 팬들과 함께 호흡할 수 있는 기회뿐만 아니라, 동원된 관객에 비례한 일정한 기금을 불우이웃에게 전달하자는 취지를 갖고 있는 것이다. 또한 그 무대는 자칫 문화적 혜택으로부터 소외되기 쉬운 서울 외곽의 도시나 지방으로 선정되어 '지역 축제'와 지역 주민 화합의 한마당이 되기도 했다. 오락예능 프로그램으로는 보기 드물게 선정적인 장면이나 폭력적인 장면이 나타나지 않은 점도 높이 살 만하다.

한때 '게릴라 콘서트 나가면 사람된다'란 말이 방송가를 떠돈 적이 있다고 한다. 연예인은 대중의 사랑을 먹고 사는 존재이지만 동시에 애증의 대상이 되기도 한다. 젊은 나이에 커다란 부와 명예, 인기를 축적한 스타일수록 자신의 본분과 위치를 망각하기 쉽다. 연예인의 자질에 대한 성토가 끊이지 않는 이유도 여기에서 기인한다.

그러나 '게릴라 콘서트'를 한 번 하고 나면 팬들의 소중함을 알게 된다. 자신을 봐주기 위해 어려운 걸음으로 외진 곳까지 와서 숨죽이고 기다려 주는 팬들에게 감사함과 감동을 느끼지 않는 스타가 어디 있겠는가.

특히 혹한의 날씨나 비바람 등 악조건이 겹친 경우나, 가수가 큰 시련을 겪은 후의 '게릴라 콘서트'는 보는 이에게 더 큰 눈물과 감동을 준다. 4년 만에 컴백하여 수천 명에 이르는 팬클럽이 고작 15명으로 줄어 든 것을 보고 실패를 예감했었다던 가수 김정민과 오랜 무명시절을 딛고 스타가 된 남성듀오 캔, 소녀 가장으로 어려움을 딛고 가수가 된 이수영, 멤버 강원래에게 닥친 불의의 사고로 가수 활동을 거의 접다시피 한 구준엽의 '게릴라 콘서트'의 경우가 그랬다. 출연 스타나 관객, 시청자 모두 하나가 되어 눈물을 흘리는 감동의 무대를 연출한 것이다.

'게릴라 콘서트'의 공식

그러나 '게릴라콘서트'가 장점만을 가지고 있는 것은 아니다. 불우이웃 돕기를 목적으로 한다는 그럴듯한 기획의도를 내걸었지만 10대

청소년들의 관심을 미끼로 시청률만을 의식한다는 지적에서 자유롭지 못했다. 시청률 상승을 위한 '게릴라 콘서트'의 정형화된 공식이 곳곳에 장치되어 있는 것이다.

'게릴라콘서트'는 회를 거듭할수록 더욱 많은 통제와 극적인 상황을 가미하면서 감동을 극대화시켰다. 콘서트 장소는 서울을 벗어난 지방이나 외곽도시로 결정되어 콘서트 당일 공개되었으며, 제한된 시간 동안 일정 수 이상의 관객을 동원해야 콘서트를 열 수 있게 통제했다. 최고 정상급 스타의 경우 목표 관객수는 상향조절 되었으며 지하철 표를 가져온 사람의 숫자만 센다거나 태극기를 가져온 사람의 숫자만 센다든가 하는 다양한 핸디캡을 적용하기도 했다.

야외무대라는 특성상 추위와 악천후 등 기상상태의 영향을 많이 받았으며, 교통이 불편한 외지나 공터를 무대로 지정하여 출연자의 애간장을 태우기도 했다. 통제사항이 많아짐에 따라 자신이 아무리 인기 많은 스타라 해도 성공을 보장할 수 없는 긴박감을 연출한 것이다.

게다가 자신이 좋아하는 가수나 연예인들의 출연은 채널을 고정하게 만든다. 또한 이들이 '성공'할지, '실패'할지 알 수 없는 상황이 애태우며 시청하도록 만든다. 마치 우리나라 축구 대표팀이 경기하는 월드컵 중계 생방송을 두근거리는 마음으로 지켜보는 것처럼, '성공이냐', '실패냐'로 뚜렷하게 양분된 결말은 '이기느냐', '지느냐'의 천당과 지옥 같은 상황을 그대로 재현한다. 게다가 성공한다 해도 몇 명을 동원했느냐는 숫자가 중요시된다. '몇 대 몇으로 이겼느냐'가 공식기록으로 남는 것과 다를 바 없다.

매회마다 출연 연예인과 공연장소가 달라 질 뿐 '게릴라 콘서트'의 전개방식은 똑같다. 콘서트가 이루어질 지역을 공개하고 그 지역과 지역주민에 대한 분석이 이루어진다. 공연장은 언제나 폐허에 가까운 곳이거나 일반시민의 접근이 다소 어려운 곳이다. 정해진 홍보시간 동안 본격적인 홍보에 나선 연예인들은 처음에는 자신에 넘치지만, 냉담한 시민의 반응에 곧 당황하게 된다. 곧이어 '사상 최악의 상황'이라는 자막이 뜬다. 열심히 홍보하는 연예인들이 지치고 실망하는 모습과 간간이 웃음과 희망을 유발하는 장면들이 동시에 보여진다. 드디어 예정된 공연시간, 안대를 쓰고 등장한 연예인은 쥐 죽은 듯 조용한 분위기에 실패의 불안감을 느끼고 벌써 눈물을 흘리기 시작한다. 감정이 극대 되었을 때 진행자는 외친다. "안대를 벗어주세요!" 그 순간 환호성이 울려 퍼지고 두려움과 후회의 눈물은 감동의 눈물로 변한다.

방송은 장소와 홍보의 어려움을 지속적으로 강조하여 애초에 약속한 관객의 수가 채워지는 것은 기적이라고 유도하고 있다. 마지막에 출연 스타가 안대를 풀고 구름같이 몰린 관객의 숫자가 전광판에 올라갈 때까지 '게릴라 콘서트'는 시청자들에게 좀더 극적인 장면을 선사하려고 애를 쓴다. 마침내 약속한 숫자가 훨씬 넘고 감격에 겨워 눈물을 흘리는 가수들의 얼굴이 클로즈업되면서, '게릴라 콘서트'는 대단원의 막을 내린다. 실패의 경우도 아쉬움과 감동이 남는 것은 마찬가지이다. 성공과 실패의 여부에 관계없이 흐르는 눈물은 출연자에게도, 진행자에게도, 관객들에게도, 심지어 시청자에게도 전염된다.

왜 그들은 공약을 내거는가?

'게릴라 콘서트'에 출연하는 스타들은 공연 전에 일정한 규모의 관객이 약속한 시간과 장소에 모이지 않으면 공연을 하지 않고 돌아가겠다는 약속을 하고, 심지어 연예활동을 그만 두겠다는 조건을 걸기도 한다. 실제로 7~8팀은 목표 동원관중을 달성하지 못했고 공연 없이 죄라도 지은 마냥 무대를 그냥 내려가야 했다.

'게릴라 콘서트'에서 관객은 다른 여타의 콘서트에서처럼 출연자와 하나가 되는 또 다른 공연 주체가 아닌 하나의 소도구에 지나지 않는다. 단순한 '숫자'로 작용할 뿐이다. 목표수치에 못 미칠 경우 많은 관객들은 불편을 무릅쓰고 공연장에 찾아와주었음에도 불구하고 공연을 보지 못하고 그대로 발걸음을 돌려야 하는 것이다. 모름지기 가수란, 연예인이란 단 한 사람의 관객을 위해서도 자신이 가진 모든 역량을 발휘해야 하는 사람이다. 그런데 단지 목표한 숫자만큼의 관객이 안 왔다고 해서 공연조차 하지 않는다는 것은 관객에 대한 모독이 아닐 수 없다.

성공했다고 해서 안도의 한숨을 쉴 수 있는 것도 아니다. 공식적으로 발표되는 관객수는 인기도와 비례하는 것처럼 여겨진다. 때문에 인기에 민감한 일부 신세대 가수들의 경우 정보가 미리 유출되었다거나, 카운터에 문제가 있었다는 등의 끊임없는 구설수에 시달리기도 했다.

지난 4월 각종 일간지에 개그우먼 이영자가 연예인 인생을 걸고 '게릴라 콘서트'에 도전한다는 기사가 실렸다. 지난해 다이어트 파문을 일으키며 방송을 떠났던 이영자가 '게릴라 콘서트'를 통해 10개월여 만에 안방극장에 돌아오는 동시에 연예 활동 재개 여부의 시험대에 선다는 내용이었다. 이영자는 21일 방송 예정인 '게릴라 콘서트'에서 관객 5,000명 이상을 모으면 활동을 재개하고, 그렇지 못할 경우 은퇴까지 고려할 생각이라는 보도였다. 그리고 '게릴라 콘서트'는 성공했다.

그러나 '게릴라 콘서트'에 모인 관중의 숫자와 성공여부가 면죄부가 될 수 있는가에 대해서는 논란이 많았다. 이영자의 향후 연예활동 재개여부는 그녀와 방송사의 합의와 판단에 달려있다. 그러나 사람을 5,000명 이상 동원하면 '용서'받은 것으로 알고 활동을 계속하겠다는 태도는 문제가 있다.

비단 이영자뿐만이 아니다. 우리는 길가는 행인들을 붙잡고 여러

분이 와주시지 않아 5,000명 이상, 혹은 만 명 이상 사람이 모이지 않으면 공연을 할 수 없으며, 연예활동을 중단할 수밖에 없다고 애원하는 스타들의 모습을 너무나도 많이 봐왔다. 이는 억지에 불과하다. '게릴라 콘서트'는 선거가 아니다. 무슨 근거로 '게릴라 콘서트'가 온 국민의 뜻을 대변하여 방송컴백과 은퇴여부를 결정짓는 잣대가 된단 말인가? 왜 출연하는 스타들이 공약을 내걸어야 하는가? 왜 평범한 시민들이 그들의 은퇴와 재기에 대해 책임감을 가지고 지정된 장소와 좌석에서 숨을 죽이고 스타들의 등장을 기다려야 하고, 이들에게 아낌없는 박수와 환호를 보내야 하는 것인가?

'게릴라 콘서트'는 콘서트 장소에 모인 사람들의 숫자가 곧 지지도이고 '게릴라 콘서트'의 성공이 곧 용서와 지지도의 지표가 된다는 논리의 오류를 범하고 있다. 관객들이 수치화되고 여론을 조작하는 근거로 이용되는 것이다.

공공성과 오락의 불편한 동거

'게릴라 콘서트'의 정식 명칭은 '사랑의 게릴라 콘서트'이다. 그리고 무엇보다도 이 프로그램은 콘서트의 의도가 불우이웃 돕기에 있다고 강조하고 있다. '입장한 관객 1인당 100원씩 쳐서 불우이웃 돕기에 사용한다'는 것이 이 프로그램의 원래 기획 의도라는 설명이 있긴 하지만 사실 어느 누구도 이 돈이 누구 호주머니에서 나와 어떻게 사용되는지 관심을 두지 않으며 후원금의 적립과 사용형태가 보고되지도 않는다.

가장 핵심이 되는 것은 그 날 몇 명이나 들어왔는지의 여부와 안대를 쓰고 등장한 스타들이 '무대 위에서 얼마나 더 드라마틱하게 울까' 하는 문제이다.

'게릴라 콘서트'는 코너 제작비 사상 최고의 제작비가 투입되는 그야말로 '블록버스터 코너'이다. 세트제작, 물량 운송비, 카메라, 조명, 또 사전준비 및 지방 촬영에 따른 출장비 등 거의 웬만한 프로그램 하나를 제작하고도 남을 제작비가 3~40분 남짓한 코너에 집중된다. 그에 비해 이 프로그램이 지정한 기준에 따른 불우이웃 돕기의 모금액이란 참으로 초라하다. 공식적인 '게릴라 콘서트' 관객동원 최고 기록은 가수 GOD의 1만 8,521명이니 1명당 100원이라면 모금액은 고작 185만원에 불과하지 않은가.

'불우이웃 돕기'라는 의도 역시 프로그램과 별 상관이 없어 보인다. 인기 연예인들이 자신의 인기를 재확인하는 자리가 왜 불우이웃 돕기로 연결되는 것인가? 불우이웃 돕기라는 여섯 글자만 붙이면 어떤 상황이라도 용서가 되는 줄 착각하고 있는 프로그램이 점점 늘어나고 있다.

오락 프로가 '저질' 혹은 '선정적'이라는 비판을 받으면 바로 찾게 되는 소재가 바로 불우이웃 돕기나 공중도덕, 질서 지키기 등 건전 아이템이다. 그 결과는 오락도 교양도 아닌 어정쩡한 프로로 나타나기 쉽다는 점을 간과해서는 안 될 것이다. 다행히 '게릴라 콘서트'는 타 오락 프로그램처럼 '불우이웃 돕기'라는 명목하에 연예인에게 안전을 보장할 수 없는 위험한 임무나 곡예를 수행하도록 강요하지는 않는다. 그렇지만 불우이웃 돕기라는 취지에서 벗어나 있는 것은 사실이다. 또한 안전에는 크게 해가 되지 않더라도 프로그램 진행 과정에서 해당 연예인에게 안대를 씌우고 주눅들게 하는 등 불편한 상황으로 몰고 가는 것은 사실이다.

출연자의 조건, 그리고 성공과 실패의 허상

윤상, 김현철, 태진아, 강수지, 강현수, 클릭비, 최진영.
이들은 '게릴라 콘서트'에서 '실패'한 가수들이다. 실패의 원인은 인기도, 기상상태, 지역적 상황 등 여러 가지가 있겠으나 방송은 '게릴라 콘서트 실패'라는 빨간 글자를 자막으로 보낸 후, 팬들이 전하는 격려 메시지 하나 없이 잔인하게 다음 프로그램으로 넘어가버렸다.

그에 비해 SES, HOT, GOD 등의 립싱크 무대를 위주로 활동하는 이른바 인기 그룹들은 목표 관객수치를 크게 초과달성하며 '게릴라 콘서트 대성공'이란 자막으로 프로그램을 마무리했다.

'게릴라 콘서트'에는 가수만 출연 한 것이 아니고 드라마 연기자, 군입대를 앞둔 개그맨이 출연하기도 했다. 그러나 주된 출연자는 10대들에게 인기 있는 가수들이다. 특정 가수의 신보앨범 발매시기에 맞춰 인기몰이에 노골적으로 협조하는 경우도 있었다. 방송국 입장에서는 오랫만에 출연하는 인기 스타들로 인해 시청률이 높아지니 좋고, 가수 입장에서는 분위기 조성과 인기몰이에 득이 되니 누이 좋고 매부 좋은 일이었다. 이런 가수들의 경우 많은 관객을 동원하여 성공해야 한다는 부담이 있었기에 소속 기획사와 일부 극성팬들에 의해 프로그램 녹화 며칠 전에 공연장소가 공개되기도 했으며 팬클럽 회원들이 조직적으로 참여하여 장소를 사전에 노출하지 않는다는 원칙이 무너지기도 했다.

콘서트라는 형식을 띠고 있으면서도 코미디언이나 연기자들이 주인공이 될 경우 우정 출연해주는 가수의 짤막한 공연을 곁들여 '콘서트'라는 이름에 겨우 체면치레하는 수준에 그쳤다.

결국 '게릴라 콘서트'는 '내가 몇 명짜리 동원 연예인인가' 등급을 매기는 심판대의 역할을 하는 것이다. 소위 소극장이나 언더그라운드에서 라이브 공연을 위주로 하는 가수들은 '게릴라 콘서트'에 등장할 기회조차 잡지 못한다. 관객동원 능력이 없기 때문이다.

'게릴라 콘서트'가 '팬의 사랑을 가수들에게 알린다'는 목적뿐 아니라 대중문화와 성숙한 공연문화를 팬들에게 제대로 알리고 싶었다면 숫자로 평가되는 무대를 만들 것이 아니라 보다 다양한 실력 있는 가수들을 섭외하고 생생한 공연 현장을 제공해야 했다.

보완되어야 할 점

'게릴라 콘서트'는 분명히 감동을 안겨주는 프로그램이다. 소위 특권층으로 분류되는 연예인들에게 자신의 모습을 반성하게 하며 팬들이 있음으로 해서 자신이 존재함을 느끼게 해주는 역할도 한다. 팬들의 사랑을 확인하고 감사하는 마음을 가질 때 그들의 마음가짐도 달라지고 보다 신중한 태도를 갖게 될 것이다.

그러나 '게릴라 콘서트'에서의 스타들은 끝까지 팬들에게 의존하고 팬들의 사랑을 받는 존재이다. 1시간이라는 홍보시간 동안 그들은 시민들에게 직접 다가가 말을 걸고 부대끼지만 결국 최후의 무대에서는 관객들에게 감동 받고, 위로 받는 수동적인 존재로 남는다. 그들이 울면 관객들은 따라 눈물을 흘리면서 '울지마'를 외치고, 때로는 방송국의 요구에 충실하게 연습을 통해 매스게임이나 합창을 펼치는 장관을 보여주기도 한다.

'게릴라 콘서트'가 하룻밤의 꿈 같은 이벤트로 끝나지 않기 위해서는 스타들도 준비가 필요하다. 하염없이 눈물만 흘릴 것이 아니라 관객들을 위한 선물을 준비해야 한다. 진솔한 모습과 성실한 무대매너가 가장 큰 선물이 될 것이다.

관객수를 동원하지 못할 경우 공연을 하지 않겠다는 것은 엄청난 실례이다. 성공과 실패에 집착하지 말고 희망과 여유를 갖고 진솔한 자신의 모습을 드러내어야 한다.

미국 CBS의 인기 오락 프로그램 중 '서바이벌'이란 리얼 다큐멘터리 프로그램이 있다. 이 프로그램은 16명의 참가자가 협동과 경쟁을 통해 도전과제를 성취하고, 매주 참가자들의 투표에 의해 탈락자가 한 명씩 정해지는 프로그램이다. 탈락자는 탈락 이후 최종 인터뷰와 시청자와의 채팅을 통해 자신의 경험을 다시 되살리고 반성하고, 자신이 탈락한 이유를 추론하는 시간을 갖는다. '탈락'이 곧 '실패'를 의미하지는 않는 것이다. 탈락했다고 죄인이나 이상한 사람 취급을 받지도 않는다. 자신이 신념을 지키고 오랫동안 버텨왔다며 자신감을 갖는 당당한 모습을 보여주기도 한다.

'게릴라 콘서트'도 이런 자세가 필요하다. 콘서트 당일에는 북받쳐 오르는 감정을 통제하기 어렵다면 적어도 다음주 방송을 통해서라도 자신의 입장과 경험을 다시 한번 생각해보는 피드백의 시간이 필요할 것이다. 성공과 실패의 여부를 떠나 수천, 수만 명의 팬들과 함께 단독으로 만나는 기회를 갖는다는 것은 엄청나게 값진 경험이기 때문이다. 실패를 부끄러워 할 필요가 없으며 실패했다고 죄인처럼 굴 필요는 더더욱 없다. 오히려 실패를 딛고 일어서는 희망과 감동의 무대를 연출해야 하는 것이다.

방송은 전파를 타는 이상 사적인 수준에 머무르지 않는다. 일반 시청자들에게 예의를 갖출 공적인 책임을 갖는다. 때로는 공공선을 위해 솔선 수범하는 모습을 보여주어야 한다. 애초에 '게릴라 콘서트'가 '불우이웃 돕기'라는 단서를 달고 이에 충실하고 싶었다면, 무료로 공연을 갖는 대신 공연을 보러 참가하는 사람들의 자율성에 맡겨 모금을 하는 방법도 있을 것이다. 10원을 내든 100원을 내든 돈을 내지 않든, 얼마가 모이건 간에 이것이 오히려 사람 수에 따른 적립보다 훨씬 의미 있고 가치 있는 일이 아닐까.

'성공'이냐 '실패'냐의 여부에만 지나친 관심을 갖고 전광판의 숫자 집계는 슬로우 모션으로 몇 번씩 화면을 돌리며 보여주면서 성공 후의 공연모습은 고작 30초~1분 정도밖에 비춰주지 않는 것도 난센스이다. 큰 감동을 받은 스타들이 최선을 다하는 무대는 다른 무대와는 다른 느낌일 것이다. 그들은 더욱 혼신의 힘을 다해 공연할 것이고 관객의 열기도 뜨거울 것이다. 시청자들도 그 열기를 공유할 권리가 있는 것이다. 눈물과 감동이 브라운관을 통해 시청자에게 전이(轉移)되듯이 열정을 다한 생생한 무대 역시 큰 감동과 기쁨을 줄 것이다.

맺는 말

'게릴라 콘서트'는 불우이웃 돕기를 통한 공공선의 실천과 재미, 감동을 취지로 하는 프로그램이다. 재미와 감동을 적당히 조화시킨 프로그램이란 모든 방송의 꿈이기도 하다. 그것은 그만큼 두 가지 가치가 공존하기 어렵다는 것을 의미한다. 사실상 방송은 시청률이란 잣대에서 자유롭지 못하기 때문에 재미 쪽을 우선적으로 택하기가 쉽다.

그런 상황에서 어떤 형태로든 간에 말초적인 웃음과 재미가 아닌 '감동'을 안겨주기 위해 노력하고 웃음과 눈물의 조화를 통한 카타르시스를 느끼게 하는 '게릴라 콘서트'는 흔치 않은 오락 프로그램이다. 멀리 있는 하늘의 별과 같은 존재로서의 스타가 아닌 보통 사람의 냄새가 물씬 풍기는 고뇌하는 스타의 모습을 보여주는 인간미 있는 프로그램이기도 하다.

비록 지금은 종영된 프로그램이지만 '게릴라 콘서트'가 남긴 잔영은 아직 크게 남아있다. 방송(放送)은 멀리 보낸다는 뜻이다. 종소리를 멀리 보내기 위해 종은 더 아파야 한다. 방송사와 출연진들은 '게릴라 콘서트'에 보낸 많은 관객들의 웃음과 눈물을 잊어서는 안 될 것이다.

'게릴라 콘서트'가 하룻밤의 꿈과 이벤트로 그치지 않게 하는 것은 방송사와 시청자의 공동 책임이다. 방송사는 시청자의 의견에 귀 기울여 보다 나은 방송으로 변모해야 할 공적인 책임이 있고 시청자는 자극적인 재미만을 추구하기보다는 비판의식을 갖고 일방적인 방송의 메시지를 취사선택하여 받아들일 의무와 권리가 있는 것이다. '게릴라 콘서트'에 대한 아픈 비판이 촉매가 되어 보다 멀리, 그리고 널리 감동과 재미의 파장을 일으킬 수 있는 성숙한 오락 프로그램이 많이 탄생하기를 기대한다.

하룻밤의 꿈을 성숙된 방송문화로 이끄는 것은 작은 반성과 실천에서 비롯되기 때문이다. 게릴라성 호우처럼 잠깐 동안 그치고 마는 꿈이어서는 안된다. 방송이 지속되는 한, 꿈은 멈추지 않고 계속되어야 할 것이다.

대하 드라마의 위험한 영웅주의를 경계한다

역사를 이용한 저급한 상업주의를 경계한다

이준목(학생)

대하 드라마 전성시대

최근 방송가에서는 대하 드라마의 열풍이 거세다. 2~3년 전에만 하더라도 대하극이라면 주로 사극을 논하는 것이었지만, 최근 <야인시대> 신드롬에서 보이듯이 대하극의 주제와 시대배경이 넓어지면서, 이것은 '대하 드라마 열풍'이라고 수정하는 것이 적합할 듯하다.

<야인시대>뿐 아니라, 최근 방영되고 있는 <제국의 아침>, 최근 종영한 <태조 왕건>이나 <여인천하>, <명성황후> 같은 작품들의 공통점은 하나같이 실존 인물과 그 역사를 배경으로 하고 있다는 것이다. 스케일 큰 무대, 수많은 등장인물들과 그들이 난세를 헤쳐나가는 드라마틱한 인생역정은 말랑말랑한 트렌디 드라마의 가벼움이나 신데렐라 스토리의 재기발랄함도 따라올 수 없는 진중함과 깊이가 있다. 또한 그것이 실존인물들의 역사라는 데서 오는 리얼리티도 빼놓을 수 없다.

이런 어드밴티지 때문에, 대하 드라마는 항상 어느 정도의 고정된 시청층을 확보한다. 그러나 최근의 경향은 이러한 대하 드라마가 시대와 연령층의 경계를 허물고, 거의 국민적인 관심을 모을 정도로 빅히트를 거듭하고 있다는 점이다. 극중의 등장인물들은 현대의 아이돌 스타 못지 않은 관심과 인기를 모으고, 출판계(<태조 왕건>, <태양인 이제마>)나 뮤직비디오 같은 영상물의 소재(<명성황후>)로도 확대되는 등 적지 않은 여파를 몰고 온다. 그로 인하여 동시대의 역사적 인물들과 사건이 재조명됨으로써 잊혀진 역사에 대하여 대중의 관심을 끌어모으는 긍정적인 작용을 하기도 한다. 이것은 딱딱한 역사를 특유의 필력으로 살려낸 작가들의 공이 적지 않다.

이런 대하 드라마 신드롬의 아버지이자, 지금 현재도 최고의 인기를 누리고 있는 대하 작가들의 좌장 격이라 할 만한 사람이 바로 이환경 씨다.

이환경 — 역사적 재해석? 그리고 영웅주의

이환경은 대하 드라마를 구성하는 데 있어서 남다른 재주를 가진 이야기꾼이다. 역사적 소재를 발굴하고, 인물을 흥미롭게 재창조해내는 독창성, 긴 호흡의 이야기를 아기자기하게 꾸며나가는 구성력 등은 작가로서 가장 원숙한 모습의 선례라 할 만하다.

그는 <용의 눈물>과 <태조 왕건>을 통하여 역사에서 악역의 이미지로 그려지고 있는 태종 이방원과 궁예를 카리스마의 군주로 재해석해놓았고, 두 작품 모두 사회적 이슈가 될 만큼, 큰 반향을 불러일으켰다. 그는 현재 국내에서 가장 잘 나가는 방송작가일 뿐 아니라, 현재는 전례를 보기 힘든 두 방송국의 대하 드라마 동시집필(<제국의 아침>, <야인시대>)를 하고 있을 정도로 그의 주가는 최고조에 올라 있다. 특히 야인시대는 현재 방송국 드라마의 시청률 집계에서

1위를 달리고 있을 정도로 화제다.

그의 작품을 보고 있으면, 누구도 그가 탁월한 이야기꾼이라는 데 이의를 제기할 사람이 없을 것이다. 워낙 방대한 사건과 인물들을 다루는 대하사극인지라, 몇몇 에피소드에서는 시청률을 의식하여 시간을 너무 질질 끈다는 비판도 많이 받지만, 적어도 그의 작품은 언제나 화제의 중심에 있었으며, 작품들의 인기 속에서 불거져나오는 작은 비판의 목소리들은 언제나 유명세 내지는 소소한 트집이나 결점 정도로 치부되어서 덮여왔다.

하지만 반대로 그는 역사왜곡이라는 비판을 가장 많이 받는 작가이기도 하다. 그의 대하 드라마가 주로 실제 역사에 기초한 사건들을 다루고 있기 때문이기도 하지만, 그 작품이 대중에게 미친 정보와 영향력 또한 가볍지 않은 까닭이다.

1997년 작인 <용의 눈물>은 조선조 개국을 둘러싸고 벌어진 태종 이방원의 권력 쟁탈기이다. 이것은 당시에 15대 대선이라는 사회적 이슈와 맞물려 대통령중심제(이방원)와 내각책임제(정도전)의 대립이라는 현대적 재해석의 문제를 불러일으킴으로서 정치권에까지 화제를 몰고 왔다. 2000년부터 전파를 탄 <태조 왕건>은 포악한 군주의 대명사로 알려진 궁예를 지나치게 영웅적인 인물로 포장하고, 전란기였던 후삼국시대 민초들의 삶을 반영하기보다는 지배계층의 정복 논리를 옹호하는 입장을 취하여 논란을 일으키기도 하였다.

사실 사극에서 '역사왜곡'과 '재해석'이라는 가치평가는 동전의 양면과도 같은 것이다. 작가도 모 방송과의 인터뷰에서 '자신은 그저 작가일 뿐 역사가가 아니다'며 '드라마는 그저 드라마로 보아야지, 역사 교과서로 생각하고 평가하려드는 것은 곤란하다'는 주장을 폈다. 서툰 역사지식과 과거의 정보를 무조건 신뢰하는 아마추어 역사가들보다 적어도 이환경은 솔직한 모습을 보인다. 자신의 부족함과 오류의 존재를 시인했으며, 드라마 곳곳에서 역사적 사실을 수정(그는 이 부분을 ’왜곡’이라 하지 않고, 수정 내지는 드라마적 재구성이라고 불렀다)했음도 인정했다.

역사학에 대하여, 어느 정도 조예가 있는 사람들은 이러한 대하사극에 대하여 부정적인 입장을 취하기 일쑤다. 가장 중요한 것은 고증이 잘못되고, 있지도 않은 역사적 사실을 남발한다는 것이다. 그러나 이에 반대하는 사람들은 이환경의 주장에 동의한다. 드라마적 재미와 적절한 재구성이 없는 드라마를 도대체 무슨 재미로 보겠냐고 말이다.

사실 이러한 각색의 묘가 없다면, 그것은 ‘역사스페셜’이지 드라마라고 할 수 없다. 드라마의 기본원리인 갈등 구조와 전형적이고 매력적인 캐릭터의 형상화를 위해서 어느 정도의 수정과 재구성은 불가피하게 느껴지기도 한다.

그러나

이환경의 방송작가로서의 상업적 성공이 무엇보다 ‘역사’라는 배경에 큰 채무를 지고 있음을 알아야 한다. 그는 언제나 일관되게, 대하사극이라는 소재에 도전해왔고, 역사적 실존 인물들과 사건들을 통하여 이야기를 창조해냄으로써 스스로 이러한 비판에 노출될 소지를 만들면서 작가활동을 해왔다.

그는 비록 역사가는 아닐지언정, 역사이야기를 통하여 작가로서의 명성을 쌓아왔다. 더구나 방송이라는 공익매체에 드라마라는 도구를 통해 개인적 역사판단과 가치해석을 내림으로써, 불특정 다수의 대중에게 교과서 이상 가는 영향력을 미치고 있다는 것을 소홀히 여긴다면 그것은 대단히 무책임한 처사다.

물론 드라마 구성상 완벽한 사료대로의 고증과 이야기 전개를 요구할 수는 없다. 그것은 어느 작가가 집필한다고 할지라도 논란의 여지가 있는 것이며, 시청률이라는 강박관념에 시달려야만 하는 작가들에게 너무 가혹한 요구일수도 있다.

그러나 상업적인 재미를 위하여, 중요한 역사적 인물들과 민감한 역사적 공과에 대하여 제작진 임의대로 면죄부를 주거나, 영웅의 칭호를 부과하는 것은 차원이 다른 문제이다. 이것은 왜곡을 넘어서 대중에게 진실을 호도할 우려가 있다.

이환경의 최근 드라마 경향에서 시청률의 급격한 상승 이면에 두드러졌던 것은 영웅주의의 강화였다.

현대는 영웅이 없는 시대라고 한다. 소수의 영웅보다 다수의 대중이 더 높은 존재 가치를 가지는 민주주의 시대, 그러나 아직도 대중들은 스스로가 국가와 사회를 움직이는 근간이라는 생각보다는, 초월적인 영웅이 나타나서 '자신들을 이끌어주기를 바라는' 혹은 '구원받기 원하는' 의존성을 가지고 있다. 현대의 지도자 층에서 느낄 수 없는 리더십과 강인함, 영웅적인 풍모를 텔레비전 속의 옛 인물들을 통하여 대리만족을 느끼고 있는 것이다.

이방원, 정도전, 왕건, 궁예, 견훤 그리고 현재의 김두한에 이르기까지, 교과서에서 기껏 한두 줄의 짧은 설명으로 지나쳤거나 이름조차 남지 못했던 우리의 역사 속 인물들은 이환경의 글 속에서, 생동감 있는 난세의 영웅으로 거듭났다.

그러나 작품 속에서 이환경의 영웅주의 사관은 종종 민중의 가치를 실종시키거나, 폭력과 권위에 의존한 지배를 카리스마로 왜곡시킨다. 피가 튀고 살이 찢어지는 전쟁의 참혹함도 백성의 고통보다는 지배자의 승리를 위한 통과의례 정도로 그려지고, 자신의 지배체제를 공고히 하기 위해 무고한 신하들을 죽인 군주의 모습은 나라의 미래를 걱정하는 선각자가 짊어진 고난의 십자가처럼 미화된다.

개인보다는 국가, 우매한 대중보다는 현명한 지도자(영웅)의 존재를 부각시키는 이환경의 글 속에서는 지극히 폭력적인 남성성에 대한 향수와 우월감이 담겨져 있다.

이러한 경향은 최근의 <야인시대>에서 더욱 두드러지는데, 여기서 이환경이 그려내는 김두한은 말 그대로 주먹과 의리를 통하여 난세를 헤쳐나가는 마이너리티 영웅으로 그려진다. 일자무식 건달에서 일약 종로의 주먹세계를 평정해나가는 젊은이의 성공 스토리에 '일제와 맞서 싸우는 거리의 독립군'이라는 민족주의적 명제가 끼어 든다. 김두한에게 목을 매다는 수많은 미녀들과, 추풍낙엽처럼 나가떨어지는 건달계의 고수들은 부록이다. 한 마디로 이 작품은 대하극이라기보다는 무협지의 풍모를 지니고 있는 작품이라고 할 수 있다.

여기서는 '야인'이라는 표현으로 폭력배를 영웅화시킨다는 비난을 피해보려고 하는 듯하지만, 실제로 김두한이라고 하는 인물은 이환경이 추종하는 영웅 환타지의 구미에 가장 잘 맞는 인물이다.

그러나 김두한이 비록 '장군의 아들'이고, 격동의 세월을 거쳐온 입지전적인 인물이라는 요소가 매력적이기는 하지만, 섣불리 미화하거나, 영웅화시키기에 그는 절대적으로 검증되지 못한 인물이다. 그는 학계 일각에서 현대적인 의미의 조직폭력배 원조로 꼽히는 사람 중 하나인 데다가, 광복 이후 좌우익의 극심한 사상대립 속에 휘말려, 양 진영을 오가며 테러리스트로 활동했다는 자료도 있다. 어디까지가 진실이고, 어디까지가 허구인지 명백하지 않은 인물을 섣불리 대중 앞에 미화시키는 방식은 대단히 위험하다. 각종 사건과 인명피해에 김두한의 이름이 깊이 거론되고 있는데, 다른 것은 몰라도 그가 무고한 사람까지 다수 죽인 청부살인자라는 전력이 사실이라면, 그것은 그가 주체적으로 저지른 짓이든 정권의 하수인으로서 저지른 짓이든 용서받을 수 없는 역사적 중범죄이다.

역사적으로 진정하게 대의를 위해서 독립운동을 벌였던 김좌진의 무용담은 오히려 김두한에게 '독립운동가의 아들'이라는 면죄부를 주게 된다. 이쯤 되면, 김두한을 장군의 아들이라고 부르기보다, 김좌진을 '보스의 아버지'라고 부르는 편이 더 적합하지 않을까?

1930년대 종로통에서 한때 일본 야쿠자와 대립했던 시절의 무용담만을 가지고, 그의 출생과 연관시켜 그가 대단한 민족의식을 가지고 있다거나, 반일의 상징으로 묘사하는 것은 무리가 있어 보인다. 그가 오로지 주먹 하나만으로 종로통의 패권을 차지하였을 때 그는 아직 스무 살도 안된 애송이로, 어떤 성숙한 민족의식을 키울만한 나이도 환경도 아니었다. 더구나 그가 종로통 보스였던 시절에도 <야인시대> 구마적의 행보처럼 일제 말년에는 야쿠자와 공생하고, 오히려 그들의 수하로 편입되었다는 이야기도 있을 정도이다.

이러한 검증되지 못한 수많은 의문에도 불구하고, 드라마에서는 줄곧 김두한 영웅만들기에만 혈안이 되어 있다. 물론 그만큼 드라마의 인기는 좋다. 곳곳에서 김두한 신드롬이 일어나고 있다. 어린 10대들은 드라마에 심취하여 폭력을 우상시하고, 극중에서 누가 더 폼 나고 멋있는지 누가 제일 강한지를 놓고 입씨름을 벌인다. 신마적, 구마적, 쌍칼 등 극중인물들은 10대들의 환타지 속에서 영웅이 된다. 지금도 극중 신에서는 궁극적으로 '김두한의 승리를 위해서' 한 회당 2~3번 정도의 강도 높은 폭력 신이 빠지질 않는다. 영화계를 정복했던 조폭 신드롬이 안방을 공습하고, 가치판단이 성숙하지 못한 청소년들에게 폭력에 의한 우월함을 동경하도록 부추기고 있는 것은 아닌가?

드라마 이외에도 방송과 신문에서는 김두한의 주변인물들과 그의 비하인드 스토리를 다루는 화제성 가십기사가 끊이지 않는다. 김두한의 여자들이 소개되며 그의 여성편력은 '영웅 옆에는 미인이 끊이지 않는다'는 식으로 언제나 여자들이 먼저 목을 매다는 매력 남으로 그려지고, 추종자들은 시종일관 김두한의 영웅적 행보를 증명하며 폭력배들의 임협적 유대관계를 최고의 남자다움과 의리로 묘사하기 바쁘다. 그의 모든 행적들은 그가 어떤 행동을 하든 '대의를 위하여'라는 명분으로 포장되고, 앞에 '협객'이라는 거창한 명칭이 붙는다.

여자가 많았던 것은 바람둥이가 아니라 능력 있는 남자이고, 야쿠자와 싸운 것은 자신의 구역을 지키기 위한 폭력배의 싸움이 아니라 민족의 혼을 수호하기 위한 의식 있는 주먹패들의 항쟁이었다고? 너무나도 영웅에 목마름을 느낀 탓에 영웅과 스타를 구분할 줄 모르는 우리 사회의 섣부른 열광을 단적으로 표현하는 일들이 아닐까?

역사에서의 책임의식

이쯤 되면 방송에서 '역사를 이용한 상업주의 노선'이 얼마나 위험수위에 도달했는지를 알 수 있을 것이다. 시청률이 높은 이상 이런 방식은 계속 될 것이고, 방송국과 드라마 작가들은 계속 역사적 인물들과 사건들을 인용하면서도 '드라마는 그저 드라마일 뿐이다'라는 입장을 고수하면서 책임에서 한 발 빼려들 것이다.

역사가만이 역사의식에 대한 책임을 가져야 하는 것은 아니다. 방송작가는 현 세대에서는 어쩌면 역사가보다 더 큰 공신력과 영향력을 가지고 있는 공인임이 틀림없다. 역사가가 하나의 사소한 진실을 밝히기 위해서 얼마나 많은 책임을 져야 하는지 알고 있는가? 그러나 작가에게 역사적 사료를 바탕으로 한 고증은 부수적인 자료일 뿐이고, 중요한 사건과 인물에 대한 서술은 자신의 해석과 허구의 드라마를 통해서 나타난다. 이의가 거세지고 진실에 대한 책임 논란이 나오면 너무도 쉽게 '이건 드라마야, 사실이 아니라고' 하는 입장을 제시한다. 그것은 시청자를 상대로 페어플레이를 하겠다는 자세로 볼 수 없다. 마음대로 역사적 소재를 이야깃거리로 다루면서도 시청률에 상응하는 책임을 지지 않으려 한다면, 그들은 이미 방송작가로서의 최소한의 윤리를 잃어버린 방송 장사꾼에 지나지 않는다. '누구나' 이야기 할 수 있는 역사라지만, '아무나' 제 멋대로 해석하기에는 무거운 책임이 따르는 것이다. 오늘 같은 미디어 우위의 시대에서 방송은 그 자체로 새로운 교과서이자, 역사적 진실이 되어버릴 수 있기 때문이다.

물음표 가득한 세상, 느낌표를 선물 받다

오미환(학생)

들어가며

텔레비전은 라디오와 함께 대표적인 전통매체이다. 시대가 바뀌고 방송 기술이 날로 발전하고 있는 추세이지만 이 전통매체들은 그 영향력이 줄어들지 않았을 뿐더러 사라지는 일 또한 없을 것이다. 이미 그것들은 우리 삶의 일부분이 되어 너무나 자연스러운 것이 되었기 때문이다. 무의식중에 텔레비전을 켜는 일이나, 텔레비전을 켜놓고 가족들과 대화를 하거나 다른 일을 하는 모습들은 우리 일상에서 쉽게 찾을 수 있는 모습이기도 하다.

이렇게 텔레비전은 우리 생활의 조용한 뒷 배경이 되어주는가 하면 이미 알고 있었거나 알지 못하는 수많은 일들을 제시해 시청자에게 광범위하고 복잡한 세상을 인식할 수 있게 도와주는 다리 역할도 해주고 있다. 설령 그것이 제시하는 방식이 일방향적이라고 해도 시청자들에게 세상과의 커뮤니케이션을 가능하게 해준다는 의미에서 텔레비전은 오락수단 이상의 의의를 지닌다고 말할 수 있다. 때문에 텔레비전에서 보여주는 내용은 세상의 모습을 가능한 한 온전히 보여주어야 함은 물론이고 잘못된 부분에 대해서는 적당히 체에 걸러 제시해주어야 하는 의무가 따르게 되는 것이다. 그것은 방송을 포함한 미디어가 표방하는 공공성 및 공익성 실현의 다른 이름이기도 하다.

방송사에서 추구하는 이념이 방송사 조직의 소유구조와 밀접한 관련이 있는 부분이기도 하지만 지상파 방송사가 공공의 자원인 전파를 사용한다는 이유만으로도 공공성과 공익성의 개념을 신중히 다루어야 함은 마땅하다. 그러한 공공성 및 공익성의 실현은 구체적으로 넓게는 방송 편성에서 좁게는 방송 프로그램에서 찾아 볼 수 있게 되는데, 그것을 평가하는 주체는 바로 시청자인 우리가 되어야 함 또한 잊지 말아야 한다.

그러한 공공성과 공익성의 넓은 범주 안에 놓고 바라봐야 할 프로그램 중에 하나가 문화방송의 <!느낌표>이다. <!느낌표>는 매주 토요일 밤 9시 45분에 방송된다. 주말 방송 편성에서 황금시간에 편성되어 있고 시청률도 좋다. 오락 프로그램답게 재미도 있다. 인기 있고 입담이 뛰어난 개그맨들의 진행도 큰 재미를 안겨준다. 주말 저녁 한 주의 피로를 풀며 웃을 수 있는 오락 프로그램인 것이다. 하지만 웃음만을 주는 것은 아니다. 스트레스를 풀 수 있게 해주는 시원한 웃음만이 아니라 현재 나의 생활을 돌아 볼 수 있게 해주는 시간도 있고 미처 많은 관심을 가져주지 못한 것에 대한 반성과 남은 과제에 대한 불편한 마음, 새로운 정보와 지혜가 고루 섞여있다. <!느낌표>는 단순히 웃고 끝나버리는 일부 다른 오락 프로그램과 달리 뭔가 '있는' 프로그램이다. 그 구성에 있어서는 각기 다른 주제로 다양한 이야기를 하고 있는 점이 주목 할 만하다. 때문에 각각의 코너마다 연출자도 다르며 진행하는 사람도 다르고 전달하고자 하는 바도 다르다. 그래서 골라 보는 재미 또한 있다. 방송이념에서 우리 사회의 모습에 이르기까지 다양한 시각에서의 즐겁지만 진지한 이야기를 해보고 싶다. 그럼 이제 텔레비전이 물음표로 가득 찬 우리 삶에 던져준 느낌표를 만나러 가보자.

시청자 참여, 함께 만드는 방송을 위해
- 경림이의 길거리 특강

텔레비전을 포함한 매스 미디어는 그 단어가 말해주듯 다수의 수용자를 대상으로 하기 때문에 내용을 전달함에 있어서 일방적인 모습을 하고 있을 수밖에 없다. 그러한 이유로 매스 미디어가 생산해내는 내용들에 관해서 수용자들의 즉각적인 커뮤니케이션 활동이 원활하지 못한 것이 사실이다. 이런 문제점의 보완으로 등장하게 된 것이 수용자가 프로그램에 직접 참여한다든지 보다 적극적으로 프로그램 제작을 하는 행위를 보장해주는 시청자의 미디어에 대한 접근의 권리이다. <!느낌표>의 '경림이의 길거리 특강'에서 시청자의 미디어에 대한 접근, 즉 시청자 참여의 모습을 볼 수 있다.

길거리 특강은 텔레비전을 통한 강의로 일종의 교육과 비슷하다. 학교, 학원교육도 있고 요즘은 인터넷 교육 등으로 그 방법과 규모면에서 다양해지고 전문화되어 있는 시대에 텔레비전에서, 그것도 웃고 떠들어야 할 오락 프로그램에서 딱딱한 강의를 하겠다니 그 내용이 과연 잘 전달될까 하는 우려, 내지는 외면 받지는 않을까 걱정이 들기도 한다. 하지만 길거리 특강은 텔레비전 매체의 장점을 최대한 이용해 강의를 한다. 강의를 들을 사람들을 직접 찾아간다. 현장에서 듣는 사람들뿐 아니라 집에서 화면으로 나 역시 강의를 함께 듣는다. 동시적이지 않는 상황의 동시적인 체험이 가능해지는 순간이다. 직접 찾아가는 번거로움을 덜었다면 강의의 내용은 어떠한가 묻지 않을 수 없다. 그 중요성이 절실하지만 우리의 교육 여건상 많은 부분 간과되었던 내용에 대한 주제들이 길거리 특강에서 다루어지고 있다. 내가 지금 어디에 어떤 모습으로 살아가고 있는지에 대한 개인적인 물음에서부터 사물에 대해 새로운 눈으로 바라보는 시각과 남과 함께 더불어 사는 지혜까지 잊고 살았던 나와 너, 우리에 대한 생각을 다시 할 수 있게 도와준다. 그것은 직업으로서의 선생님은 아니지만 강의를 해주는 순간만큼은 선생님인 강사의 삶에서 배어 나오는 지혜와 교훈이기도 하다. 경쟁 속에서 바쁘게만 살아가는 현대인에게 마음의 여유를 누릴 수 있는 시간을 제공해준다는 점과 강사의 삶의 모습이 시청자들의 삶에 지표를 제시해줄 수 있다는 점에서 길거리 특강은 괜찮은 코너이다.

하지만 길거리 특강이 시청자의 참여를 기반에 둔 코너임을 알고 시청자 참여에 보다 관심을 기울여야 한다. 길거리 특강을 듣는 선택된 시청자의 실질적 참여의 모습을 보여줬으면 하는 바람이다. 소극적으로 강의를 듣는 모습만이 아니라 함께 이야기도 나누며 강의를 듣고 난 의견을 제시하는 등의 적극적인 참여의 모습을 담아 낼 수 있었으면 좋겠다.

강의를 할 수 있는 자격의 문제를 고려하지 않은 것은 아니지만 특강의 강사로 선정된 사람들이 대게 사회적으로 성공한 사람들로, 왠지 어느 정도 거리감이 느껴지는 것이 사실이다. 그점은 강의를 더욱 수동적으로 듣게 만드는 원인이 될 수도 있는 것이다. 또한 강사의 절반 이상이 신체적 장애 혹은 물리적인 장애를 극복한 장애우였다는 점에서 방송이 장애우의 인권과 관심을 이끄는 데 큰 역할을 하였다는 점을 인정하면서도, 장애우 강사의 모습을 텔레비전을 통해 볼 시청자의 장애우에 대한 세심한 배려까지 잊지 말았으면 좋겠다는 생각을 해본다.

함께 만드는 방송은 시청자의 어떤 계층도 소외됨이 없는 것이 가장 바람직하다. 사회적인 약자는 물론이고 소수자도 방송의 주인이 될 수 있어야 한다. 다양한 사람들의 능동적 참여를 유도하고 그들의 다양한 생각을 이끌어낼 수 있을 때 방송의 공공성과 공익성에 한 발 더 가까이 다가갈 수 있게 된다.

텔레비전 밖으로 나와 현실로의 의미 있는 발걸음
― 하자하자

위에서 이미 언급한 바 있듯 텔레비전은 대중을 대상으로 하는 매스 미디어이다. 때문에 사회 전반에 걸쳐 큰 영향력을 발휘할 수 있는 이데올로기적 성격을 갖기도 한다. 텔레비전을 통해 문화가 전달되고 많은 사람들이 옳다고 인식되어지는 가치의 반복과 새로운 시대에 적합하다고 믿어지는 가치의 생산 또한 이루어진다. 이렇게 한 사회 구성원의 인식적인 면의 중요한 기준이 되며 슬그머니 지배의 위치에까지 있는 것이 매스 미디어의 이면인 것이다. 미디어 속에서 제시되는 가치와 관념은 그러한 이유로 살펴볼 필요가 있다. 현재 우리 사회의 모습과 우리 사회가 나아갈 길에 대한 제시가 때로는 진지하게 때로는 웃음으로 포장되어 보여진다. 그것은 매스 미디어의 생산물이 결국 우리 삶 속의 모습을 소재로 하고 있기 때문이기도 하고 매스 미디어가 부여받게 되는 사회적 책임 때문이기도 하다.

이러한 매스 미디어의 사회적 책임에 부합하려는 의도에서 구성된 것이 <!느낌표>의 '하자하자' 코너이다. 주말 황금시간대에 청소년 문제라는 무거운 주제를 짊어지고 있음에도 여전히 호응과 관심이 크다. 중요하고 큰 사회문제로 인식되고는 있었지만 시사 프로나 청소년 프로에서만 다루어지던 청소년 문제가 오락 프로에 떡 하니 자리를 잡고 있다. 방식에 있어서도 무조건 '해라 해라'의 명령조가 아닌 '하자하자'의 권유로 요즘 청소년들의 사고방식에 좀더 가까이 다가가고자 하는 배려를 보인다. 처음 기획된 아침밥 먹기에 이어 폭주하는 아이들에게 헬멧을 씌워주는 것, 최근 방송되고 있는 가출 청소년의 이야기까지 청소년들의 실제의 모습을 보여준다. 단순히 알리고자 하는 모습 하나에만 국한된 것이 아니고 우리 교육상황과 가정의 문제, 나아가 기성세대의 잘못을 생각하게 한다는 점에서 '하자하자'가 제시하는 문제는 단순히 하나가 아닌 것이다. 막연히 그럴 것이라는 생각이 들기만 했던 일에 대해 텔레비전 화면 안에서 함께 고민의 장을 마련하고 있는 점은 앞으로도 계속 되었으면 좋겠다.

처음 기획되었던 청소년들에게 아침밥을 제공했던 일이 실제 학교 현장에서 0교시 폐지 운동으로까지의 사회적 반향을 일으킨 점을 상기할 때 텔레비전 화면 속에서의 이야기를 실제 현실에까지 영향력을 미칠 수 있게 만드는 노력 또한 요구되어진다. 그러기 위해서는 좀더 깊이가 있는 접근이 필요하다. 청소년들의 문제가 화면에 담아내기에만 좋은 자극적이고 흥미를 끌 수 있는 소재라는 것이 아니라 <!느낌표>의 주 시청자이기도 한 그들의 문제를 그들의 입장에서 바라봐주려는 배려가 요구된다. 또한 주 시청자가 청소년이기 때문에 청소년 문제가 왜곡되지 않으며 자칫 폭주와 가출이 좋은 것, 해볼 만한 것으로 미화되지 않게 조심해야 함을 명심해야 한다.

오락 프로그램에서 다루어짐으로써 시사 프로그램처럼 문제를 바라보는 시각에 깊이가 부족할 수 있는 것은 사실이다. 우리 삶의 한 모습이고 해결이 필요하다는 인식을 자연스럽게 가질 수 있게 해준다는 점에서 의미 있게 다가오는 코너이나 진지함이 진행자의 우스갯소리에 묻힐 수도 있고 청소년들의 실제적인 상황을 솔직하게 말하는 순간조차 재미가 되어서는 안된다. 그리고 무엇보다 중요한 것은 문제의 인식과 제시에 그치는 것이 아니라 해결 방안의 제시 또한 좀더 구체적으로 다루어져야 할 필요가 있다. 청소년 문제 전문가의 상담 또한 보다 구체적으로 다뤄질 필요가 있고 '하자하자' 본연의 기획 의도에 충실해 요즘 청소년 세대의 특성에 맞게 온라인 상에서의 참여를 유도하고 그들의 실질적인 반응을 알아보려는 노력도 필요하겠다.

매스 미디어가 가지는, 그중에서도 텔레비전이 가지는 사회적 영향력은 실로 엄청나기 때문에 프로그램의 장르와 성격을 막론하고 사회적 영향력을 고려하지 않을 수 없다. 사회적 책임의 이행으로 방송 프로그램이 사회의 모습을 보여주고 잘못된 부분에 대해 새롭게 인식할 수 있는 장이 되어주어야 한다는 점에서 앞으로 '하자하자'의 역할수행이 계속되었으면 한다.

텔레비전이 책을 만났을 때, 새로운 가능성에 대해
— 책책책, 책을 읽읍시다

본질적으로 텔레비전과 같은 영상 매체는 책과 같은 인쇄 매체와는 다른 특성을 지닌다. 영상 매체가 발전하기 전에는 대개의 경우 인쇄물에서 정보를 얻었지만, 텔레비전과 같은 영상 매체의 보급이 보편화되면서부터는 굳이 책장을 넘기는 수고를 하지 않고도 정보를 얻는 일이 가능해졌으며 더구나 책 속의 내용을 머릿속으로 그리지 않아도 친절하게 영상으로 볼 수 있게 되었다. 그냥 화면만을 주시하고 있으면 적어도 일차적인 메시지는 얻을 수 있게 된 것이다. 그러한 간편함 때문에 이른바 영상세대에 이르러서는 책을 멀리하게 되는 경향을 보이게 되었다. 미디어 산업의 경제적인 면에서 보더라도 같은 내용을 책으로 출판하는 것보다 텔레비전이나 영화의 소재로 다루어 상품으로 선보이는 편이 좀더 나은 수익을 올릴 수 있게 된 것이 현실이다. 이렇듯 책은 점차 소외되고 영상에 대한 소비는 증가하는 현실 때문에, 심지어 책과 텔레비전은 서로 극과 극에 있어 결합할 수 없는 것으로까지 인식되기도 한다. 그러나 얼마 전부터 이런 생각을 깨고 지상파 방송 프로그램에 책 바람이 불고 있는 재미있는 모습이 보여지고 있다. 구성 면에서 보다 전문적이고 심도 있는 내용을 다루는 프로그램도 있고 책을 오락의 도구로 삼아 즐기는 프로그램도 있다. 책을 가지고 즐겁게 노는 프로그램이 <!느낌표>의 '책책책, 책을 읽읍시다'이다.

다른 책 프로그램과 달리 책에 대한 전문적인 지식을 가지고 있는 사람들의 진행이 아니라 개그맨 유재석과 김용만의 진행으로 이루어져 딱딱하고 지루하기만 이미지를 담고 있는 책에 보다 재밌고 가벼운 마음으로 다가갈 수 있게 해준다. 한 달 동안 국민 모두가 한 권의 책이라도 읽어보자는 캠페인적 성격의 의도를 가지고 매월 1권의 도서를 선정해서 소개하고 거리 인터뷰 등을 통해 일반인들의 독서 생활 모습을 함께 담아내고 있다. 딱딱한 문자를 담은 책을 텔레비전의 특성을 백분 이용해 재미있는 것으로, 좋은 습관의 하나로 인식하게 만듦으로써 독서의 대중화에 기여하고 있다는 점은 누구나 알 수 있다. 또한 그것은 이 코너를 재미있게 시청하는 나 역시도 저 책도 한번 읽어보고 싶다는 욕구가 생기게 한다는 점을 부인할 수 없다는 것을 말하고 싶다.

하지만 이렇게 재미있고 어렵지 않은 '책책책, 책을 읽읍시다'의 코너에도 과제는 있다. 텔레비전의 수용자가 시청자라면 책에 있어서는 독자가 같은 개념이다. 책을 고르고 보는 행위에 있어서 독자의 취향이라는 부분이 무시될 수 없는 중요한 부분임에도 간과되고 있는 면이 있다. 이 코너가 책을 관심에 두지 않는 사람들의 흥미유발을 주된 목적으로 한다는 점에서 어느 정도 용서가 되는 부분이 있지만, 한 권의 도서를 선정해 읽으라고 권유하는 듯하면서 다음 도서가 선정 될 때까지 그달의 선정도서를 읽고 있는가의 '확인' 부분에서조차 독자의 취향이 철저히 무시되고 있는 점은 아쉽다. '확인'과정에서의 불필요한 이벤트들 또한 지양할 필요가 있다. 선정도서를 읽었다는 확인을 받기 위해 제주도에서 서울로 올라오는 것이 무슨 의미가 있겠는가. 제시에 대한 결과를 보여줌 또한 프로그램이 해야할 임무이겠지만 프로그램이 제시해준 길에 모두가 따라야 한다는 기대부터가 잘못된 것임을 알아야 한다. 굳이 시청자 참여의 의미를 담아 반응을 알려주고 싶다면 인터넷 시대에 걸맞게 온라인상에서 감상문 정도의 의사 교환이 이루어지게 유도하는 방법도 좋을 듯싶다.

다음은 코너가 처음 선보였을 때부터 제기되어왔던 도서 선정에 관한 공정성 문제이다. 제작자인 김영희 프로듀서는 두 번의 선정위원회를 거쳐 되도록 공정하게 선정하고 있다고 밝힌 적이 있는데 시청자들에게도 그 모습을 공개함으로써 신뢰를 얻어 가는 방법에 좀 더 관심을 보였으면 하는 바람이다. 책의 선정에 있어서 공정성이 요구되어지는 것은 텔레비전이 가지는 엄청난 영향력에서 비롯된다고도 할 수 있다. 서점에 가면 <!느낌표> 선정도서의 코너가 따로 생겨 있으며 또한 <!느낌표>에서 선정해준 도서가 베스트셀러의 높은 순위를 차지하고 전체적인 서점 매출의 향상까지 가져왔다는 실제적인 모습을 보더라도 도서선정의 공정성과 투명성은 확보되어야 한다. 그만큼 많은 사람들에게 영향을 끼치고 있다는 점 또한 알아야 한다.

사실 책을 읽자고 방송에서 계속해서 말하는 것은 부끄러운 일이 아닐 수 없다. 그러나 제작자가 계획하고 있는 좀더 업그레이드 된 내용으로의 발전을 꾀하면서 독서에 흥미를 느끼지 못하는 사람들의 인식을 조금씩 수정해나가 결국에는 책 읽는 것이 생활화가 되어 자연스러운 일이 되도록 <!느낌표> '책책책, 책을 읽읍시다'가 지금의 역할을 충실히 해주었으면 하는 바람이다.

글을 마치며

느낌표가 주는 나눔, 그 의미에 대하여

문화방송의 <!느낌표>는 '나눔'을 품고 있다. 각각의 코너의 의도에 맞게 구성을 달리하고 있기는 하지만 전체적으로 추구하고 있는 바는 '나눔'이라고 생각한다. 문제로만 인식되어 오던 청소년 문제를 사회적으로까지 공론화시켜 그들의 상황을 나누는 모습과 개인의 가치관과 세계관을 다른 사람과 함께 나누는 모습, 미디어가 전해주지 못하는 것들에 대해 책을 통해 나눠보자는 모습까지 그 나눔의 의미와 모습이 다양하다. 그것은 방송이념이기도 한 공익성과 맥락을 같이 한다는 점에서 프로그램으로서의 <!느낌표>가 주목받을 수 있는 이유가 된다.

또한 <!느낌표>에서 추구하는 공익성이란 개념이 단순히 일부의 이익이 아닌 보다 많은 사람들과 공유될 수 있는 이익이 만들어질 수 있도록 한다는 점에서 <!느낌표>라는 프로그램 제목 역시 나누면 나눌수록 작아지는 것이 아니라 그 의미와 영향력이 커졌으면 하는 느낌표의 확장이란 점과 비슷하다고 보아진다.

우리 사회에서 텔레비전의 역할과 그 영향력은 실로 대단하므로 텔레비전은 우리의 모습을 제대로 조명해야 하는 본연의 의무를 수행하고 그로써 우리의 모습에 변화를 만들어 그 변화가 다시 텔레비전 안에 담길 수 있도록 해야 한다. <!느낌표> 역시 텔레비전과 수용자의 상호적인 관계를 계속적으로 유지해 나갔으면 한다. 그래서 결과적으로 우리 사회 안에서 텔레비전을 포함한 어떤 매스 미디어를 통해서라도 원활한 커뮤니케이션이 이루어질 수 있기를 기대해 본다.

콜로세움에서의 스타크래프트 한판?

게임전문 케이블 TV 온게임넷의 스타크래프트 경기 방송을 보며

권광현(학생)

작년도 우리나라 10대와 20대 남성을 대상으로 한 설문조사에서 케이블 방송 시청률 1위의 방송이 바로 게임전문 방송 온게임넷의 스타크래프트 경기 방송 <온게임넷 스타리그>라는 조사결과가 나왔다고 한다.[1] 또한 응답인구의 1/3에 가까운 사람들이 여가시간에 게임을 즐긴다고 하는 통계자료도 있는 만큼 현재 우리 사회에서 게임이라는 것은 폭넓은 수용층을 바탕으로, 무시할 수 없는 영향력을 끼치는 하나의 문화현상으로 자리잡게 되었다. 그리고 그 한가운데에 인기를 누리고 있는 <온게임넷 스타리그>가 자리잡고 있다.

현재 우리나라의 게임 방송은 선두 주자 격인 온게임넷, MBC의 자회사인 겜비씨 등의 전문적인 게임 케이블 방송과 경인방송, 위성채널 등에서 전파를 타고 있다. 그리고 이것은 케이블 방송과 공중파 방송을 떠나 인터넷 방송과 결합하면서 규모와 수를 더욱 증가시켜 다양한 시

---

1) 게임 전문 CATV 온게임넷 홈페이지 홍보자료 http://www.ongamenet.com/

청층을 거느리고 있는 실정이다. 인터넷 강국이라는 우리나라의 발전상과 결합하여 게임 방송 특히 스타크래프트 방송은 우후죽순 격으로 생겨났고 부침을 거듭하여 현재 몇몇 방송이 성황리에 실시되고 있다.

이러한 성황은 여러 가지 게임 중에서도 스타크래프트라는 단 한 가지 게임의 폭발적 인기에 힘입은 바가 크다. 남녀노소를 불문하고 누구나 즐길 수 있으며, 그러나 한편으로 노력하지 않은 자에게는 패배만이 따르는 공정함, 그리고 비교적 조작이 쉬우면서도 다양한 전략과 전술을 가능하게 하는 인터페이스적인 면, 그리고 무엇보다 인터넷상에서 익명의 상대와 실시간으로 게임을 벌이고 순위가 매겨지는 방식 등이 선풍적인 인기를 끌게 되었으며, 때맞춰 고속 인터넷 전용선 열풍과 PC방의 범람 그리고, 1세대 게이머 '쌈장' 이기석의 광고출연 등으로 인한 사람들의 호기심 창출 등이 복합적으로 작용하여 스타크래프트는 폭발적인 성공을 거두게 되었다. 그리고 이러한 성공은 곧 인기가 시들 것이라는 항간의 예측들을 무시라도 하듯 꾸준한 인기를 거두어왔으며, 그것이 케이블 방송과 결합하여 새로운 전문 방송으로서의 게임 방송을 탄생시키게 되었다.

이런 스타크래프트가 케이블 방송과 성공적으로 결합하게 된 데에는 몇 가지 이유를 생각해볼 수 있을 것이다. 우선 기존의 공중파 방송에서는 방영하기 힘든 일개 컴퓨터 게임 경기가 케이블 방송이라는 특수성, 즉 세분화된 시청자를 위한 다양한 채널과 컨텐츠라는 면에 너무나도 잘 부합했기 때문이다. 또한 초기에 많은 시행착오를 거치면서 나름대로 살 길을 모색하던 케이블 방송에 있어서 이미 많은 수의 사용자를 거느리고 있던 스타크래프트를 비롯한 게임은 무시할 수 없는 매력적인 요소였기 때문이기도 하다. 여기에는 어렸을 적 오락실에 가는 것조차도 혼내시던 어른들의 예에서 보듯 게임에 대한 부정적인 시각이 시대가 변화하면서 일종의 여가생활 혹은 취미생활로 인식되는 발상의 전환이 무엇보다 중요하게 작용한 것은 두말할 나위가 없다. 이제 각종 게임 방송들은 자사의 이름을 내건 스타크래 프트 리그를 운영하게 되었으며 거기에 국내 굴지의 대기업들이 앞 다투어 후원자로 참여하는 양상을 보임으로써 각종 게임 방송의 밝 은 앞날을 예측할 수 있게 해주고 있다.

　얼마 전 10월 12일에는 그동안의 경기들을 최종적으로 매듭짓는 <온게임넷 스타리그> 결승전이 올림픽공원에서 생중계로 방영된 적이 있었다. 청명한 가을하늘 아래 드넓은 올림픽공원의 상징적인 조형물인 평화의 문을 배경으로 열린 이 단일 경기 이벤트에 모인 인원이 자그만치 2만 명에 육박한다고 하니 그 인기를 능히 가늠할 수 있게 해준다. 단지 두 명의 게이머가 스타크래프트라는 게임 경기 를 하는 것을 보기 위하여 그 많은 인원이 모였다는 것 자체가 나에 게는 상당한 충격을 주었다. 당시 그다지 화창하지도 않은 쌀쌀한 날 씨에 서울의 중심가가 아닌 외곽지역에 위치한 올림픽공원에, 그것 도 늦은 시각에 그 많은 인원들이 하나의 이벤트를 보기 위해 왔다 는 것은 분명 이유가 있을 것이며, 나름대로 분석해볼 만한 가치를 지닌 일이라고 할 수 있겠다.

　<온게임넷 스타리그>는 Multiple Program Provider 온미디어를 지주회사로 하고 있는 온게임넷이라는 케이블 방송에서 방영되고 있 는 프로그램이다. 애니메이션 전문채널 투니버스에서 1999년 9월에 방영된 국내 최초의 정식 게임리그 중계방송인 99프로게이머 코리아 오픈에서 그 시초를 찾아볼 수 있으며 2001년 여름부터 본격적인 리 그가 시작하게 되었다. 매주 금요일 저녁에 방송되는 이 방송은 공중 파에 비해 비교적 그 이름과 인기가 알려져 있지 않지만 현재 적지 않은 수의 많은 학생들과 심지어는 직장인들을 일찍 귀가하게 만드 는 힘을 가진 케이블 방송의 최고 인기 프로그램 중의 하나로 자리 매김하게 되었다. 매주 삼성동의 메가웹스테이션에서 경기가 열리며 매리그의 결승전은 규모를 넓혀 장충체육관에서 행해져오다가 이번

리그부터 올림픽공원으로 그 자리를 옮기게 되었다. 관계자들은 이 것에 대해 장충체육관의 시대가 가고 올림픽공원의 시대가 왔다는 말까지 써가면서 변화를 묘사한다. 어찌 보면 이것은 그렇게 단순히 넘길 만한 일이 아니라는 생각도 든다. 장충체육관이나 올림픽공원 은 어지간한 행사가 아닌 굵직한 행사가 열리는 곳이며 더욱이 올림 픽공원은 88올림픽이라는 국가적 행사를 기념하는 국가가 운영하는 곳이 아닌가. 개개의 체육관에서는 대중가수의 콘서트도 열리고 하 지만 이번의 결승전이 개최된 평화의 문은 국가행사나 그에 준하는 행사를 열거나, 범국민적인 행사를 개회할 때 주로 애용되는 뜻깊은 장소인 것이다. 그리고 바로 이곳에서 방영된 지난 결승전의 모습은 한마디로 사람을 흥분시키게 하는 그런 장면을 연출했다. 뒤편으로 평화의 문이 그 엄숙하고 장엄한 모습을 보이는 가운데 특설무대에 는 단 두 명의 게임 영웅이 자리잡고 그 뒤에는 게임 장면을 보여주 는 거대한 화면이 위치한다. 그리고 그것을 둘러싼 2만 명의 팬들이 환호하는 모습이란 나로서는 마치 고대 로마시대의 콜로세움을 연상 케 해주었다. 모든 경쟁자들을 꺾고 단둘이 수많은 관중들 앞에서 건 곤일척의 승부를 벌이는 모습은 흡사 콜로세움에서 최종적으로 살아 남은 두 명의 전사가 검투를 벌이는 모습과 너무나도 흡사해 보였기 때문이다. 한마디로 현대판 콜로세움이라고 할 수 있을 정도였다.

이와 같은 <온게임넷 스타리그>의 인기는 많은 제반효과를 가져 왔다. 우선 몇몇 게이머와 해설자 등을 스타로 만들었는데, 인기 있 는 소수의 게이머들은 많은 액수의 돈을 받고 광고를 촬영하거나 영 화에 출연하기도 한다. 또한 게임을 해설하는 해설자나 아나운서가 케이블 방송출신이라는 한계를 극복하고 그것의 인기를 바탕 삼아 공중파 방송에까지 진출하기도 한다. 이것은 결국 마니아들의 국한된 전유물이라고도 파악할 수 있는 게임이라는 문화를 폭넓게 알리고 음 지에서 양지로 끌어올리는 효과를 가져오게 되었다고 할 수 있을 것이다. 많은 장년층 인구에서도 스타크래프트는 할 줄 모르지만 그것이 무엇인지는 아는 정도의 상황에 이르게 된 것이다. 얼마 전 추석 때, 다소 의외의 경험을 한 적이 있다. 엘리베이터에 탄 아들과 아버지 그리고 사촌 등의 가족들이 제사를 지내고 오붓한 시간을 보내려 나가려는 것으로 보였는데, 그들이 하는 말이 어느 PC방에 가서 게임을 할 것인지 누구누구와 편을 먹고 어떤 종족으로 게임을 할 것인지에 대해 대여섯 살 먹은 아들과 30대는 넘어 보이는 아버지가 진지한 대화를 나누고 있는 것이었다. 이것은 게임이 이제 단순히 젊은 세대만의 전유물이 아니라 다양한 세대를 아우르는 아이콘이 된 것을 의미하는 단적인 예라고 할 수 있겠다. 실례로 방송에서 보면 관중의 대다수가 젊은층일 것 같지만 의외로 30대 이상으로 보이는 관중이 많은 것을 볼 수 있다. 특히 젊은 부부가 같이 구경을 오거나 아이를 데려오는 모습까지 심심지 않게 보이는 것은 이제 게임이 온가족이 함께 즐기는 여가수단이 되어감을 알 수 있게 해준다.

　이러한 현상들은 현재 사회에 불고 있는 여러 바람을 반증하는 것이라고 생각해볼 수 있겠다. 기존의 방송은 제도권의 메이저 방송들과 그밖의 아웃사이드에 존재하는 방송들로 확연히 구분되어 있었다. 즉 인사이드와 아웃사이드가 엄연히 구분되어 있었고 마치 고대 계급사회의 신분이동이 안되는 것과 같이 그 둘 사이에는 눈에 보이지 않는 선이 존재했었다. 이것은 마치 공중파 방송들은 이러한 게임중계는 거들떠보지도 않고 오직 프로 스포츠나 올림픽과 같은 굵직굵직한 데에만 신경을 쓰고 그 나머지의 게임과 같은 것들은 주류에 편입하지 못한 일개 케이블 방송이 자구책으로 방송하는 그런 식이었던 것이다. 그러나 이제 그러한 것들은 점차 허물어지고 있다. 이른바 아웃사이드에서 인사이드로, 그리고 인사이드에서 아웃사이드로의 이동이 이루어지고 있는 것이다. 이 말은 주류와 비주류 제도권과 비제도권의 장벽이 허물어지고 있다는 말로 바꾸어볼 수도 있을 것이다. 그리고 그 한가운데에 2만 관중시대가 존재하고 있다. 2만 명의 관중이 들어찬다는 것은 최근의 축구나 야구에서도 특별한 경기가 아니면 보기 드문 일이다. 이 말은 곧 게임중계도 앞으로 잘 육성해간다면 이러한 프로 스포츠에 버금가는 인기를 누리게 될 수 있을 것이란 소리이다. 이제 게임이라는 소수의 마니아들에게 사랑 받고 제도권에서는 마치 하급문화와 같이 취급되던 아웃사이드 문화는 점점 인사이드, 주류로 바뀌어가고 있고 각종 메이저 방송과 대재벌 언론 등은 게임 방송에 눈길을 돌리며 인사이드에서 오히려 아웃사이드로 눈을 돌리고 있는 실정이다. 이전에는 눈을 씻고 찾아봐도 보기 힘들던 게임소식이 9시 저녁뉴스 시간대에 방송된다는 것 자체가 그러한 변화를 가장 쉽게 나타내주고 있다. 기껏해야 고부가가치산업인 게임을 정부차원에서 더욱 육성해야 한다고 탁상공론 식의 공허한 말만을 계속하던 언론들도 이제는 게임을 하나의 매력적인 컨텐츠로 바라보게 되었으며, 그 결과 게이머들이 영화에 출연하고 광고를 찍으며 게임캐스터가 일반 캐스터로 공중파에 등장하게 되며 뉴스와 신문에서 정부의 게임에 대한 지원이라는 것이 얼마나 공허한 것인지 말해주는 게임업계 인물의 인터뷰까지 접하게 되는 등 각종 게임 소식을 조금 더 많이 접하게 되고 있는 것이다. 또한 급기야는 MBC의 경우와 같이 자회사로 게임전문 채널을 신설하는 사례까지 찾아볼 수 있다. 실상 어떤 게이머처럼 10만 명이 넘는 팬클럽을 가진 인물을 광고계에서 나몰라라할 리가 만무하고, 점점 더 두각을 나타내는 젊은 캐스터들을 게임 방송만 하도록 내버려두기에는 너무 아까운 일일 것이다. 그리고 이러한 변화는 비단 게임에서뿐만 아니라 인터넷의 활성화로 인한 대안언론의 대두, 일반 대중들의 의견이 조금 더 자유스럽고 그리고 강력하게 개진되는 전자민주주의의 가능성과 같은 사회 전반에 걸쳐 일어나는 주류와 비주류의 장벽이 점점 허물어져가는 현상에서 그 궤를 같이해볼 수 있을 것이다.

<온게임넷 스타리그>를 보면서 생각해볼 수 있는 것은 이제는 더 이상 낯선 말이 아닌 온라인과 오프라인의 경계가 허물어지는 현상을 엿볼 수 있다는 것이다. 스타크래프트라는 게임 자체가 온라인 상에서 익명의 게이머와 실시간으로 대결하는 것에서 인기를 얻고 유명세를 탄 것임에도 불구하고 이제는 그것이 오프라인으로 나와 텔레비전에서 게임을 시청하게 되고, 유명 게이머들이 더 이상 익명의 게이머가 아닌 한 명의 유명인으로 탈바꿈하는 것을 보면 쉽게 알 수 있다. 이것은 인터넷을 기반으로 한 게임이라는 태생적 한계에도 불구하고, 인터넷의 가장 큰 맹점인 익명성을 오히려 거부하고 극복한다는 점에서 상당한 의미를 지니는 것으로 파악된다. 또한 앞으로 여기에서 인터넷의 그러한 여러 가지 난점들을 해소하는 해결책을 모색해볼 수도 있을 것이다.

이러한 논의들은 학문적으로도 몇몇 학자들이 예견했던 내용으로 정보사회의 도래라는 시대의 변화에 기인한 것으로 생각해볼 수 있다. 정보화 시대가 도래하고 디지털화가 이루어지면서 시대적 배경과 인식도 많이 변화했으며 이러한 <온게임넷 스타리그>와 같은 게임 방송도 전환기를 맞이한 것이다. 물론 여기에는 인터넷의 비약적인 발전과 보급이 가장 커다란 공을 세웠음은 두말할 나위가 없다. 인터넷을 통한 다양한 의견개진에 힘입은 다양한 개성의 중시와 여러 가지 문화의 유행은 게임이라는 문화를 과거의 인식과 같은 '할 일 없고 공부 못하는 아이들이나 하는 오락'에서 '여러 세대가 함께 손쉽게 즐길 수 있는 놀이 문화'로 탈바꿈시켰으며, 여러 가지 정보의 손쉬운 습득은 시대에 뒤떨어지지 않으려 하는 민감한 네티즌들에게 스타크래프트라는 게임을 더욱 빠르고 광범위하게 유포시켰다고 할 수 있다. 이제 더 이상 사람들은 취미하면 단순히 독서나 음악감상과 같은 천편일률적인 유행에서 벗어나 나름의 다양한 취미를 영위하게 되었으며 거기에 누구나 컴퓨터와 인터넷만 있으면 손쉽게 즐길 수 있는 스타크래프트라는 게임과

게임 방송이 인기를 끌게 된 것이다. 이러한 것은 주 5일 근무제가 정착되는 가까운 미래에는 더더욱 강화될 것이라고 예측해볼 수 있다. 소득수준의 증가로 인한 컴퓨터와 인터넷의 보급, 그리고 주 5일 근무제로 인한 여가생활을 중시하는 사회가 도래함에 따라 게임의 보급과 인기는 성장할 것이다. <온게임넷 스타리그>의 앞날이 더욱 기대되는 이유를 여기에서 찾아볼 수 있겠다.

물론 이러한 배경에는 게임이라는 산업자체가 지닌 매력도 무시할 수 없기 때문일 것이다. 게임은 영화와 같은 이른바 고부가가치의 꿈을 먹는 산업이기 때문이다. 하나의 게임을 만듦으로써 계속적으로 그것을 업그레이드시켜가면서 고부가가치를 창조하고, 각종 캐릭터 산업과 판권사업 등으로 one source-multi use의 가치를 실현시킬 수 있기 때문에 게임은 최근 들어 각광받고 있는 산업이다. 이러한 이유로 정부에서도 몇 년 전부터 게임을 육성산업으로 지정하고 육성안을 마련하고 있는 실정이다. 만약 이러한 육성이 제대로 이루어지고 청사진이 올바르게 실현된다면 머지않아 외산 게임인 스타크래프트 리그가 아닌 국산 게임리그가 그 자리를 대체하는 반가운 미래를 맞이하게 될지도 모르겠다.

<온게임넷 스타리그>가 이러한 인기를 끌고 매력적인 데에는 외부적인 요인만 존재하는 것이 아니다. 프로그램 내부적으로도 상당히 매력적이다. 우선 프로그램 자체의 자유스러운 분위기를 들 수 있다. 전문적인 교육을 받은 캐스터들이 아닌 게임 전문가들의 해설과 진행은 나름대로 정보를 제공하면서도 자유스러운 분위기에서 프로그램을 이끌어가 기존의 여타 스포츠중계와 같은 데에서 보던 것과는 또 다른 매력을 느끼게 해준다. 캐스터의 속사포와 같은 숨넘어갈 것 같은 게임중계와 게이머 출신 해설자의 간단명료하면서도 방송용어와 비방송용어를 절묘하게 넘나드는 해설은 신선한 느낌을 주어 상당한 시너지 효과를 발휘한다. 또한 선수들의 바로 옆에서 관중들

이 함께 숨소리마저 공유하며 관람하는 모습은 시청자들에게 그대로 이어져 선수와 한자리에서 게임을 하는 듯한 가까운 느낌을 가지게 해주는 것 같다. 경기장과 관람석의 구분이 따로 없는 프로그램의 모습은 선수와 관중 그리고 시청자간의 호흡을 상당 부분 가깝게 만들어 상당한 흡인력을 발휘한다. 또한 인터넷을 기반으로 한 게임을 주 컨텐츠로 한다는 것과 케이블 방송의 상대적인 자유분방함에 기인한 시청자와 관중들의 피드백이 공중파의 예보다 더 많이 이루어지는데 여기에서도 그 매력을 찾아볼 수 있다. 프로그램 중간중간 시청자들의 응원 문구나 감상평 등을 보여주는 것이 그 예라고 할 수 있겠다. 무엇보다 시청자가 참여한 게임 지도의 제작이라든지 게임 룰의 제정과 같은 것은 시청자가 직접 프로그램에 참여한다는 거부할 수 없는 매력을 제공해준다. 결국 이 프로그램은 직접 경기를 하는 사람은 두 명밖에 안되지만 그들이 프로그램을 이끌어가는 것이 아니라, 게이머와 게임 진행자 그리고 시청자와 관중이 합심하여 프로그램을 이끌어가는 형태를 보이는데 이것이 바로 <온게임넷 스타리그>의 가장 큰 매력이라고 할 수 있겠다.

그러나 이 프로그램에는 약간의 아쉬운 점도 엿보이는 면이 없지 않다. 우선 점점 인기를 얻어가면서 확대되어가는 규모를 제대로 따라가지 못하는 것 같은 느낌을 지울 수 없다. 가령 12일 방영된 결승전에서 오프닝 멘트 시 아나운서의 마이크 음향이 작아서 알아들을 수 없었는데 생방송으로서는 엄청난 사고이다. 또 관람객들을 몰입시키고 정리하는 데 다소 부족하여 방송시 산만스러운 느낌을 준다는 점, 그리고 소규모 케이블 방송으로서 어쩔 수 없이 지니는 대규모 이벤트 개최상의 능력 한계 등은 아쉬운 점이다. <온게임넷 스타리그> 결승전에서 <열린음악회>와 같은 잘 정돈된 모습을 바라는 것은 무리일까. 현재 25명의 총방송사 인원으로 그 많은 중계와 대규모 이벤트 개최를 모두 완벽하게 수행해낸다는 것은 어찌 보면 불가능한 일일지도 모르지만, 앞으로 계속적으로 정진하여 나아지는 모습을 보여주기를 바라는 바이다. 그리고 컴퓨터를 통한 경기라는 태생적 한계로 인하여 생기는 문제도 가끔 발생한다. 컴퓨터라는 문명의 이기가 분명 편리하기는 하나 어쩔 수 없이 인간의 손에 만들어진 기계에 불과하기 때문에 오류나 에러 등 기술적 장애가 발생하기도 하는데, 이러한 문제들은 점점 기술적인 발전이 이루어지면 해결될 수 있으리라고 본다. 다른 면으로는 초창기 게이머와 같은 비방송인 출신의 해설자들이 프로그램을 진행하다보니 다소 아쉬운 점이 눈에 띄기도 한다. 느린 템포의 방송에서는 상관이 없을지도 모르나, 그때그때 숨가쁘게 바뀌는 경기의 흐름을 잡아내기 위한 빠른 템포의 경기에서는 해설자들이 무슨 말실수를 할지 모르는 상황이 벌어지기 마련인데, 본 방송의 해설자들도 방송용으로는 부적합하다싶은 용어를 가끔 사용하기 때문이다. 물론 케이블 방송의 상대적으로 자유스러운 분위기에 의한 바도 있겠지만, 조금 더 단어 선택에 신중을 기해줬으면 하는 바람이다.

　<온게임넷 스타리그>를 볼 때마다 새롭게 느끼는 것은 이제 게임이 일종의 스포츠로 변모된 것인가 하는 생각이다. 관중들을 배경으로 하고 무언가 벌어지는 경기를 중계한다는 컨셉 자체가 이미 스포츠 중계의 기본적인 마인드에서 가져온 것이며, 아나운서와 해설자가 말하는 멘트의 내용과 방식 등 많은 부분에서 스포츠 중계를 보는 듯한 기분을 지울 수 없기 때문이다. 특히 해설자들의 해설은 게임이라는 이름만 바꾸어놓고 권투중계를 그대로 가져다놓았다는 느낌을 가지게 한다. 물론 고도의 집중력을 요한다든지 어느 정도 신체적 능력이 뒷받침되어 경기를 한다는 점에서 게임은 일종의 스포츠로 보아도 무방할 듯싶다. 그러나 바둑 중계를 스포츠 중계와 같다고 볼 수 없듯, 게임 중계는 어디까지나 스포츠 중계가 될 수 없다. 도입은 스포츠 중계의 컨셉에서 따왔다 하더라도 그것을 극복하려는

자세가 필요하다. 좀더 다양한 프로그램 컨텐츠의 개발, 끊임없는 논의를 통한 다양한 방송 포맷의 개발 등이 요구된다고 할 수 있겠다.

로마시대 콜로세움에서 검투사들이 자신의 목숨을 담보로 격투를 벌였듯이, 현재의 프로게이머들은 칼이 아닌 마우스를 들고 자신들의 명예와 부를 위해 컴퓨터상에서 게임 대결을 펼친다. 그리고 그것을 보는 많은 시청자들은 열광한다. 상기의 다양한 요인들로 인하여 <온게임넷 스타리그>라는 프로그램, 넓게 보아 게임 방송은 분명 많은 수의 시청자들을 끌어 모을 수 있는 매력적인 프로그램으로 자리 매김하게 되었다. 그러나 이러한 방송형식 자체가 과거에는 시도되지 않았던 새로운 장르라는 것은 아직까지 밝은 미래만을 예측할 수 있게 해주지는 않는다. 다양한 시대적 변화의 흐름과 요구를 적절하게 찾아내고 그것에 발맞추어 발상의 전환과 기술적인 개선 그리고 다양한 컨텐츠의 마련, 무엇보다도 게임이라는 컨텐츠의 발전과 그 궤를 같이한다는 인식하에 다양하고 장기적인 육성책 마련 등의 시안들이 적정하게 부합될 경우 지금보다 더 나은 희망찬 청사진을 제시해볼 수 있을 것이다. 그리고 그렇게 된다면 작금의 2만 명시대가 아닌 몇 만 명시대가 오게 될지 그 누구도 쉽게 상상하기가 어려운 날이 오게 될 것이리라 생각해보며 나름의 짧은 생각을 마쳐본다.

이 시대의 면면들에 대한 근접 촬영

MBC 주말 프로그램 <!느낌표>

예서희(학생)

들어가며

주말이건 평일이건, 볼 만한 예능 프로그램이 없다는 것은 어제오늘의 일이 아니지만 근래에는 그 증세가 더욱 심해진 것 같다. 때로는 제작 의도가 너무 뻔해서 지루한 눈물빼기 작전의 누구누구의 감동 스토리, 인기 연예인의 신변잡기와 그에 대한 감탄과 토론, 한 명의 연예인이 모자란 듯 이번에는 단체로 출연시켜 방송의 위력을 빌어 가학을 일삼는 행태의 반복을 두 눈 뜨고 지켜볼 때면 목숨 거는 연예인도 가엾고 시청자도 불쌍해지는 비참함을 금할 수 없다.

이런저런 방송 관련 기사나 칼럼 끝에 어김없이 등장하는 한 단어가 시청률이라는 것인데, 이것이 좋은 프로그램이라고 해서 올라가고 저질 프로그램이라 해서 내려가는 것이 아닌 탓에 제작하는 입장에서는 시청률이 높았던 프로그램의 포맷을 베끼고 대중들에게 인기 높은 사람을 MC로 캐스팅하는 것 외에는 방법이 없을 법도 하다.

예능·교양 프로그램이 시청자들을 진저리나게 하는 이유의 태반도 바로 이 베껴먹기에 있다. 어떤 방송사에서 동물 프로그램이 잘 된다고 하면 너도나도 서둘러 유사 프로그램을 바쁘게 양산했고, 또 인기 연예인이 뛰고 달리는 꼭지가 인기를 끈다고 하면 틀림없이 채널을 돌렸는데도 여전히 비슷한 연예인들이 뛰고 달리고 있어 시청자들은 혼란스러웠다. 집 짓는 프로그램도 한때 2개 방송사에서 똑같은 시간대에 방송된 것으로 기억한다. 심지어 MC들도 이리저리 겹치기 출연을 일삼으며 자기들끼리 웃고 즐기는 모습을 여과 없이 보면서 시청자들은 위화감마저 느꼈다.

요약하자면, 결국 현실성의 문제로 돌아오는 것 같다. 과연 시청자가 현실적으로 흥미를 가질 만한 문제인가 아닌가가 시청률을 결정짓고 프로그램의 질을 결정짓는 잣대인 것이다. 대부분의 예능 프로그램들이 다루는 소재며 주제는 대중의 현실적 문제와는 별로(혹은 전혀) 관계가 없다. 차라리 드라마라면 그 비현실성에 의거하여 대리만족이라도 얻지만, 어떤 드라마틱한 요소도 없는 예능 프로그램조차 그 연장선상을 걷는다면 문제는 다르다.

시청자가 이제 방송에서 원하는 것은 스스로의 모습을 조금이라도 반영하고, 실생활의 모습을 단편적으로나마 조명하며 내일 아침을 맞이하는 데 단지 1%만이라도 좋으니 심리적 환경을 개선시킬 동기부여다. '남의 나라' 이야기를 더 이상 듣거나 보고 싶지 않은 것이다.

왜 <!느낌표> 인가

2001년 11월 10일 토요일, 이경규, 김용만, 유재석, 신동엽, 박경림을 MC로 하는 새 예능 프로그램 <!느낌표>(이하 <느낌표>)가 첫 방송되었다. 이경규와 김용만은 <일요일 일요일밤에>의 메인 MC이고 신동엽은 바로 그 방송에서 큰 비중을 차지하는 '러브하우스'

코너를 맡고 있었으며 유재석과 박경림은 방송국을 불문하고 여기저기서 얼굴이 비춰지는 사람들, 방송이 시작되기 전부터 이미 선입견은 있었다.

그러나 <느낌표>는 이 선입견에 신선한 느낌표를 던져주었다. 시청자의 지루한 예상을 뛰어넘는 <느낌표>의 장점은 다름 아닌 구성의 청량감, 그리고 막힌 스튜디오를 완전히 벗어나 완벽하게 바깥을 지향하는 제작 방식이었다.

김용만과 유재석, 이 두 사람의 이전 모습을 놓고는 전혀 상상할 수 없는 독서 캠페인 '책책책, 책을 읽읍시다'(이하 '책책책…')와 야생동물의 생태를 직접 발로 뛰며 관찰하는 '다큐멘터리 이경규 보고서'(이하 '이경규 보고서'), 서럽도록 질곡 많은 삶을 살고도 그것을 서툰 말솜씨로나마 담담하게 풀어낼 줄 아는 깊이를 지닌 분들을 모셔서 말 많은 박경림의 입조차 다물게 한 '경림이의 길거리 특강', 그리고 이후 화제를 불러일으킨 '하자하자'는 '러브하우스'의 관록이 붙은 신동엽이 듬직한 밥차를 끌고 고등학교 운동장을 찾으면서, 프로그램의 첫인상이 주는 가치를 단박에 끌어올렸다.

책 캠페인이나 야생동물 찾아가기, 길거리 특강의 방식 등은 이곳저곳에서 봐온 방식이다. 여기에 '하자하자'라는 새 아이템이 더해져 시너지 효과를 노렸다. 이러한 종합선물세트 같은 기획은 대체로 무난하게 시청자들에게 먹히지만 반대로 프로그램 전체의 일관성이 없는 탓에 시청자에게 이리저리 채널을 돌리며 서핑을 하게 만들 위험성도 있다. 그러나 <느낌표>의 카메라는 MC나 패널, 상황을 설명하는 자막을 주인공으로 삼는 것이 아니라 시청자가 친근하게 느낄 수 있는 사람들을 주인공으로 삼음으로써 독특한 일관성을 획득했다. MC들은 그들끼리 웃고 즐기는 것이 아니라 시민들에게 말을 걸고 최대한 대답을 얻어내며 시민들도 MC에게 농담을 던지고, 평소의 거리감을 아무렇지도 않게 극복해 방송이 주는 이질감을 스스로 떨

처낸다.

이렇듯 <느낌표>의 상큼한 출발 성공은 시청자 의견란에 바로 반영되었다. JUNESLOVER라는 시청자는 "특히 어른들이 이 프로그램을 많이 시청하셨으면 합니다. 마음이 순수해지더군요. 이육자 할머님의 강의 내용도 감동적이었습니다. 다큐멘터리 이경규 보고서도 정말 재밌었습니다. 야생동물을 대도시 서울 한복판에서 찾는다는 게 생각처럼 쉽지만은 않을 것이라고 생각했습니다. 너구리를 찾는 과정에서 우리가 일반적으로 볼 수 있는 지렁이, 개구리 등을 그냥 보는 것이 아닌 박사님의 친절한 설명을 들으며 산 개구리와 지렁이, 그리고 두더지 굴 등을 보는 것은 너무나도 귀엽고 흥미진진한 과정이었습니다"라고 프로그램의 내용을 조목조목 짚어 좋은 평가를 올렸고, 이어 호의적인 내용이 줄을 이었다. 특히 신동엽의 '하자하자'와 이경규의 '다큐멘터리 이경규 보고서'에 대한 시청자의 반응은 그 울림이 좋았다. 그러나 '책책책…'을 진행한 김용만과 유재석의 경우 "진행에 있어 좀더 진지해야 한다", "유쾌하고 즐겁게 진행하는 것은 당연하지만 방송에서의 가벼운 언행은 거북했다"라는, 두 사람의 발랄함(?)을 꼬집는 글들도 눈에 띄었다.

첫 방송의 성공은 이후 <느낌표>를 토요일 밤 시간대의 선두주자로 굳혀놓았다. 그리고 첫 방송 이후 현재까지 첫 방송 때의 아이템을 프로그램의 주축으로 삼고 내부에서 조금씩의 변화만 주어온 것이 흥미롭다. 대부분의 예능 프로그램들이 한두 가지의 간판 아이템을 빼놓고는 기간별로 바꾸는 데 비하면 기본 줄기는 변하지 않는데도 <느낌표>의 소재들은 항상 신선하고 그것에 참여하는 사람들은 다채로웠다. '이경규 보고서'는 한 종류의 야생동물을 찾아 그 생태를 확인하면 다른 야생동물을 취재하러 떠났고 '하자하자'는 매주 다른 학교, 다른 음식, 다른 사연으로 찾아 매너리즘에 빠지는 것을 방지했다. 이러한 변화가 가능했던 것은 제작 과정에서 충분한 논의와 실험을 거쳤음을 증명하는 것이다. 유행에 휩쓸리는 졸속한 즉흥적 발상이 아닌 충분히 응용이 가능하고 공감대를 이끌어낼 수 있는 소재의 개발이 바로 시청자를 끌어들일 수 있는 왕도임을 입증한 셈이다.

그렇긴 해도 <느낌표>의 각 꼭지들이 부정적 논의의 여지가 없는 것은 아니다. 방송 과정에서 조작된 결과가 나와 PD가 양심선언을 하기도 했고 지나치게 시청률을 의식한 나머지 위험한 소재를 선택해 반발을 불러일으키는 등의 부작용도 적지 않았다.

이제 각 꼭지의 긍정적 측면과 부정적 측면을 분석하고 그 의미를 시청자의 한 사람으로서 짚어 보고자 한다. '경림이의 길거리 특강'의 경우 반발할 여지가 없는 입지전적 인물, 혹은 사회에 잔잔한 감동의 파문을 불러일으킨 인사들이 나와 진솔한 인생 이야기를 펼치는 것을 진지한 자세로 듣는 데 그 충분한 의미가 있고, '다큐멘터리 이경규 보고서'는 결론에서 잠깐 언급하는 것으로 그 역할을 말할 수 있으므로 본고에서는 방송 직후 취급 도서가 일시에 베스트셀러가 되어 눈길을 끈 '책책책…'과 연속 시리즈로 기획돼 화제를 불러일으킨 '하자하자'를 살펴보고자 한다.

전 국민 독서 시대의 교두보가 되고 싶은, '책책책, 책을 읽읍시다'

이 방송이 전파를 탔을 때, 일각에서는 이제는 캠페인까지 하면서 독서를 권하다니 하는 이유 있는 탄식이 나왔다. 문맹 퇴치율 세계 1위라는 자랑스런 명함을 갖고 있으며, 대학생과 대학원생의 경우 숫자로만 따지면 일본을 압도할 정도로 지적인 수준을 갖췄다고 자랑하면서 공공 도서관 숫자는 400개에 불과하고, 헌책방의 '이미 읽은 책'이 더 이상 유통되지 않아 대학가의 많은 헌책방들이 문을 닫고, 명문대학 앞에 술집은 즐비한데 서점은 찾아볼 수가 없는 불균형이 심각한 와중이다. '책책책…'은 이 같은 불균형을 타파하는 데 미력이나마 보태고자하는 취지로 출발했다. 1권당 한 달의 시간을 배정하고 책 속에 등장하는 장소를 직접 찾아가 탐방하고 작가를 만나 책에 대한 이야기를 들으며 넓은 광장으로 나가 사람들에게 책을 나눠주기도 하고 책을 읽게 하기 위한 행사를 열어준다. 4주가 지나가는 동안 여러 곳을 돌아다니며 그 책이 얼마만큼 홍보가 되었는가도 확인하고 읽은 사람에게는 또 상품을 주는 등, 일반적인 캠페인이 할 수 있는 범위 위에 방송의 힘으로 해낼 수 있는 이벤트에 시민들의 호응이 더해져 첫 주 방송이 나간 후 반향이 거셌다.

첫번째로 선정된 도서가 『괭이부리말 아이들(김중미 저)』이라는 점은 매우 흥미로웠다. 원래 창비아동전집을 통해 첫선을 보였던 이 작품은 작가의 진한 체험이 밴 문체 속에, 인천 만석동 달동네를 배경으로 온 몸으로 삶을 사는 주민들의 이야기가 펼쳐진다. 실제로 동네 이름이 '괭이부리말'이다. 동화로 쓰여지긴 하였으나 현실감이 강하고 문체가 솔직해서 어른들을 위한 동화라고 할 법하고, 풍요롭게 자라난 요즘 세대보다는 어렵게 성장한 4·50대에게 특별한 향수를 불러일으킬 법하다. 어쨌든 '동화'를 첫 작품으로 선정한 것은 대부분의 사람이 첫 독서를 동화로 시작한다는 점을 상기시켜 독서를 다시 시작하는 데 특별한 의미를 부여해 줌과 동시에 프로그램 대상자의 폭을 한껏 넓힌다. 대상에 대한 경계가 사라지자 제작진은 서울역 광장으로 주저 없이 뛰어들 수 있었고, 책을 받아든 사람들이 보여주는 흥미와 순수한 기쁨에 시청자들은 자연히 서점으로 달려갔다. 그렇게 책을 읽고 나서는, 책 속의 실재 인물을 찾아가는 2주째 방송에 더욱 흥미를 느끼게 하는 장치가 마련된다. 단번에 시청률을 결정짓는 게 아니라 장기전을 펼치겠다는 명확한 의도가 읽힌다.

장기전의 두번째 주자는 『봉순이 언니』. 유명 소설가 공지영의 작품으로 작가의 고향인 서울 아현동 언저리를 배경으로 이제 막 다섯

살이 된 '짱아'가 식모인 '봉순이 언니'와의 만남을 통해 세상과 소통하고 삶에 눈떠가는 과정을 놀라운 기억력으로 촘촘하게 복원해냈다. 이 추천작 역시 베스트셀러 반열에 올랐음은 물론이다. 그 다음은 박완서의 『그 많던 싱아는 누가 다 먹었을까』로, 『봉순이 언니』보다 앞서 출간되었으며 역시 자전적 성장소설이다.

일단 이 세 권의 책들은 일련의 자전성을 띠고 있다는 점, 극적 내러티브를 따르는 소설이라기보다는 1인칭의 편안한 관점에서 서술된 수필 같다는 점, 그리고 섬세한 터치를 장기로 삼는 여류 작가들의 작품이라는 공통분모를 갖고 있다. 동화로 시작한 이후 공지영과 박완서라는 친근한 작가를 들이대어 시청자들이 금방 호기심을 갖게 하고(마치 조수미나 사라 장의 콘서트에 관객들이 대거 몰리는 것처럼) 그렇게 유도한 다음에는 편안한 독서를 통해 독서에 대한 거리감을 줄이는 데는 일단 성공한 것처럼 보인다. 그리고 네번째로 선택된 『무량수전 배흘림기둥에 기대서서』로 자연스레 흥미 유발의 폭을 넓혔다. 그림과 글이 곁들여지고 저자 최순우의 문화재에 대한 깊은 이해와 사랑이 얹힌 이 책은 앞서의 책들처럼 평단에서 이미 좋은 평가를 받았었다. <느낌표>는 양질의 도서를 골라내는 데도 꽤나 정성을 들이는 듯했고, 신경림 시인의 넓은 안목으로 선택된 시인들의 인생과 시가 고스란히 담긴 다섯번째 선정도서 『시인을 찾아서』, 그리고 동화 작가로 유명한 위기철의 『아홉살 인생』은 만화가 이희재의 그림과 함께 출판된 책으로 다시금 순수의 기치를 높였다. 일곱번째와 여덟번째 도서였던 『백범일지』와 『모랫말 아이들』은 마치 초중고등학교의 공통 추천도서에서 골라낸 것처럼 보일 정도로 모범적이다. 민족지도자 백범의 일기에, 당대의 소설가인 황석영이 어른을 위해 써낸 동화까지. 그리고 『그러나 나는 살아가리라』는 다시 자전소설로 돌아오는 순서가 된다. 그리고 이 선정도서들 사이사이에도 몇 권씩의 시집이나 산문, 수필, 소설 등이 추천되고 선발된 시청자들은 자기가 원하는 만큼 책을 껴안고 가면서 선물도 덤으로 받고, 혹은 귀한 책을 기증하기 위해서 이곳저곳에서 찾아오는 온정어린 모습도 비쳐졌다.

유럽 여러 나라를 찾아 그들이 언제 어디서나 책을 붙들고 있는 모습을 비춰주는 것도 흥미로웠다. 광장의 계단에서, 카페에서, 책은 딱딱하고 지루한 것이라는 관념이 전혀 없는 그들의 모습이 부럽기도 했으나 외국에 취재를 나가 현지인을 놀린다든가 장비 고장을 핑계로 장난치듯 방송하는 모습은 몹시 아쉬웠다. '책책책…'의 경우 MC의 자질 문제가 자주 거론되었는데 이는 여타 예능 프로그램의 진행방식에 길들여진 것으로 '책책책…'과는 어울리지 않는다. 또한 선정 방식에 대한 의심도 끊임없이 제기되었다. 소개되는 족족 베스트셀러가 되고 4주를 거치면서 만나는 사람마다 추천된 도서를 읽지 않은 사람이 드문 현상이 일어났기 때문이다. 제작진이 도서 선정 방식을 공개하기도 하였으나 의심은 줄어들지 않았다. 이것은 대중이 얼마나 정보에 무지한가를 입증했다. 정보의 바다 인터넷에 빠져 있지만 그 안에서 꼭 필요하고 고급한 정보만 골라내기란 불가능하다. 그러나 누군가 정보의 통로를 열어준다면 대다수의 대중은 그들의 문화를 향유할 준비가 돼 있는 것이다. 물론 남이 하니 나도 한다는 식으로 유행을 쫓는 독서를 하는 이도 있겠으나, 그렇다 한들 <느낌표>가 모처럼 제공해준 서비스를 왜곡했다고 말할 수는 없으며 부작용이라고 말하는 것 역시 지나치다. 또, 미디어를 통해 의욕을 자극 받는 것이 정상적인 과정이라고 할 수 없다 해도 캠페인으로 인한 결과를 부정하기는 힘들 것 같다. '책책책…'이 일반 독자의 선택의 폭을 좁혀놓는 오류를 저질렀다면, 또한 이로 인해 몇 백 배의 인원이 정보를 접하고 서점을 찾게 해준 공로도 잊어선 안된다. 독서 풍토 조성에 씨앗을 뿌린 것만은 부정할 수 없는 것이다. 이 노력이 성공할지 그저 그런 캠페인에서 끝날지는 프로그램 종영 이후에 판단해도 늦지 않을 것이다.

'하자하자', 예능 프로그램의 사회 기여 가능성을 열다

'하자하자' 이전에 이미 MBC는 '러브하우스'를 기획했었고('하자하자'와 '러브하우스'는 모두 같은 프로듀서에 의해 연출된 작품이다) 그 전에는 '신장개업'을 방송해 방송과 사회의 연결성을 강조해왔었다. 그러나 '러브하우스'와 '신장개업'은 프로그램의 성공에도 불구하고 그 소재는 개인적인 문제에 국한돼 있었고 소외된 이웃들에 대한 관심을 1년 내내 고취시키긴 했지만 전 사회적인 파장을 불러일으키지는 못했다. 대상 선정 방식에 대한 논란도 끊이지 않았고, 수많은 사연 중에 하나를 택해야 하는 제작진의 입장은 날로 난처했을 것이다.

'하자하자'의 MC 신동엽은 이 방면의 코너를 진행하는 데 있어서 베테랑 격인 인물이다. '신장개업'과 '러브하우스'를 모두 자기 이름을 걸고 진행한데다 그 기간도 상당하고 평가도 호의적으로 받았다. 한 주 한 주 사람들을 만날 때마다 모두 겸손하고 친근한 자세로 다가갔으며 슬픈 사연에 눈물 흘릴 줄도 알았고, 청각장애인을 만났을 때는 수화로 대화하는 모습까지 보여줘 이전에 그가 일으켰던 사고(대마초 사건 등등)를 일시에 잊게 하면서 최고 MC의 자리를 굳히게 했었다. 공간을 장악하는 그의 능력은 실로 놀랍다. '혼자 떠드는' 것이 아니라 '함께 노는' 자리를 만들어내는 데 탁월하다. '하자하자'를 진행하면서 50여 명의 학생들을 한꺼번에 만나는 자리에서도 그 능력은 변함 없이 발휘됐다.

큰 컨테이너 박스를 짊어진 밥차를 끌고 어느 고등학교 새벽 운동장에 나타난 신동엽과 제작진은 아침을 굶고 새벽같이 등교하는 학생들을 위해 아침밥을 차려주는 것으로 '하자하자' 1탄을 시작했다.

아침 등교시간이 7시 30분인 학생들이 으레 아침을 굶고 등교해

편의점의 삼각김밥 같은 것으로 대충 허기를 때우고, 전날 밤의 피로를 이기지 못해 보충수업 시간 내내 엎드려 자는 모습은 충분히 동정적이었다. 나이를 불문하고 모두 체험한 입시지옥의 일원들, 2·30대에겐 동생 같고 어머니 아버지들에겐 모두 내 자식 같은 그들에게 소화 잘 되고 영양 많은 아침밥을 차려 주겠다는 데 반대할 사람은 없어 보였다. 첫 회에는 제작팀이 대동한 요리사의 도움을 받아 선생님이 직접 요리를 해 차려주는 형식으로 출발했다. 거기에 서울 시내 고등학교 학생들의 평균 등교시간을 체크하고 학생들과의 인터뷰를 통해 과연 몇 %의 학생들이 아침을 먹는가를 살펴본 다음 아침을 먹는 것이 하루 동안의 두뇌활동에 어떤 영향을 미치는가를 도표와 전문가의 의견을 빌어 시청자들에게 명확히 제시했다.

프로그램의 명분과 시청자의 호응을 갖춘 '하자하자'는 이후 유명 요리사 두 사람 이상 초빙, 보기만 해도 식욕이 돋는 두 가지 이상의 요리를 만들어 놓고 학생들에게 선택하게 해 누구의 요리가 더 많은 점수를 받는가를 경쟁하는 형식, 혹은 요리사와 함께 어머니들이 음식을 만들고 아이들에게 먹이는 형식 등 다양한 형식을 취해 식상해지는 것을 방지하고 보는 즐거움을 제공했다.

'하자하자' 1탄이 진행되는 동안 시청자들은 고등학생들의 생활을 좀더 자세히 알게 되었다. 새벽 등교, 밤늦게까지 진행되는 학원과 과외 사이사이에 학생들이 먹는 음식의 질과 양 등에 대해 전문가들이 토론했고 시청자들은 인터넷 게시판을 통해 참여했다. '하자하자'는 단순히 아침밥 먹여주기 차원이 아니라 고등학생들이 좀더 사람답게 살 수 있는 최소한의 권리를 확보해주려는 시도를 시작했다. '0교시'라는 단어를 만들어냈고, 5,000명의 전화 혹은 인터넷 참여를 통해 0교시의 필요성 여부를 진단하는 대토론회를 열었다. 이것은 심지어 교육부까지도 스튜디오로 끌어냈고 학교장 자율로 일임된 0교시의 실행을 마침내 폐지하는 결과를 낳았다.

‘하자하자’ 2탄은 ‘애들아, 헬멧 쓰자’라는 제목으로 십대 폭주족들에게 헬멧을 나눠주는 캠페인이었다. 1탄이 교실 안의 학생들을 찾아가는 코너였다면 2탄은 교실 밖, 어른들의 관심에서 소외돼 위험에 그대로 노출된 청소년들에게 관심을 돌리는 것이었다. 신동엽에서 신동엽과 황보, 다시 송은이로 MC가 교체되는 과정을 겪기는 했으나 이들은 과감히 배타적인 폭주족 한가운데로 뛰어들어 최소한의 안전이라도 보장해주고자 했다. 가출한 폭주족 아이들의 외로움과 갈등, 그래도 꿈을 갖고 있음을 조망한 것은 더할 수 없이 좋았으나 MC들이 위험에 처하기도 하고 폭주족 아이들의 거친 모습이 여과 없이 방영되어 시청자들을 놀라게 하는 등 위험요소도 적지 않았다. 때로는 MC와 폭주족이 같이 어울려 놀기도 하는 등, 원래의 취지에서 벗어난 모습도 심심찮게 보였다. 아이들의 마음의 문을 열게 하려는 시도는 좋으나 시청률을 의식해 ‘하자하자’ 답지 않은 자극은 취지를 훼손시켰다. 그러나 한밤중 거리를 휘젓는 그들을 밝은 곳으로 끌어내려는 노력은 폭주족에 대한 사회의 시선을 조금이나마 따뜻하게 하는 데 기여했다.

‘하자하자’의 청소년 시리즈 1, 2탄은 가히 사회적 이슈를 낳았다. 이 나라에서 십대를 살아간다는 것이 어찌 보면 어른의 삶보다 더 각박하고 힘겹다는 것을 모두 함께 체험했고 아이들이 좀더 정신적으로 풍요롭고 안정적인 상태를 유지하게 하기 위해 이 사회가 무엇을 해주어야 할 것인가에 대해 생각하게 하는 데 부족함이 없었다. 아이들의 눈높이에서 세상을 비춘 ‘하자하자’의 카메라는 뉴스나 시사 프로그램에서 고등학생들을 비출 때 종종 범했던 편협함을 최대한 제거하고자 노력했고, 그 노력은 사회 기여로 이어졌다. 단순히 0교시가 폐지되고 폭주족들이 헬멧을 쓰게 되어서가 아니라, 학생들의 생활을 균형잡힌 시각으로 볼 수 있도록 유도한 것은 유익한 예능 프로그램의 한 예라 아니할 수 없다.

오는 11월부터 '하자하자' 3탄이 방송될 예정이라 한다. 가출 청소년과 그들의 아빠가 꾸며갈 예정이라는데, 여기에서 또 한 번 전 시청자들의 가슴을 울릴 그들만의 사회 기여를 기대해본다.

나오며

이상, MBC 주말 프로그램 <느낌표>의 두 코너, '책책책, 책을 읽읍시다'와 '하자하자'를 되짚어 보았다. 그리고 또 다른 코너인 '다큐멘터리 이경규 보고서'는 생태계 파괴의 현장에서 살아 보겠다고 몸부림치는 야생동물들의 버티기 한판이 가슴 찡한, 역시 무언가의 필요성을 일깨우는 역할을 충실히 수행했다고 생각된다.

예능 프로그램은 물론 살아가는 데 지치고 웃고 싶은 시청자를 위해 즐거움을 마련하는 것이 역할 1순위일 것이다. 그러나 그 역할을 지나치게 좁게 생각하는 것이 현 방송의 문제점인 듯하다. 시청자들이 진정으로 원하는 웃음은 마음으로부터 감동하여 눈물이 흐르더라도 울 수 있는 마음의 여유로부터 나온다. '나'와 비슷한 '우리'의 삶에 동조하고 저들도 나만큼 힘들구나 하는 마음을 깨달으며 위안을 얻고 싶은 것이다.

이 시대에 방송의 역할이란 시류를 따르되 유행을 쫓지 않는 소재와 당대의 문제에 대한 심도 있는 고찰이 반드시 수행돼야 할 것이다. 드라마는 창조된 인물들을 통해, 시사 프로그램은 진지한 접근을 통해, 예능 프로그램은 가벼운 웃음을 동반하되 경박하지 않은 시선을 통해.

<!느낌표>는 이 시대의 면면들에 가까이 다가왔고, 항상 멀게 느껴졌던 카메라를 얼굴 바로 앞에 들이댐으로써 시청자들의 호의를 얻었다. <!느낌표> 외에도 다른 많은 프로그램들이 이 인기의 이유

를 인식하고 잊지 않았으면 한다. 장르를 불문하고 근접촬영과 그것을 실행하려는 마음이 가장 가까운 길이라는 그 이유 말이다.

우리 모두 함께 살아갑시다

인간다운 삶을 위한 유일한 생존방식,
‘연대’를 실천하는 사람들의 진정한 ‘성공시대’
— <한민족 리포트> —

고유미(회사원)

시작하며 — "우리 모두 함께 살아갑시다"

"우리 모두 함께 살아갑시다. 마음과 정신과 우리의 모든 것을 나누면서 차별 없이 하나의 큰 가족처럼 함께 살아갑시다."

이 말은 페루의 한 산골 마을 크리스마스 미사에서 한국인 장상환 신부가 한 절절한 호소이다.[1] 우리를 둘러싼 신문, TV 등의 매체에서 쉼 없이 웅변하고, 살아가는 법을 배우는 학교, 동료들과 관계를 맺고 노동하는 일터에서조차, 남보다 잘하고 남보다 더 가져야만 살아남을 수 있다는 경구가 최고의 미덕이 된 세상에서, 낯선 땅 산골 마을의 한 소박한 신부의 호소가 너무나 미약해 보이지만 그렇기 때

---

[1] 2001년 12월 24일 방영된 ‘안데스의 크리스마스, 개구쟁이 신부와 맨발의 수녀’ 편.

문에 더욱 절박하게 마음에 와 닿는다.

우리는 점점 남과 함께 살아가야 할 이유와 함께 살아가는 방법을 잊어가고 있는지 모른다. 세상이 주입하는 일방적인 메시지를 따라 정신 없이 달려가다 보면, 무엇을 위해서 어떻게 살아가야 하는지 깊게 성찰하는 기회를 갖기 힘들어지고, 그 과정에서 한 명씩 낙오되는 이웃들을 뒤돌아보고 손잡아 줄 여유는 아예 생각해본 적 없다.

그런데 그런 세속적인 욕망을 부추기기에 여념이 없어 보이는 TV에서, 남과 더불어 살아가는 삶의 방식이 있음을 제기하고, 그 가치를 부각시키기 위해서 분투하는 한 프로그램이 있어서 사람들에게 소개하고자 한다.

'남과 더불어 살아가기'를 실천하는 사람들의 진정한 '성공시대'

<한민족 리포트>의 기본적인 내용은, 외국에서 온갖 어려움을 딛고 '성공'한 한국인들의 삶을 조명하는 것이다. 그럼으로써 시청자에게 그들과 같은 한국인이라는 자부심을 느끼고 그들의 노력과 성공에 용기를 얻도록 하는 의도를 가지고 있다. 그런데 이 프로그램의 가장 중요한 미덕은 '성공'의 의미를 다양하게 해석하고, 시청자들에게 여러 가지 삶의 전범을 제시함으로써, 시청자들이 이제는 절대적인 가치가 돼버린 경제적인 성공만이 우리가 염원하는 '행복'을 가져다 주는 것이 아닐 수 있다는 성찰의 기회를 갖게 한다는 것이다. 낯선 땅에서 이방인으로 겪어야 했던 무수한 편견과 경제적 어려움 속에서 현지인도 이루기 힘든 경제적인 부와 높은 지위를 얻은 입지전적 인물도 있지만, 경제·문화적으로 척박한 땅에 굳건하게 뿌리내리고 살아가기까지의 그 수고로운 삶 자체에 경의를 표하기도 하고, 낯선 이국 땅의 가난한 사람들을 위해서 내가 가진 모든 것을 나누며 그들과 친구가 되고 진정한 이웃이 되는 사람들의 모습에서 배움을

청하기도 한다.

그중에서도 내게 가장 큰 감동과 같은 한국 사람으로서의 자긍심을 심어주는 사람들은, 자신이 가진 지식과 기술과 재산을 이국의 가난한 사람들과 나누며 그들의 이웃이 되어 살아가는 사람들이다. 그 사람들은 자기의 고향과 학교와 성별을 중심으로 똘똘 뭉쳐서 이익을 도모하는 요즘의 배타적인 패거리 문화에 울림이 깊은 메시지를 전한다. '모두 함께 살아갑시다'라는. 문명이 발달할수록 인간은 더 많은 사람들의 수고로움에 힘입어 살아갈 수밖에 없으며, '지구촌'이라 할 만큼 지구 반대편의 작은 사건으로도 우리의 삶에 직접적인 영향을 받을 수 있게 되었다. 이미 발달한 나라들의 환경 파괴로 인해서 온 지구에 이상 기후가 만들어지고, 어느 지역의 국지적인 전쟁으로 인해서 내 삶에 크고 작은 손실을 입은 입을 수도 있다. 이제 그 어느 누구의 삶도 우리의 삶과 무관하지 않게 되었다. 내가 잘 살아가기 위해서라도 도움이 필요한 사람들과 손잡고 함께 문제의 해결을 모색해야 할 때가 보다 절실하게 다가온 것이다. 따라서 생면부지의 낯선 땅에 가서 그곳에 사는 사람들을 위해서 학교를 세우고, 병원을 짓는 것을 이 프로그램의 주인공들은 '시혜'라고 생각하지 않는다. 그들은 내 문제가 될 수도 있는, 혹은 내가 이미 거쳤을, 그곳 사람들의 문제를 함께 해결하기 위해 '연대'하는 것이며, '연대'는 더 이상 선택이 아니라 인간다운 삶을 위한 유일한 생존방식임을 그들은 그들의 삶을 통해서 보여준다.

그들 중에는 내전이 끝난 남태평양의 작은 섬들을 찾아다니면서 의약품을 전하고, 뉴질랜드의 소수민족을 돌보는 이건호 선교사가 있다.[2] 그는 "지구상의 모든 사람들은 서로 부족한 걸 채워주기 위해서만 존재해야 한다. 같은 음식을 먹고 수염을 기르고 지구촌 한

---

2) 2001년 3월 19일 방송된 '남태평양을 깨우는 한국인 선교사 이건호' 편.

식구로서 이들을 돕는 것은 나의 의무”라고 말한다. 그는 원주민을 단지 돕는 것으로 끝나지 않고 원주민을 교육시킨 후 그들의 고향으로 파견해서 스스로를 도울 수 있도록 하고 있다.

평생을 의료기술자로 일하다가 은퇴 후, 중국에서 중국 장애인들에게 의족을 만들어주면서 새로운 노년의 인생을 보내는 이관숙 선생도 있다.[3] 미국에서 오랫동안 의·수족을 만들면서 쌓은 고급의 의료 기술을 가장 필요로 하는 곳에 보급하기 위해 중국의 가난한 장애인들을 찾아오게 되었고, 13년 동안 3,000여 명의 장애인에게 팔과 다리를 무료로 만들어줌으로써 무엇보다 그들에게 새로운 희망과 삶을 선물했다. 선생은 제자와 동료들에게 항상 강조한다. “환자가 돈 없고 몸이 불편하다고 절대로 없이 보지 말아라. 환자는 하느님이다.” 선생은 장애인의 마음 속 상처까지 치유하고 싶어하는 마음으로 환자를 돌보며 존재의 이유를 느낀다. 지금은 자신의 사후에도 자신의 기술이 쓰일 수 있도록 책을 집필하는 데 남은 기력을 쏟고 있다.

이 프로그램의 또 다른 미덕은, 주인공인 한 ‘인물’에만 초점을 맞추지 않고 그를 둘러싼 이국 사회의 역사와 현실과 우리에의 시사점도 함께 제기한다는 것이다. 이는 주인공들이 ‘한국인’이라는 정체성과 자긍심을 굳게 간직하면서도, 현지의 문화적 특성을 받아들이고 현지 이웃들의 삶의 방식을 존중하며 살아간다는 것과도 관계가 있다. 타국의 사람들을 돕고 그들과 더불어 살아가기 위해서는 무엇보다 그들의 문화적 특성과 역사적 부침을 ‘이해’하는 것이 중요하다. 더욱이 시청자들은 이 프로그램을 통해서 우리에겐 낯선 작고 먼 나라의 역사와 문화를 접함으로써, 인류에 대한 인식의 지평을 넓혀갈 뿐만 아니라 그 안에서 우리의 과거와 현재와 미래를 반추할 수 있다.

알바니아의 한 빈민지역에 유일한 병원을 세우고 환자들의 마지막

---

3) 2001년 4월 23일 방영된 ‘중국에 사랑의 기적을 일으킨 이관숙 선생’ 편.

희망을 보듬는 심재두 씨 부부를 따라가면서, 시청자들은 세르비아와의 인종분쟁과 코소보 사태로만 알려진 알바니아의 복잡하고 불행한 역사의 단초를 만나게 되고, 그제야 비로소 어려운 경제 상황 속에서 고통받는 '사람들'에 관심을 기울일 수 있게 된다.[4]

또한 '신실크로드'를 개척하는 세 명의 한국인의 성공으로 가는 길을 좇아가면서, 과거 실크로드의 중심 신장 위구르 자치구의 수도 우루무치에 지금 어떤 변화가 일고 있는지, 과거 한국의 경제부흥기를 떠올릴 만한 그곳의 활기를 들여다볼 수도 있다.[5]

한편 정신 지체 장애인 아들을 위해서 뉴질랜드의 청소부가 된 전직 선생님 부부의 일상을 들여다봄으로써, 장애인이 한 인간으로 교육받고 독립적으로 살아가기에 턱없이 부족한 우리의 현실을 돌아보게 된다. 우리가 더불어 살아가기 위해 노력해야 하는 이웃은, 먼 타국에 존재하기 이전에 언제나 장애인, 병자, 다양한 사회적 약자의 이름으로 우리 곁에 있었다. 부부는 뉴질랜드에서 장애인 아들과 행복하게 살아가는 법을 배우고 있다.[6]

이 프로그램의 또 다른 장점은 타국의 한국인들의 삶과 바로 지금 '대한민국'에 살고 있는 사람들을 연결짓는 공통된 문제를 시의 적절하게 제기한다는 것이다.

한국전쟁 기념일인 6월 25일 즈음에는 아르헨티나에 정착한 이민 1세대인 반공포로 출신 '한국인'들을 방영함으로써 그들의 삶을 통해 우리의 역사를 되돌아보는 계기를 마련했으며, IMF 외환 위기 때 30년 인생을 건 운동화 사업을 망하고 중국에서 '1원짜리 두부장사'로 재기를 꿈꾸는 김병상 씨를 보면서는 실직과 파산으로 좌절했을 수많은 사람들의 새로운 희망 찾기를 떠올리기도 하고, 크리스마스

---

4) 2002년 5월 20일 방영된 '알바니아의 마지막 병원' 편.
5) 2002년 8월 12일 방영된 '실크로드의 삼총사' 편.
6) 2002년 9월 2일 방영된 '청소부가 된 부부교사' 편.

에는 페루의 산골마을 사람들에 섞여서 하루종일 아이들과 놀아주는 신부님과 시골 아낙들의 선생님이자 친구인 맨발의 수녀님을 통해서 남반구의 '뜨거운' 크리스마스를 경험할 수도 있었다.[7]

마지막으로 <한민족 리포트>는 보통사람들이 가끔 꿈꾸곤 하는, 무엇에도 얽매이지 않고 자유롭고 독특한 삶을 실제로 살아가는 '멋진' 사람들의 이야기를 들려줌으로써 지금부터라도 뭔가 새로운 삶을 꿈꾸도록 자극한다.

거문고 하나 둘러메고 뉴욕으로 건너가서 세계인들에게 거문고의 신비하고 아름다운 소리를 들려주고 모든 토속적인 음악들과 자신의 음악을 융화시키기 위한 작업에 여념이 없는 뉴욕의 한국 여성 거문고 연주가 김진희, 한국인 최초로 미국의 '유니온 신학대학' 종신교수가 됐지만 그보다는 세계 곳곳의 여성들과 춤추고 토론하면서 여성이 앞장선 '세계 평화 만들기'에 바쁜 '너무 아름답고 너무 도도한' 페미니스트 여성 신학자 정현경 교수[8] 등.

하지만 <한민족 리포트>를 애정을 가지고 시청하는 사람으로서 몇 가지 아쉬운 점도 있다. 우선 방송의 소재가 갈수록 '성공기'에 치중한다는 것이다. 2002년 1월부터 10월까지 방영된 35개의 방영분 중 절반 정도가 외국에서 일군 경제적인 성공이나 높은 사회적 지위를 이룬 사람들의 성공담을 담고 있다. 물론 이들의 땀과 눈물어린 성공담을 보고, 시청자들이 자신의 안일한 삶을 채찍질하거나 할 수 있다는 희망을 갖을 수도 있다. 그러나 이런식의 '성공기'는 이 프로그램이 보여 주지 않아도 주변의 거의 모든 매체들을 통해서 넘

---

7) 2002년, 6월 24일 방영된 '아르헨티나의 우리민족 ─ 김관옥, 임익간, 손재하' 편; 2002년, 7월 29일 방영된 '신바람 두부장사 김 사장' 편; 2001년 12월 24일 방영된 '안데스의 크리스마스, 개구쟁이 신부와 맨발의 수녀' 편.
8) 2001년 11월 5일 방영된 '세계로 간 거문고, 뉴욕 김진희' 편; 2001년 10월 8일 방영된 '정현경의 세계 평화 만들기' 편.

치도록 보고 있다. 앞서 지적했듯이 이 프로그램이 수많은 프로그램 중에서 시청자들의 눈을 반짝이게 하는 이유는, 어떻게 살아가야 하는지에 대한 진지하고도 다소 아픈 질문을 스스로에게 던지게 하기 때문이다. 앞으로도 <한민족 리포트>가 중요하지만 외면당하는 가치들을 일깨우고, 나와 '다른' 사람들과 '연대'하기 위한 가교 역할을 해주기를 바란다.

다음으로 주인공들이 '훌륭하고 멋진' 삶을 살기 위해서는 그 가족들의 이해와 도움이 매우 중요하다. 그런데 남성이 주인공일 경우, 가족 특히 부인 등 여성은 남편을 성실하게 내조하는 보조자로서만 그려질 뿐, 먼 타국에서 낯선 사람들을 도우며 살아가겠다는 신념을 공유하고 지켜가는 '동지'이자 주인공 못지 않게 한 사람으로서의 역할을 당당히 해내는 독립적인 '인간'으로 부각되지는 않는다. 이는 시혜적인 차원의 일방적인 도움이 아니라 '연대'라는 수평적인 소통을 실천하는 주인공들을 올바로 그려내는 것이 아니다. 그들은 누구보다도 자신의 반려자 혹은 생의 신념을 공유하는 가족들과의 수평적인 연대가 일차적일 것이기 때문이다. 또한 한 사람의 남성 위인과 그를 돕는 주변인으로서의 여성이라는 전통적이고 왜곡된 성별구도를 강화하는 데도 일조 하는 것이다.

마치며

시청자들은 방송에 이런저런 간혹 이율배반적인 바람을 갖는다. 방송이 사람들에게 미치는 영향력의 정도를 가늠해볼 때, 방송은 이런 바람을 다 수용해야 하지만 또 그럴 수 없는 것이 현실이다. 하지만 나도 여전히 방송에 바라는 바가 있다. 내가 살고 있는 세상이 좀 더 인간적인 공간이 될 수 있도록 사람들에게 그 엄청난 영향력을 좀

행사해주길 바라는 것이다. 왜 사람들의 세속적인 욕망을 자극하고 허접한 연예인 신변잡기를 보여주는 데나 전파를 낭비하고 있느냐고 여기서 큰소리로 질타하고 싶지는 않다. 다만 <한민족 리포트>와 같이 우리 삶의 속도를 조금 늦추는, 그래서 천천히 걸으며 나와 내 이웃을 돌아볼 수 있도록 하는 프로그램이 오래도록 지속되고, 그런 기획 의도가 담긴 프로그램들이 좀더 늘어나기를 당부하고 싶을 뿐이다.

내게 있어서 진정한 '성공시대'는 바로 <한민족 리포트>다. 이 프로그램의 주인공들의 공통점은, 자신이 원하는 것이 무엇인지 알고 그 삶의 지향을 실천하는 사람들이라는 것이다. 그들은 훌륭하기보다는 '멋진' 사람들이며, 역경을 딛고 이제는 어느 경지에 오른 사람들이 아니라, 오늘도 그 역경을 통과하고 있지만 언제나 행복한 사람들이다. 하지만 어디 아무나 이렇게 살 수 있나? 그래서 보는 이에게 불끈 용기를 얻었다가도 이내 좌절하게 만드는 진정한 '성공시대'다.

물거품으로 사라져버린 '인어아가씨'

MBC 일일연속극 <인어아가씨>의 문제점에 대한 고찰

윤한아(학원강사)

들어가며

일일연속극이 시작되는 매일 저녁 8시 30분이면 동일한 TV 속의 목소리가 온 동네를 쩌렁쩌렁 울리고, 한 달에 한 번뿐인 반상회도 연속극 앞부분을 놓칠까 노심초사하는 아줌마들 때문에 앞당겨진 시간에 시작되며 심지어 그 시간에 집에 귀가한 고단한 아빠들은 늦은 저녁도 서러운데 아내의 눈치를 살피며 미안한 눈칫밥을 먹어야 하니 아예 늦어질라 치면 밖에서 저녁을 해결하고 들어간다는 우스개 소리 아닌 우스개 소리가 있다. 메이저 방송국이 드라마 왕국이라고 불릴 정도이니 방송에서 드라마가 차지하는 비중은 엄마들이 매일 하는 밥으로 치면 콩이랑 잡곡을 빼고 남은 대부분의 흰 쌀 부분이라고 비유를 하면 적당할까.

현대 사회에서의 미디어의 영향력과 그중에서도 특히 영상 미디어라는 매체를 통한 대중문화가 사람들에게 끼치는 영향력은 실로 엄청나다. 아직 TV가 본격화되기도 전 미국 라디오 시청자들에게 지대한 영향을 끼친 오손 웰즈의 <War of the world>를 들은 청취자들이 실제 상황인줄 알고 대피소동을 벌이기까지 했다는 유명한 에피소드는 미디어의 영향력을 단적으로 보여준 사건이다.

<인어아가씨> 주인공의 일거수일투족에 관심을 기울이고 그에 대한 감상을 올리고 나아가 작가에게 호된 질타를 퍼붓는 시청자들의 현재의 모습도 이런 미디어의 영향을 받은 현대인의 모습 바로 그것일 것이다. 그러나 처음 미디어가 등장했을 때와 지금의 상황은 많이 다르다. 단순히 수동적으로 받기만 했던 시청자는 이제 자신의 의견을 당당하게 제작진에게 피력하며 줄거리의 전체 구조까지 바꿀 수 있는 강력한 주체 세력으로 등장하기도 한다. 시청자의 권리 찾기 면에서 환영받아 마땅하지만, 이것이 시청률 지상주의의 방송 드라마와 결합해 막상 시청자의 의견이 좀 많아진다 싶으면 처음 제작진의 의도와는 전혀 다른 방향의 이야기 전개를 이끌어내는가 하면, 이러지도 저러지도 못하는 어정쩡한 상태로 이야기의 흐름과는 아무 상관없는 지루한 에피소드들의 나열로 점점 지지부진하게 되는 것을 이미 종례 이른바 대박이라고 하는 드라마를 통해 익히 보아온 바이다.

저녁 일일 연속극 시간의 드라마치고는 상대적으로 드라마틱한 갈등구조와 활동적인 등장인물들, 속도감 있는 사건 전개로 초반부터 인기를 모았던 MBC의 <인어아가씨>가 회를 거듭할수록 잘못된 선례를 답습하고 있어 혹시나 하며 기대를 가지던 시청자들로부터 그러면 그렇지 하는 비난의 목소리를 듣고 있다. 지금 MBC 홈페이지의 <인어아가씨> 게시판에 들어가 보면 이 드라마에 보이는 사람들의 관심과 애정 질타가 어느 정도인지 하루하루 방송이 끝나자마자 올라오는 엄청난 글의 양만 봐도 짐작이 가고도 남는다. 어떤 시청자에 따르면 20년된 <전원일기>에 올라오는 글이 6,000건인데 비해 방영 3개월 만에 8만 건이 넘었다고 한다. 이쯤 되면 사람들이

거의 드라마와 현실을 동일시하는 것이 아닐까 하는 정도로 게시판에는 마치 자신의 일인 양 흥분하며 줄거리, 연기자, 작가에 대한 비판과 질타 섞인 충고, 애정 어린 격려(상대적으로 가끔 이긴 하지만)의 글들이 홍수처럼 쏟아지고 있다. 다만 아쉬운 것은 드라마의 발전적인 방향을 위한 애정 어린 충고만큼이나 개인적인 감정에 휩쓸린 비난을 위한 비난의 글도 많았다는 점이다.

이미 워낙 많은 사람들의 관심을 받아와 새삼 이 드라마에 대한 비평을 한다는 것이 뒤늦은 감이 들 수도 있지만 종종 게시판을 통해 보여지는 단순한 비난을 위한 비평보다는 좀더 다양한 각도에서 객관적인 시각으로 드라마의 발전적인 방향을 위한 비평을 하고자 한다.

몸글

물거품으로 사라진 <인어아가씨>의 제작 의도

작가, 혹은 제작진이 어떤 의도로 제목을 '인어아가씨'라고 붙였는지는 모르겠으나 개인적으로 이 드라마를 보면서 안데르센의 동화 『인어공주』의 마지막 장면에서 인어공주가 물거품으로 사라지는 장면이 자꾸만 떠올랐다. 처음의 의도야 어쨌건 점점 도를 넘어서는 드라마를 보며 아름다운 인어공주의 사랑 이야기가 허무한 물거품으로 끝나는 것처럼 저 드라마도 그런 식으로 종영을 맞지 않을까 싶어서였다. 다음은 <인어아가씨> 제작진이 밝힌 드라마의 제작 의도이다.

'열정'이란 이기적인 욕심 때문에 조강지처를 버리고 새로운 가정을 꾸린 아버지, 그리고 그런 아버지를 향한 복수를 인생의 목표로 삼고 자라난 전처 딸. <인어아가씨>는 혈육을 향한 치밀하고 냉정한 복수극과 그녀의 운명적인 사랑이야기를 통해 '결혼'에 담긴 신성한 의무와 '사랑'에 담긴 진실에 대해 생각해보게 한다

그러나 결혼의 신성한 의무와 사랑을 논하기에 <인어아가씨>는 시청률을 인식한 듯한 억지스러운 설정과 제자리 걸음인 사건전개, 등장인물들간의 비뚤어진 관계 설정으로 인해 자체의 허점을 너무나 많이 드러내고 있다. 회를 거듭할수록 본래의 제작의도를 망각하고 어떻게든 많은 시청자들을 날마다 주문에 걸린 듯 TV 앞으로 오도록 만드는 것에만 몰두하고 있는 듯하다.

<인어아가씨>의 인기요인 분석

그럼에도 불구하고, 무엇이 사람들을 TV 앞으로 끌어당기는가
<인어아가씨>의 가장 큰 인기 요인은 먼저 기존의 일일 드라마에 비해 기둥 줄거리를 형성하는 갈등의 양상이 좀더 극적인 구조를 취한다는 점을 들 수 있다. 이전의 일일 연속극은 가정이라는 울타리 안에서 벌어지는 소소한 가족사를 묘사하는 데 치중했을 뿐 특별히 중심이 되는 기본 갈등 구조의 존재가 미미했던 것이 사실이다. 그러나 이 드라마는 부정한 아버지와 그의 정부를 응징하고 그로 인해 당한 어린 시절의 고통을 보상받기 위해 아버지의 가정을 송두리째 파탄시키려는 '팜므파탈' 은아리영(장서희 분)을 등장시킨다. 드라마 속에서 악녀로 지칭되는 독한 여자에 의한 복수극은 이미 여러 번 다루어진 소재이다. 그러나 이런 소재를 잔잔하다 못해 하품이 나오게까지 만들던 일일 연속극 시간에 다루는 것은 이례적인 일이 아닐 수 없다. 또한 등장인물들의 직업도 신문사 기자, 방송 작가, 유명 탤런트, 화려한 의상 디자이너, 잘 나가는 회계사 등 일반적인 봉급쟁이들과는 좀 거리가 있는 직업을 가진 사람들이다. 이쯤 되면 주 시

청자층인 주부들을 대리만족시킬 요소들은 충분히 갖추었다. 더구나 나른한 일상을 마무리하고 저녁 밥상머리도 물리고 앉을 즈음에 '복수'라는 단어가 주는 묘하게 금지된 듯한 쾌감은 톡 쏘는 청량음료처럼 방금 끝낸 저녁식사의 소화제 노릇을 할 수도 있는 것이다.

<인어아가씨>의 문제점 분석

문제 하나 — 최대한 잘게 쪼개기, 더 이상 보이지 않을 때까지

개인적으로 나는 드라마를 별로 좋아하지 않는다. 내가 직접 겪어보지 않은 일은 일단 의구심을 가지고 믿지 않는 약간 삐딱한 기질을 가져 심지어 남들은 눈물을 줄줄 흘리는 슬픈 영화를 봐도 잘 몰입을 못할 뿐 아니라, 급한 성질 탓에 다음 내용이 궁금하다 싶으면 감질나게 잘라버리는 TV 드라마의 생리가 도통 나하고는 안 맞아, 궁금함을 참는 일을 아예 처음부터 하지 않기 위해 드라마를 애초에 보지 않는 쪽을 택하기 때문이다. 하긴 요새는 인터넷이란 또 다른 막강한 매체의 도움으로 나처럼 성질 급한 사람은 한꺼번에 몇 시간이고 드라마를 이어서 볼 수 있게 되긴 했지만. 하여간 모든 사람이 열광하는 드라마를 안 본다는 것만으로 자신이 우매한 군중 속에서 소신 있는 예외라는 잘난 척을 하고 있는 중이었다.

MBC 일일 드라마 <인어아가씨>가 시작부터 온 동네의 8시30분 온수량 사용을 절감시키는가 싶더니, 8시가 넘어서 귀가하면 어머님께 밥 달라고 하기가 미안하고, 만년 조역을 맡던 드라마의 주인공 장서희 씨의 인터뷰가 신문을 온통 도배하고, 급기야는 일요일 오전 오락 프로그램에서 '붕어아가씨'라고 패러디까지 하는 지경에 이르자 슬그머니 혼자 아무리 잘난 척을 해도 이미 대세가 기울었다는 느낌이 들기 시작했다. 그러던 차에 어느 날 병원에 가 진료를 받는데, 간호사들이 전날 본 <인어아가씨> 얘기를 하고 있는 것을 듣게

되었다. 한 명은 주인공의 처지를 이해하고 편을 드는 입장이었고, 다른 한쪽은 그래도 그럴 수는 없는 거라며 마치 자기 일인 양 흥분하고 있었다. 이제까지는 드라마를 본적도 없고, 아침에 보는 신문의 프로그램 하이라이트를 통해 본 줄거리로만 아는 내용이 전부였지만 그렇게 짜 맞춘 줄거리에 그날 아침 간호사들의 마치 눈앞에서 벌어지는 듯한 생생한 이야기를 조합하니 나 역시 마치 매일매일 <인어아가씨>를 보아왔다는 착각이 들 정도였다. 그날 아침 간호사들은 '복수극의 가련한 희생양인 주인공 남자'와 '순한 양의 탈을 쓴 가증스러운 여우 같은' 주인공이 라면을 끓여먹었는데, 거기다가 계란을 풀어 먹더라는 그 계란 한 알조차 얼마나 정성이 들어갔겠느냐, 끓여 먹은 냄비가 가난한 집 치고는 너무 비싸보였다는 등의 얘기를 장장 한 시간을 했다. 전혀 모르는 사람이 들었다면 아마 무슨 특별한 조리법의 라면과 요술계란이라도 되는 줄 알았을 것이다. 아마 주인공들이 만약 커피를 타먹었으면 프림이나 설탕을 얼마나 넣는지, 마신 찻잔의 꽃무늬에 꽃잎에 몇 개였는지에 대해서까지 족히 2시간은 얘기할 수 있을 듯한 기세인 그녀들의 얘기를 들으며 처음으로 나는 진심으로 실제 드라마 화면을 보고 싶은 생각이 들었다.

사람들은 TV를 보면 상상의 여지가 줄어드는 법이다. 이미 시각자료가 너무 충분히 주어지기 때문에 수동적으로 받아들이기만 하면 될 뿐 따로 이미지를 생각해낼 필요가 없기 때문이다. 그럼에도 불구하고 라면 끓인 얘기를 한 시간이나 할 수 있는 볼거리를 제공하는 드라마라면 도대체 얼마만큼의 디테일까지 그리고 있을까 궁금해졌기 때문이다. 그리고 그날 저녁은 평소보다 좀 일찌감치 귀가해서 (물론 어머니가 드라마 시간에 방해받지 않고 저녁 식사를 차려주실 만큼 충분히 일찍) TV 앞에 앉았고, 비록 실제로는 처음 보는 드라마였지만 누가 누군지 헷갈리는 법도 없이 심지어 이름까지 하나 틀리지 않고 어려움 없이 드라마를 무사히(?) 시청할 수 있었다. 그리고 드라마가 끝나고 나는 그녀들이 계란 넣고 라면 끓인 얘기를 사실은 세 시간도 할 수 있었는데 그나마 근무시간이라 1시간으로 줄인 것이 아니었을까 하는 생각이 들었다. 정말이지 저렇게 시시콜콜한 얘기까지 담아내다 보면 '저 드라마는 평생을 가도 끝이 나지 않겠군' 하는 생각까지 들 정도였으니까. 저렇게 시시콜콜하게 밥그릇에 밥알 개수까지 다 세주는 드라마를 매일 같은 시간에 보고 들으면 마치 드라마 속 식구들이 우리 옆집 사람 같고, 매일 보는 사람 같다는 생각을 할 수도 있을 거라는 것이 이해가 되는 대목이었다.

이제까지와는 다른 큰 스케일 설정으로 시선을 끌었다면 이제 남은 과제는 조금은 비(非)일반적인 이 등장인물들을 어떻게 하면 최대한 현실처럼 보이게 만드느냐 하는 것이다. 여기서 예의 그 '시시콜콜 그려내기'가 등장한다. 누군가의 행동을 묘사할 때 '그는 밥을 먹었다' 하는 것과 '그는 어떤 숟가락을 쥐고 어떤 그릇에 어떤 반찬을 먹었으며, 밥에는 현미와 콩이 몇 대 몇의 비율이었으며 등등' 하는 것은 같은 상황에 대한 설명을 비교하자면 듣는 이에게는 후자의 사람이 마치 지금 당장 눈앞에 있는 실제 인물인 것 같은 느낌을 주는 것은 당연하다. 그러나 <인어아가씨>에서는 등장인물을 실제 인물처럼 그려내려는 작가의 섬세함이 도를 지나친다는 느낌을 자주 받는다. 실생활에 도움이 되는 생활 정보까지 친절하게 일러주며 시청자를 계몽하려는 작가의 의도가 세심함이 지나쳐서일까? 방금 전까지 울고 소리지르고 눈이 뒤집힐 듯 대립하던 등장인물들은 어느새 콩으로 주스를 어떻게 갈아 만드는지, 그것이 어떻게 몸에 좋은지, 심지어 콩기름을 이용해서 화장을 어떻게 지우는지까지 세세하게 설명해주며 이야기의 흐름과는 아무 상관없는 에피소드들을 연출한다. 남녀 주인공의 사랑을 확인하는 대목에서 좋아하는 음식이나 남자에게 만들어주고 싶은 여자의 음식 솜씨 자랑이 나오는 건 흐름상 꼭 필요한 부분이라 해도 그 요리법 설명에 거의 방송 한 회분을 다 소요하고 그것도 모자라 그 요리를 배워간 남자주인공이 집에 가서 배운 것을 복습하여 온 식구에게 맛을 보게 한다는 그 신을 하염없이 반복하니 이쯤 되면 시청자들은 유용한 정보고 뭐고 자신이 농락당하고 있다는 느낌마저 받게 된다.

아무리 갈등구조가 대하 서사시만큼이나 스케일이 크다고 해도 매일 저녁 30분 단위의 흐름으로 흘러가는 일일 드라마의 특성상 어느 정도의 디테일이 곁들여지는 것은 어쩔 수 없다. 그러나 <인어아가씨>에서의 디테일 장치들은 극의 흐름을 좀더 유연하게 하고 보는 즐거움을 배가시키기 위한 곁들이기가 아니라 주객이 전도되고 있다는 듯한 느낌을 가지게 한다. 처음부터 이런 식은 아니었을 것이다. 날마다 쏟아지는 시청자의 의견에 대박을 예감한 제작진이 드라마의 앞뒤로 붙는 광고료와 천정부지로 솟는 연기자들의 몸값을 의식해서 방송기간을 하염없이 연장한 결과라고도 할 수 있다. 시청자들이 저녁마다 TV 앞에 앉아 드라마에 나오는 유용한 정보들에 고개를 끄덕이며 '어머 저런 방법이 다 있었네'라고 공감하리라 생각한다면 큰 오산이 아닐 수 없다. 정말 필요한 정보를 제공하는 유용한 프로그램도 많이 있으니 방송 길이를 연장하기 위한 쓸데없는 에피소드는 시민의 세금으로 운영되는 전파 발송료 낭비에 불과한 것이다.

문제 둘 – 눈에는 눈, 이에는 이 오직 복수를 위한 복수극

주인공 아리영의 복수극은 아버지에게 버림받고 자폐증에 걸려 결국 세상을 떠난 동생과 그 충격으로 실명한 어머니, 그리고 철저하게 망가진 자신의 아픈 유년시절에 대한 보상심리로 시작한다. 실제 한 사람이 저렇게 남을 파멸시키려는 생각으로만 평생을 똘똘 뭉쳐있다면 그의 인생은 이미 자신의 불행한 어린시절을 빼고 생각해도 철저히 병들어 있는 것이 아닐까. 인기를 끄는 드라마를 분석해보면 대개가 선과 악의 구분이 뚜렷한 전형적인 권선징악의 구조를 가진다. 이

미 착한 사람은 복을 받고 악한 사람은 벌을 받는다는 정의가 더 이상 통하지 않게 된 사회에서 사람들이 이런 구조의 드라마에 열광하는 것은 드라마를 통해서만이라도 잊혀진 정의의 실현을 바란다는 증거가 아닐까. 현실에서는 그렇게 되기를 아무리 바래도 도무지 일어날 것 같지 않던 일들이 드라마 속에서는 특히 화려하게 차려입은 선남선녀들의 행동을 통해 척척 잘도 일어나는 것이다. 드라마가 시청자에게 카타르시스를 느끼게 하는 역할을 한다는 논의는 이미 여러 전문가들과 비평가들에 의해 제기되어온 바이니 새삼스럽게 언급할 필요도 없을 것이다.

그런데 <인어아가씨>의 복수극은 정의사회 구현을 위한 권선징악이라기 보다는 '눈에는 눈, 이에는 이' 식의 복수를 위한 복수극이다. 오로지 한 가정을 파멸시키기 위한 집념으로 자신의 모든 인생을 그 단계에 맞춰 설계해온 주인공의 모습은 통쾌한 카타르시스를 느끼게 하는 악의 응징자라기보다는 비뚤어진 인간단면의 극명한 한 예인 것 같아 섬뜩하기까지 하다.

물론 사람인지라 막상 드라마가 아닌 실제 상황에서 그런 일을 겪는다면 그보다 더한 행동을 할 수도 있다고 반론할 수도 있다. 실제로 게시판에 올라온 한 시청자의 글에 따르면 자신도 지금 드라마와 흡사하게 아버지로부터 버림받고 충격을 받은 어머니가 낳은 동생이 자폐아로 태어나 고통을 겪고 있다며 주인공 아리영의 심정을 너무나 잘 이해할 수 있다고 한다. 그 사람의 입장이 되지 않고서는 아무도 남을 함부로 비난할 자격은 없는 것이다. 그러나 <인어아가씨>는 그 이전에 전국의 시청자들을 대상으로 하는 프로그램이다. 불행한 어린 시절의 복수를 위해 철저하게 계산된 삶을 살아오고, 자신의 행복을 차지했다는 이유로 자신의 이복 동생의 남자를 빼앗는 주인공의 행동이 우수에 찬 눈망울로 불행했던 어린시절과 지금 자신의 처지를 한탄하는 눈물을 통해 정당화될 수는 없다. 역시 천사 같은 그녀의 눈 먼 어머니는 '그러지 마라' 하면서도 역시나 딸의 행복을 우선하는 이 땅의 어머니인지라(게다가 그녀는 마땅히 할 수 있는 일도 없다) 그저 그림자같이 드라마의 양념역할을 할 뿐이다. 캐릭터의 성격이 그렇게 설정된 것이겠지만 이상하리만큼 정작 그녀의 어머니가 상대에 대해 품는 앙심이나 원망은 별로 그려지지 않는다. 오히려 더 억울하고 분통이 터지는 것은 당사자인 그녀가 아닐까. 주인공 아리영의 복수극에 초점을 맞추기 위해 일부러 그녀의 어머니를 혼자서는 외출도 못하는 시각 장애인으로 설정했을 수도 있다. 이런 그녀의 복수극에는 보이지 않은 조력자들이 있다. 눈먼 어머니의 옛 고향 동생인 의상 디자이너와 이복 동생의 한 회사 동료인 기자이다. 이들은 모든 사실을 알면서도 양쪽을 왔다갔다하며 오히려 돌아가는 양상을 즐기는 듯 가면을 쓰고 복수극을 돕는다. 특히 의상 디자이너로 분한 고두심 씨의 연기를 통해 남의 불행을 어느 정도는 즐기는 간사한 사람의 심리가 투영되는 듯하여 씁쓸해진다.

사람이 사람에게 불행을 줄 자격은 없다. 이것은 인간은 모두 평등하다는 '만민 평등론'을 들먹이지 않더라도 자명한 것이다. 그런데 <인어아가씨>에 등장하는 인물들은 오로지 서로에게 불행을 안겨주고 받은 불행을 곱빼기로 돌려줄 궁리만 하는 비뚤어진 인간심리를 보여준다. 과연 이것이 올바른 권선징악의 메시지이며 제작진이 화두에 밝힌 결혼에 담긴 신성한 의무와 '사랑'에 담긴 진실일까. 자신의 목적인 복수를 위해 사람을 만나고 자신을 사랑하도록 만드는 주인공이 결국 진정으로 그 사람을 사랑하게 됨으로써 진실한 사랑을 찾게 된다는 설정이 빛을 발하기에 <인어아가씨>는 이미 너무 도를 지나쳐왔다. 후처와의 사이에서 낳은 딸이 자신의 업보로 고통을 당하는 것을 보다못한 아버지가 전처의 딸과 동반 자살을 하려고 하는 어처구니없는 장면이나 이복 언니의 복수극의 가장 잔인한 희생양이 된 동생이 남자에게 버림받고 실성상태가 되어 정신병원에까지 가게 된다는 설정은 정말 이 드라마의 말로가 어떻게 될 것인가 궁금증을 자아내게 한다. 지나치게 과장된 설정을 잠재우기 위해 삽입된 듯한 노부부(주인공 아리영의 시부모가 될)의 가발 에피소드 신도 시덥지 않은 장난을 위해 한 번 쓰고 버릴 가발을 30만 원에 산다는 설정(가발의 가격을 밝힌 제작진의 의도가 의심스러운 대목이다)과 더욱이 그것을 맞받아치기 위해 개인비서까지 동원하여 가발을 산다는 이어진 설정으로 시청자들의 원성을 사고 있다.

　　문제 셋 – 신뢰할 수 없는 여성간의 우정과 타락한 사랑의 가치

　　<인어아가씨>의 작가가 지나치게 남성 우월주의의 가부장적인 과점을 드러낸다는 점은 이미 이전에 이 작가의 또 다른 히트작 <보고 또 보고>에서도 여러 번 지적되어온 부분이다. 극 초반에서 아무리 드라마라고 하지만 극중 기자로 설정된 예영(우희진 분)의 화려한 세팅파마 머리와 파티복 같은 의상, 6시 땡 하면 사랑하는 그에게로 달려가는 그녀의 일과가 기자가 아니라 기자 어시스트라도 저렇게는 안될 텐데 싶었다. 겉으로는 오랜 친구임을 주장하나 속으로는 상대의 불행을 즐기는 듯한 중년의 여인(고두심 분)과 마찬가지로 자신이 사랑하는 남자의 약혼녀였던 친구의 파경을 오히려 즐기는 듯한 철없는 소녀(이재은 분), 회사 동료이자 선배로 자상한 척하지만 실제로는 상대의 동향을 친구에게 낱낱이 알려주는 기자 (전미선 분)등 이 드라마에서 그려지는 여성간의 우정은 마치 웃는 가면을 쓰고 등뒤로 도끼를 감추고 있는 무시무시한 장면을 연상하게 한다. 불행한 삶을 산 고향 언니에 대한 측은함과 동정심을 가끔 표현하는 고두심 씨의 대사가 등장하기는 하나 그 역시 다른 장면들을 통해 자기 보다 못한 처지에 있는 사람을 행한 우월감으로 여겨질 뿐이다. 기본적으로 눈먼 주인공의 어머니는 이 드라마에서 여성의 가장 큰 무기인 여성으로서의 매력을 이미 상실했으니 갈등의 축에도 끼지 못하는 그저 동정 받는 대상으로서의 피사체

일 뿐이다. 이 드라마를 시청하는 남성들이 '여자의 적은 여자'라는 말의 당위성을 입증하며 자칫 여성간의 우정은 이런 것이다라는 선입견을 가지게 될까 두려울 정도이다.

반면 남자들의 행위는 모두 사랑이란 이름 아래 유야무야 되어버린다. 갈등의 씨앗을 제공한 아버지는 전처와 자식의 고통을 이해하고 용서를 구하기보다는 현재의 고통을 막기에만 급급할 뿐이다. 5년을 만난 약혼녀와 하루아침에 헤어지고 다른 여자를 사랑하게 되는 남자 주인공의 갈등은 그저 몇 번 우수에 찬 어두운 표정을 짓는 것으로 가볍게 설명된다. 자신의 불행에 대한 인간의 복수 심리를 그토록 시시콜콜하게 그려내면서 5년의 시간을 함께 한 사랑에 대한 배신은 너무나 당연하게 넘어간다. 드라마의 흐름이 이어지려면 당연히 새로운 커플이 등장해야 하는 것이 사실이나 그 과정에서 '사랑에 대한 진실 찾기'를 제작의도로 했던 제작진들은 오히려 사랑의 가치를 철저히 무시하고 있는 것이다. "처음 의도는 나빴지만 이제는 진실로 그 사람을 사랑하게 되었어. 지금 이 행복을 그대로 누릴 수만 있다면 나중에 벌받아도 좋아"라며 눈물을 글썽거리는 주인공의 대사 속의 '진실로'가 사랑에 대한 진실이라면 큰 오산이 아닐 수 없다.

글을 맺으며

날마다 그날이 그날 같은 사람들, 특히 하루의 대부분을 자녀들 뒷바라지하랴, 해도 해도 티도 안 나고 다음날 보면 또 그만큼 같은 양으로 쌓여있는 자질구레한 집안일 하랴 종종 걸음을 치며 든든한 골키퍼처럼 홈베이스를 지키고 있는 우리 주부들에게 드라마는 세상 밖에는 저렇게 별난 일도 많고 별난 사람도 많구나 하는 것을 느끼게 하고 마음껏 상상의 날개를 펼치며 대리만족을 주는 세상으로의 창과 같은 역할을 하는 것도 사실이다.

사람들에게 순수한 즐거움과 오락을 제공하는 것도 미디어의 중요한 역할 가운데 한 가지이니, 날마다 하루의 고단함을 잠시나마 잊고 오늘은 또 무슨 일이 벌어질까 사춘기 소녀같이 두근거리는 마음으로 TV 앞으로 모여 앉는 우리네 엄마들, 아니 비단 아줌마에 국한할 것이 아니라 드라마, 특히 일일 드라마를 사랑하는 대한민국의 모든 사람들에게 MBC 일일 드라마 <인어아가씨>는 일단은 제 몫을 하고 있는 셈이다. 그러나 <인어아가씨> 제작진들은 거기에 만족해서는 안된다.

드라마는 드라마일 뿐이다. 이것은 허구이며 볼지 안 볼지의 선택권도 시청자들에게 있으므로 싫으면 채널을 돌리면 그만이다. 그러나 '싫으면 안 사면 되지 않소'라는 논리로 마구잡이로 물건을 만들어낸다면 그 파급효과는 전체 시장으로 번져 결국에는 시장 전체가 쓰레기 같은 상품들로만 가득하게 될 것이다. 질타와 비난의 목소리도 결국은 애정과 관심이 있기 때문에 가능한 것이다. 이러쿵저러쿵 말이 많으면서도 어김없이 오늘도 TV 앞에 앉는 것이 사람의 관성 탓이기도 하겠지만 분명히 그 이상의 어떤 애정이 있기 때문에 가능한 것이다. 이들의 목소리에 귀를 기울여야 한다.

TV 속의 모든 드라마가 윤리교육의 장이요, 이상적인 사회 구현의 장이 될 필요는 없다. 그러나 우리 상품보다 더 좋은 것이 있으면 어디 한번 가서 구해보라는 식의 배짱으로 높은 시청률에 편승하여 시청자를 우롱하며 세월아 네월아 드라마 횟수를 늘려나가고, 더 자극적이고 더 말도 안되는 설정을 일삼으며 극단으로 치닫는다면 처음에 보인 애정과 관심, 그에 따르는 비난과 충고마저도 싸늘한 무관심으로 돌아설 수 있음을 명심해야 할 것이다. 게시판에 올라오는 비판의 목소리를 드라마의 인기 때문이라고 여겨 참여인의 숫자로만 자족하기보다는 하나하나에 귀를 기울이고 왜 사람들이 공통적으로 이런 문제들을 지적하는지 생각해보고 발전적인 방향으로 바꾸어나가려는 노력을 보여야 한다. 이는 단순히 시청자가 원하는 대로 등장인물들을 연결시켜주고 인기가 시들해질 때까지 엿가락처럼 방영횟수를 늘리라는 얘기가 아니다.

이미 인기 절정이고 그만큼 비판의 목소리도 많이 나온 터라 전문가의 분석을 통한 비평도 여러 번 있어온 이 드라마를 풋내기인 내가 다시 비평한다는 것이 그저 주워들은 이야기의 무의식적인 반복이 될까 망설인 것도 사실이었다. 그러나 평소 현대사회에서 미디어의 공급자와 수요자 사이의 상호 교신에 관심이 많았던 터라 멀리 갈 것도 없이 요즘 가장 사람들이 관심을 많이 가지는 드라마를 소재로 삼게 되었다. 다른 사람들이 모두들 관심 있어 하는 것을 애써 무심한 척 하며 한 발짝 물러서서 냉철하게 바라보는 것이 어리석은 군중의 우를 범하지 않는 것이라는 어줍잖은 자존심을 내세우던 나 자신도 어느새 이 비평문을 쓰다보니 마치 내가 드라마의 등장인물인 양 흥분하고 있는 것을 발견하고 피식 쓴웃음을 지었다. 이것이 대중을 압도하며 좌지우지까지 할 수 있는 강력한 미디어의 힘이다. 꼭 거창한 시사 프로의 토론 현장이 아니더라도 시시콜콜한 인생사를 담은 30분짜리 단막극이라도 사람들의 가치관에 엄청난 영향을 줄 수 있다는 것, 이것이야말로 미디어의 특권이며 그렇기 때문에 더더욱 철저하게 세심한 부분까지 놓치지 않아야 하는 것은 관련 종사자들의 의무이다.

TV 부자와 명품, 그들만의 세상

윤지선(학생)

얼마 전 학원에서 아르바이트를 하면서 초등학교 아이들에게 자신이 소망하는 걸 적어보라고 한 적이 있었다. 아이들은 낸 제출지에는 너무 놀랄 만한 사실이 담겨있었다. 겨우 초등학교 학생들이 이런 걸 적어낼 수 있을까 할 정도였다. 아이들이 적어낸 내용을 보면 10명 중에 8명은 돈벼락을 맞고 싶다는 내용이거나 돈이 많은 부자가 되는 것이었다. 내 또래 친구들 사이에서도 마찬가지다. 이들의 최고의 바람은 돈을 많이 버는 것이다. 어떡해서든 돈만 많이 벌 수 있으면 좋겠다는 소리를 친구들 사이에서 자주 듣는다. 예전에는 이렇듯 돈에 대한 열망과 환상은 없었던 것 같다. 어느 순간 돈은 우리들의 열망의 대상이 되어있다. 이런 역할을 하는 데 일조를 한 것이 방송이다. 방송 드라마를 보면 '돈이면 다 돼', '난 돈이 제일 좋아', '난 부자 아빠가 좋아'라는 등의 말이 자주 등장한다. 돈 때문에 부모와 형제를 버리고, 돈 많은 부모는 좋은 부모고 돈 없는 부모는 자식에게 짐이 될 뿐 부모로서 자식에게 큰소리 한 번 치지 못하게 그려지고 있다.

또한 TV 등장인물들은 늘 엘리트고 재벌만이 등장한다. 이렇듯 TV에서는 우리나라에 마치 부자만이 사는 것 같은 착각을 일으킬 정도로 모든 환경이 부자들의 세상이고 인물들은 부자이고 명품족이다. 정말로 우리나라에는 부자만이 사는 것일까? 부자는 극히 일부고 대부분의 사람은 서민인데 말이다. 대부분의 서민 이야기는 그려지지 않고 상류층의 이야기만을 우리는 듣고 보고 있다.

우리나라 국민의 80%가 중산층?

신문에 보도된 바에 의하면 국민들이 자신이 중산층이라고 대답한 이가 80%라고 한다. 정말 우리나라 국민의 80% 이상이 중산층일까? 연일 뉴스에서는 알인당 부채비율이 높아지고 경제가 어렵다고 하는데 어째서 이런 대답이 나온 것일까? 하는 생각을 해보면 요즘은 고등학생까지도 아르바이트를 해서 명품을 사고 남들이 다 갖고 있는데 나만 없으면 뒤떨어지는 거 같으니까 카드로 우선 사고보고 그러면서 자신이 명품을 갖고 있고 남들과 비교했을 때 겉으로는 다를 바가 없으니 중산층이라고 말하는 것이 아닐까 하는 생각이 든다. 또한 TV 드라마에서 상류층에 대한 이야기만이 나오고 그들의 삶은 멋있고 폼 나는 삶, 행복한 삶인 것처럼 말하고 있고 서민들의 삶은 궁상맞고 불행한 삶인 것처럼 보여주고 있어 자신이 상류층은 아니지만 서민들도 아닌 중상층이라고 대답하는 것이 아닐까 하는 생각이 든다.

이는 정말로 자신들이 중상층만큼의 소비능력이 되고 경제능력이 된다면 아무 문제가 없지만 경제적 능력은 되지 않으면서 TV 속 드라마 주인공들처럼 소비만 하려고 한다면 문제가 된다. 이 같은 명품 범람은 사람들의 허세나 잘못된 가치관에서 나오는 것인데 그것을 언론이 조장하고 있다는 지적이 사회 전반적으로 나오고 있고 그중 대중적으로 유포시키는 일등 공신은 TV 드라마라는 것이다.

명품으로 치장한 TV 속 드라마 주인공들

TV 드라마에서 명품으로 치장한 상류층이 주인공과 주요 배역을 차지하고 있는 것을 보기는 그리 어렵지 않다. 이 같은 명품 범람은 소비자의 과소비 불감증을 불러일으키는 한편, '명품=상류층=품격'이라는 허위 이데올로기를 조성한다. 명품을 가지고 있으면 자기는 상류층이고 그로 인한 소비심리는 더욱 커지게 되는 것이다.

현재 방송되고 있거나 종영한 드라마 18개 중 16개 드라마에서 재벌과 재벌 2·3세, 기업체 사장, 명문가, 유학파 엘리트 등 이른바 '상류층'이 주인공과 주요 배역으로 등장한다. 여자 주인공의 신분상승을 위한 배경으로 설정된 재벌 2·3세 남자 주인공이 나오는 드라마만 해도 10여 개에 이른다.

이들의 보석, 옷, 집, 자동차 등은 일반인들이 쉽게 살 수 없는 고가의 수입 명품이다. SBS의 경우 드라마 <순수의 시대>에 여주인공인 탤런트 김민희 씨가 극중 갖고 나온 이태리 직수입 핸드백은 69만 9,000원, 신발은 58만 9,000원짜리였다고 한다. 골프 드라마를 표방한 주말 드라마 <라이벌>에는 민태훈(김주혁)이 여주인공을 보살펴주는 재벌2세로 나온다. 역시 SBS 주말 드라마 <정>에서는 부동산 재벌의 딸인 해미(한채영)가 주요 배역으로 등장하고 동식(윤기원)과 재만(류수영)은 각각 졸부 아들과 기업체 사장 아들인 강남 2세들로 나온다.

<그 여자 사람잡네>에 부잣집 딸인 백상아(한고은)와 유학파인 홈쇼핑 회사 본부장인 오천수(김태우)가 주인공으로 등장한다.

KBS 1TV 일일 드라마 <당신옆이 좋아>에는 평남방직 회장 가문이 나온다. 최인석(박인환)은 이 회사 회장이고 최민기(손현주)는 인석의 맏아들로 평남방직의 자회사인 예진어패럴 이사, 최민성(이재룡)

은 해외에 유학을 갔다온 둘째아들로 평남방직의 기획실장이다. 최근 종영된 미니시리즈 <러빙유>에서는 이혁(박용하)이 태성레저개발의 후계자로 나왔고, <천국의 아이들>에는 서양길(이민우)이 재벌급 가문의 외동아들로 나온다.

MBC의 일일 드라마 <인어아가씨>는 가히 상류사회의 전시장이다. 이주왕(김성택)은 신문사 사주의 아들이자 사회부 기자로, 은예영(우희진)은 아버지가 신문사 부국장이고 어머니가 유명배우인 집안의 외동딸이다. 또 마마준(정보석)과 마마린(이재은)은 유명 의상디자이너의 자녀들로 마마준은 회계사 직업을 갖고 있다. 특히 마마린과 은예영은 명품 치장 대결을 벌이기도 한다. 극중에서 마마린은 너무 명품만을 하고 다녀 주위에서 욕을 먹기도 한다. 은아리영(장서희) 역시 서민 아파트에 살지만 고급스런 소비에 익숙한 잘 나가는 드라마 작가다.

<내사랑 팥쥐>에는 재벌2세인 강승준(김재원)이 등장하고 <그대를 알고부터>에는 강민석(이서진)이 명문가 아들로 나온다. 아침드라마 <황금마차>에는 백화점 재벌의 장남인 이강석(홍학표)이 등장하고 그의 부인으로 황유정(임지은)은 신분상승의 목적으로 이강석을 만나 모든 걸 속인 채 결혼을 하는 성공 지향적인 여성으로 나온다. 월화드라마 <현정아 사랑해>에는 남부러울 것 없이 살아온 재벌3세 범수(감우성)가 주인공이다. 이렇듯 현존하는 드라마의 주인공은 마치 우리가 사는 이 세상에는 상류층밖에 없다는 생각을 들게 한다. 또한 드라마에 나오는 이들 상류층 주인공들은 대개 명품을 배경으로 생활한다. 이들의 옷, 집, 자동차 등은 일반인들이 쉽게 접근하기 어려운 물건들이다.

허탈감을 느끼게 하는 드라마

그것뿐이 아니다. 재벌2세와 엘리트로 나오는 주인공들은 하나같이 잘 생기고 성격 좋고 멋있는 사람들이다. 돈이 많고 적음이 성공한 인생이냐, 실패한 인생이냐를 결정짓는 가늠대가 되고 있고 '돈이 곧 모든 가치'라는 논리를 이 같은 드라마들은 은연중에 시청자들에게 전파하고 있다. 시청자들은 이들 드라마로 상류사회 일면을 들여다보지만 결국 남는 것은 허탈감과 무력감이다. 이는 단순히 그들의 삶은 우리가 엿보는 것으로 그치지 않고 '저 사람들은 내 한 달 월급을 아무렇지 않게 써버리는구나. 나한텐 큰돈인데 저 사람들한테는 껌 값이구나' 하는 무력감과 위화감, 허탈감 내지는 열등감까지 느끼게 하기 때문에 문제가 되는 것이다. 몇 일 전 MBC 드라마 <인어아가씨>에서 김용림 씨가 극중 남편에게 가발을 단순히 장난으로 씌워 골탕을 먹이겠다고 사러 갔다. 김용림 씨가 가격을 묻자 점원이 30만 원이라고 했는데 주저 없이 두 개나 샀다. 집으로 와서는 남편 잠잘 때 그냥 단순히 한 번 씌워서 골탕먹이고 마는 데 60만 원이라는 큰 돈을 쓴 것이다. 나는 그 장면을 보면서 욕이 절로 나왔다. <인어아가씨>에서는 그런 장면이 심심지 않게 등장한다. 일반 서민들은 가보지도 못할 고급 레스토랑, 일식집이 거기서는 그냥 단골 식당이다. 극중 술집은 단란주점밖에 없다. 그것도 룸으로 일반 젊은이들은 비싸서 가지도 못하는 곳을 마마린, 은예영, 은아리영, 이주왕은 걸핏하면 드나들고 술도 꼭 양주를 마신다. 그걸 보면서 그냥 드라마니까 하는 생각도 들지만 정말 상류층은 저러고 사는 게 아닐까 하는 생각이 들면서 내 자신이 버는 돈이 너무 적고 보잘 것 없다는 생각이 든다. 부러우면 부자 되고 아니꼬우면 돈 벌란 말이 떠오르면서 정말 이 사회를 부정적인 시각으로 보게 된다. 이런 생각을 하는 게 어쩌면 너무나도 한심한 생각이라고 비난받을 수 있을지도 모르지만 예전처럼 열심히 살아서 성공하고, 가난해도 행복하다고 보여주던 드라마는 이제 거의 눈을 씻고 찾아봐도 없다. 다들 부모 잘 만나서 호강하고 호의호식하며 돈을 물 쓰듯 쓰는 드라마만이 존재한다. 성인인 내가 봐도 욕이 나오고 허탈하고 마치 실제처럼 느껴지면서 나는 뭔가 하는 생각이 드는데 판단력이 흐린 청소년들은 이런 드라마를 보고 뭘 배울까, 무슨 생각이 들까 하는 염려가 든다. 실제 나도 청소년 시절 그런 드라마를 보면서 '우리 집은 왜 이럴까?', '나도 좀 더 잘난 부모를 만났으면' 하는 생각을 해본 적도 있었다. 그걸 여실히 보여주고 있는 드라마 속 캐릭터가 있다. 바로 KBS <당신옆이 좋아>의 재희(정혜영)다. 재희는 어려서 자신의 집이 가난한 게 너무 싫고 자신의 꿈을 실현하기 위해서라면 물불 가리지 않는 성공을 모든 항목의 최고로 아는 캐릭터이다. 때문에 자신의 집안이 가난한 것을 끔찍이 싫어하고 자신의 부모도 좋아하지 않는다. 그러면서 가족과는 거리감이 생기고, 자신을 돌봐줄 돈 많은 후견인에게 자신의 모든 것을 속이고 접근하여 7년 동안 그 후견인의 도움을 받아 대학도 가고 원하는 걸 누린다. 또한 그 후견인을 발판 삼아 신분상승의 꿈까지 꾼다.

이런 드라마를 청소년이 봤을 때 재희와 같은 생각을 하고 있는 청소년이라면 더욱이 공감이 가면서 따라할 수 있을 뿐만 아니라 돈이면 다 된다는 가치관까지 심어줄 수 있다. 방송위원회가 지난 1997년 발표한 연구결과에 따르면 중고생 응답자 608명 중 37.1%가 "TV를 보고 자기 가정이나 경제수준에 불만을 가진 적이 있다"고 답했다는 것이 그걸 보여주는 좋은 예이고, 실제 내 주변의 아이들을 봐도 그런 것을 느낄 수 있었다. 위에서 언급했었지만 초등학교 아이들까지도 이제는 물질 만능주의에 젖어 들고 있는 것은 심각한 문제가 아닐 수 없다.

자본주의 사회에 살고 있는 우리에게 성공의 잣대는 부일 수밖에 없는 것이 어쩌면 당연한 것일지 모르나 그것을 왜곡하여 방송에서 '명품=상류층=품격'이라고 방송할 필요는 없는 것이다.

가난한 부모는 푸대접(퇴색되어가는 부모의 의미)

요즘 드라마에서 가난한 부모의 설 곳은 없다. KBS <당신옆이 좋

아>의 근수(한진희)는 경제력이 없는 아빠로 등장한다. 때문에 늘 가정은 돈에 허덕이고 그것에 불만인 재희는 부모를 쉽게 버린다. 그래도 아빠는 자신이 자식에게 해준 게 없어서 그렇다며 그냥 재희의 허물을 덮어 준다. MBC <황금마차>에서도 마찬가지다. 드라마 속 황유정(임지은)은 성공을 위해서라면 가족은 물론 자신이 낳은 아이까지도 버린다. 황유정의 집은 너무나도 가난하고 아버지는 경제적 능력이 없는 사람이다. 그래서 황유정은 가족은 자신에게 뭔가 돈을 바라는 정도의 지긋지긋한 짐이라고 여기고 부모를 너무나도 무시한다. 심한 발언은 물론이고 아예 무시하는 태도는 드라마 속에 자주 등장한다. 언제부터인지 돈 있는 부모는 잘난 부모이고 돈 없는 부모는 너무나도 못난 부모로 드라마에서 비쳐지고 있다. 예전에 부모라 함은 자신을 낳아서 이제까지 키워주신 너무나도 고마운 존재이고 자식은 부모가 어떤 행동을 해도 대들면 안되고 부모를 공경하는 것이 자식의 도리였다. 그런데 언제부턴가 그런 모습은 사라지고 가난하고 못난 부모는 우스꽝스럽고 자식에게 아무소리도 못하는 무능력한 존재로 드라마에서 비쳐지고 있다. 과연 부모란 의미가 무엇인가를 생각하게 해주는 계기가 된다. '부모는 낳아주기만 하면 부모냐', '당신들이 나한테 해준 게 뭐가 있다고 부모라고 그러는 거냐' 등 부모를 공경하기는커녕 돈이 많아 풍족하게 해주지 못한다는 이유로 부모를 비난하고 대드는 장면을 드라마에서 볼 수 있다. 그때 부모들은 큰소리 한 번 치지 못한다.

예전 드라마에서는 아무리 돈을 못 벌고 자식한테 남들처럼 풍족하게는 못해주더라도 자신이 할 수 있는 분야에서 최선을 다하고 정직하고 도덕성이 있으면 자식들은 자신의 부모를 존경하고 아끼는 모습을 자주 볼 수 있었다. 또한 드라마에서 부모가 자식한테 잘못을 했어도 부모는 어디까지나 부모이기 때문에 너희가 그러면 안된다는 식의 이야기를 보여주었다. 부모도 인간이기에 완벽할 수 없으며 자식을 사랑하는 마음은 같은데 다만 열심히 해도 돈을 못 버는 걸 어쩔 수 있겠느냐 식의 내용이 많았지만 요즘은 부모의 잘못을 복수하는 드라마가 버젓이 그것도 시청률 1위를 등극하며 인기를 끌고 있다. 물론 MBC <인어아가씨>는 좀더 다른 각도로 바람을 핀 아버지와 그 여자의 공동된 잘못으로 아리영이 복수를 하는 것처럼 그리고는 있으나 장면 속을 살펴보면 자신의 아버지한테 '당신이 내 아버지라고? 나한테 해준 게 뭐가 있어서. 낳기만 하면 부모야?'라는 식의 발언을 하고 심지어 병을 깨어 아버지한테 덤비는 예전에는 생각지도 못한 장면이 여과 없이 그대로 묘사되고 있다.

KBS <당신옆이 좋아>에서도 극중 재희는 갑자기 자신의 친모 영숙이 부자가 되어 나타나자 자신이 바래왔던 삶이라면서 지금까지 고생하여 길러주신 엄마는 버리고 친모에게 간다. 그러면서 자신은 부자 엄마가 좋다고 직접적으로 이야기하고 있다.

아무리 돈이 좋고 돈이 있으면 못할 게 없는 세상이지만 부모가 자식을 키우는 데 돈은 다가 아닌데 너무나 돈만 있으면 부모의 역할을 다하는 것처럼 그려지고 있어 부모의 의미가 왜곡되고 있는 것 같다. 방송위원회의 설문조사 결과 여학생의 40.6%가 드라마 주인공들처럼 '잘 살지 못하고 품위도 없는' 자신들의 부모에 불만을 갖고 있는 것으로 나타나서 이러한 드라마 속 내용이 청소년들에게 영향을 끼치고 있음을 보여주고 있다.

부자만의 삶이 행복한 삶?

우리는 드라마를 보며 그 속의 주인공들을 갈망하고 또한 동경한다. 드라마 속 주인공이 들고 나온 가방은 히트를 치며 잘 팔리고 드라마 속 주인공의 머리, 옷 등 주인공과의 동일시를 꿈꾼다. 드라마를 보면서 '나도 저렇게 됐으면', '부럽다' 등의 생각을 누구나 한 번

쯤은 해보았을 것이다. 또한 드라마뿐 아니라 연예인을 보면서도 위와 같은 생각을 해보았을 것이다. 이는 드라마나 방송에서 보여주는 삶이 너무나도 행복하고 좋아 보이기 때문이 아닐까? 대부분의 사람들은 서민이고 그들이 사는 삶은 드라마 속처럼 화려하지도 부유하지도 않다. 드라마에서는 일류만이 나오고 그들의 집, 옷, 장식류는 우리는 평소에 사지도 못할 어마어마한 가격의 것들, 일명 명품이다. 사람들은 그걸 보면서 부러워도 하지만 '저 사람들은 뭔데 저렇게 살고 우리는 이러고 살아야 돼' 등의 심리도 갖게 된다.

사람들은 누구나 내가 갖지 못한 것을 다른 사람이 누리는 것을 보면서 부러워하고 그들은 행복해 보이고 나는 불행하다는 생각을 하게 된다. 비단 그런 생각뿐만이 아니라 드라마 속에서도 부유한 사람들은 너무나도 행복한 것처럼 묘사하고 가난한 사람들은 너무나도 불행한 것처럼 조장해서 보여주고 있다. 정말 그럴까? 부자인 사람들은 아무런 걱정도 없고 너무나 행복할까? 그것에 관한 대답은 그 삶을 사는 사람만이 알 것이다. 하지만 드라마는 너무 부자만이 행복한 삶을 사는 것처럼 이야기하고 있다는 것이 문제라는 것이다.

누구를 위한 드라마

우리 사회를 이끌어나가는 대다수는 누구일까? 그렇다. 상류층이 아닌 대다수의 서민이다. 사회는 이들이 있어 돌아가고 있는 것이다. 방송은 대중을 위한 것이다. 그들을 위한 방송인 것이다. 그런데 언제부턴가 방송 안에 서민과 소외계층은 없다. 오로지 상류층만이 존재하고 있는 것이다. 좀더 멋있어 보이게 좀더 그럴싸해 보이게 포장해서 주인공들을 등장시키고 있다. 우리가 공감할 수 있고 우리의 심금을 울리고 마음을 찡하게 하는 우리들의 이야기는 없는 것이다. 위에서 언급했지만 부자는 멋있고 똑똑하고 예의도 바르고 만능박사다.

가난한 사람은 궁상맞고 배우지도 못했으며 따라서 무식하게 그려지는 것이 대부분이다. KBS <당신옆이 좋아>에서 윤희숙(박원숙)은 자신은 우아하고 귀족적인 여성이고 사람은 사람마다 타고난 격이 다르단 생각 아래 교양과 품위를 중시한다. 그래서 가난한 집 자식은 무조건 며느릿감으로 안된다고 품격이 다르다면서 가난한 사람을 비하하는 발언을 매우 많이 한다. 여타 드라마에서도 돈 있는 부유한 집안에서는 며느릿감으로 가난한 집안의 여자는 안된다는 내용이 우리 드라마의 주된 소재거리로 등장하는 것을 볼 수 있다. 이렇듯 부유함은 곧 인격과 품격으로 연결되고 가난한 사람은 곧 인격과 품격이 없는 것으로 비하되고 있다. 왜 가난한 이들은 이렇게 비쳐져야 하는 것일까? 가난하다고 무조건 무식하고 인격도 없는 것은 아니다. 그 사람의 성품은 돈이 결정하는 것이 아니기 때문이다. 대부분의 사람들은 가난하지 않더라도 상류층은 아니다. 그렇다면 이렇게 대다수의 사람들이 서민인데도 그들의 자존심을 상하게 하는 이런 드라마가 왜 범람하는 건지 마음 한편이 씁쓸해진다. 지상파 방송은 국민의 것인데 말이다.

우리들의 이야기가 듣고 싶다

모든 이들이 다 잘 살고 흔히 말하는 명품을 가지고 물질적으로 모든 부족함이 없이 살 순 없다. 이 사회가 자본주의 사회인 이상 말이다. 방송 역시 이런 얘기를 아예 빼고 할 순 없을 것이다. 하지만 주가 되어야 할 것이 무엇인가를 한 번쯤 생각해보았으면 한다. 아직까지 우리나라의 사람들은 서민이 대다수이다. 물론 그들이 남들의 삶은 어떨까 하는 호기심에 상류층의 삶을 살짝 엿보고 싶어 할 수는 있지만 지금의 이대로는 아니라는 생각이 든다. 그것이 받아들이는 사람 입장에서 왜곡되어 이렇듯 너도나도 명품족이 되려고 하고 지나친 고급 소비풍조가 너무 만연하고 있지 않은가. 이 사회를 이끌어 가는 우리들의 따뜻한 이야기, 정을 느낄 수 있는 이야기가 듣고 싶다.

방송은 사람들의 삶에 있어 어떠한 가치관의 잣대를 가져다 줄 수 있는 중요한 매개체라고 생각한다. 우리는 하루에 적어도 2시간 이상은 방송을 보고, 자라나는 아이들은 방송을 보며 자신의 중요한 성장시기를 거친다. 그런 아이들에게, 그런 사람들에게 올바른 가치관을 심어주어야 하지 않을까? 너무 원론적인 이야기이긴 하지만 말이다.

방송이 세상의 이런저런 이야기를 다 들려주기는 힘들겠지만 너무 어떤 한쪽 편의 입장에 서서 그들의 이야기만을 들려주는 것은 방송이 가야할 길이 아닌 것 같다. 우리 모두가 다 부자가 되고 상류층이 되기 전까진 말이다. 지금 이 사회에서 누구의 이야기를 보여주고 들려줘야 하는지를 생각해봐야 할 것이다.

삶에 있어 가난은 단지 조금 불편할 뿐 창피하거나 불행한 것은 아니라는 것을 보여주는 방송이 필요할 것 같다.

이반, 제3의 젠더
그들은 미디어의 광장에 엎드려 있다

박선희(학생)

여성이 남성을 사랑하고, 남성이 여성을 사랑하는 것은 누가 정해 놓은 것인가.

여성이 여성을, 남성이 남성에게 사랑을 느끼는 것에 대해 —어쩌면 인류가 공존하던 때부터 존재해왔을지도 모르는 그것에 대해— 우리는 무엇이라 말하고 있는가. 미디어에서의 동성애는 금지와 금기에서 해방된 자유의 표현인가, 소재 경쟁의 희생양인가.

1990년대에 들어 영화계와 문학계, 연극계에서는 금지가 아닌 금기라는 '동성애'라는 새로운 소재의 코드가 등장하였다. 1990년대 초부터 우리나라 시장에 들어오기 시작한 동성애 소재의 영화는 상영불가, 허가취소 등 적지 않은 반향을 불러일으켰다. 남성들간의 동성애 문제와 정치적 문제를 연관시킨 <거미여인의 키스(1985)>, 1993년 아카데미 각본상을 수상한 <크라잉게임(1992)>, 가면극 배우인 한 남성의 동성애와 중국의 불운한 역사를 그린 <패왕별희

(1993)>, <결혼 피로연(1993)>, <필라델피아(1994)>, <M.버터플라이(1994)>, <프리스트(1996)>, <해피투게더(1998)> 등이 개봉되었고, 국내 작품으로는 <내일로 흐르는 강(1996)>이 동성애를 정면으로 다루어 국내 영화계에 큰 충격을 던져 준 바 있다. 영화의 대부분이 이반의 삶의 방식에 대한 일반인의 이해를 구하는 내용이나 이반이 겪는 고통, 동성애에 대한 차별이나 고정관념을 반영시키는 내용이라면, 문학계와 연극계에서는 그들의 사랑을 더 진솔하게 드러낸다. 화제가 되었던 소설『내가 사랑한 캔디』,『플라스틱 섹스』,『소수의 사랑』,『다르게 사는 사람들』등을 비롯, 레즈비언간의 사랑을 다룬 연극 <사랑에 관한 다섯 개의 소묘 Ⅱ>, 남자동성애 문제를 다룬 <사랑하는, 사랑하지 않는>부터 최근 막을 올린 섹슈얼리티전의 '스트라이크 아웃 낫 아웃'에 이르기까지 동성애라는 소재는 아웃사이더에서 인사이더로, 문화계의 구심점을 향해 서서히 나아가고 있다.

1990년대에 들어 문화계에서 동성애 문제를 본격적으로 다루기 시작한 이후로 동성애라는 소재는 지상파 드라마에도 서서히 스며들기 시작했다. 위에서 언급한 선택적 매체가 아닌, TV에서도 1990년대 중반부터 이 대열에 합류하기 시작하여, 최근까지 동성애를 소재로 한 드라마는 약 8편여 가량 방영되었다. 이를 잠시 살펴보면, 1995년 <재즈(SBS)>에서는 친구에게 동성애를 느끼는 남자가 등장했었고, 1997년 <숙희 정희(SBS)>에서는 여자들의 동성애를 소재로 <델마와 루이스> 식의 결말을 맺는 스릴러물이 방영되었다. 같은 해 KBS에서는 성폭행을 당해 남성을 기피하게 된 여인이 동성친구에게 사랑을 느낀다는 이야기의 <은비늘(KBS)>이라는 드라마가 방영되었고 <새(1999, KBS)>라는 드라마에서는 레즈비언 부부가 등장하기도 하였다. 이후 남자 이반의 사랑을 다룬 <슬픈 유혹(1999, KBS)>이 방영되었으며 2002년 최근에는 <연인들의 점심식사(MBC)>, <너를 만나고 싶다(KBS)>, <금지된 사랑(KBS)> 등이 방

영되었다. 현재까지 방영된 동성애를 소재로 한 대부분의 드라마에
서는 일반인과는 다른 성 정체성을 가졌기에 겪는 동성애자(이하 '이
반'이라 칭한다)들의 아픔과 사랑이 주제였다. 동성애를 다룬 드라마는
대체로 실험정신이 강한 단막극에서 다루어졌다. KBS가 1999년에
방송한 연말특집 2부작 드라마 <슬픈 유혹(표민수 연출, 노희경 극
본)>의 경우 일차적으로는 사람과 사람 사이의 소통과 화합에 대해
말하고자 하는 것이 주된 주제이지만, 드라마 전반을 통해 동성애는
비윤리적인 것도, 비정상적인 것도 아닌 것이며 동성애란 단지 사람
이 사람을 사랑하는 것이라는 것, 사랑하는 사람이 단지 동성이었을
뿐이라는 이반들의 전반적 입장을 말해준다. 이렇듯 국내에 방영된
동성애 소재의 드라마 대부분은 이반을 비하하려 하지 않고 정당한
그들의 입장을 대변하면서 안방극장을 두드리고 있다.

　1990년 말부터 시작된 동성애 소재의 드라마는 2002년 한 해 동
안 최근 지난 몇 해에 비해 증가한 3편이 방영되었다. KBS 2TV에서
는 9월 한 달간 두 편의 동성애 소재 드라마를 방영했다. 이 두 드라
마는 각각 남자 이반과 여자 이반 간의 사랑을 다루었는데, 이를 통
해 지난 1990년대 말부터 시작된 동성애 소재의 드라마가 현재에 이
르러서는 어떠한 시각으로 이반을 조명하고 있는지, 특히 남자 이반
과 여자 이반 사이의 사랑을 표현하는 데 어떠한 차이가 있으며, 그
이면에 어떤 의미를 내포하고 있는지에 대해 살펴보고자 한다. 먼저
9월 15일 KBS 드라마 시티를 통해 방영된 <너를 만나고 싶다(엄기
백 연출, 유현미 극본)>는 잠자리를 거부하는 남편(인하)에 대한 서경의
반감으로 시작되어 남편 후배(태운)에 대한 관심이 급기야 사랑으로
번지지만, 결국에는 남편도 그 후배를 사랑하고 있었다는 데에 충격
을 받는다는 내용으로, 남편의 사랑을 받지 못하는 한 지성적인 여자
의 일탈적 행위와 끝까지 숨겨진 동성애, 이 두 가지의 주제가 하나
의 틀 속에서 표현이 되고 있다. 이 작품은 실제로 동성애자들이 자

신이 이반임을 감추기 위해 이성과 결혼하여 사는 사례를 반영하였고, 자신의 사회적 지위로 인해 철저히 이반임을 숨기는 등 그들의 피치 못한 선택을 보여주었다는 점에서 의미가 있다. 그러나 이 드라마의 경우 구체적으로 묘사되어야 할 부분은 도리어 간결하고, 설명이 필요한 부분에서는 '생략과 압축'으로 일관한다. 서로 사랑하는 사이인 남자 주인공들의 이야기는 극에서 지나치게 빠져있으며 두 남자가 이반임을 분명하게 드러내야 할 부분에서 힘을 내지 못하고 주저하는 모습이 드라마 전반에 퍼져 있음은, 동성애에 보다 '용기 있게' 접근하지 못했다는 아쉬움을 남게 한다. 남자 이반을 다루는 드라마에서 찾아 볼 수 있는 몇 가지 특성은 3월 22일 MBC 베스트 극장에서 방영된 <연인들의 점심식사(김한식 원작, 김진만 연출, 황성연 극본)>에서도 드러난다. 이 드라마는 표면적으로는 질투와 감정다툼을 하는 두 여자의 이야기와 진실된 사랑을 하는 두 남자의 이야기가 주축을 이룬다. 사랑보다는 질투와 욕심이 앞서 결혼을 선택한 두 여자와, 사랑하는 사이이지만 사회적 제도 안에서 보호받지 못하고 비극으로 끝나는 두 남자의 이야기는 사랑보다는 사회에 무릎 꿇을 수밖에 없는 동성애자들의 현실을 반영하였고, 매번 어둡게만 그린 동성애를 색다른 분위기로 그려 실제로 많은 이반들에게 2002년에 방영된 동성애 소재의 드라마 중 가장 괜찮았다는 호평을 받기도 하였다. 그러나 두 남자의 사랑을 표현하고 전개하는 부분이나 두 사람의 관계발전이 미약한 점은 이 드라마의 아쉬운 점이자 매번 느끼는 동성애 소재 드라마 표현의 한계를 드러낸 면이기도 했다. 이렇듯 '생략과 압축'은 남자 이반을 다루는 드라마 전반에 흐르고 있다. 동성애를 드라마 전면에 내세우는 여성 이반 소재의 드라마에 비해, 남자 이반의 사랑은 시종일관 은유적이고 직접적인 언급 앞에서는 침묵으로 일관하며 반전으로 마무리된다. 이처럼 이들이 얼듯 보면 알 수 없을 정도로 철저히 이성애자로 포장되어 있는 이유는 그들이 다름 아닌 '남자'이기 때문이다. 가부장적인 사회이자 남성 중심의 사회이기에 남자 이반을 받아들이기 어려워하는 사회의 시각, 남자라는 위치의 균열과 흔들림에의 거부감과 남자 이반의 묘사가 미칠 부정적 파장의 현실 앞에서 드라마는 그렇게 피해갈 수밖에 없는 것이다. 남자 이반을 주제로 한 드라마의 또 하나의 특징 중 하나는, 두 드라마의 이반 모두 '의사'라는 사회적 신분이 높은 지위를 배경으로 한다는 것이다. 일반적으로 이반들 중 사회적인 지위나 높은 신분의 사람들은 그동안 공들여 쌓은 사회적 업적이 이반이라는 사실 때문에 물거품이 될지도 모른다는 두려움에 낮은 계층의 사람들보다 정체성을 드러내지 못하는 것이 사실이다. 드라마상에서는 이를 반영한 것일 수도, 혹은 그 이면에는 의사라는 직업 설정이 규정된 사회로부터의 탈출을 의미하는 은유적인 표현 내지는 일반 시청자들에게 줄 거부감을 덜어주기 위한 방편일지도 모른다. 어쩌면 남성 위주의 현실세계와는 달리, 남성 이반들은 드라마 속에서 역차별 받고 있는 것이 아닐까.

생략과 압축의 측면에서 남성 이반에게는 압축적인 면이 강했다면, 이에 반해 여성 이반을 묘사하는 데 있어서는 좀더 적극적인 면을 띤다. 9월 29일 KBS 드라마 시티를 통해 방영된 <금지된 사랑(이원익 연출, 최수정 극본)>은 <너를 만나고 싶다>와는 달리 직접적으로 동성애에 대해 언급하여 주목을 받은 작품이다. 광고대행사에서 능력 있는 팀장으로 일하는 현선은 동성과 교제하기도 하였지만, 성재라는 남자와 사귀면서 다른 사람들처럼 평범한 사랑을 하려고 노력한다. 그러나 활달하고 밝은 성격을 가진 진희가 신입사원으로 들어와 가깝게 지내게 되면서, 현선은 자신을 직장상사로서 존경하는 진희에게 사랑을 느끼지만 어느 날 현선과 사귀었던 영희가 등장하면서 현선이 이반임을 알게 된 진희는 충격과 혼란을 느끼고 둘은 갈등 속에 치닫는다. 이 드라마는 남자 이반을 다루었던 침묵과 은

유, 은밀함과 어두움, 반전 대신 보다 더 직접적인 감정표현과 스킨십, 직설적인 대사로 채우며, 초반부터 엔딩까지 계속해서 동성애라는 주제를 드러내며 극을 이끈다. <금지된 사랑>은 동성애라는 소재 자체를 전면에 걸쳐 내세웠다는 점이나 사회 혹은 이성애자들이 이반을 바라보는 부정적 시각, 그로 인해 이반들이 받는 상처, 원치 않지만 이성애자를 선택하여야만 하는 현실 등을 다루었다는 점에서는 인정받을 만하다. 그러나 감정 묘사에만 치중한다거나, 결말부분의 자살을 시도하는 현선, 현선의 옛 애인의 광기 어린 모습들에서 여성 이반 소재의 드라마들이 지닌 특징이자 맹점이 드러난다.

동성애를 소재로 하는 드라마를 제작하는 사람들이 말하기를, 그러한 사랑을 하는 사람들이 있으며 그들에 대한 공감을 불러일으키고 싶다는 말을 하지만 그들의 말과 표현된 드라마 사이에는 일종의 괴리가 존재한다. 일반인에게 일말의 공감대를 일으키고 싶었다면 아직 동성애에 대해 오해가 많고 무지한 현실 속에서 동성애 문제는 더욱 현실감 있게 다루어져야 하지만 그들이 다루는 이반의 모습에는 현실을 채 반영하지 못한 부분이 많다. 여태까지 방영된 드라마를 보면 실제와는 상당 부분 다른 이반의 삶을 보여주는 경우가 많았다. 이반은 일반인과 다름없는 같은 사랑을 하는데도 이성애자간의 사랑과는 확연히 다르게 묘사하는 경우가 다반사이다. 이는 이반을 인간 이전에 '동성애자'로 보는 시각이 앞서는 것이 아닐까 싶다. 드라마 제작에 참여하고 시도하는 작가와 연출자마저 그들을 동성애자라는 틀 속에 놔두고 드라마를 시작하며 동성애자이기 때문에 일반인이 아닌 '동성애자'로 분류하는 시각이 드라마 전면에 흐른다는 것이다. 실제로 이반들은 이성애자와 다를 것이 없다. 정해진 목적지(결혼)가 없이 불안정한 관계로 오랜 시간 연인을 지속하는 것이 이반들의 슬픔이자 현실이지만 만남과 헤어짐은 그들에게도 익숙하고 일반적인 일이다. 동성애라는 소재가 그만큼 신선하고 일반적인 경우보다 극적인 모습을 보일 개연성이 큰 것은 사실이나 이반들 역시 성적 정체성을 제외하고는 이성애자들과 똑같이 사랑하고 같은 감정을 느끼며, 수많은 세상의 일들을 공유하는 사람들인 만큼 조금 더 보편적인 모습으로 그려지는 것이 그들을 제대로 표현하는 시각이라 생각한다. 대부분의 동성애 소재의 드라마가 지닌 허점은 여기에 지나지 않는다. 일부 시트콤에서는 동성애적 성향의 사람을 표현하는 데 있어 우스꽝스러운 행동이나 말투, 옷차림 등으로 남자 이반을 여성적으로 극대화하는 것을 볼 수 있는데, 이는 현실 속의 이반과는 상당 부분 다를 뿐 아니라, 그들을 희화화하는 것이며 성적 소수자들을 조롱, 혹은 존중하지 않는 것이기도 하다. 이반으로 등장하는 캐릭터의 왜곡은 일반 드라마에서도 빈번히 나타난다. 이반을 묘사하는 데 있어 일반인들에게 그들도 일반인과 다르지 않다는 일반성을 느끼게 하기보다는 병적인 정신을 가지고 있는 사람이라는 생각이 들 정도로 표현하는 경우가 더러 있다. <금지된 사랑>에 나온 현선과 그녀의 옛 애인을 예를 들어 설명하자면, 이별을 맞았을 때 동맥을 긋는다든지 스토커처럼 집요하게 옛 애인의 주위를 배회하고 상대방의 사회적 위치를 무너뜨리려 하는 일들은 자칫하면 일반인들에게 오해나 그릇된 편견을 낳을 수 있는 부분이라 생각한다. "너 없으면 나는 죽어!" 등의 극단적 표현들은 일반 시청자들에게 혐오감이나 이질감, 거부감을 줄 수 있으며, 다수의 일반 이성애자들이 지닌 이반들에 대한 비판적인 시각에 부정적 영향을 줄 수 있다는 것이다. 물론 '극'인 만큼 극적 효과의 제고를 위해 조금은 극적인 내용을 삽입할 수도 있지만, 제작진 본인들이 지상파를 통해 받아들이기 조심스러운 현실을 인식한다면 그러한 것을 다룰 때에는 좀더 다각적인 시각의 현실적인 접근이 필요하다고 생각한다. 실제로 이반들은 드라마에서 그리는 이반들의 사랑과 상황이 실제와 근접하지 못하다고 말하는 경우가 대다수이다. 금지이자 금기가 되어버린 동성애라는 소재를 광장으로 끌어낸 시도에 대해서는 반기는 입장이 다수이지만, 자신들이 일반적인 사람으로 묘사되지 않는 것에는 반감을 가지고 있다. 그들은 일상적인 모습에서 일어나는 사랑을 원하고, 그들이 맞을 수밖에 없는 어려움을 보다 다양하게 그려주길 원한다. 드라마에서의 동성애가 작가나 연출자의 상상 속에 존재하는 피상적인 관념으로 머물거나, 제작진 측에서 말하는 '동성애자들의 힘든 삶에 대한 이야기'와는 동떨어진, 각자의 환상 속의 이미지만으로 동성애를 재단하는 것에서 걸어나와야 할 때이다. 제작진들의 의도 중 하나가, 그들을 있는 그대로 보여주고자 하는 것, 그들을 이해하고자 하는 것, 성적 소수자에 대해 말하고자 하는 것이라면 드라마의 주인공인 이반을 있는 그대로 그려 주어야하는 게 아닐까.

동성애와 이반들에 대한 설익은 관념과 편견은 여기에서만 존재하는 게 아니다. 대부분의 동성애를 소재로 한 드라마에서는 그들의 사랑 그 자체나 이반들이 사회 속에서 느끼는 갈등이나 고통보다는 배신과 질투, 증오 등 감정적인 면을 부각시키거나, 단순히 그들의 상황만을 나열, 비극적인 결말을 담고 있다. 동성친구를 사랑한 남자의 이야기를 간접적으로 삽입한 <재즈>에서는 남자 주인공 두 명이 동반자살을 하는 것으로 결말이 났고, <숙희 정희>에서는 여자 이반간의 사랑이 질투와 배신, 죽음으로 이어지고, <은비늘>에서는 동성친구에게 사랑을 느낀 여주인공이 사랑을 느낀 동성친구가 결혼을 하자 그에 대한 반발로 친구의 남편을 유혹, 임신을 하게 되고 아이를 낳다가 죽는다는 비극적 내용을 담고 있다. 이외에도 몇몇 드라마들이 명확하지 않은 모호한 결론이나 죽음, 도피, 자살 등의 결말을 내린다. 이는 소재는 파격적일 수 있을지라도, 결말은 파격적일 수 없는 우리나라 드라마의 현실적인 한계를 반영하는 것이기도 할 것이다. 현실에서의 동성애에 대한 시각은 아직도 비난의 대상이며 특히 지상파 방송의 파급력은 매우 크기 때문에 해피엔딩이나 명확한 결말을 끌어내기는 어렵다는 것을 안다. 그러나 헤어짐, 죽음, 도피, 자살 등의 결말은 여전히 이반들을 극단으로 몰고 간다. 그들이 결론 내리는, 이반이기에 선택할 수밖에 없는 죽음 혹은 상대방을 떠나는 도피만이 그들의 최종 선택지이자 탈출구인가. 사람들의 뇌리에 박혀있듯 결국 제작하는 사람들의 머릿속에서도 그들을 같은 시각 내에서 바라보는 것이 아닐까. 실제로 그들이 드라마에서 보여지듯 —국내의 약 40만 가량의 이반들이— 비극적인, 혹은 어둡기만 한 사랑을 하며 사는 것도 극단적 탈출구만 가지고 있는 것도 아니다. 또한 논란과 마찰이 가열되는 논제인 성 의식에 대한 혼란에 관한 논의 앞에서 말한다 해도, 그들을 다른 각도에서 조명하는 것이 우리 사회의 성모럴을 훼손하는 것은 아닌 것이다. 사회의 이단아로 분류되어 고통받는 이반들의 심정을 그리는 것은 분명 그들의 현실을 반영하는 것이며, 때로는 이성애자들에게 그들을 향한 이해 내지는 동정심을 끌어낼 수 있을 것이다. 하지만 이제는 죽음이나 비극으로 치닫는 엔딩이나 역시 동성애는 이루어질 수도, 행복할 수도 없다는 식의 결말에서 벗어나, 드라마가 그들이 행복할 수 있는 권리를 지니고 있음을 세상에 알려주어야 하지 않을까.

이제는 동성애가 대중매체를 타고 방영될 정도로 인식이 조금은 나아진 탓에 전체적으로 사회에서 그들을 어떻게 보고, 그러한 주위의 시선 때문에 이반들이 어떻게 상처를 받고 살아가는지에 대해서도 보여준다. 우리는 동성애라는 주제를 다룬 드라마들을 수면위로 떠오르도록 시도하는 것 자체만으로도 의미가 있음을 안다. 다루기 어려운 소재를 다듬어 드라마라는 거울로 비추기까지 난무했을 쉽지 않은 작업과 갈등 또한 값짐을 안다. 그러나 의미 있는 시도와 더불어 간과하지 말아야 할 것은 동성애에 대한 사항을 직접 피력하는 데 있어 이야기 및 구성 또한 현실적이어야 한다는 것이다. 이반을 이해하려는 시도가 그들을 편견이라는 또 다른 감옥 속에서 고개 숙이게 하는 일로 변색되는 것이 아닌 5년, 10년 뒤에는 드라마 속에서 이반으로서의 이반이 그 중심에 서 있길 희망한다. 서서히 우리 사회가 미약하게 나마 동성애를 의식하고 있고, TV에서도 이야기를 시작하고 있지만 정작 반영되어야 할 이반들의 진심이 외면되고 그 대화 속에 주인공인 이반이 초청 받지 못하고 있다는 생각이 드는 건 왜일까. 때때로, 나는 여전히 동성애 소재의 드라마에서 아직 끝나지 않은 크레딧 화면을 보고 있는 듯한 느낌을 받는다. 그리고 그 속에서 기이한 답답함의 뿌리를 본다. 하나의 작품이 사람들의 인식을 한 번에 바꿀 수는 없다. 하지만 소수의 어떠한 작품은 작품으로서만 끝나지 않는다. 어떤 작품은 작품 자체를 넘어 시청자들이 그 작품의 메시지를 삶으로 인지하게 만드는 경우도 있다. 참된 크레딧 화면은 아직도 계속되고 있다. 그래야만 한다.

재미 뒤에 숨겨진 모욕감
2002 좋은 방송을 위한 시민의 비평상 수상집

ⓒ 방송문화진흥회, 2002

엮은이 | 방송문화진흥회
펴낸이 | 김종수
펴낸곳 | 도서출판 한울

편집책임 | 백은정
편집 | 김선재

초판 1쇄 인쇄 | 2002년 12월 15일
초판 1쇄 발행 | 2002년 12월 25일

주소 | 121-801 서울시 마포구 공덕1동 105-90 서울빌딩 3층
전화 | 영업 326-0095, 편집 336-6183
팩스 | 333-7543
전자우편 | newhanul@nuri.net
등록 | 1980년 3월 13일, 제14-19호

Printed in Korea.
ISBN 89-460-3058-5 03320

* 가격은 겉표지에 표시되어 있습니다.